U0709996

王力全集　第十九卷

龍蟲並雕齋文集

（三）

王　力著

中華書局

目　録

序

《龍蟲並雕齋文集》第三册即將出版了。這一册和前兩册的體例不同。前兩册收的都是學術論文,這一册收的,除了學術論文之外,還有相當大的一部分是普及性的文章。

“龍蟲並雕齋”這個齋名是我在1943年開始用的。當時我爲《生活導報》寫了一些小品文,總名《龍蟲並雕齋瑣語》。“瑣語”是“蟲”,不是“龍”。“蟲”指的是文學作品。1980年,我的《龍蟲並雕齋文集》第一、二册出版了,讀者不知道我從前用過這個齋名,他們都把“蟲”瞭解爲普及性的文章。香港《大公報》介紹我的《龍蟲並雕齋文集》,就説那裏邊衹有“龍”,没有“蟲”。這樣瞭解也有道理。我的文學作品(包括翻譯的作品)以及一切普及性文章(包括一些演講)都該算是“蟲”。

在這第三册裏,既有“龍”,又有“蟲”。屬於“龍”的,有下列十二篇:

1.古漢語自動詞和使動詞的配對

2.同源字論

3.漢語滋生詞的語法分析

4.古韻脂微質物月五部的分野

5.古無去聲例證

6.玄應《一切經音義》反切考

7.《經典釋文》反切考

8.朱翱反切考

9.朱熹反切考

10.范曄劉勰用韻考

11.略論清儒的語言研究

12.黄侃古音學述評

屬於"蟲"的,有下列十三篇:

1.雙聲叠韻的應用及其流弊

2.新字義的産生

3.談談學習古代漢語

4.關於古代漢語的學習和教學

5.論古代漢語教學

6.漢語發展史鳥瞰

7.關於漢語語法體系的問題

8.語言與文學

9.論漢語規範化

10.論推廣普通話

11.推廣普通話的三個問題

12.積極發展中國的語言學

13.我對語言科學研究工作的意見

這種"龍蟲並收"的辦法,我同意了。但是我要聲明一點:其中有幾篇文章是根據我的演講的録音整理出來的(如《談談學習古代漢語》《關於古代漢語的學習和教學》),整理得很不好就在雜誌上發表了。現在我加以修訂,也還不滿意。考慮到已經發表過,也不必大更動了。

王　力

1982年7月

雙聲叠韻的應用及其流弊

雙聲、叠韻這兩個名詞，在現代已不復有神祕的意義。大家都知道：兩個字的聲紐相同，叫做雙聲；兩個字的韻部相同，叫做叠韻。在這樣容易瞭解的情況之下，有些學者，當應用雙聲叠韻的道理來幫助他們的議論的時候，還容易陷於謬誤。這是什麽緣故呢？

原來學者之應用雙聲叠韻，往往爲的是證明歷史上的問題，因此，如果不知道古代的聲紐與韻部，就不免要弄錯了，例如"交"與"際"，在今北京是雙聲，然而在上海已經不是雙聲，在古代更不是雙聲；"金"與"銀"，在今北京上海是叠韻，然而在廣州已經不是叠韻，在古代更不是叠韻了。所以我們要談雙聲叠韻的時候，首先不要囿於現代方音。這話説來容易，做時就難。常見很好的一篇考據文章，由於錯認了雙聲叠韻，就成了白圭之玷。若要免於錯誤，最好的方法就是查書。關於雙聲，可查黄侃的《集韻聲類表》；關於上古叠韻，可查江有誥的《諧聲表》（在《音學十書》内）；關於中古叠韻，可查《廣韻》。

除了普通的雙聲之外，還有古雙聲與旁紐雙聲。古雙聲例如"門"與"問"（"門"明母，"問"微母）、"丁"與"張"（"丁"端母，"張"知母）；旁紐雙聲例如"忌"與"驕"（"忌"群母，"驕"見母）、"天"與"地"（"天"透母，"地"定母）。在適當的情形之下，古雙聲與旁紐雙聲都可應用；但最好是加注説明，否則讀者也許以爲作者連守温三十六字母也還没弄清楚。再者，關於古雙聲，尚有些未解決的問題(例如端照雙聲、定喻雙聲等);至於旁紐雙聲,又不如正紐雙聲之可靠。注明了,可以表示作者之認真,不願以不十分可靠的雙聲冒充雙聲。

普通所謂叠韻往往是指古叠韻而言(因爲往往是考據上古的史料纔去談叠韻),似乎不必加注説明了。但是,爲了讀者的便利,我們最好加以説明,例如要説"思、才"叠韻,最好是注明"思、才"皆屬古音之部。

雙聲叠韻的證明力量是有限的,前輩大約因爲太重視音韻之學了,所以往往認雙聲叠韻爲萬能。其實,無論在何種情況之下,雙聲叠韻衹能做次要的證據。如果是既雙聲,又叠韻,則其可靠的程度還可以高些,因爲這樣就是同音或差不多同音(如僅在韻頭有差别),可以認爲同音相假;至於衹是雙聲或衹是叠韻,那麽,可靠的程度更微末了;再加上古雙聲、旁紐雙聲、旁轉、對轉等等説法,通假的路越寬,越近於胡猜。試把最常用的二三千字捻成紙團,放在碗裏搞亂了,隨便拈出兩個字來,大約每十次總有五六次遇着雙聲叠韻,或古雙聲、旁紐雙聲、旁轉、對轉。拿這種偶然的現象去證明歷史上的事實,這是多麽危險的事!由此看來,當我們要證明某一歷史事實的時候,必須先具備直接的充分證據,然後可以拿雙聲叠韻來幫助證明;我們決不該單憑雙聲叠韻去做唯一的證據。

前輩對於雙聲叠韻最爲濫用者,要算方言之研究。章太炎先生一部《新方言》,十分之八九是單憑雙聲叠韻(或同音)去證明今之某音出於古之某字。大致説起來,他的方法是,先博考群書,證明某字確有此種意義,然後説明現代某處口語中有音與古籍中某字之音義皆相同或相近(音相近即雙聲或叠韻),因而證明今之某音即古之某字,例如《新方言》二,頁53:

> 《説文》,悸,心動也,其季切,今人謂惶恐曰"悸",以北音"急"讀去聲,遂誤書"急"字爲之。

依這一段文章看來,可以分析成爲下面的邏輯:

1. 古"悸"字有心動義;
2. 今"急"字有惶恐義;
3. 古"悸"字與今"急"字音相近("悸"群母,"急"見母,旁紐雙聲);
4. 古"悸"字與今"急"字義相近(心動與惶恐同屬心情之變化);
5. 故今"急"字即由古"悸"字演變而來。

1、2、3、4都是原有的判斷,5纔是推演出來的另一判斷,因此,1、2、3、4都是不錯的,衹是5就犯了推理上的謬誤了。像5這種結論,如果我們補出它的大前提,成爲三段論法,就是:

凡古字與今字音義相近者,必係同字之演變;
今"悸"與"急"音義相近;
故"悸"字與"急"字係同字之演變。

這麽一分析,我們就會覺得這個大前提説不通。因爲古今字音義相近者甚多,未必皆是同字之演變。若依這個大前提去研究方言,決不能得到顛撲不破的結論。假如另有人説具惶恐意義的急字(急字是否與惶恐之義完全相當,也是疑問,現在姑且假定是相當的)是從古代兢字演變而來("兢"見紐,"急"亦見紐,是雙聲,《詩·雲漢》"兢兢業業",傳:"兢,恐也。""兢"與"急"音義更相近),我們就没法判斷誰更有理。這樣研究方言,可以"言人人殊",除令人欽佩作者博聞強記之外,對語言的歷史實在没有什麽大貢獻。

不過,這種研究法所得的結論可靠的程度也不能一律。大約音義相同或差不多相同者,其可靠程度較高;僅僅音義相近者,其可靠程度較低,例如《新方言》同頁:

> 《説文》,情,惶也,或作"怖",普故切,今人謂惶懼曰"怖",轉入禡韻,以慘怕字爲之。唐義淨譯佛律已作怕懼,此當正者。

這是可靠程度較高的,因爲:"怖"與"怕"既雙聲又叠韻("怖"和"怕"聲同屬滂母,又同屬古韻魚部),而且魚部在上古很有念-a的可能,則怕(pà)也許就是古音的殘留;"怖"與"怕"都有惶懼的意義,不像“悸”之心動與“急”之惶恐畢竟相差頗遠。由此看來,“怖、怕”之相承,並非單憑雙聲叠韻的證明。因此更可見雙聲叠韻不足爲主要證據。

除了研究方言之外,講訓詁的人也往往應用雙聲叠韻。有時候,别的證據很多,再加上雙聲或叠韻爲證,固然更有力量;但有時僅以雙聲或叠韻爲據,説了也幾乎等於没有説。又如近人要證明古書人名地名的異文,也往往單憑雙聲叠韻爲證,這至多衹能認爲一種尚待證明的猜想。譬如我們要證明莊周即楊朱,或陽子居即楊朱,我們就該努力來尋求更有力的證據,不可以雙聲叠韻之説爲滿足(“莊、楊”叠韻,“周、朱”雙聲,音頗相近,“子、朱”衹可認爲準古雙聲,“居、朱”又可算是旁轉,故“陽子居”與“楊朱”音不甚近)。其他一切考證,都是這個道理。

總之,我們做學問,猜想本來是可以的。但是,作者必須明顯地承認這是一種猜想,讀者也該瞭解這是一種猜想。我們不能再認雙聲叠韻爲萬能。它們好比事實的影子,當我們看見某一個影子很像某一件事實的時候,自然可以進一步而求窺見事實的真面目;如果衹憑那影子去證明事實,那就等於“捕風捉影”了。

原載燕京大學《文學年報》第3期

[收入《漢語史論文集》時的附記]這篇短文是1937年發表的,到現在已經二十年了。其中談的都是極淺近的道理,似乎没有收入《漢語史論文集》的必要。但是,就在最近的一二年來,仍舊有許多人把雙聲叠韻看做是從語言學上考證古代歷史和古代文學史的法寶,因此,把這篇文章再印出來,也還不算是浪費紙墨。

1956.12.10.

新字義的產生

咱們查字典的時候，常常看見一個字不止有一個意義，甚至有多到幾十個意義的。但是，咱們應該知道，這些字義並不是同時產生的，有時候他們的時代相隔一二千年。現在一般的字典對於每一字的意義，並沒有按照時代來安排，所以單憑字典並不能看出字義產生的先後，例如“翦”字，依《辭海》裏説，第一個意義是“翦刀曰翦”，第二個意義是“斷也”，其實第二個意義比第一個意義早了千餘年。又如“尼”字，依《辭海》裏説，第一個意義是“女僧也”，第二個意義是山名，其實第二個意義也比第一個意義早了千年或八九百年。

新義和古義的關係，並不像母子的關係。先説，新義不一定是由古義生出來的（見下文），再説，即就那些由古義生出來的新義而論，幾千年前的古義往往能和幾千年後的新義同時存在，甚至新義經過若干時期之後，由衰老以至於死亡，而古義却像長生不老似的。若勉强以母子的關係相比，可以説是二千歲的老太婆和她的兒子、孫子、曾孫、玄孫、來孫、晜孫、礽孫、雲孫累代同堂。有時候，二千歲的老太婆還有二三十歲的晚生兒子；又有時候，兒子、孫子、重孫子都死了，而老太婆巍然獨存，她的年紀雖老，却毫無衰老的狀態，當如《漢武帝内傳》裏所描寫的西王母，看去衹像三十歲的人。當然，也有些老太婆早已死去，衹剩她的孫子或重孫子的；但是，二千歲以上的老太婆現在還活着的畢竟佔大多數。以上所説的譬喻頗近似於神話,實際的人生不會是這樣的。所以我們說,新義和古義的關係並不像母子的關係。

由上文所說,新義的產生可以分爲兩類:第一是孳生;第二是寄生。所謂孳生,就是由原來的意義生出一種相近的意義。古人把這種情況叫做引申,例如上文所舉的"翦"字(即今之"剪"字),由剪斷的意義引申,於是用以剪斷的一種工具也叫做"翦"(即剪子),兩種意義很相近,不過一個是動詞,一個是名詞而已。所謂寄生,却不是由原來的意義生出來的,衹是毫不相干的一種意義,偶然寄托在某一個字的形體上。但是,等到寄生的時間長了,也就往往和那字不能再分離了。古人把這種情況叫做假借,例如上所舉的"尼"字,尼山的意義和尼姑的意義是毫無關係的,不過偶然遇合而已。由此看來,孳生還有點像母子關係(但嚴格說起來也不像,見上文),寄生就連螟蛉子也不很像,衹是寄人籬下罷了。但是,如果原來的意義消滅了,新義獨佔一字,也就變成了鳩占鵲巢,例如"仔"字本是挑擔的意思,現在衹當仔細字講;"騙"字本是躍而乘馬的意思,現在衹當欺騙字講。有時候,寄生的字本身也可以孳生,恰像螟蛉子也可以有他親生的兒子,所以有些字所包含的幾個意義是孳生、寄生的關係都有,而且它們之間的關係是相當複雜的。

孳生的情形是很有趣的。許多孳生的意義都不像上文所說的"翦"字那樣簡單。有時候,它們漸變漸遠,竟像和最初的意義毫無關係似的。這好比曾祖和曾孫的面貌極不相像。但如果把他們祖孫四代集合在一處來仔細觀察,却還看得出那祖父有幾分像那曾祖,那父親又有幾分像那祖父,那兒子也有幾分像那父親,例如"皂"字的本義是黑色(古人說"不分皂白"就是"不分黑白");皂莢之得名,由於它熟後的顏色是黑的。皂莢之中有一種開白花的,莢厚多肥,叫做肥皂莢,省稱爲"肥皂",可以爲洗衣之用。後來西洋的石碱傳入中國,江浙一帶的人因爲它的功用和肥皂莢相同,所以稱爲"洋肥皂",後來又省去"洋"字,衹叫做"肥皂"。其中有一種香的肥皂,又省去“肥”字,衹稱“香皂”,於是,“皂”字的意義竟等於“石碱”的意義,也就是北方所謂“胰子”。由黑色的意義轉到“胰子”的意義上去,幾乎是不可思議。誰看見過胰子是黑的(不是不可能,却是罕見)?但如果咱們追溯“香皂”的“皂”字的意義來源,却又不能説它與黑色的意義没有關係。

有時候,孳生和寄生的界限,似乎不很清楚。説是孳生罷,却並非由本義引申而來;説是寄生罷,却不像上文所舉仔細的“仔”、欺騙的“騙”,和它們的本義毫無關係。例如“顔”字的本義是“眉目之間也”,“色”字的本義是“眉目之間的表情”,所以“顔、色”二字常常連用。但那“色”字另有一個意義是色彩。這色彩的意義是“顔”字本來没有的,衹因“顔、色”二字常常相連,“色”字也就把色彩的意義傳染給“顔”了。於是“顔色”共有兩種意義:其一是當容色講,另一是當色彩講。到了後來,後一種意義漸漸佔了優勢,至少在口語裏是如此。但是,在起初的時候,“顔”字還不能單獨地表示色彩的意義,例如“目迷五色”不能説成“目迷五顔”,“雜色的花”不能説成“雜顔的花”。直到“顔料”這一個新名詞出世之後,“顔”字纔開始單獨地表示色彩的意義了。乍看起來,“顔”字産生這色彩的意義似乎是孳生,其實衹是寄生。不過,有了傳染的情形,就不是普通的寄生了,咱們可以把這種情形叫做特别的寄生。

新字義的産生,有時候是由於自然的演變,有時候是由於時代的需要。所謂自然的演變,就是語言裏對於某一意義並非無字可表,衹是某字隨着自然的趨勢,生出一種新意義來,以致造成一種一義多字的情形,例如既有“皆”,又有“都”;既有“嗅”,又有“聞”;既有“代”,又有“替”,等等。所謂時代的需要,是社會上産生一種新事物,需要一個新名稱,人們固然可以創造一個新字或新詞,但也可以假借一個舊字而給它一種新的意義,例如“槍”字,本來指的是刀槍劍戟的槍,後來又指現代兵器的槍。“礮”字(“炮”字),本來指的是發石擊人的一種機器,後來又指現代兵器的礮。大致説來,由於自然的演變的情形居大多數,由於時代的需要的情形是頗爲少見的。

除了上面的兩種原因之外,新字義的産生還有兩種原因:第一是忌諱,第二是謬誤的復古。

從前皇帝的名字是要避諱的,就是所謂廟諱。因爲避諱,該用甲字的時候,往往用乙字來替代,於是乙字就添了一種新的意義,例如“祖孫三代”在唐以前本該説成“祖孫三世”,因爲唐太宗的名字是李世民,所以唐朝人就改“世”爲“代”了。最有趣的是,唐亡之後,應該可以不必再諱言“世”字,然而大家用慣了“祖孫三代”的説法,也就很少人想恢復“祖孫三世”的説法了。從此以後,“代”字就增加了一種新的意義了。

所謂謬誤的復古,是寫文章的人存心要運用古義,但是因爲學力不足,他們所認爲的古義却是一種杜撰的新義,例如清代的筆記小説裏,有許多“若”字是當“他”字講的,其實“若”字的古義是“你”,不是“他”。又如現代書報上的“購”字當“買”字講,其實“購”字的古義衹是“懸賞徵求”,不是“買”。以“若”爲“他”之類,恐怕還有人指摘;至於以“購”爲“買”之類,大家都已經習非成是了。求古而得新,這是愛用古義的人所料想不到的。然而這種情形可見不少。

關於新字義的産生,我們這幾段話不過是隨便説説而已,若要仔細研究,應該時時留心每一個字的新舊意義,咱們首先要問:這個意義是什麽時候就有了的?其次要問:這個意義是怎麽樣産生出來的?咱們雖然不能完全解決這個問題,但是由這些問題所引起的興趣已經是無窮的了。

1942 年 7 月 17 日

原載《國文雜誌》第 1 卷第 2 期

古漢語自動詞和使動詞的配對

在古代漢語構詞法上有一種特殊現象,就是自動詞和使動詞的配對。這種現象在現代漢語裏也還存在着,不過有些詞的古義已經死去或僅僅殘存在合成詞裏,自動詞和使動詞的關係就不如古代漢語那樣明顯了。因此,我們最好還是從古代漢語構詞法上討論。

自動詞是和使動詞相對立的名稱。凡與使動詞配對的,叫做自動詞。從前有人把不及物動詞叫做自動詞,及物動詞叫做他動詞。本文所謂自動詞不是那個意思。無論及物不及物,衹要它是與使動詞配對的,都叫自動詞。

在古代漢語造句法中,有所謂動詞的使動用法:主語所代表的人物並不施行這個動作,而是使賓語所代表的人物施行這個動作,例如《論語·先進》:"求也退,故進之;由也兼人,故退之。"一個動詞是不是使動用法,往往由上下文的語意來決定,例如《論語·憲問》:"孔子沐浴而朝。""朝"字是動詞的一般用法,施行"朝"的動作者是主語"孔子"。《孟子·梁惠王上》:"然則王之所大欲可知已:欲辟土地,朝秦楚,莅中國,而撫四夷也。"這個"朝"字却是使動用法,施行"朝"的動作者不是主語"王"(承上省略),而是"秦楚",

意思是説“使秦楚來朝”。凡是多讀古書的人,對於動詞的使動用法,是很容易體會出來的。

但是,動詞的使動用法,衹是造句法的問題,不是構詞法的問題。像上文所舉的“進、退”和“朝”,它們衹能説是在句中有使動用法,嚴格地説,它們本身並不是使動詞,因爲它們在形式上和一般動詞没有區别,没有形成使動詞和自動詞的配對。

構詞法上的使動詞,就古漢語説,它們是和自動詞的語音形式有着密切關係的。配對的自動詞和使動詞,二者的語音形式非常近似,但又不完全相同。近似,表示它們同出一源(一般是使動詞出自自動詞);不完全相同,這樣纔能顯示使動詞和自動詞的區别。不完全相同的語音形式具有三種表現方法:字形相同;由字形相同變爲不同;字形不同。這三種情況都必須具備同一條件:自動詞和使動詞必須是既雙聲又叠韻的字,單靠雙聲或單靠叠韻還不能形成自動詞和使動詞的配對。當然,旁紐也算雙聲,旁韻也算叠韻。但是,如果自動詞和使動詞之間衹有雙聲關係而韻部距離很遠,或者衹有叠韻關係而聲母距離很遠,爲慎重起見,概不認爲配對。

現在按照上述自動詞和使動詞配對的三種情況,分别加以敘述。

一、字形相同

字形相同,衹要讀音不同,就可認爲自動詞和使動詞的配對。既然兩個詞在語言裏表現爲不同音,就算是具備了不同的語言形式,字形的同與不同是無關重要的。這又可以細分爲兩種情況:

(一)同紐,同韻[①],異調

〔飲:飲〕a.於錦切,自動詞。《説文》:歠也。《論語·鄉黨》:“鄉人飲酒。”b.於禁切,使動詞,飲之也。按:即使飲之意。《左

① 所謂同韻,指上古的韻部。下仿此。

傳·宣公十二年》:"將飲馬於河而歸。"《釋文》:"於鴆反。"於鴆反即於禁切。

〔去:去〕a.丘據切,自動詞。《廣韻》:"離也。"意思是離開、走了。《論語·微子》:"子未可以去乎?"b.羌舉切,使動詞。《廣韻》:"除也。"按:即使離之意,指使人物離開,也就是"除去"。《論語·八佾》:"子貢欲去告朔之餼羊。"《顔淵》:"必不得已而去,於斯三者何先?"《釋文》皆注云:"起吕切。"起吕切等於羌舉切。

(二)旁紐,同韻,同調

〔敗:敗〕a.薄邁切,自動詞。《廣韻》:"自破曰敗。"b.補邁切,使動詞。《廣韻》:"破他曰敗。"按:"破他"即使敗之意。

〔折:折〕a.常列切,自動詞。《説文》:"斷也。"《廣韻》:"斷而猶連也。"《左傳·昭公十一年》:"末大必折,尾大不掉。"b.旨熱切,使動詞。《廣韻》:"拗折。"按:即使斷之意。《詩·鄭風·將仲子》:"無折我樹杞。"《釋文》:"折,之舌反。"①之舌反等於旨熱切。

〔别:别〕a.憑列切,自動詞。《説文》:"分解也。"《廣韻》:"異也,離也,解也。"《詩·邶風·谷風》:"行道遲遲,中心有違。"毛傳:"遲遲,舒行貌。違,離也。"鄭箋:"徘徊也。行於道路之人,至將於别,尚舒行。"b.彼列切,使動詞。《廣韻》:"分别。"按:即使離異爲二、使有分别之意。《詩·大雅·生民》:"克岐克嶷。"鄭箋:"能匍匐則岐岐然意有所知也,其貌嶷嶷然有所識别也。"《釋文》:"别,彼列反。"②

〔著:著〕a.直略切,自動詞。《廣韻》:"附也。"《左傳·宣公四年》:"著於丁寧。"《釋文》:"著,直略反。"b.張略切,使動詞。《廣韻》:"服衣於身。"按:即使著之意,意義範圍縮小,通常衹指使著於身。衣冠皆可用"著"。《禮·玉藻》:"皮弁以日視朝。"孔疏:"著皮弁視朝。"《後漢書·馬后紀》:"左右但著帛布。"

---

① 《釋文》以常列反爲如字,故未注音;以之舌反(即旨熱切)爲讀破,故注音。

② 《釋文》以憑列反爲如字,故未注音;以彼列反爲讀破,故注音。

〔解：解〕a.胡買切,自動詞。自解爲解。《易·解卦》:"天地解而雷雨作,雷雨作而百果草木皆甲坼。"《莊子·大宗師》:"此古之所謂縣解也。"《釋文》皆云:"解,音蟹。"b.佳買切,使動詞。《説文》:"判也。"《莊子·養生主》:"庖丁爲文惠君解牛。"

《顔氏家訓·音辭》説:"江南學士,讀《左傳》口相傳述,自爲凡例:軍自敗曰敗,打破人軍曰敗(補敗反)。諸記傳未見補敗反。徐仙民讀《左傳》,唯一處有此音,又不言自敗、敗人之别。此爲穿鑿爾。"段玉裁《六書音均表·古音義説》説:"字義不隨字音爲分别。"又在《説文解字》"别"字下注云:"今人分别則彼列切,離别則憑列切,古無是也。"其實陸德明等人不見得是穿鑿。試看上述諸例,自動詞都讀濁音,使動詞都讀清音,清濁配對,系統分明。想來陸德明等人一定是有師承的。至於這種讀音上的區别是原始的,還是後起的,則有待於進一步的研究。

二、由字形相同變爲不同

自動詞和使動詞采取同一書寫形式,給讀者帶來了一些不便。因此,後來有些字就分化爲兩個字:一個代表自動詞,一個代表使動詞。現在舉出幾個例子:

(一)同紐,同韻,異調

〔視：視(示)〕a.承矢切[①],自動詞。《説文》:"瞻也。"《論語·顔淵》:"非禮勿視。"b.神至切[②],使動詞。以物示人曰視。按:即使視之意,等於説"給看"。《詩·小雅·鹿鳴》:"視民不恌。"《釋文》:"視,音示。"[③]使動詞又寫作"示"。《論語·八佾》:"'知其説

① 今大徐《説文》作神至切,是讀使動詞之音。應依《玉篇》作時止切。時止切等於承矢切。

② 《廣韻》神至切不載"視"字,而常利切有"視"字,注云"又音是"。敦煌王韻作"又神至反",當以王韻爲正。

③ 陸德明獨於此處注明"音示",可見他認爲去聲是讀破,上聲是如字。

者之於天下也,其如示諸斯乎?'指其掌。"

"示"字在先秦古籍中經常出現,容易造成人們的錯覺,以爲"示"是正字,"視"是假借字。《説文》説:"示,天垂象見吉凶所以示人也。"更令人覺得"示"就是示人的"示"。其實許慎把"示"當做名詞來解釋,所以他在後面説"示,神事也"①。而"示人"祇是聲訓。漢時已經假借"示"字表示使動的"視",所以許慎從當時的習慣寫成"示人"。

在《漢書》裏,使動的"視"仍一律作"視",不作"示",例如《刑法志》"用相夸視"、《食貨志》"以視節儉"、《郊祀志》"以視不臣也"、《項籍傳》"視士必死",等等。

《禮·曲禮上》:"幼子常視毋誑。"鄭玄注:"視,今之'示'字。"這句話有力地證明了"示"當"示人"講祇是漢代的事,而先秦古籍的"示"字可能是後人改的。孔疏引申鄭注的話説:"古者觀視於物及以物示人則皆作'示'傍著'見',後世以來,觀視於物作'示'傍著'見',以物示人單作'示'字。""視"和"示"的分工,在孔疏裏是講得很清楚的②。

〔趣:趣(促)〕a.七句切,自動詞。《説文》:"趣,疾也。"按:指疾走,與"趨"音義略同(《廣韻》去聲遇韻"趣"字注云"又七俱切",則與"趨"同音)。《詩·大雅·棫樸》:"左右趣之。"毛傳:"趣,趨也。"b.七玉切③,使動詞。字又作"促"。《説文》:"促,迫也。"這就是催促的"促"。按:即使趣之意,使人快做某事,也就是催促。《禮·月令》:"命有司趣民收斂。"《釋文》:"趣音促。"

(二)旁紐,同韻,同調

〔見:見(現)〕a.古電切,自動詞。《説文》:"視也。"等於現代

① 示,甲骨文作丅,象神主之形。

② 李富孫《説文辨字正俗》也講了這個道理。

③ 《廣韻》七玉切未收"趣"字,但是在遇韻"趣"字下面注云:"又親足、七俱、倉苟三切。"親足切即七玉切。

的“看見”。《論語·里仁》:“見賢思齊焉,見不賢而内自省也。”b.胡甸切,使動詞。《廣韻》:“露也。”按:即使見之意,等於説“讓人看見”。古人於謁見的意義用使動詞,意思是讓在上者或尊者看見自己。一般用作不及物動詞。《左傳·莊公十年》:“曹劌請見。”《論語·述而》:“童子見。”《衛靈公》:“子路愠見。”有時候,“見”字後面帶“於”字,仍是用作不及物動詞。《論語·顔淵》:“鄉也吾見於夫子而問知。”《孟子·梁惠王下》:“暴見於王。”①使動詞“見”也可以用作及物動詞,表示讓謁見,使拜見。《論語·八佾》:“從者見之(讓他謁見孔子)。”《微子》:“見其二子焉(使二子拜見子路)。”這是構詞法的使動與造句法的使動相結合。

“以見”的“見”也是使動詞,因爲不是自己看見,而是讓人看見。《左傳·桓公十年》:“先書齊衛,王爵也。”杜注:“《春秋》所以見魯猶秉周禮。”《釋文》:“見,賢遍反。”賢遍反即等於胡甸切。

“見”作爲使動詞,又可以解作“出現”。《論語·泰伯》:“天下有道則見。”皇疏:“見謂出仕也。”其實是出現、露面。

《佩文韻府》和《經籍籑詁》於胡甸切的“見”字注云“俗作現”。那是不對的。衹有“出現”的意義到後代纔寫作“現”。謁見等意義不能寫作“現”。

〔入:入(内)〕a.人執切,自動詞。出之反。《論語·八佾》:“子入太廟。”b.奴答切,又奴對切,使動詞。《説文》:“内也。”内,古納字。按:即使入之意。《戰國策·秦策》:“入其社稷之臣於秦。”注:“納也。”《史記·楚世家》:“靈王於是獨傍偟山中,野人莫敢入王。”《魏世家》:“商君亡秦歸魏,魏怒不入。”

《廣韻》奴答、奴對兩切都不載“入”字,但是我們想象“入”字在上古應另有奴對切一音,而較早則是奴答切。章炳麟《文始》也以爲“入”字有兩讀。又説:“《説文》‘入,内也’‘内,入也’。古文

① 如果“見”字後面帶直接賓語,如“孟子見梁惠王”,則“見”是自動詞,不讀胡電切。

本以‘入’爲‘内’，入者象從上俱下爲初文，‘内’乃孳易字也。‘入’本在緝部，轉入隊，而‘内’聲之‘軜’，《詩》亦與‘合邑’爲韻，讀入緝部，明‘入’即‘内’也。古無彈舌日紐，‘入’本作奴葉切，故轉爲‘内’。”我的意見與章氏略同。我把“入”字的上古音擬爲 ȵiəp，“内”字的上古音擬爲 nuəp-nuət[①]。這樣，使動詞“入”的上古音也該是 nuəp-nuət。

（三）旁紐，同韻，異調

〔食：食(飤)〕a.乘力切，自動詞。《廣韻》：“飲食。”《論語·學而》：“君子食無求飽，居無求安。”b.祥吏切，使動詞。以食與人。按：即使食之意，等於説“給吃”。《左傳·宣公二年》：“不食三日矣。食之。”《釋文》於“食之”的“食”注云：“音嗣。”

《説文》把使動的“食”寫作“飤”，《廣韻》去聲志韻衹收“飤、飼”（“飼”同“飤”），不收“食”。但是，經典中常見的只有“食”，没有“飤”。至於“飼”字也不能完全代替“食”字，一般衹用於飼養禽獸，如杜甫《黄魚》：“脂膏兼飼犬。”

〔辟(避)：辟〕a.毗義切，自動詞。《説文》：“避，回也。”按：即迴避。本來衹寫作“辟”。《論語·憲問》：“賢者辟世。”《釋文》：“辟，音避。”b.必益切，使動詞。《廣韻》：“除也。”按：即使避之意。《周禮·秋官·士師》：“王燕出入則前驅而辟。”鄭注：“道王，且辟行人。”（道，同“導”。辟行人，使行人迴避）後人成語“辟邪”亦是此意。

這一類雖由字形相同變爲不同，但是在上古是字形相同的，與第一類的情況也就差不多。

三、字形不同

對於字形相同、讀音相近的字，我們講自動詞和使動詞的配

① 參看王力《漢語史稿》。

對,是容易瞭解的,因爲有同一的字形把它們聯繫起來。至於字形不同的兩個字,我們講它們是自動詞和使動詞的配對,就不容易瞭解了。有人會説,既然字形不同,我們就不必説兩個詞之間有什麽配對關係。但是,我們仍然應該從語音上考慮。如果有兩個字既雙聲又叠韻,一個自動,一個使動,正好配對,那就決非偶然。現在列舉一些事實:

(一)同紐,同韻,異調

〔買:賣〕a.莫蟹切,自動詞。《説文》:"市也。"《莊子·逍遥遊》:"請買其方百金。"b.莫懈切,使動詞。《説文》寫作"賣",解云:"出物貨也。"按:即使買之意,等於説"讓人買"。《史記·平準書》:"貴即賣之。"

徐灝《説文解字注箋》説:"出物貨曰'賣',購取曰'買',衹一聲之輕重,與物好曰'好',好之曰'好',物醜曰'惡',惡之曰'惡'同例。竊謂'買''賣'本是一字,後以其聲異而從'出'以别之。書傳'買''賣'二字往往互用。如《周官·賈師》'凡國之賣價',鄭注:'故書賣爲買。'《萍氏》'幾酒',鄭注:'苛察沽買過多。'《釋文》'買一本作賣'是也。"按:徐氏説得很對。我想"買""賣"在最初也許完全同音,正像"沽"字既當"買"講,又當"賣"講。後來纔分化爲二音,形成兩個字。

〔受:授〕a.殖酉切,自動詞。《説文》:"相付也。"《論語·鄉黨》:"康子饋藥,拜而受之。"b.承呪切,使動詞。按:即使受之意。《説文》:"予也。"《廣韻》:"付也。"《詩·鄭風·緇衣》:"還予授子之粲兮。"

林義光《文源》説:"'受''授'二字,古皆作受。盂鼎:'今余其遹(率)先王,授民授疆土。''授'皆作'受'。"按:林氏説得很對。《説文》:"受,相付也。""相付"即兼有授、受二義。大徐注"授"爲殖酉切,則"授、受"同音。《廣韻》分爲二音,"受""讀上聲,"授"讀去聲。大概是先同形同音而後分化爲兩形兩音。

〔啖：啗〕a.徒敢切,自動詞。字亦作“噉”。《説文》:“噍啖也。”《墨子·魯問》:“楚之南有啖人之國者。”b.徒濫切,使動詞。《説文》:“食也。”按:即使食之意。《國語·晉語》:“主孟啗我。”《史記·滑稽列傳》:“啗以果脯。”字又作“嚪”。《史記·樂毅列傳》:“令趙嚪説秦以伐齊之利。”

“啖”與“啗”很早就通用了。《漢書·霍光傳》:“與從官飲啗。”《王吉傳》:“吉婦取棗以啖吉。”《廣韻》上聲亦收“啗”字。但是,以通例推之,上聲本當是自動詞,去聲本當是使動詞。即使字形一樣,讀音也不一樣。《漢書·高帝紀》:“使酈食其、陸賈往説秦將,啗以利。”師古注:“啗,本謂食啗耳。音徒敢反。以食餧人,令其啗食,音則改變爲徒濫反。”顔説必有所承,可以爲證。朱駿聲《説文通訓定聲》説:“啗與啖微别,自食爲啖,食人爲啗。”從字形的分化上説,朱氏也有道理。

〔去：祛〕a.丘據切,自動詞。《廣韻》:“離也。”意即離開。已見前。b.去魚切,使動詞。《廣雅·釋詁二》:“祛,去也。”《文選》殷仲文《南州桓公九井作詩》:“惑祛吝亦泯。”“去”的使動詞讀平聲是後起的現象。

〔敬：警〕a.居慶切,自動詞。《説文》:“肅也。”“肅,持事振敬也。”《詩·周頌·閔予小子》:“維予小子,夙夜敬止。”注意:“敬”字衹有用作不及物動詞時與使動詞“警”配對。b.居影切,使動詞。《説文》:“警,戒也。”按:即使敬之意。敬是警惕自己,警是警惕别人。《左傳·宣公十二年》:“今天或者大警晉也。”《説文》另有“儆”字,解云“戒也”。段注:“與‘警’音義同。”

《詩·大雅·常武》:“既敬既戒。”鄭箋:“敬之言警之,警戒六軍之衆。”這是以自動詞作使動詞用。《釋名·釋言語》:“敬,警也,恒自肅警也。”這是以使動詞釋自動詞。

〔就：造〕a.疾僦切,自動詞。《廣韻》:“就,成也。”《禮·孔子閒居》:“日就月將。”b.昨早切,使動詞。《廣韻》:“造,造作。”按:

即使成之意。《禮·玉藻》:“大夫不得造車馬。”

(二)旁紐,同韻,同調

〔至:致〕a.脂利切,自動詞。《廣韻》:“至,到也。”《論語·子罕》:“鳳鳥不至。”b.陟利切,使動詞。《説文》:“致,送詣也。”《廣韻》:“致,至也。”按:即使至之意。使人物來都叫“致”。《莊子·逍遥遊》:“彼於致福者,未數數然也。”《論語·子張》:“君子學以致其道。”把東西送到别人那裏去也叫“致”。《左傳·宣公十二年》:“不腆先君之敝器,用使下臣致諸執事。”《論語·學而》:“事君能致其身。”

〔出:黜〕a.尺律切,自動詞。入之反。《論語·雍也》:“誰能出不由户?”b.丑律切,使動詞。《説文》:“黜,貶下也。”《廣雅·釋詁三》:“黜,去也。”按:“黜”之本義爲使出。《國語·周語》:“王黜翟后。”注:“廢也。”其實等於出妻。《楚辭·愍命》:“蔡女黜而出帷兮。”使動詞“黜”與自動詞“出”前後照應。《公羊傳·襄公二十七年》:“黜公者非吾意也。”何休注:“黜猶出逐。”

“出”又讀尺類切,這種讀音本來也是使動詞。《論語·子罕》:“河不出圖。”《釋文》:“出,如字,舊尺遂反。”尺遂反即尺類切。可見舊音於使動詞“出”字是讀去聲的。後來“出”字也有去聲一讀,如柳宗元《永州韋使君新堂記》:“既焚既釀,奇勢迭出。清濁辨質,美惡異位。”“出”與“位”押韻①。但是已經不是用於使動意義了。

〔效(傚):教〕a.胡教切,自動詞。《説文》:“效,象也。”《廣韻》:“學也,象也。”字又作“傚”。《左傳·莊公二十一年》:“鄭伯傚尤。”《詩·小雅·鹿鳴》:“君子是則是傚。”b.古孝切,使動詞。《説文》:“教,上所施,下所效也。”按:即使效之意。《論語·爲政》:“舉善而教不能則勸。”

“學、斅、效、教”四字關係密切。斅,《廣韻》:“學也。”《禮·學

① 上文“蕪”與“塗”押,“邱”與“瀏”押;下文“舒”與“餘隅”押,“仆”與“怒”押。

記》引《書・兑命》"學學半",僞古文《尚書》作"斆學半",可見"斆"就是"學"。但"斆學半"實際上指教學相長,故"斆"又是"教"。"學"字轉去聲則爲"效"。所以朱熹説"學之爲言效也"(《論語》"學而時習之"注)。我們説"教"是"效"的使動詞,也就等於説"教"是"學"的使動詞。

(三)同紐,旁韻,同調

〔動:蕩〕a.徒總切,自動詞。《廣韻》:"摇也。"按:指物體自摇動。《莊子・天地》:"蕩蕩乎忽然出,勃然動。"《孟子・公孫丑上》:"如此則動心否乎?"[①]b.徒朗切,使動詞。按:即使動之意。《禮・樂記》:"天地相蕩。"注:"猶動也。"《月令》:"毋或作爲淫巧以蕩上心。"注:"謂動之使生奢泰也。"注意"動心"與"蕩心"的分别。

〔存:全〕a.徂尊切,自動詞。《廣韻》:"存,在也。"按:存是亡之反。《孟子・離婁上》:"國之所存者幸也。"揚雄《解嘲》:"攫挐者亡,默默者存。"b.疾緣切,使動詞。《説文》:"全,完也。"作使動詞用時,有使存、使完之意。《易・繫辭》:"以全身也。"《釋文》:"全,本亦作存。"司馬遷《報任安書》:"今舉事壹不當,而全軀保妻子之臣隨而媒蘖其短。"

(四)旁紐,同韻,異調

〔糴:糶〕a.徒歷切,自動詞。《説文》:"市穀也。"《左傳・隱公六年》:"冬,京師來告饑,公爲之請糴於宋衛齊鄭。"b.他弔切,使動詞。《説文》:"出穀也。"按:即使糴之意,等於説"讓人買(穀)"。《史記・貨殖列傳》:"販穀糶千鍾。"

"糴、糶",依段氏《六書音均表》同在第二部。依我的《漢語史稿》同在藥部。

《説文》另有"糶"字,解云:"穀也。"《玉篇》"糶"有徒的、徒弔

---

① "動"又有引起的意義,如《論語・季氏》"而謀動干戈於邦内"。這種意義不和"蕩"字配對。

二反。徐灝《説文解字注箋》云:“古傳注未見有名穀爲糴者。出部:‘糶,出穀也。’入部:‘糴,市穀也。’‘糶’音他弔切,‘糴’音徒歷切,本一聲之轉,故‘弔’字亦讀如‘的’。‘糶、糴’皆售穀,自買者言之則爲糴,自賣者言之則爲糶,正如出物貨曰賣,購取曰買,皆一事而以出入爲二義,實是一字。蓋‘糴’之本義即售穀,古音讀如‘覭’,聲轉爲‘的’,因聲歧爲二義,故加‘出’爲‘糶’,加‘入’爲‘糴’耳。”徐氏講得很有道理。衹是應該説“糴”字古音讀如“翟”,聲轉爲“覭”。

〔進:引〕a.即刃切,自動詞。《廣韻》:“進,前也。”《論語·雍也》:“非敢後也,馬不進也。”b.余刃切,使動詞。“引”字古音屬端母濁音,故與“進”爲旁紐。《廣雅·釋詁三》:“引,道也。”按:指引導。實即使進之意。《詩·大雅·行葦》:“以引以翼。”鄭箋:“在前曰引。”

〔到:招〕a.都導切,自動詞。《説文》:“到,至也。”《詩·大雅·韓奕》:“靡國不到。”b.止遥切,使動詞。《説文》:“招,手呼也。”按:即使到之意。《孟子·滕文公下》:“招虞人以旌。”《荀子·議兵》:“招延募選。”注:“謂引致之也。”

“召”與“招”並爲“到”的使動詞。以手曰“招”,以言曰“召”。

〔順:馴〕a.食閏切,自動詞。《廣韻》:“順,從也。”《孟子·公孫丑下》:“多助之至,天下順之。”b.詳遵切,使動詞。《説文》:“馬順也。”李善引作“順也”。《廣韻》:“從也。”按:即使順之意,意義範圍縮小,限於使鳥獸順從。《一切經音義》引《説文》:“養野鳥獸使服謂之馴。”《淮南子·説林》:“馬先馴而後求良。”

〔藏:葬〕a.昨郎切,自動詞。《廣韻》:“藏,隱也。”《説文》無“藏”篆。小學家以爲“臧”即“藏”。《論語·子罕》:“有美玉於斯,韞匵而藏諸?求善賈而沽諸?”b.則浪切,使動詞。《説文》:“葬,藏也,從死在茻中。”按:即使藏之意,意義範圍縮小,限於使死人隱藏。《論語·先進》:“門人欲厚葬之。”

(五)旁紐,旁韻,同調

〔失：奪〕a.式質切,自動詞。得之反。《論語·陽貨》:“既得之,患失之。”b.徒活切,使動詞。依《説文》本作“敓”,今作“奪”。《説文》:“敓,彊取也。”按:即使失之意:對強取者來説是奪,對被強取者來説是失。《論語·憲問》:“奪伯氏駢邑三百。”

“失”和“奪”的關係很密切。《説文》:“奪,手持隹失之也。”一般人以爲“奪”等於後世的“脱”,“敓”等於後世的“奪”。但段玉裁以爲“奪”引伸爲凡失物之稱,仍然應解爲“失”。《説文》:“失,縱也,從手,乙聲。”朱駿聲説:“謂在手而奪去也。”他從“失”又講到“奪”。《孟子·梁惠王上》:“百畝之田,勿奪其時。”《荀子》注作“失”。《孟子》在另外兩個地方也説“無失其時”。無論“勿奪、無失”,都應該解作“勿使失去”。

當然,如果以“奪(脱)”與“敓”相配對,也可以講得通;不過“奪”必須讀他活切,然後和“敓”有分別。如果讀音全同,則字形不同所產生的詞義微別就是不可靠的了。

〔移：推〕a.弋支切,自動詞。《廣韻》:“移,遷也。”《説文》作“迻”(“移”是禾相倚移)。《孟子·梁惠王上》:“河内凶,則移其民於河東。”按:“移”古音屬端母濁音,故與“推”爲旁紐。b.他回切,使動詞。《説文》:“推,排也。”按:即使移之意。《孟子·萬章上》:“若己推而内之溝中。”《楚辭·漁父》:“聖人不凝滯於物,而能與世推移。”“推”與“移”連用,可見二字意義相近:分開來説,一個是使動詞,一個是自動詞。

(六)旁紐,旁韻,異調

〔瘳：療〕a.敕鳩切,自動詞。《説文》:“瘳,疾瘉也。”《書·金縢》:“王翼日乃瘳。”按:“瘳”從翏聲(翏,力救切),可能“瘳”的上古音是 tliəu,故與“療”配對。b.力照切,使動詞。《説文》:“瘵,治也,或從尞。”按:即使瘳之意。《左傳·襄公二十六年》:“不可救療。”

〔溼：漸〕a.失入切，自動詞。《廣韻》："溼，水霑也。"《詩·王風·中谷有蓷》："中谷有蓷，暵其溼矣。"b.子廉切，使動詞。《説文》："瀸，漬也。"通作"漸"。《廣雅·釋詁一》："漸，溼也。"按：即使溼之意。《詩·衛風·氓》："漸車帷裳。"《釋文》："漸，溼也。"《荀子·勸學》："其漸之滫。"注："漬也。"

〔壞：隳〕a.下怪切，自動詞。《説文》："壞，敗也。"按：自頹曰壞，見《史記·秦始皇本紀》"墮壞城郭"正義。《韓非子·説難》："宋有富人，天雨墻壞。"b.許規切，使動詞。《説文》作"陊"，又作"墒"。後人又寫作"墮"（"墮"又有徒果一切，字當作"陊"，落也）、作"隳"。《説文》："陊，敗城阜曰陊。"按：即使壞之意。《左傳·襄公二十六年》："入南里，墮其城。"《國語·魯語》："墮會稽。"《戰國策·秦策》："攻城墮邑。"賈誼《過秦論》："隳名城，殺豪傑。"

〔垂：縋〕a.是爲切，自動詞。字本作"𠂹、𠌿"。《説文》："𠂹，艸木華葉𠂹。"《廣韻》："𠌿，草木華葉縣。"[①]按：即下垂的"垂"。《莊子·逍遥遊》："其翼若垂天之雲。"b.馳僞切，使動詞。《説文》："縋，以繩有所縣也。"《廣韻》："繩懸也。"按：即使垂之意，意思範圍縮小，限於繩懸使垂[②]。《左傳·僖公三十年》："夜縋而出。"《昭公十九年》："子占使師夜縋而登。"

"縋"字讀馳僞切，依音系應屬古音歌部，與"垂"爲叠韻。但是，"縋"字從追得聲，依諧聲偏旁又應屬古音微部。歌、微二部音近，不必細考。

（七）對轉

〔窮：鞫〕a.渠弓切，自動詞。字本作"竆"。《説文》："竆，極也。"《禮·樂記》："窮高極遠而測深厚。"b.居六切，使動詞。字本作"簕"。《説文》："簕，竆治罪人也。"按：即使窮之意，意義範圍縮

---

① 依周祖謨校本加"華"字。

② 注意：《廣韻》既以"縣"釋"𠂹"，又以"懸"釋"縋"。

小,等於"追究到底"。《詩·大雅·雲漢》:"鞫哉庶正。"《瞻卬》:"鞫人忮忒。"鄭箋並云:"窮也。"《漢書·張湯傳》:"爰書訊鞫。"師古注:"鞫,窮也,謂窮覈之也。"

孔廣森以爲古韻冬幽對轉,章炳麟以冬侵緝幽對轉。按:冬部與幽部入聲(覺部)對轉較爲常見。即如我所主張,以冬、侵合併,"窮"讀 gʻĭwəm,"鞫"讀 kĭəuk,聲相近,亦得相轉。

〔回:運〕a.户恢切,自動詞。《説文》:"回,轉也。"《詩·大雅·雲漢》:"昭回于天。"毛傳:"回,轉也。"b.王問切,使動詞。"運"字古音屬匣母文部,與"回"字爲文微對轉。《説文》:"運,迻徙也。"徐鍇説:"按《莊子》:'天其運乎?地其處乎?'天道回轉迻易也。"《廣雅·釋詁四》:"運,轉也。"按:即使轉之意。"回"的本義是旋轉,"運"是使之旋轉。《楚辭·九章·哀郢》:"將運舟而下浮兮。"王逸注:"回也。"《淮南子·天文》:"運之以斗。"高誘注:"運,旋也。"

上面所舉古漢語自動詞和使動詞配對的事實,我自信十分之九以上是可靠的。有些不大可靠的例子,就暫時存疑,不列舉出來,例如"摇"字也可以認爲"動"的使動詞,因爲"摇"在上古的聲母是 d,與"動"旁紐相轉。但是,"動"古韻屬東部,"摇"古韻屬宵部,韻部距離太遠,爲謹慎起見,寧可不舉。這並不排除將來進一步的研究。

使動詞的構成,是按照自動詞的語音形式而加以變化。這種變化采取三種方式:變聲調;變聲母;變韻母。這三種方式可以衹采用一種,但也可以同時采用兩種乃至三種。無論變聲母或變韻母,都是變而不出其類。這樣,就使對話人意識到它是從跟它配對的自動詞變來的,兩個詞之間既有聯繫,又有區别。在某些情況下,自動詞和使動詞的分用不能劃若鴻溝。但是主要的分工則是非常明顯的。

使動詞構成的規律是值得研究的,但是似乎這種規律相當複

雜,由於研究得不够,還不容易得到十分肯定的結論。現在我把我的初步意見陳述如下:

聲調方面:使動詞以去聲爲主。自動詞或者是入聲,或者是上聲,或者是平聲。在上文所述跟自動詞異調的二十二個使動詞當中,有十二個是讀去聲的,即:飲飲、視視(示)、見見(現)、入入(内)、食食(飤)、買賣、啖啗、糴糶、藏葬、瘳療、垂縋、回運;五個是讀平聲的,即:去祛、到招、順馴、湮漸、壞隳;三個是讀上聲的,即去去、敬警、就造;兩個是讀入聲的,即:趣趣(促)、辟(避)辟。雖然讀去聲的使動詞佔多數,但是有些自動詞反而讀去聲,仍然得不到滿意的解釋。我想比較合理的假設是:去聲是比較後起的現象(如段玉裁所斷言的),後來有了去聲,人們就拿去聲跟别的聲調配對,來表示自動詞和使動詞的配對,不管是自動詞或使動詞,衹要其中有一個讀去聲就行。

聲母方面:情況也相當複雜。其中比較明顯的是清濁的對立。在二十四個旁紐的例子當中,清濁對立的佔了十五個。特别值得注意的是:自動詞一般讀濁母,使動詞一般讀清母,如:敗敗、折折、别别、著著、解解、辟(避)辟、效(傚)教、糴糶、進引、藏葬、移推、壞隳、窮鞫。有一種情況也值得注意,那就是正齒三等字和舌上音的配對,如:至致、出黜,例子雖不多,但是很能説明問題。自動詞屬正齒三等(至、出),使動詞屬舌上音。錢大昕説:"古人多舌音,後代多變爲齒音,不獨知徹澄三母爲然也。"①又説:"至、致本同音,而今人強分爲二(至,照母;致,知母)。"②他的話衹説出了一半真理。照系衹有三等和舌頭、舌上相通,二等則和齒頭相通(黄侃的意見是對的)。相通不等於相同:"至""致"並不同音,古人正是靠這種相近而不相同的兩個音來形成自動詞和使動詞的配對的(至 tɕĭet:致 ţĭet)。由於介音的關係,照系三等和舌上音親些,和舌頭音疏些。

---

①② 錢大昕《十駕齋養新録》卷五。

韻母方面:似乎没有一定的配對方式,衹有一條,就是韻部必須相同或相近。旁韻或對轉相配的情況如下:

東陽旁轉:動蕩

文元旁轉:存全

歌微旁轉:移推　壞隳　垂縋

幽宵旁轉:瘳療

質物旁轉:失奪

緝談旁轉:溼漸

微文對轉:回運

冬幽(覺)對轉:窮鞫

上文説過,自動詞和使動詞的配對衹是構詞法的問題,不是造句法的問題,因此,自動詞和使動詞在造句法中的作用並没有明顯的分别。誠然,自動詞多數用作不及物動詞,使動詞多數用作及物動詞,但是這種分别不是絶對的。

漢語詞族的問題是一個研究得很不够的問題。這裏提出的自動詞和使動詞的配對,可以認爲詞族問題的一個方面。用力不深,研究得還不够全面。補苴修正,有待於他日。

1964年8月21日寫畢

原載《中華文史論叢》第6輯,1965年

古韻脂微質物月五部的分野

一、各家對這些韻部的處理

古韻脂微質物月五部,在顧炎武看來,衹算一個韻部。江永以質物月劃爲入聲第二部,根據他的異平同入的理論,在《四聲切韻表》中,質物月既配脂微泰(平上去第二部),也配真文元(平上去第四、第五部)。這樣,在江永的心目中,入聲具有較大的獨立性。他説:"入聲與去聲最近;《詩》多通爲韻;與上聲韻者間有之,與平聲韻者少,以其遠而不諧也。韻雖通,而入聲自如其本音。顧氏於入聲皆轉爲平、爲上、爲去,大謬!今亦不必細辨也。"[1]戴震對古韻采用了陰陽入三分法,以質物(第十七部)配脂微(第十七部),又配真文(第十六部);以月(第二十一部)配泰(第二十部),又配元(第十九部)。表面上看來,上古入聲韻部,從江永、戴震就獨立起來了,其實江氏、戴氏所瞭解的上古入聲韻部,跟今天我們所瞭解的上古入聲韻部大不相同。當時他們是把《廣韻》去聲至未霽祭泰怪夬隊廢等韻歸到陰聲韻去,而我們今天却把這些韻基本上歸到入聲韻

① 江永《古韻標準》第149頁,渭南嚴氏叢書本。

部裏來。黄侃在他的《音略》中說他自己所定古韻二十八部的屑部(即質部)、没部(即物部)都是戴震所立,這就容易引起誤解。因爲如上所説,戴氏所瞭解的上古入聲韻部跟今天我們所瞭解的大不相同,而黄侃所瞭解的上古入聲韻部則跟今天我們所瞭解的大致相同。

段玉裁把我們的質部歸入真部(他的第十二部),作爲真部的入聲。這一點爲戴震所反對,其他各家也都没有采用。但他直到晚年寫信給江有誥,仍舊堅持他的看法。他説:"第十二部既不可不立,則以入質櫛屑配真臻先,此乃自古至六朝如是,而不可易者,故質櫛屑在第十二部,古音今音所同,猶之緝以下九韻在第七部、第八部,亦古今所同也。"[1]段氏其他收-t 的入聲都配陰聲,衹有質櫛屑配陽聲,實在缺乏系統性。他拿緝以下九韻來比較,但王念孫、江有誥連緝以下九韻也獨立起來了,則其説不攻自破。但是這件事給我們很大的啟示,那就是質部具有很大的獨立性,它跟物部能够截然分開。戴震、江有誥以質物合爲一部,同樣是錯誤的。

段玉裁把我們的物月兩部都歸入脂部(他的第十五部),作爲脂部的入聲。這一點他不如戴震。但是戴震以泰月分立也是缺點,不如王念孫把祭部(即月部)認爲去入韻,泰月同屬一部,而跟物部劃分開來。黄侃在《音略》中不説他的曷部是戴震所立,而説是王念孫所立,正因爲他所定的範圍比戴氏的遏部大一倍,而與王念孫的祭部相當。江有誥、朱駿聲、章炳麟、黄侃在這一點上都跟王念孫相一致,於是物月的分立也就被肯定下來了。

上古入聲韻部的獨立,實際上導源於段玉裁,而不是導源於戴震。如上所説,我們今天所瞭解的上古入聲韻部,跟戴震所瞭解的大相徑庭。我們所謂上古入聲韻部,包括絶大部分的去聲字。入聲的定義是收音於-p、-t、-k,古去聲和古入聲都具有-p、-t、-k 的收

---

① 江有誥《江氏音學》第 12 頁,渭南嚴氏叢書本。

音，祇是在聲調上有差别，也許再加上元音長短的差别[1]。這樣，段氏的古無去聲説是跟我們的意見基本上符合的，祇是我們不把去聲和入聲混同起來罷了。段玉裁在他的第十五部（脂微物月）分爲平聲、上聲和入聲，三聲互不相押，則入聲的獨立性是很明顯的。正因爲這樣，後人更進一步，纔把入聲韻部獨立起來。

章炳麟的隊部獨立，這是一個新發展。這個隊部，段玉裁、王念孫、江有誥等人一向都把它歸入脂部（包括我們的微部）。他在《國故論衡·二十三部音準》中説："隊異於脂，去入與平異也。"他在這裏明確地説隊部是去入韻，正與黄侃的没部（我們的物部）相當。黄侃在《音略》中説没部爲戴震所立，其實應該説是章炳麟所立。但是，章氏在自己的著作中，對隊部的領域，是前後矛盾的，也是搖擺不定的。他在《文始·二》説："隊脂相近，同居互轉。若聿出内朮戾骨兀鬱勿弗卒諸聲諧韻，則《詩》皆獨用，而自隹靁或與脂同用。""自隹靁"都是平聲字，從它們得聲的字也多是平聲字，這就跟他在《國故論衡》裏所主張的隊部爲去入韻的説法相矛盾。他在《國故論衡》裏特别舉出從隹、從自、從靁的字共 28 個作爲脂部正音，這個矛盾更加突出了。《文始·二》舉了"豕、乀、勿"三個初文作爲隊部字[2]，同時又説"左文三，《詩》或與脂同用，今定爲隊部音。""豕"是上聲字，也與去入韻之説不合。他兩次説"或與脂同用"，又説脂與隊"同門而異户"，可見他搖擺不定。這樣就造成他在歸字問題上的躊躇，例如從未得聲的字，在《文始·二》裏本是歸入脂部的，在《國故論衡·二十三部音準》裏却歸入隊部去了！

章氏對脂隊的分野的看法前後矛盾是富於啟發性的。他看見了從自、從隹、從靁得聲的字應該跟脂部區别開來，這是很可喜的發現；他看見了隊部應該是去入韻，跟脂部也有分别，這也是很好

---

① 參看拙著《上古漢語入聲和陰聲的分野及其收音》。

② 乀，分勿切，讀與"弗"同。

的發現。可惜他没有再進一步設想：從自、從隹、從靁得聲的字如果作爲一個平聲韻部（包括上聲）跟去入韻隊部相配，又跟脂部平行，那就成爲很有系統的局面：

脂：質：真　　微：物：文

直到我寫《南北朝詩人用韻考》（1936）①，纔提出了微部獨立。羅常培、周祖謨兩先生合著的《漢魏晉南北朝韻部演變研究》（1958）也主張周秦韻部應該把脂微分開②。看來脂微分部是可以肯定下來了。

關於脂微質物月五部的區分，現在持異議的人不多了。但是這五部的歸字問題却還是相當複雜的。本文的主要目的在於考察這五部之間的界限，也就是討論某些具體的字的歸部問題。

二、脂微的分野

僅僅衹有從自、隹、靁得聲的字，還不足以構成一個韻部，而且也不成系統。根據我研究的結果，微部的範圍和脂部的範圍一樣大。

段玉裁以《廣韻》的脂微齊皆灰五韻合併爲先秦的脂部（他叫十五部），這是大概的説法。事實上齊韻有一部分字（如"提攜圭"）歸古音支部，脂灰兩韻也有少數字（如"丕龜梅"）歸古音之部。就這五個韻來説，在脂微分立的時候，是哪些韻應劃入脂部，哪些韻應劃入微部呢？我們認爲：齊韻應劃入古音脂部；微灰兩韻應劃入古音微部；脂皆兩韻是古音脂微兩部雜居之地，其中的開口呼的字應劃歸古音脂部，合口呼的字應劃歸古音微部③。

《廣韻》的咍韻（包括上聲海韻）有少數字如"哀開闓"等，一向被認爲古脂部字，現在我們把它們劃入古微部。

---

① 發表於《清華學報》第十一卷3期。

② 《漢魏晉南北朝韻部演變研究》第一分册第11頁，科學出版社1958年。

③ 這兩個韻的唇音字算開口呼。

依照江有誥的《諧聲表》,我們認爲脂部的諧聲偏旁應如下表:

妻聲	皆聲	厶聲	禾聲	夷聲
齊聲	眉聲	尸聲	叺聲	伊聲
犀聲	几聲	豸聲	氐聲	崙聲
比聲	米聲	爾聲	豊聲	死聲
朩聲	美聲	矢聲	兕聲	履聲
癸聲(平上聲字)[①]		豕聲	匕聲	示聲
二聲	冀聲	利聲(平上聲字)[②]		

微部的諧聲偏旁應如下表:

飛聲	自聲	衣聲	褱聲	綏聲
非聲	枚聲	散聲	囗聲	隹聲
幾聲	累聲	希聲	威聲	回聲
衰聲	肥聲	夔聲[③]	乖聲	危聲
開聲	鬼聲	畾聲	尾聲	虫聲
皋聲	委聲	毁聲	火聲	水聲
卉聲	臾聲(平上聲字)[④]		耒聲	畏聲

這樣分配的結果,脂部開口字多,合口字少;微部合口字多,開口字少。這種情況跟真文兩部正好相當:真部開口字多,合口字少;文部合口字多,開口字少。

脂微分部以後,擬音也可以比較合理。哈灰兩韻是一等字(一開一合),皆韻是二等字,齊韻是四等字,擬音時都不産生矛盾;至於脂微兩韻,它們都是三等字,如果不分爲兩部,擬音時就産生矛盾了。微韻衹有喉牙輕脣,脂韻没有輕脣,但是喉牙字仍然與微韻

① 癸聲的字,有一部分屬《廣韻》脂韻,如"癸葵騤揆";另一部分屬《廣韻》齊韻,如"睽"。今一律劃入脂部。唯有入聲"闋"字則劃入質部。

② "犂黎"等字入脂部,但"利"字本身入質部。參看下文。

③ 拙著《漢語史稿》以夔字入脂部,未合。

④ 臾,同"蕢"。"貴"字從此。"遺積"等字歸微部,"貴匱"等字歸物部。

喉牙字重疊。高本漢在他的 Grammata Serica 裏，把哈灰擬成 ər、wər，皆擬成 ɛr、wɛr，齊擬成 iər、iwər，雖然我們也不完全同意（特別是韻尾 r 不能同意），但是不産生矛盾；至於他把脂微都擬成 i̯ər、i̯wər，那就産生矛盾了。所以他不能不把脂韻的喉牙音擬成 i̯ɛr、i̯wɛr，來迴避微韻喉牙音的 i̯ər、i̯wər。這樣就破壞了脂韻的系統性：微韻反而與脂韻的韻母完全相同，脂韻本身却分爲兩種差别頗大的元音了。如果分爲兩部，脂部的主要元音是 e，微部的主要元音是 ə，連韻尾成爲 ei 和 əi，那就完全没有矛盾了[①]。

三、陰聲和入聲的分野

月部與陰聲韻部没有轇轕，因爲在《廣韻》裏，祭泰夬廢四韻没有平上聲的韻跟它們相配。至於入聲質物兩部與陰聲脂微兩部之間的界限，一向就存在着分歧的意見。質與物之間、質與月之間，也不是没有分歧意見的。現在先討論入聲質物與陰聲脂微之間的界限。在目前的討論中，暫時把質物看成一體。

在段玉裁《六書音均表·詩經韻分十七部表》中，第十五部入聲兼收質物月三部（依照我們的看法），其中有些是在《廣韻》屬平上聲的，如《小雅·車攻》叶"佽柴"，《唐風·杕杜》叶"比佽比佽"，那是很難令人置信的。但其中也有在《廣韻》屬去聲的，如《周南·汝墳》叶"肄棄"，《召南·摽有梅》叶"塈謂"，《邶風·日月》叶"出卒述"，《邶風·谷風》叶"潰肄塈"，《衛風·芄蘭》叶"遂悸遂悸"，《王風·黍離》叶"穗醉"，《魏風·陟岵》叶"季寐棄"，《秦風·晨風》叶"棣檖醉"，《陳風·墓門》叶"萃誶"，《小雅·采芑》叶"涖率"，《雨無正》叶"退遂瘁誶退"[②]，《小弁》叶"嘒淠屆寐"，《蓼莪》叶"蔚悴"，《采菽》叶"淠嘒駟屆"，《隰桑》叶"愛謂"，《大雅·大明》叶"妹渭"，《既醉》叶"匱類"，《假樂》叶"位塈"，《泂酌》叶"溉

① 參看《漢語史稿》。

② 段氏以爲還有"答"字叶韻，其實"答"字可以認爲不入韻。

墍”,《蕩》叶“類懟對内”,《抑》叶“寐内”,《桑柔》叶“僾逮”,又叶“隧類對醉悖”,《瞻卬》叶“類瘁”,都是令人信服的。其中還有質物和月叶韻,如《小雅・出車》叶“旆瘁”,《小宛》叶“邁寐”,《雨無正》叶“滅戾勩”,《大雅・皇矣》叶“拔兑對季季”,《瞻卬》叶“惠厲瘵屆”①。又有去聲和入聲叶韻,如《小雅・雨無正》叶“出瘁”,《大雅・皇矣》叶“茀仡肆忽拂”,《抑》叶“疾戾”,這些都更證實了段氏古無去聲的説法②。

朱駿聲的《説文通訓定聲》履部中有“日分部”,自然也跟段氏一樣,在一定程度上表示了入聲韻部的意思。但是他的錯誤較多。譬如説,他把未聲、尉聲、胃聲、位聲、彗聲、惠聲、四聲、戾聲、至聲等都劃在日分部之外。他又拘泥於不可靠的諧聲偏旁,把入聲與非入聲混在一起,例如由於《説文》説“褱”從衣,眔聲,又説眔從目,隶省聲(依小徐本),就把隶聲的字和褱聲的字混在一起。其實大徐本“眔”字下衹説“從目從隶省”,並無“聲”字,小徐本不一定可信(段玉裁就不信)。又如由於《説文》説“曳”從申,丿聲,又説“系”從糸,丿聲,而“奚”又從系省聲,就把曳聲的字和奚聲的字混在一起。其實“曳”所從的丿,應作厂,餘制切(依段玉裁説),而“系”和“奚”本來都是象形字,“系”在甲骨文作[illegible],“奚”在甲骨文作[illegible],“系”上的丿是爪的省略,而“奚”簡直就是從爪。“曳”當屬月部,而“系”和“奚”當屬支部③。朱駿聲的日分部對於陰聲和入聲的辨别,不但没有很大的價值,而且還使人弄不清楚了。

黄侃崇奉段氏古無去聲的説法④,他對陰聲和入聲的界限,照

---

① 《瞻卬》一章應依江有誥、朱駿聲以“惠厲瘵”爲韻,“疾屆”爲韻,見下文。

② 我們認爲上古有兩種入聲,而没有去聲。當然也可以把第一種入聲叫做去聲,但是那種“去聲”是收音於-t 的(專指這五部來説),跟中古的去聲收音於-i 的迥然不同。

③ 江有誥雖也誤認“系”從丿聲,但是他把“曳”劃歸祭部(即月部),“系奚”劃歸支部,則是正確的。

④ 黄氏還更進一步否定了上古的上聲。

理應該有很大的參考價值。可惜得很，他的研究結果是頗爲令人失望的①。但是，他既然把聲符都列出來了，仍然值得我們重視，有些地方還是值得參考。現在把他所定灰部（即我們的脂微兩部）和没部（即我們的物部，還有我們的質部的一部分字）的聲符列舉如下：

（1）灰部

胃聲*②	囗聲	伊聲	位聲*
㐆聲（於機）	衣聲	畏聲	㣇聲（羊至）*
尉聲*	夷聲	威聲	委聲
医聲（於計）*	毁聲	火聲	虫聲（許偉）
希聲	贙聲（胡畎）*	回聲	惠聲*
褱聲*	卟聲	皆聲	幾聲
禾聲	鬼聲	几聲	癸聲
啟聲	夔聲	臾聲*	開聲
凷聲*	𣪠聲（苦壞）*	佳聲	夂聲（陟侈）
黹聲	氐聲	自聲	菡聲（式視）
矢聲	尸聲	屍聲	豕聲
水聲	弟聲	爾聲	二聲
厽聲（力几）	利聲*	未聲	豊聲
履聲	頪聲（盧對）*	磊聲	戾聲*
雷聲	盭聲（郎計）	朿聲	夊聲（楚危）
妻聲	齊聲	臯聲*	奞聲（息遺）
死聲	師聲	衰聲	厶聲
絺聲（息利）*	綏聲	犀聲	采聲*

① 我根據的是劉賾教授的《音韻學表解》。楊樹達在清華大學時，曾將書中的表印發給學生，加按語説："右表乃從武漢大學教授劉君伯平《聲韻學表解》録出，劉君用黄君季剛之説也。"

② 凡加＊號的，是下文將要提出來討論的。

帥聲*	匕聲	飛聲	非聲
妃聲	配聲*	肥聲	比聲
鬰聲*	眉聲	美聲	枚聲
米聲	敚聲	尾聲	

(2)没部

矞聲	鬱聲	卉聲*	旻聲(火劣)
囘聲(呼骨)	寣聲(火滑)	眉聲(許介)	計聲*
骨聲	旡聲	繼聲*	气聲
器聲*	棄聲*	欳聲*	圣聲(苦骨)
兀聲	對聲*	退聲*	出聲
厺聲	示聲*	隶聲*	术聲
突聲	內聲	卒聲	自聲*
囟聲(疾二)*	祟聲	兕聲*	率聲
四聲*	閉聲*	弗聲	乀聲(分勿)
辔聲*	由聲(敷勿)	鼻聲*	奰聲(平祕)
丿聲(房密)	彔聲(房六)*	孛聲	叟聲(莫勃)
勿聲	彪聲*	未聲*	

高本漢在他的 Grammata Serica 裏,也把上述這些諧聲偏旁的字(少數例外)分爲第十部和第十一部。第十部相當於黄侃的没部,第十一部相當於黄侃的灰部;但是,在歸字的問題上,他跟黄侃有很大的不同。他把灰部的音構擬爲-ər、-ɛr,没部的音構擬爲 əd、-ət、-ɛd、-ɛt,我們雖不同意他的擬音①,但是,從他的擬音中可以看見,他的灰部和没部之間的界限是非常清楚的。現在仍按諧聲偏旁來敘述高本漢對這兩個韻部的劃分:

(1)灰部

① 我們認爲:灰部應該像他在《分析字典》(Analytic Dictionary of Chinese and Sino-japanese)那樣,擬爲收音於-i;没部應該像他在《上古漢語的一些問題》和《詩經研究》那樣,擬爲一律收音於-t。

開聲　回聲　自聲　隤聲*　磊聲
枚聲　幾聲　豈聲　希聲　衣聲
夷聲　旨聲　示聲*　朱聲　次聲
兕聲*　厶聲　死聲　師聲　矢聲
尸聲　履聲　尼聲　二聲　匕聲
比聲　眉聲　美聲　鬼聲　歸聲
韋聲　虺聲　畏聲　威聲　隹聲
水聲　畾聲　耒聲　非聲　飛聲
妃聲　肥聲　尾聲　散聲　亹聲*
笄聲　卟聲　啟聲　医聲*　氐聲
弟聲①　妻聲　齊聲　西聲*　犀聲
屖聲　豊聲　米聲　皆聲　褱聲
淮聲　几聲　冀聲*　伊聲　癸聲*

(2)没部

骨聲　兀聲　厶聲　突聲　卒聲
孛聲　叕聲　質聲　疾聲　鬱聲
出聲　术聲　率聲　帥聲*　弗聲
市聲　聿聲　勿聲　戛聲　乙聲
蝨聲*　矞聲　愛聲*　隶聲*　凷聲*
對聲　退聲　臯聲*　配聲*　旡聲
豙聲*　气聲*　四聲*　利聲*　涖聲*
畀聲　彪聲*　胃聲*　彙聲*　尉聲*
彖聲*　彗聲*　祟聲　類聲*　朏聲
未聲*　戾聲*　惠聲*　叡聲*　棄聲*
器聲*　劓聲　季聲*　位聲*　臾聲*

下面我們選擇一些字出來討論:

① 高本漢以爲弟聲有"鮧",這是采用段玉裁的説法。"鮧"同"秩",轉入質部。

胃聲有"謂渭喟"等。《詩·召南·摽有梅》叶"塈謂",《大雅·隰桑》叶"愛謂",《大明》叶"妹渭",《楚辭·懷沙》叶"喟謂愛類"。應依段氏屬入聲。黄氏誤,高本漢不誤。

位聲。《詩·大雅·假樂》叶"位塈",《易·旅卦》叶"位快逮",《涣卦》叶"外大位害",《説卦》叶"位氣"。應依段氏屬入聲。黄氏誤,高本漢不誤。

希聲。《説文》雖説"希"讀若"弟",但是《説文》所謂"讀若"不一定就是同音。希聲有"隸",就是"肆"字。《詩·周南·汝墳》叶"肆棄",《邶風·谷風》叶"潰肆塈"。應依段氏屬入聲。黄氏誤,高本漢不誤[1]。

尉聲有"蔚"。《詩·小雅·蓼莪》叶"蔚瘁"[2],《曹風·候人》叶"薈""蔚"[3]。應依段氏屬入聲。黄氏誤,高本漢不誤。

医聲有"翳"。《詩·大雅·皇矣》叶"翳栵"。應依段氏屬入聲。黄侃、高本漢皆誤。

贊聲。《説文》雖説"贊"讀若"回",但《廣韻》讀胡畎切。屬灰部可疑。

惠聲。《詩·小雅·節南山》叶"惠戾屆闋",《大雅·瞻卬》叶"惠厲瘵",《禮記·月令》叶"泄出達内惠絶"。應依段氏屬入聲。黄氏誤,高本漢不誤。

臾聲有"貴","貴"字有"饋潰匱"等。《易·頤卦》叶"貴類悖",《吕氏春秋·權勳》叶"外内貴",《易·家人卦》叶"遂饋",《詩·邶風·谷風》叶"潰肆塈",《大雅·既醉》叶"匱類",《左傳·成公九年》叶"蒯悴匱"。應依段氏屬入聲。黄氏誤,高本漢不誤。但貴聲又有"遺"。《詩·邶風·北門》叶"敦遺摧",《小雅·谷風》

---

① 但高本漢誤以爲"肆"從隶聲。

② 段氏《六書音均表》引作"悴"。

③ 句中韻,依朱駿聲。

叶"穨懷遺",《大雅·雲漢》叶"推雷遺摧"[1]。當依段氏屬平聲。高本漢誤,黄氏不誤。貴聲又有"隤穨"。《詩·周南·卷耳》叶"嵬隤罍懷",宋玉《高唐賦》叶"隤追",《詩·小雅·谷風》叶"穨懷遺",《禮記·檀弓》叶"頹懷萎"。也當依段氏入平聲。高本漢以爲"隤"是會意字,"隤"有"崩"的意思,"貴"表示高,墻高則崩[2],這純然是臆斷。他又以"穨"爲"隤"省聲。其實同諧聲者必同部的原則也有例外,不必曲解。

凷聲。"凷"在《廣韻》讀苦對切,屬隊韻。它雖然又寫作"塊",但不能跟從"鬼"得聲的字一樣看待。《禮記·禮運》:"蕢桴而土鼓。"鄭玄注:"蕢讀爲凷。"可見"凷、蕢"同音或音近。凷聲有"屆"。《詩·小雅·節南山》叶"惠戾屆闋",《小弁》叶"嘒屆淠寐",《大雅·瞻卬》叶"疾屆"。應依段氏屬入聲。黄氏誤,高本漢不誤。

蒯聲有"蒯"。《左傳·昭公九年》有"屠蒯",《禮記·檀弓》作"杜蕢"。可見"蒯、蕢"同音或音近。上古音應屬入聲。黄氏誤,高本漢不誤。

利聲也像臾聲一樣,情況比較複雜。《詩·小雅·大田》叶"穗利"[3],《易·大壯卦》叶"退遂利",《國語·越語》叶"物一失利"。"利"字本身應依段氏屬入聲,黄氏誤。利聲有"黎"。《詩·大雅·桑柔》叶"騤夷黎哀",又應依段氏屬平聲。高本漢把"利"擬成 li̯əd,而從"利"得聲的字都擬成 li̯ər,從陰聲和入聲的分野看,他是對的。其實《説文》説"黎"從黍,㸚省聲,("㸚"是古文"利"字),也有點勉強。段氏説:"從㸚省者,不欲重禾也。"也不一定講

① 韻例依朱駿聲。"畏"字不入韻。

② Grammata Serica,第 262 頁。

③ 此依段玉裁説。朱駿聲、江有誥都以爲叶"穉穧穗利",而不知是轉韻。這是段氏高明的地方。

對了。可能“勿”就是最初的“犂”字,而“黎”字直接從“犂”得聲①。

頪聲有“類”。《詩·大雅·既醉》叶“匱類”,《蕩》叶“類懟對内”,《桑柔》叶“隧類對醉悖”,《易·頤卦》叶“貴類悖”,《楚辭·懷沙》叶“喟謂愛類”,《吕氏春秋·有始》叶“物類”。應依段氏屬入聲。黄氏誤,高本漢不誤。

𢑧聲。《説文》引《虞書》“𢑧類於上帝”,今《書·舜典》作“肆”。依段氏,“肆”當屬入聲。

采聲。“采”即“穗”字。《詩·小雅·大田》叶“穗利”,《王風·黍離》叶“穗醉”。應依段氏屬入聲。黄氏誤。高本漢以“穗”爲從惠聲,歸入他的第十部,不誤。

帥聲。這個問題比較複雜。《説文》“帥帨”同字,那麽就應屬月部,所以《詩·召南·野有死麕》叶“脱吠帨”。如果依一般古書,解作將帥的“帥”,“帥”與“率”音同義通,那麽就應屬物部(即没部)。黄氏歸灰部是進退失據。也許是認爲“帥”從自聲,但是大徐本無“聲”字,可疑。高本漢歸入他的第十部,相當於黄侃的没部,不誤。

配聲。《説文》:“配,酒色也,從酉,己聲。”段玉裁、朱駿聲都説是妃省聲。按:“配”字金文作[illegible],不從己,自然也不是妃省聲。宋玉《小言賦》叶“貴類配位”。應屬入聲。黄氏誤,高本漢不誤。

𩰲聲。按:“𩰲”即“狒”字,應屬入聲。黄氏誤。

卉聲。按:“卉”是上聲字,應與平聲爲一類,不應屬入聲。黄氏誤。

計聲、繼聲。高本漢於“計、繼”二字存疑,黄侃屬入聲。我想黄氏是可從的。

器聲。朱駿聲引《左傳·昭公七年》叶“器罪”,原文是“盜所隱器,與盜同罪”,不像押韻。所以不能認爲古上聲。又引《六韜·

---

① 參看郭沫若《甲骨文字研究》第 84 頁,科學出版社 1962 年。

文韜》叶“害敗器世”，可見“器”字應屬入聲。《六韜》雖是僞書，也不會出在漢代以後。黄侃、高本漢都歸入入聲韻部，我想是可從的。

棄聲。《詩·周南·汝墳》叶“肄棄”，《魏風·陟岵》叶“季寐棄”。應依段氏屬入聲。黄侃、高本漢皆不誤。

季聲有“悸”。《詩·魏風·陟岵》叶“季寐棄”，《大雅·皇矣》叶“對季”，《衛風·芄蘭》叶“遂悸”。應依段氏屬入聲。高本漢歸入他的第十部，不誤。劉賾教授《聲韻學表解》中不列季聲，可能是由於《説文》説“季”字“從子，從稚，稚亦聲”。按：“稚”同“稺”，“稺”從屖聲。黄氏以屖聲屬灰部，類推則“季”也在灰部，那就不對了。甲骨文和金文的“季”都從禾從子，並無稚聲的痕迹。

欸聲。這個字很怪。《説文》説“欸”字“從欠，歟省”。小徐本作“歟省聲”。姚文田、嚴可均《説文校議》説：“當作祟聲。”朱駿聲説：“此字古音讀如窟，從欠，祟聲，或從柰聲。”黄氏大約也主張當作祟聲。但這是可疑的。

對聲有“懟”。《詩·大雅·皇矣》叶“拔兑對季季”，《蕩》叶“類懟對内”，《桑柔》叶“隧類對醉悖”。當依段氏屬入聲。黄侃、高本漢皆不誤。

退聲。《詩·小雅·雨無正》叶“退遂瘁誶退”，《易·大壯卦》叶“退遂利”。應依段玉裁屬入聲。黄侃、高本漢皆不誤。

示聲有“祁視”等。《詩·召南·采蘩》叶“祁歸”，《商頌·玄鳥》叶“祁河宜何”[①]，《小雅·大東》叶“匕砥矢履視涕”。應依段氏屬平上聲。黄氏誤，高本漢不誤。

隶聲有“逮棣肆”等。《詩·大雅·桑柔》叶“僾逮”，《易·旅卦》叶“位快逮”，《説卦》叶“逮悖氣物”，《秦風·晨風》叶“棣檖醉”，《大雅·皇矣》叶“茀仡肆忽拂”。應依段氏屬入聲。黄侃、高

---

① 微歌合韻，依江有誥《詩經韻讀》。

本漢皆不誤。隶聲又有“逮”,即“涖”字,所以“涖”也應屬入聲,高本漢不誤。依《説文繫傳》:“眔,目相及也,從目,隶省聲。”而《説文》又説“褱”從眔聲。這樣“褱”就和“隶”發生了關係(朱駿聲《説文通訓定聲》正是這樣做的)。但是“眔”讀徒合切,不可能以“隶”爲聲符。黄氏以隶聲和褱聲分屬入聲與平聲是對的。

旡聲有“既”,既聲有“塈溉慨”等。《詩·召南·摽有梅》叶“塈謂”,《邶風·谷風》叶“潰肆塈”,《大雅·假樂》叶“位塈”,《泂酌》叶“溉塈”,《楚辭·懷沙》叶“溉謂”,《哀郢》叶“慨邁”。應依段氏屬入聲。旡聲又有“炁”,即“愛”字。愛聲有“僾”。《詩·小雅·隰桑》叶“愛謂”,《楚辭·懷沙》叶“喟謂愛類”,《大雅·桑柔》叶“僾逮”。也應依段氏屬入聲。黄侃、高本漢皆不誤。黄氏愛聲不另列,高本漢另列愛聲。

自聲。高本漢存疑。黄侃歸入聲。我想黄氏是可從的。“自”是古“鼻”字,“鼻”屬入聲(見下文)。黄氏還另列㿝(白)聲。㿝也是“自”字,但因“替”從㿝聲,故另列。

兕聲。《詩·小雅·吉日》叶“矢兕醴”。應依段氏屬上聲。黄氏誤,高本漢不誤。

四聲。《詩·鄘風·干旄》叶“紕四畀”。這是不完全韻,因爲“紕”屬陰聲①,“四畀”屬入聲。段氏把“四”字劃歸入聲,這是對的。黄侃、高本漢皆不誤。章炳麟以“四”聲歸泰部,雖是錯誤的,但這樣就屬入聲,仍然有可取之處。

閉聲。“閉”字本有去、入兩讀。朱駿聲《説文通訓定聲》引《素問·調經論》叶“閉疾”,《靈樞·脹論》叶“穴閉越”,《九鍼十二原》叶“疾刺結閉畢術”,《三略》上叶“疾閉結”。這些書的時代不會太晚,仍有參考價值。“閉””字應屬入聲。黄侃、高本漢皆不誤。

䊧聲。高本漢存疑。按:《釋名》:“䊧,拂也。”應屬入聲。黄氏

① “紕”字在單句,不押韻也行,所以押得不嚴格。

不誤。

由,敷勿切。由聲有"畀",畀聲有"鼻淠"等。宋玉《高唐賦》叶"氣鼻泪瘁磑",《詩·小雅·小弁》叶"嘒屆淠寐"。應依段氏屬入聲。黄氏不誤。但他以鼻聲另列,因《説文》衹説"從自畀",不説"畀亦聲"①。高本漢以畀聲歸入他的第十部,亦不誤。

彔聲。"彔"是古"魅"字。段玉裁説:"當讀如密,今音房六切,非也。"

鬽聲。"鬽"也是古"魅"字。

未聲有"寐妹昧"等。《詩·小雅·小弁》叶"嘒屆淠寐",《邶風·終風》叶"曀寐嚏"②,《魏風·陟岵》叶"季寐棄",《大雅·大明》叶"妹渭",《楚辭·九辯》叶"帶介慨邁穢敗昧"。應依段氏屬入聲。黄侃、高本漢皆不誤。

亹聲。《説文》没有"亹"字。《廣韻》"亹"有無匪、莫奔二切。段玉裁歸他的第十三部,朱駿聲歸屯部(即文部)。高本漢歸他的第十一部(即脂微合部)。可能"亹"有兩音,文微對轉。但《詩·大雅·鳧鷖》叶"亹熏欣芬艱"。仍應依段氏認爲文部字較妥。

冀聲。《説文》説"冀"從北,異聲。因此,段玉裁、朱駿聲都把它歸入之部(我們的職部)。這是有問題的。金文"冀"作𦍒,從異,象人立之形,北是頭上的裝飾③。"冀"是純粹的象形字。《廣韻》:"冀,几利切。"屬至韻。《楚辭·九辯》叶"冀欷"。《史記·孝武紀》"冀至殊庭焉",《漢書》作"幾"。"冀"應是脂部字。高本漢劃歸他的第十一部,這是對的。江有誥正是把"冀"字歸入脂部。

癸聲有"葵騤揆闋"等。"癸葵騤揆"應屬脂部没有問題,但是"闋"字應屬入聲。《詩·小雅·節南山》叶"惠戾屆闋"。段氏劃歸入聲,是他的見識高超。江有誥《詩經韻讀》以"惠戾屆闋夷違"

① 這裏説"鼻"從畀聲是依王筠、朱駿聲、苗夔、徐灝等人的説法。

② 韻例依朱駿聲、江有誥。

③ 參看孫海波《古文聲系》之部第10頁。但孫氏調和《説文》的説法,以爲異亦聲。

通爲一部(脂部),並於"闋"下注爲"音櫝",否認它是入聲字。其實脂質對轉("闋"應是質部字,見下文),"癸"字正可以諧入聲。高本漢於"癸揆騤葵"擬爲 i̯wɛr,睽擬爲 iwər,屬於他的第十一部(黄侃的灰部),"闋"擬爲 iwət,屬於他的第十部(黄侃的没部)。他這樣做是對的。

西聲有"洒哂"等。《詩・大雅・桑柔》叶"慇辰西痻"①,《邶風・新臺》叶"洒浼殄"。《白虎通・五行》:"西方者,遷方也。"段玉裁、朱駿聲都以西聲入文部(十三部、屯部),江有誥入元部。我認爲江氏是對的。高本漢把西聲劃歸脂部,不可靠。

𢀖聲。《説文》説"𢀖"從卂聲。朱駿聲把它劃入坤部(即真部)。其實真質對轉,古音應在質部。高本漢劃歸入聲是對的②。

辠聲。"辠"即"罪"字。《説文》説"罪"從网非,其實應是從非得聲。段玉裁、王筠、朱駿聲皆主此説。辠聲應屬微部。黄氏屬灰部,按他的體系是不錯的。高本漢錯了。

气聲有"氣愾"等。"气"又是古"乞"字。"乞"聲有"仡紇訖"等。從"气、乞"二字的相通即可證明古音气聲的字屬入聲。黄侃、高本漢皆不誤。

豙聲有"毅"。高本漢歸入他的第十部,是把它當作入聲(黄侃的没部)。黄侃把它歸入曷部(即月部),雖不完全對,但也是當作入聲看待的。

彙聲。《説文》説"彙"從胃省聲,或從虫作"蝟"。"胃"既應屬入聲,"彙"自應也屬入聲。高本漢不誤。

㒸聲有"遂隊檖檖"等。《詩・衛風・芄蘭》叶"遂悸",《小雅・雨無正》叶"退遂瘁誶退",《易・大壯卦》叶"退遂利",《家人》叶"遂饋",《秦風・晨風》叶"棣檖醉",《大雅・生民》叶"旆穟"。應依段氏屬入聲。《説文》説"㒸"從豖聲,未必可信。金文"㒸"就是

---

① 《詩經》原文是"自西徂東",江有誥、朱駿聲都認爲應該是"自東徂西"。

② 但是他説從卂意義不明,則是錯的。

“隊(墜)”字,寫作㒸,是個象形字。如果説是從豕聲,就和脂部糾纏在一起。非但平入不應相諧,而且開口和合口一般也不應相諧。高本漢屬入聲是對的。黄侃不列㒸聲,恐怕算是豕聲,那就錯了。

彗聲有“嘒彗”等。彗聲屬入聲不成問題,衹是歸月部還是歸物部、質部的問題。下文再討論。

由上文看來,高本漢和黄侃不同的地方,多數是高本漢對了,黄侃錯了[①]。高本漢實際上是吸收了清儒的研究成果,特别是段玉裁、王念孫的古音學説。

由上述的情况看來,並不是所有的去聲字一律應該劃歸古入聲,例如二聲、示聲等,都是應該歸入古上聲的。

四、質物月的分野

上文談了陰聲和入聲的分野。我們説黄侃不誤或高本漢不誤,衹是説他們在陰聲和入聲的分野上没有錯誤。至於質物月三部的分野,那又是另一問題,須要更深入地加以分析。

大致説來,質與月之間、物與月之間,界限是相當清楚的,衹有少數諧聲偏旁和個别的字有問題。問題較大的在於質部和物部之間的界限。

王念孫所定的至部包括下列這樣一些諧聲偏旁:

至聲　疐聲　質聲　吉聲　七聲
日聲　疾聲　悉聲　栗聲　桼聲
畢聲　乙聲　失聲　八聲　必聲
卩聲[②]　節聲　血聲　徹聲　設聲
閉聲[③]　實聲　逸聲　一聲　抑聲
别聲

① 如果劉賾教授《聲韻學表解》能代表黄説的話。

② 卩,音節,瑞信也。“即”字從此。

③ 閉聲以下,王念孫只説“閉實逸一抑别等字”,現在爲整齊起見,也作爲聲符看待。

段玉裁的第十二部入聲與王念孫的至部基本上一致，僅僅多了一個替聲。黄侃的屑部與王念孫的至部也大致相同，衹少了一個閉聲，多了暗聲和隉聲①。高本漢的第八部相當於王念孫的至部，他的擬音是-ied、iet、iwet、-i̯ĕd、-i̯ĕt、-i̯uĕt。但是高本漢少了質聲、乙聲、抑聲、八聲、徹聲、設聲、别聲，多了弜聲、匹聲、穴聲、佾聲②。

現在我們先討論上述各家之間的小分歧。

替聲。應依段氏入質部。《楚辭・懷沙》叶“抑替”，《莊子・則陽》叶“替洫”，“抑、洫”都是質部字。張衡《東京賦》叶“結節替譎秩”，潘岳《西征賦》叶“替結節閉”，這是段氏所謂“未違古音”。

閉聲。應依王念孫入質部③。段玉裁以“閉”字歸他的第十五部，黄侃以閉聲歸没部，皆不妥。如上文所引，《素問・調經論》叶“閉疾”，《三略》上叶“密一疾閉結”，都可以作證。

暗聲只有一個“暗”字（於悦切），而且是個僻字，可以不必討論。

隉聲。黄侃歸屑部。由語音系統看，黄説可從。理由見下文。

質聲，高本漢擬成-iət。乙聲，高本漢擬成-i̯ɛt，都屬於他的第十部，相當於黄侃的没部。這顯然是錯誤的。不但黄侃，連段玉裁、王念孫也都認爲“質、實”同部，“一、乙”同部。“躓”從“質”聲，“躓”“疐”音近義通。宋玉《高唐賦》叶“室乙畢”。

抑聲。高本漢歸他的二十一部，相當於段玉裁的第一部（之部）。這是依照《切韻》系統，因爲“抑”在《廣韻》中是職韻字。這是錯誤的。《詩・小雅・賓之初筵》叶“抑怭秩”，《大雅・假樂》叶

① 根據劉賾教授的《聲韻學表解》。表中未列失聲和節聲，大約因爲“失”從乙聲，“節”從即聲，而“即”又從卩聲。又多了一個銍聲，王氏未列，因爲王氏認爲“銍”從至聲。

② 高本漢還多列了壹聲、即聲、銍聲。但是這和王氏没有矛盾，因爲王氏認爲“壹”從吉聲，“即”從卩聲，“銍”（人質切）從至聲。

③ 王引之《經義述聞》卷三十一載王念孫《與李方伯書》，書中明言“及閉實逸一抑别等字”。書後附韻表，表中缺“閉”字，想係漏列。

“抑秩匹”,《楚辭·懷沙》叶“抑替”。“抑”分明是質部字。

八聲、匹聲、穴聲、佾聲。王氏認爲“匹、穴、㐾(佾)”都從八聲,所以不另列。高本漢不承認這些字從八得聲,所以匹聲、穴聲、佾聲都另列了。從“匹、穴、佾”得聲的字都入質部,和王氏没有矛盾。唯有“八”字本身,高本漢把它歸入他的第五部(等於我們的月部)。“匹、穴、㐾”以八爲聲符,許慎這個説法是靠不住的,可惜段玉裁、王念孫、江有誥都依了他。惟有朱駿聲以爲“匹、穴、㐾”都不從八聲。按:金文“穴”寫作[illegible],顯然是象形字(有人説象竈形)。“匹”寫作[illegible],也是象形(但不知所象何形)。“佾”本作“㐾”,今本《説文》:“㐾,從肉,八聲。”但戴侗引唐本《説文》作“從八”,没有聲字。“八”“佾”聲母相差很遠,“㐾”不應從八得聲。我們認爲“八”字古屬合口呼(這點與高本漢相同),應屬物部(這點與高本漢不同)。

弜聲。羅振玉以“弜”爲“弼”的古文,高本漢從羅説。段玉裁以“弼”歸他的第十五部(脂部)的入聲,朱駿聲把它歸入泰部(即月部),都和高本漢不同。我想段玉裁是對的。“弼”字似乎是古合口字,按語音系統應屬物部。《孟子·告子下》:“入則無法家拂士,出則無敵國外患者,國恒亡。”“拂”借爲“弼”。《大戴禮記·保傅》:“弼者,拂天子之過者也。”這是聲訓。“弼、拂”應同屬物部。

徹聲、設聲。王念孫把這兩個聲符歸入至部,段玉裁把它們歸入十二部(即真部)入聲,朱駿聲把它們歸入履部(即脂部)入聲,黄侃把它們歸入屑部(即至部)。王、段、朱、黄是一派。江有誥則把這兩個聲符歸入祭部(即月部);高本漢歸入他的第五部(即月部),與江有誥一致。我覺得江有誥和高本漢是對的。《詩·小雅·十月之交》叶“徹逸”,《賓之初筵》叶“設逸”,衹能認爲是質月合韻[1]。

① 江有誥《詩經韻讀》在這兩個地方都認爲是脂祭通韻。

單靠《詩經》還不能説明問題。《老子》七十九章:“有德司契,無德司徹。”“契”與“徹”押韻。《管子·弟子職》:“先生已食,弟子乃徹;趨走進漱,拚前斂祭。”“徹”與“祭”押韻。又:“俯仰罄折,拚毋有徹。”“折”與“徹”押韻。據朱駿聲所引,《三略》上叶“設奪”。《三略》雖是僞書,出書不會太晚,也可作爲旁證。主要證據是:“徹設”在《廣韻》屬薛韻,薛韻應屬古音月部。

别聲。王念孫歸至部,段玉裁歸他的十二部入聲,黄侃歸屑部。王、段、黄是一派。江有誥歸祭部,朱駿聲歸泰部,江、朱是一派。高本漢和江、朱一樣,他把别聲歸入他的第五部。但是朱氏自己也有矛盾。他引《管子·弟子職》叶“鼈别”,“鼈”字在他的履部,而他對“鼈别”的押韻稱爲“古韻”,不稱爲“轉音”(即合韻)。其實連敝聲的字也應入泰部,那就没有矛盾了。高本漢正是這樣做的。

上面所述的是各家之間的小分歧,現在談到我們和段、王、朱、江、黄以及高本漢之間的較大分歧。我們認爲:質部的範圍應該擴大,物部的範圍應該縮小。質部的範圍應該和脂部的範圍相當,物部的範圍應該和微部的範圍相當。因此,大致説來,去聲霽韻、入聲質櫛屑三韻應劃入古音質部;去聲未隊兩韻、入聲術物迄没四韻應劃入古音物部;去聲至怪兩韻、入聲黠韻是古音質物兩部雜居之地,其中的開口呼應劃歸古音質部,合口呼應劃歸古音物部。怪黠兩韻情況比較複雜,其中還包括一部分月部的字。正如咍韻有小部分微部字,代韻也有小部分物部字。江有誥在《入聲表》的凡例上説:質櫛爲脂開口之入,術爲脂合口之入,物爲微合口之入,迄爲微開口之入,没爲灰通脂之入,屑爲齊通脂之入,黠部當分爲二,半爲皆通脂之入,又半爲祭泰通用之入。他的話是對的。因此,古音質部與脂部相配,物部與微部相配,是很富於系統性的。如下表:

脂部	質	部
脂旨韻開口	至韻開口	質韻,櫛韻
齊薺韻	霽韻	屑韻
皆駭韻開口	怪韻開口	黠韻開口
微部	**物**	**部**
脂旨韻合口	至韻合口	術韻
微尾韻	未韻	物韻,迄韻
皆韻合口①	怪韻合口	黠韻合口
灰賄韻	隊韻	没韻
咍海韻(少)	代韻(少)	——

依照上述的劃分法,質部與物部的諧聲偏旁應如下表:

(1)質部

利聲	戾聲	棄聲	器聲
季聲	惠聲	彗聲	計聲
繼聲	剕聲	四聲	隶聲
杀聲	閉聲	替聲	屆聲②
医聲	自聲	鼻聲	畀聲
至聲	疐聲	轡聲	贔聲(平祕)
眉聲(許介)	必聲	實聲	吉聲
戜聲(徒結)	質聲	七聲	卪聲
日聲	栗聲	桼聲	銍聲
畢聲	一聲	血聲	逸聲
抑聲	乙聲	失聲	疾聲
匹聲	佾聲	穴聲	執聲(一部分)

① 駭韻没有合口呼的字。

② “屆”從由聲,“由”是合口字,存疑。編者注:讀者可參本書第 793 頁。

(2)物部

气聲	旡聲	胃聲	貴聲(一部分)
未聲	位聲	退聲	祟聲
尉聲	對聲	頪聲	内聲
孛聲	配聲	率聲	帥聲
卒聲	术聲	出聲	兀聲
弗聲	㲋聲	矞聲①	勿聲
突聲	骨聲	鬱聲	聿聲
八聲	戛聲		

王念孫衹是機械地把《詩經》用韻情況分析了一下,得出了他的至部。這個至部是缺乏系統性的。《詩經》不入韻的字,他衹好不管了,例如"替"字,大概他以爲在《詩經》裹不入韻(不贊成段玉裁所説的"替"在《召旻》中與"引頻"押韻),也就不提它。甚至像從戜得聲的"戴鐵驖齹"等,明顯地屬於至部的字,也衹好不理會了。江有誥《諧聲表》以戜聲歸脂部,在他的系統中是對的。朱駿聲拘於"戜"從呈聲之説,把"鐵"等字歸入鼎部(即耕部),反而亂了②。段玉裁在他的《六書音均表·古十七部諧聲表》上雖然未列戜聲,但是他在《詩經韻分十七部表》的十二部中注明"替"字平讀如"親"而近"汀",入讀如"七"而近"鐵"。又在《説文解字注》"替"字下注云:他計切,古音鐵。又在"鐵"字下注云"十二部"。段氏是正確的。《詩·小雅·巧言》"秩秩大猷",《説文》引作"戴戴大猷"。《大雅·假樂》"威儀抑抑,德音秩秩",《説文》於"齹"字下云:"讀若《詩》'威儀秩秩'。"③"鐵"字古文作"銕"從夷,是脂質對轉的證據。由此可以肯定,王念孫至部之説還有許多應該補充的地方。

---

① "矞"從冏聲,冏,女滑切。

② 黄侃於屑部未列戜聲,可能是跟朱氏一樣的見解。

③ 這也可能是引《詩·邶風·柏舟》的"威儀棣棣",參看下文。

江有誥不肯接受王念孫至部獨立之説,主要理由之一是:這樣一來,脂部就没有去入聲了。到了章炳麟,明確地指出至部和隊部是去入韻[①]。到了黄侃,索性認爲是入聲韻部,即屑部和没部。但是這樣就引起了混亂:原來江有誥脂部的去聲字歸到哪裏去呢?依照王念孫,這些去聲字衹有很小的部分是屬於至部的,黄侃不願意擴大它,於是把這些去聲字胡亂地歸入了没部和灰部,攪亂了整個語音系統。

關於四聲相配,江永《四聲切韻表》已經是良好的開端;到了江有誥的《入聲表》,可以説是基本上達到了完善的地步。現在我們試舉一些例子來看:

飢几〇吉	〇〇器詰	紕疕淠匹	毗仳鼻泌
茨〇自疾	私死四膝	夷〇肄逸	梨履利栗
梯體替鐵	黎禮戾捩	皆鍇屆戞	

由此可見,"詰"是"器"的入聲,"匹"是"淠"的入聲,"泌"是"鼻"的入聲,"疾"是"自"的入聲,"膝"是"四"的入聲,"逸"是"肄"的入聲,"栗"是"利"的入聲,"鐵"是"替"的入聲,"捩"是"戾"的入聲,"戞"是"屆"的入聲。黄侃以"詰匹泌疾膝逸栗"等字歸屑部,而以"器淠鼻自四替"等字歸没部,"肄利"等字歸灰部,這是不合語音系統的。

以上談的是語音系統。下面再從史料方面加以證明。

《説文》"䞇"字下引《詩經》"威儀秩秩"。錢坫《説文解字斠詮》説:"讀若'威儀秩秩',今《詩》作'棣棣'。"按:"威儀棣棣"見於《邶風·柏舟》。鈕樹玉《説文解字校録》説:"今《詩》無此文。段云即'威儀棣棣',恐未確。顧曰'此《大雅·假樂》之三章'威儀抑抑,德音秩秩'也。"今本段注衹是采用了顧説,不知鈕氏何故批評段氏。我的意見是:"棣棣、秩秩"是同一個詞,衹是字形不同。

---

① 但是他説(《二十三部音準》):"至部古音如今音,去入韻也,以此異支。"他把至看成支的去入,大誤。

《禮記·孔子閒居》又作“威儀逮逮”。由此可以證明隶聲應屬質部。

戾聲應屬質部。《詩·大雅·抑》叶“疾戾”,這是很好的證明。由於《節南山》叶“惠戾屆闋”,《采菽》叶“維葵膍戾”,似乎牽連不斷,所以王氏、段氏都認爲“疾”與“戾”相叶是合韻。其實依照我們的韻部,“惠戾屆闋”都是質部字,正好與“疾”同部,並非合韻。至於“維葵膍戾”相押,那是脂微質三部通韻。《吕氏春秋·樂成》:“麛裘而韠,投之無戾;韠而麛裘,投之無郵。”“韠”與“戾”叶,“裘”與“郵”叶,毫無疑義,“戾”是質部字。張衡《東京賦》叶“日戾洎質”,可見直到漢代,“戾”字仍然讀入質部。

彗聲應屬質部。江有誥入祭部,黄侃入曷部(都等於月部),這是因爲有“雪”字牽連着。朱駿聲以彗聲入履部,而認爲“雪”不從彗得聲,應另入泰部。高本漢以彗聲歸他的第十部,“雪”字另歸他的第五部,與朱略同。《詩·小雅·小弁》叶“嘒屆淠寐”,《廣韻》“慧嘒”等字屬霽韻,可見朱氏是正確的。高本漢不完全對;依他的體系,彗聲應屬他的第八部。

屆聲應屬質部。《詩·大雅·瞻卬》:“瞻卬昊天,則不我惠。孔填不寧,降以大厲。邦靡有定,士民其瘵。蟊賊蟊疾,靡有夷屆。”江有誥、朱駿聲都認爲“惠厲瘵”是脂(履)祭(泰)通韻,而“疾”與“屆”相押則是脂(履)部。段玉裁認爲“惠厲瘵屆”相叶,而“疾”不入韻。我覺得江、朱二人的意見是對的。

利聲應屬質部。《詩·小雅·大田》叶“穗利”,已經可以爲證。特别是《國語·越語》:“唯地能包萬物以爲一,其事不失,生萬物,容畜禽獸,然後受其名而兼其利。”這裏“一失利”叶韻①。

執聲一部分應屬質部。“執”本字和從執得聲的字如“蟄縶”等應屬緝部;但是執聲的“摯埶贄鷙”等則是質部字。朱駿聲以摯聲、

① 朱駿聲以爲叶“物一失利”。按:“物”字不入韻。

鷙聲歸泰部,而以"贄"爲"摯"的變體;江有誥也以摯聲歸祭部,將脂利切改爲脂祭切。他們之所以這樣做,大約是因爲《楚辭·天問》叶"摯説",宋玉《高唐賦》叶"會磑礚厲澮霈邁喙竄摯"。但是這些衹能算是質月通韻,不能因此斷定"摯"屬月部。《説文》大徐本"摯"字從手從執,小徐本從手,執聲,應以小徐本爲準。《説文》:"墊,至也。"段玉裁注云:"以雙聲叠韻釋之。"這話很對。大徐本和小徐本都説"墊"從執聲,而段氏偏要改爲埶聲,大徐本説"讀若摯同",小徐本説"讀若執同",段氏偏要改爲"讀若埶同",那就錯了。至於"鷙"字,段氏説古音在十二部,這話對極了。但是大徐本和小徐本也都説是從執聲,而段氏偏要説是從鳥從執,那又錯了。鈕樹玉《段氏説文注訂》説:"按'摯鷙'並從執聲,《繫傳》'摯'本作執聲而《解字》删去'聲'字,今'鷙'下亦删去'聲'字,並非。"鈕氏的意見是正確的。《説文》没有"贄"字,段氏以爲就是"墊",朱氏以爲就是"摯"。按:"贄"字古通作"質"。《孟子·滕文公下》:"出疆必載質。"趙注:"質,臣所執以見君者也。""質"字從王念孫起就認爲是至部字。高本漢把執聲的字歸入他的第十五部(即緝部),把"摯"等擬爲-i̯ab>-i̯ad等,並且説這些字很早就由-b過渡到-d,因爲《書經》已經借"摯"爲"至",《周禮》已經借"摯"爲"致"、爲"輊"①。他的説法是比較正確的,缺點是認爲"摯"屬於他的第十部(物部),而不是屬於他的第八部(質部)。

医聲應屬質部。《釋名》:"殪,翳也。"《詩·大雅·皇矣》"其菑其翳",韓詩"翳"作"殪"。"翳、殪"同音同部。

質物的分野是由脂微的分野推知的;二者之間有着對應的關係。在脂微没有分立以前,還不可能正確地劃分質部與物部之間的界限;脂微分立以後,這個界限也就跟着清楚了。關於脂質對轉,我們也有許多證據,現在試舉一些爲例。

---

① Grammata Serica,第29、301頁。

《荀子·勸學篇》:“白沙在涅,與之俱黑。”《群書治要》引《曾子·制言》作“白沙在泥,與之皆黑”。《論語·陽貨》:“不曰白乎?涅而不淄。”《史記·屈原列傳》作“皭然泥而不滓”。按:“涅”從日聲,應屬質部;“泥”屬脂部,脂質對轉。

《左傳·隱公元年》:“不義不暱。”《説文》引作“不義不䵒”。杜子春注《考工記·弓人》引作“不義不昵”。按:“䵒”從日聲在質部;“昵”從尼聲,“尼”在脂部。

《詩·小雅·賓之初筵》叶“禮至”,《易·需卦》叶“泥至”,《楚辭·悲回風》叶“至比”,《九辯》叶“濟至死”,《鄘風·載馳》叶“濟閟”,都是脂質合韻。可見以質配脂是有根據的。至於以物配微,不必詳細討論,因爲章炳麟、黄侃都是以物配微,衹是他們的物部和微部(章氏稱爲隊脂,黄氏稱爲没灰)比我們的物部和微部範圍更大罷了。

質部和物部的分野弄清楚了,月部的分野就非常好懂了。收-t的韻部衹有質物月三部,除了質物兩部的字以外,就都是月部的字了。月部的諧聲偏旁如下表[①]:

祭聲	衛聲	贅聲	毳聲	㡀聲
制聲	裔聲	埶聲	世聲	祋聲(丁外)
拜聲	介聲	大聲	泰聲	丐聲
帶聲	貝聲	會聲	兑聲	喙聲
最聲	竄聲	外聲	蠆聲	吠聲
乂聲	丯聲	筮聲	曳聲	夬聲
歲聲	戌聲	月聲	伐聲	厥聲
發聲	刺聲	截聲	列聲	末聲
寽聲	犮聲	桀聲	折聲	舌聲
絶聲	薛聲	雪聲	叕聲	臬聲

① 爲了便於瞭解,不一定列出最初的聲符。

昏聲　威聲　舝聲　杀聲　蓋聲
奪聲　戉聲　罰聲　孑聲　劣聲
市聲(分勿)徹聲　設聲　别聲　朮聲(普活)

現在衹有少數聲符須要提出來討論一下。

曳聲。王念孫、江有誥歸祭部(即月部),朱駿聲歸履部(即脂部),高本漢歸他的第五部(即月部)。王氏、江氏和高本漢是對的。“曳”又作“拽、抴”,“泄”又作“洩”,“紲”又作“絏”。世聲既屬月部,曳聲也應屬月部。

㡀聲。朱駿聲歸履部(即脂部),王念孫、江有誥歸祭部(即月部),高本漢歸他的第五部。王氏、江氏和高本漢是對的。㡀聲有“敝”,敝聲有“蔽”。《國語·越語》叶“蔽察藝”,《荀子·成相》叶“蔽勢制毳”,《離騷》叶“蔽折”。除“毳”字屬脂部外,其餘都是月部字。《廣韻》“㡀敝弊獘蔽”等都入祭韻,“鷩鼈瞥”等都入薛韻,依語音系統也應屬月部①。

雪聲。問題比較複雜。朱駿聲以彗聲歸履部,但是“雪”字另歸泰部,因爲他認爲“雪”不從彗得聲。《説文》“雪”字作“䨮”,從雨,彗聲。朱駿聲以爲是從雨從彗,會意。按:“雪”字甲骨文作,象雨雪之形,並非從彗得聲。

蠆聲。問題也比較複雜。甲骨文“萬”字作,象蝎子形,看來應該“萬”與“蠆”是同一字。但是“萬”解作“蠆”,在文獻上無可證明。王念孫於蠆聲收“邁厲勱”等字,而不收“萬”字。江有誥以萬聲歸元部,蠆聲歸祭部,高本漢亦同。這是對的。朱駿聲把二者混在一起,未妥。

丯,古拜切。丯聲有“契”又有“害”,江有誥和朱駿聲都是這樣處理的。高本漢把“契”和“害”分爲兩處,也許他以爲“害”不從丯聲。林義光《文源》也以爲“害”不從丯聲。這個問題不大,不必詳

① 屑韻有“擎瞥鱉”等少數字,“瞥”字又兩屬,不足爲憑。

細討論。

歲聲。《説文》説“歲”從戌聲。今依高本漢另列歲聲,因爲“歲”在甲骨文作[illegible],是個象形字①。

截聲。“截”字《説文》作“𢧵”,從戈,雀聲。“截、雀”旁紐雙聲;但是不同韻部。朱駿聲把它歸入小部(即宵部)是不對的。王念孫、江有誥都歸祭部,黄侃歸曷部,高本漢歸他的第五部,這四家是一致的。《詩·商頌·長發》叶“撥達達越發烈截”,又叶“旆鉞烈曷蘖達截伐桀”,可以證明截聲屬月部。“截、絶”音近義通,《説文》:“截,斷也。”《廣雅·釋詁一》:“絶,斷也。”可見“截、絶”應同屬一部。《廣韻》“截”入屑韻,在系統上不合(屑韻屬質部),這是一個例外。江有誥《諧聲表》於“截”下注云:“昨結切,改昨薛切。”他也是作爲例外來看待的。

蓋聲。《説文》“蓋”從盍聲。因此,江有誥以盍聲歸祭部,把胡臘切改爲胡葛切。朱駿聲以爲“蓋”從草從盍會意,所以把“蓋”字收入泰部,盍聲收入謙部的嗑分部(等於葉部)。王念孫把“蓋”字收入祭部,盍聲收入盍部,與朱略同。黄侃承認“蓋”從盍聲,但蓋聲仍應歸曷部,與盍聲不同部。高本漢最爲特别:他把去聲、盍聲、蓋聲都擺在一條底下,“去”擬爲 k̯'iab,“盍”擬爲 g'âp,“蓋”擬爲 kab>kâd。我們認爲,高本漢以“盍”從去聲,雖然在語音系統上不無根據(去聲有“怯劫”都是葉部字),但是於字形無徵。“盍”字古從太作“盇”,不從“去”②。“蓋、盍”同屬一個聲符則是可信的;古“蓋、盍”通用,如《孟子·梁惠王上》“蓋亦反其本矣”等於説“盍亦反其本矣”。但是,“蓋”字可能有兩讀,覆蓋的“蓋”仍應歸月部。至於盍聲,自然應屬葉部。江説不可從。

---

① 郭沫若先生以爲“歲、戉”本一字(戉就是鉞),見《甲骨文字研究》第 140 頁。按:兩字的聲母相差頗遠,未敢肯定。

② 而且不一定從太。林義光以爲“盍”即覆蓋的“蓋”。[illegible],其中的[illegible]是皿中有物(不是“血”字),[illegible]象蓋形。

市聲。《説文》以“市”“巿”分爲二字:“市”下云:“韠也,上古衣蔽前而已,市以象之。”又云:“韍,篆文市,從韋從犮。”“市”又作“芾”。“巿”下云:“草木盛巿巿然,象形,八聲,讀若輩。”桂馥以爲通作“孛”,朱駿聲疑即“孛”字之古文。但是,《説文》於“索”下又云“從巿糸,杜林説,巿亦朱市字”。這樣,“市”與“巿”又是同一字了。王念孫於祭部不收市聲,也不收巿聲,不知何故。朱駿聲以市聲與巿聲分立(都在泰部),“沛旆悖勃”等字都歸巿聲。江有誥以孛聲歸脂部,市聲、巿聲都歸祭部,他在《詩經韻讀》中把《詩·商頌·長發》的“旆”、《陳風·東門之楊》的“肺”都算作祭部字。黄侃以市聲、巿聲都收入曷部,但他的没部另收孛聲,與江氏同。高本漢以孛聲獨立,這是與江、黄一致的;以“旆肺沛”等字爲從市得聲,則與江、黄不一致[①]。高本漢還有他的特點:他以“市芾”歸他的第十部(即物部),“旆肺沛”歸他的第五部(即月部)。各家分歧的情況是相當複雜的[②]。我們認爲高本漢比較正確。“市巿”兩個聲符被人們弄亂了。依大徐注音是:市,分勿切;巿,普活切(《廣韻》“市,分勿切”;但普活切没有“巿”字)。其實應該對調一下:巿,分勿切,去入相通,也就是《玉篇》的甫未切、《説文》的“讀若輩”;市,普活切,“旆沛肺”都應該是從市得聲。《集韻》末韻普活切正寫作“市”。《説文》於“旆沛肺”等字的聲符都寫作“巿”,但可能在漢代已經混用了,所以杜林説“巿亦朱市字”。既然“市”又作“犮”,從犮聲,可見“市”本身應屬月部。“市”又作“芾”。“蔽芾”是叠韻聯綿字。《詩·曹風·候人》叶“祋芾”,“祋”是月部字(見下文),則“芾”也應屬月部。

① 黄侃在這個問題上没有明確的表示,這衹是猜想。

② 戴震在《答段若膺論韻》中,談到《詩·商頌·長發》六章的“旆”字,注云:“此字誤。《荀子》引此詩作‘載發’,《説文》引作‘載坺’,‘發、坺’皆於韻合。”這話也是可怪的。旆,蒲蓋切,泰韻。泰韻正是與月末相通的。引文不同正足以證明去入相通。戴震以“旆”歸第十九靄,以‘發、坺’歸第二十遏,遂致判若鴻溝!

“祋”字應依夏炘《詩古韻表》歸月部。《説文》:“祋,殳也……或説城郭市里,高縣羊皮,有不當入而欲入者,暫下以驚牛馬曰祋,故從示殳。”由此看來,“祋”字是否從示字得聲,尚是疑問,或依《説文》則是會意字。“祋”在《廣韻》有丁外、丁括兩切,依語音系統也該屬月部。

“竄”字,王念孫、朱駿聲、江有誥、黄侃都歸月部(韻部名稱各有不同)。衹有高本漢歸他的第四部(即元部)。王、朱、江、黄是對的。《字林》“竄”字讀七外反,所以朱駿聲説古音讀如“毳”。《易·訟卦》叶“竄掇”,宋玉《高唐賦》叶“會磍磕厲澮霈邁喙竄摯”。證據是確鑿的。

喙聲。《説文》“喙”從彖聲。彖,他亂切。喙,許穢切。段注:“許穢切,十五部,彖聲在十四部,合韻也。”段氏説得很對,“喙”從彖聲是月部與元部對轉①。桂馥、朱駿聲嫌他亂切不協,改爲彖聲(“彖”音式視切),反而改壞了。《詩·大雅·緜》叶“撥兑駾喙”,可見“喙”正是月部字。《廣韻》“喙”在廢韻(許穢切)和祭韻(昌芮切),依語音系統看,去聲祭泰夬廢四韻都屬月部。江有誥、黄侃在月部(祭部、泰部)中未收喙聲,不知是從桂馥説,還是以爲“喙”應從“彖”歸元部。高本漢於“喙”字擬爲-i̯wad,歸他的第五部,那纔是對的。

五、結　語

以上所論,我根據的是一個總原則,就是以語音的系統性爲標準。在過去,我對語音的系統性是注意得不够的。在考古、審音兩方面都缺乏較深入的鑽研,而在這兩方面的辯證關係也處理得不好。講語音發展不能不講發展的規律,没有系統性也就無規律可言。而我過去不但在這方面重視不够,而且有輕視的傾向。我引

① 但對轉的“喙”字應該是昌芮切,而不是許穢切。

了戴震的一段話:

> 僕謂審音本一類,而古人之文偶有相涉,有不相涉,不得捨其相涉者,而以不相涉者爲斷。審音非一類,而古人之文偶有相涉,始可以五方之音不同,斷爲合韻。

於是批評説①:

> 他有了這一個根本觀念,就不肯純任客觀。凡是他所認爲應合的,就説是審音本一類;凡是他所認爲應分的,就説是審音非一類。

其實戴氏的理論本身不能説是有什麽錯誤。《詩經》衹有 305 篇,連《楚辭》及諸子韻語都算也不能説我們佔有很豐富的材料了,其中不可避免地存在着一些偶然性。我們把先秦韻文中押韻的字系聯起來成爲一個韻部,這是正常的做法。但是,我們不能不注意兩種偶然性:一方面,要注意偶然的合韻不能串連,否則勢必牽連不斷,成爲大韻,脂微物月之所以被段玉裁合爲一部,就是這個緣故。其實質部與物月兩部何嘗没有轇轕,否則江有誥就不會反對王念孫的至部了! 另一方面,要注意偶然的不碰頭不能就認爲不同韻部,因爲那樣做是不合邏輯的。事實上古音學家們也不是處處這樣拘泥的,例如談部,《詩經》入韻字是那樣少,古音學家們仍然劃得出一個韻部來。兼聲、僉聲、㦰聲等,都可以從語音系統而知道它們屬於談部。由此看來,語音系統應該是一個重要的標準。我們從第一個偶然性看出了脂微應分爲二;從第二個偶然性看出了至部應該擴大。當然,我們不能單看語音系統而忘了"考古之功"。考古與審音是相反相成的。

《切韻》音系在很大程度上反映了上古漢語的語音系統。由於語音的發展是有規律的,所以差不多一切的變化都是系統的變化。

---

① 《漢語音韻學》,中華書局 2014 年。

中古語音不就是上古語音，但中古語音系統則是上古語音系統的綫索。當然，例外是有的，但系統性則是主要的。考古的結果符合審音的原則，這正是很自然的，而不是主觀主義的東西。假如考古的結果是缺乏系統性的，反而是值得懷疑的了。

戴震的缺點不在於他提出了審音的原則，而在於他不懂得怎樣實踐這個原則。他提出了"呼等同者音必無别"，他不知道還有主要元音不同的可能，這就是缺乏歷史主義觀點。我們應該批判他缺乏歷史主義觀點；但是不應該把他所提出的審音原則也一併拋棄了。

本文所論的，主要是古韻脂微質物月五部的歸字問題。其他各部也有歸字問題，但是不像這五部那樣複雜，所以留待將來再談了。

拙著《漢語史稿》中，古韻脂微質物月五部的分野，就是根據本文所論的原則來劃分的。個别字的歸韻，《漢語史稿》與本文有出入，應以本文爲準。至於拙著《上古韻母系統研究》，歸字的錯誤更多一些，將來有機會當再修訂，這裏不再贅及。

原載《語言學論叢》第5輯，1963年

古無去聲例證

段玉裁説:“古四聲不同今韻,猶古本音不同今韻也。考周秦漢初之文,有平上入而無去。洎乎魏晉,上入聲多轉而爲去聲,平聲多轉入仄聲。於是乎四聲大備,而與古不侔。有古平而今仄者,有古上入而今去者。細意搜尋,隨在可得其條理。”又説:“古平上爲一類,去入爲一類,平與上一也。上聲備於《三百篇》,去聲備於魏晉。”

段玉裁的話,基本上是正確的。這裏要補充兩點:第一,上古入聲分爲長入、短入兩類,長入由於元音較長,韻尾-k、-t容易失落,於是變爲去聲。第二,《切韻》的去聲字有兩個來源:一部分來自平上,另一部分來自長入。陽聲韻收音於-ng、-n者,其去聲多來自平聲;其收音於-m者,其去聲多來自入聲。陰聲韻的去聲字除來自長入外,多來自上聲。

本文列舉周秦兩漢韻文的例子,證明段氏古無去聲之説是正確的。

(一)送

送,古讀平聲。《詩·鄭風·丰》叶“丰巷送”。

仲,古讀平聲。《詩·邶風·擊鼓》叶“仲宋忡”;《小雅·出車》叶“蟲螽忡降仲戎”。

夢,古讀平聲。《詩·齊風·雞鳴》叶“薨夢憎”。

(二)宋

宋,古讀平聲。《詩·邶風·擊鼓》叶“仲宋忡”。

(三)用

用,古讀平聲。《詩·小雅·小旻》叶“從用”;《荀子·天論》叶“誦用”(“誦”亦古平聲字)。

訟,古讀平聲。《詩·召南·行露》叶“墉訟從”。

誦,古讀平聲。《楚辭·九辯》叶“通從誦容同”;《詩·小雅·節南山》叶“誦訩邦”。

(四)絳

巷,古讀平聲。《詩·鄭風·丰》叶“丰巷送”。

(五)寘

積,子智切;又子昔切,古讀入聲。《楚辭·九章·悲回風》叶“積擊策迹適愁益釋”。《文選》宋玉《高唐賦》“積益”。

易,難易,以豉切,古讀入聲。《詩·大雅·文王》叶“帝易”(“帝”亦古入聲字),《板》叶“益易辟”。

議,古讀平聲。《詩·小雅·斯干》叶“儀議罹”,《北山》叶“議爲”。

(六)至

至,古讀入聲。《詩·豳風·東山》叶“垤室窒至”;《小雅·蓼莪》叶“恤至”;《吕氏春秋·審時》叶“至疾節”。

位,古讀入聲。《詩·大雅·假樂》叶“位塈”(“塈”亦古入聲字);《易·旅卦》叶“位快逮”(“快逮”亦古入聲字),《家人卦》叶“位愛謂”(“愛謂”亦古入聲字),《解卦》叶“位退悖”(“退悖”亦古入聲字),《渙卦》叶“外大位害”(“外大害”亦古入聲字),《説卦》叶“位氣”(“氣”亦古入聲字)。

備,古讀入聲。《詩·小雅·楚茨》叶“備戒”(“戒”亦古入聲字),《大雅·旱麓》叶“載備祀福”(“載”與“祀”叶,上聲;“備”與“福”叶,入聲);王褒《聖主得賢臣頌》叶“備内”(“内”亦古入聲字)。

視,常利切,又承矢切,古讀上聲。《詩·小雅·大東》叶“匕砥矢履視涕”(“涕”亦古上聲字)。

塈,古讀入聲。《詩·召南·摽有梅》叶“塈謂”(“謂”亦古入聲),《邶風·谷風》叶“潰肄塈”(“潰肄”亦古入聲字),《大雅·假樂》叶“位塈”,《泂酌》叶“溉塈”(“溉”亦古入聲字)。

肄,古讀入聲。《詩·周南·汝墳》叶“肄棄”(“棄”亦古入聲字),《邶風·谷風》叶“潰肄塈”。

棄,古讀入聲。《詩·周南·汝墳》叶“肄棄”,《魏風·陟岵》叶“季寐棄”(“季寐”亦古入聲字)。

遂,古讀入聲。《詩·衛風·芄蘭》叶“遂悸”(“悸”亦古入聲字),《小雅·雨無正》叶“退遂瘁誶退”(“退瘁誶”亦古入聲字);《易·家人卦》叶“遂饋”(“饋”亦古入聲字);杜篤《論都賦》叶“渭類實溉遂”(“渭類溉”亦古入聲字);張衡《西京賦》叶“醉萃屈紱遂貴”(“醉萃貴”亦古入聲字)。

燧,古讀入聲。劉歆《遂初賦》叶“戾燧”。

醉,古讀入聲。《詩·王風·黍離》叶“穗醉”(“穗”亦古入聲字),《秦風·晨風》叶“棣檖醉”,《大雅·桑柔》叶“隧類對醉悖”(“隧類對悖”亦古入聲字)。

隧,古讀入聲。張衡《西京賦》叶“闠隧尉萃匱”(“闠尉萃匱”亦古入聲字);《詩·大雅·桑柔》叶“隧類對醉悖”。

檖,古讀入聲。《詩·秦風·晨風》叶“棣檖醉”。

邃,古讀入聲。王延壽《魯靈光殿賦》叶“曖邃祕濞悸”(“曖祕濞悸”亦古入聲)。

誶,古讀入聲。《詩·陳風·墓門》叶“萃誶”,《小雅·雨無正》叶“退遂瘁誶退”。

類,古讀入聲。《詩·大雅·既醉》叶“匱類”,《蕩》叶“類懟對内”,《桑柔》叶“隧類對醉悖”;《楚辭·九章·懷沙》叶“喟謂愛類”;杜篤《論都賦》叶“渭類實溉遂”。

匱,古讀入聲。《詩·大雅·既醉》叶“匱類”;《左傳·成公九年》叶“蒯悴匱”;張衡《西京賦》叶“闠隧尉萃匱”。

喟,古讀入聲。《楚辭·九章·懷沙》叶"喟謂愛類"。

利,古讀入聲。《詩·小雅·大田》叶"穗利";《易·大壯卦》叶"退遂利";《越語》叶"物一失利"。

寐,古讀入聲。《詩·小雅·小弁》叶"嘒淠屆寐"("嘒屆淠"亦古入聲字),《邶風·終風》叶"曀寐嚏"("曀嚏"亦古入聲字),《魏風·陟岵》叶"季寐棄";班固《幽通賦》叶"寐彙墜察對"。

悸,古讀入聲。《詩·衛風·芄蘭》叶"遂悸"。

二,古讀入聲。蔡邕《崔君夫人誄》叶"粹饋遂寐二";胡廣《黄瓊頌》叶"類懿位紱轡蔚貴遂二";張衡《東京賦》叶"戾洎質贄二"。

貳,古讀入聲。班固《答賓戲》叶"貴墜氣貳"("貴墜氣"亦古入聲字);張衡《東京賦》叶"器位貳"①。

鼻,古讀入聲。宋玉《高唐賦》叶"氣鼻淚瘁"("氣淚瘁"亦古入聲字)。

萃,古讀入聲。《詩·陳風·墓門》叶"萃誶";司馬相如《子虚賦》叶"類萃";張衡《西京賦》叶"醉萃屈紱遂貴"。

悴,古讀入聲。《詩·小雅·蓼莪》叶"蔚悴";馮衍《顯志賦》叶"貴悴"。

瘁,古讀入聲。《詩·小雅·出車》叶"旆瘁",《雨無正》叶"退遂瘁誶答退",《大雅·瞻卬》叶"類瘁"。

季,古讀入聲。《詩·魏風·陟岵》叶"季寐棄",《大雅·皇矣》叶"對季"。

器,古讀入聲。張衡《東京賦》叶"器位貳",又叶"器位肆轡";崔瑗《竇大將軍鼎銘》叶"器位器"。

遺,加也,以醉切,古讀平聲。《詩·邶風·北門》叶"敦遺摧"。

(七)志

事,古讀上聲。《詩·召南·采蘩》叶"沚事",《小雅·北山》

---

① 從前我認爲"二貳"是脂部字,誤。

叶“杞子事母”,《大雅·緜》叶“止右里畝事”,《抑》叶“子否事耳”。

治,理也,形容詞,直吏切;又動詞,直之切,古皆讀平聲。《荀子·成相》叶“治災”;《詩·邶風·緑衣》叶“絲治就”。

饎,古讀上聲。《詩·大雅·泂酌》叶“饎子母”。

忌,古讀上聲。《詩·大雅·桑柔》叶“里喜忌”。

意,古讀入聲。《詩·小雅·正月》叶“輻載意”。

異,古讀入聲。《詩·小雅·我行其野》叶“富異”(“富”亦古入聲字);《楚辭·離騷》叶“異佩”(“佩”亦古入聲字),《九章·惜往日》叶“代意置載備異再識”(“代置載”亦古入聲字)。

(八)未

貴,古讀入聲。《易·頤卦》叶“貴類悖”;《吕氏春秋·權勳》叶“外内貴”(“外内”亦古入聲字);《文子·守平》叶“制勢大貴遂”(“大”亦古入聲字)。

畏,古讀平聲。《詩·鄭風·將仲子》叶“懷畏”,《豳風·東山》叶“畏懷”,《大雅·雲漢》叶“推雷遺遺畏摧”;《書·皋陶謨》叶“畏威”。

(九)御

御,古讀上聲。《詩·小雅·黍苗》叶“御旅處”,《大雅·行葦》叶“席御斝”(魚鐸對轉)。

庶,古讀入聲。《詩·小雅·楚茨》叶“踖碩炙莫庶客錯度獲格作”。

助,古讀上聲。《詩·大雅·雲漢》叶“沮所顧助祖予”(“顧”亦古上聲字),《烝民》叶“舉舉助補”。

處,處所,名詞,昌據切;又居也,動詞,昌與切,古皆讀上聲。《詩·召南·殷其雷》叶“下處”(“下”亦古上聲字),《江有汜》叶“渚與與處”,《邶風·日月》叶“土處顧”(“顧”亦古上聲字),《簡兮》叶“舞處”,《豳風·七月》叶“股羽野宇户下鼠處”,《小雅·蓼蕭》叶“湑寫語處”,《斯干》叶“祖堵户處語”,《黍苗》叶“御旅處”,《大雅·公劉》叶“野處旅語”,《鳧鷖》叶“渚處湑脯下”,《桑柔》叶

"宇怒處圉"("怒"亦古上聲字),《常武》叶"父旅浦土處緒"。

(十)遇

飫,古入聲字。《詩·小雅·常棣》叶"豆飫具孺"("豆具孺"亦古入聲字)。

具,古入聲字。《詩·小雅·楚茨》叶"具奏禄"("奏"亦古入聲字),《無羊》叶"餱具"(侯屋對轉);《楚辭·離騷》叶"屬具";《吕氏春秋》叶"具欲務"(侯屋對轉)。

孺,古讀入聲字。《詩·小雅·常棣》叶"豆飫具孺"("飫豆"亦古入聲字)。

樹,古讀上聲。《詩·小雅·巧言》叶"樹數口厚",《大雅·行葦》叶"樹侮"。

附,古讀上聲。《詩·大雅·皇矣》叶"禡附侮"("禡"亦古上聲字),《緜》叶"附復奏侮"(奏,古入聲字,侯屋對轉通押);宋玉《神女賦》叶"傅去附"(去亦古上聲字)。

裕,古讀上聲。《詩·小雅·角弓》叶"裕瘉"(瘉,以主切)。

趣,趣向,七句切,古讀上聲。《詩·大雅·棫樸》叶"槱趣"。

(十一)暮

暮,古讀入聲,寫作"莫"。《詩·齊風·東方未明》叶"夜莫"("夜"亦古入聲字),《小雅·采薇》叶"作莫"。

度,徒故切,法度;又徒洛切,度量(動詞),古皆讀入聲。《詩·齊風·汾沮洳》叶"莫度路"("路"亦古入聲字),《大雅·抑》叶"格度射"("射"讀入聲),《皇矣》叶"赫莫獲度廓宅",《小雅·皇皇者華》叶"駱若度",《楚茨》叶"踖碩炙莫客錯度獲格酢",《魯頌·閟宫》叶"柏度尺舄碩奕作若"。

露,古讀入聲。《詩·召南·行露》叶"露夜露"("夜"亦古入聲字);《文子·道原》叶"露澤"。

顧,古讀上聲。《詩·邶風·日月》叶"土處顧",《王風·葛藟》叶"滸父顧",《魏風·碩鼠》叶"鼠黍女顧土所",《陳風·墓門》

叶“顧予”,《小雅·伐木》叶“許藇羜父顧”,《大雅·雲漢》叶“沮所顧助祖予”。

怒,乃故切,又奴古切,古讀上聲。《詩·邶風·谷風》叶“雨怒”,《小雅·巧言》叶“怒沮”,《大雅·桑柔》叶“宇怒處圉”,《常武》叶“武怒虎虜浦所”;《周書·小明武》叶“女所下苦野鼓怒户弩女伍武”;《素問·離合真邪論》叶“怒下取”;宋玉《風賦》叶“口下怒迕莽”(“迕”亦古上聲字,“莽”讀莫補切)。

妬,古讀上聲。《楚辭·離騷》叶“佇妬”。

(十二)霽

濟,子計切,又子禮切,古讀上聲。《詩·齊風·載驅》叶“濟瀰弟”,《大雅·旱麓》叶“濟弟”,《公劉》叶“濟几”,《載芟》叶“濟秭醴比禮”。

涕,他計切,又他禮切,古讀上聲。《詩·小雅·大東》叶“匕砥矢履視涕”(“視”亦古上聲字);《楚辭·遠遊》叶“涕弭”。

髢,特計切,又他計切,《説文》以爲是“鬄”的重文,古讀入聲。《詩·鄘風·君子偕老》叶“翟髢揥晳帝”(“揥帝”亦古入聲字)。

帝,古讀入聲。《詩·鄘風·君子偕老》叶“翟髢揥晳帝”,《大雅·文王》叶“帝易”,《蕩》叶“帝辟”。

棣,古讀入聲。《詩·秦風·晨風》叶“棣檖醉”。

逮,古讀入聲。《詩·大雅·桑柔》叶“僾逮”(“僾”亦古入聲字);《易·旅卦》叶“位快逮”(“位快”亦古入聲字),《説卦》叶“逮悖氣物”;宋玉《高唐賦》叶“旆蓋逝會害逮滯歲”(“旆蓋逝會害逮滯歲”亦古入聲字)。

戾,古讀入聲。《詩·小雅·節南山》叶“惠戾屆闋”,《雨無正》叶“滅戾勩”(“勩”亦古入聲字),《大雅·抑》叶“疾戾”;《吕氏春秋·樂成》叶“韠戾”。

(十三)祭

祭,古讀入聲。《管子·弟子職》叶“徹祭”。

際，古讀入聲。《易·泰卦》叶“外大際”，《坎卦》叶“際大歲”。

歲，古讀入聲。《詩·王風·采葛》叶“艾歲”（“艾”亦古入聲字），《豳風·七月》叶“發烈褐歲”，《大雅·生民》叶“軷烈歲”；宋玉《高唐賦》叶“旆蓋逝會害逮滯歲”。

衛，古讀入聲。《詩·邶風·泉水》叶“舝邁衛害”；《吕氏春秋·士容》叶“大外賴世朅衛厲折”（“大外賴世朅厲”亦古入聲字）。

帨，舒芮切，古讀入聲。《詩·召南·野有死麕》叶“脱帨吠”（“吠”亦古入聲字）。

説，通“税”，舍也，舒芮切，古讀入聲。《詩·召南·甘棠》叶“拜説”（“拜”亦古入聲字），《曹風·蜉蝣》叶“閲雪説”。

逝，古讀入聲。《詩·大雅·抑》叶“舌逝”，《小雅·車舝》叶“舝逝渴括”，《邶風·二子乘舟》叶“逝害”，《魏風·十畝之間》叶“外泄逝”，《唐風·蟋蟀》叶“逝邁外蹶”；《楚辭·九歌·湘夫人》叶“裔澨逝蓋”；宋玉《高唐賦》叶“旆蓋逝會害逮滯”。

揥，丑例切，古讀入聲。《詩·鄘風·君子偕老》叶“翟髢揥晳帝”。

滯，古讀入聲。宋玉《高唐賦》叶“旆蓋逝會害逮滯”。

厲，古讀入聲。《詩·邶風·匏有苦葉》叶“厲揭”，《衛風·有狐》叶“厲帶”，《小雅·正月》叶“結厲滅威”，《都人士》叶“厲蠆邁”（“蠆邁”亦古入聲字），《大雅·民勞》叶“愒泄厲敗大”，《瞻卬》叶“惠厲瘵屆”。

世，古讀入聲。《詩·大雅·蕩》叶“揭害撥世”；《吕氏春秋·離俗》叶“外察賴害勢世”，《士容》叶“大害越外賴朅衛厲折”；《荀子·成相》叶“厲敗害世”。

勢，古讀入聲。《孟子·公孫丑上》叶“慧勢”（“慧”亦古入聲字）；《管子·七臣七主》叶“察勢”；《荀子·成相》叶“蔽勢制獘”。

獘，古讀入聲。《荀子·成相》叶“蔽勢制獘”。

制,古讀入聲。《莊子·在宥》叶"制殺決";《荀子·成相》叶"蔽勢制螘";《文子·守平》叶"制勢大貴遂";《三略》下叶"制敗"。

蹶,行急遽貌,居衛切,古讀入聲。《詩·唐風·蟋蟀》叶"逝邁外蹶",《大雅·板》叶"蹶泄"。

揭,去例切,古讀入聲。《詩·邶風·匏有苦葉》叶"厲揭",《衛風·碩人》叶"活濊發揭孽朅"。

愒,去例切,同"憩",古讀入聲。《詩·大雅·民勞》叶"愒泄厲敗大",《小雅·菀柳》叶"愒瘵邁"。

(十四)泰

蓋,古讀入聲。《楚辭·九歌·湘夫人》叶"裔澨逝蓋";宋玉《高唐賦》叶"蓋會藹沛蔕籟會",又叶"旆蓋逝會害逮滯歲"。

艾,古讀入聲。《詩·王風·采葛》叶"艾歲",《小雅·庭燎》叶"艾晣噦",《鴛鴦》叶"秣艾",《魯頌·閟宮》叶"大艾歲害"。

藹,古讀入聲。宋玉《高唐賦》叶"蓋會藹沛籟會"。

大,古讀入聲。《詩·大雅·民勞》叶"愒泄厲敗大",《魯頌·泮水》叶"茷噦大邁";《易·坤卦》叶"大利",又叶"發大害",《泰卦》叶"外大際",《坎卦》叶"際大歲",《咸卦》叶"害大末說",《渙卦》叶"外大位害";《吕氏春秋·士容》叶"大害越外賴朅衛厲折"。

害,古讀入聲。《詩·邶風·泉水》叶"舝邁衛害",《二子乘舟》叶"逝害",《小雅·蓼莪》叶"烈發害",《四月》叶"烈發害",《大雅·生民》叶"月達害",《魯頌·閟宮》叶"大艾歲害";《易·坤卦》叶"發大害",《大有卦》叶"害敗害晳",《咸卦》叶"外害",又叶"害大末說",《渙卦》叶"外大位害";《楚辭·離騷》叶"艾害",《天問》叶"害敗"。

帶,古讀入聲。《詩·衛風·有狐》叶"厲帶";《楚辭·九辯》叶"帶介慨邁穢敗昧"。

會,古讀入聲。宋玉《高唐賦》叶"會磑磕厲濞霈邁窴摯",又叶"旆蓋逝會害逮滯歲"。

竄,《字林》七外切,古讀入聲。《易·訟卦》叶"竄掇";宋玉《高唐賦》叶"會碣磕厲濿霈邁竄摯"。

沛霈,古讀入聲。《易·豐卦》叶"沛沫";宋玉《高唐賦》叶"蓋會藹沛蔕籟會",又叶"會碣磕濿霈邁竄摯"。

兑,古讀入聲。《詩·大雅·緜》叶"拔兑駾喙",《皇矣》叶"拔兑"。

噦濊,呼會切,古讀入聲。《詩·小雅·庭燎》叶"艾晣噦",《魯頌·泮水》叶"茷噦大邁",《衛風·碩人》叶"活濊發揭桀"。

外,古讀入聲。《詩·魏風·十畝之間》叶"外泄逝",《唐風·蟋蟀》叶"逝邁外蹶",《烝民》叶"舌外發";《易·泰卦》叶"外大際",《涣卦》叶"外大位害",《雜卦》叶"外内類退";《吕氏春秋·離俗》叶"外察賴害勢世",《士容》叶"大害越外賴揭衛厲折"。

旆,古讀入聲。《詩·商頌·長發》叶"旆鉞烈蘖達截伐",《大雅·生民》叶"旆檖",《小雅·出車》叶"旆瘁";宋玉《高唐賦》叶"旆蓋逝會害逮滯歲"。

賴籟,古讀入聲。《吕氏春秋·離俗》叶"外察賴害勢世",《士容》叶"大害越外賴世揭衛厲折";宋玉《高唐賦》叶"蓋會藹沛會籟"。

駾,他外切,古讀入聲。《詩·大雅·緜》叶"拔兑駾喙"。

(十五)卦

懈,古隘切,本作"解",古讀入聲。《詩·大雅·韓奕》叶"解易辟",《魯頌·閟宫》叶"解帝"("帝"亦古入聲字);秦琅琊刻石叶"帝地懈辟易畫"。

畫,胡掛切,又胡麥切,古讀入聲。《楚辭·天問》叶"畫歷";秦琅琊刻石叶"帝地懈辟易畫"。

(十六)怪

壞,古讀平聲。《詩·大雅·板》叶"壞畏"("畏"亦古平聲字)。

瘵,古讀入聲。《詩·小雅·菀柳》叶"愒瘵邁",《大雅·瞻卬》叶"惠厲瘵屆"。

戒,古讀入聲。《詩·小雅·采薇》叶"翼服戒棘",《楚茨》叶"備戒",《大雅·常武》叶"戒國";《楚辭·九章·惜往日》叶"戒得";《孫子·九地》叶"戒得";《管子·樞言》叶"戒敕麥伏稷得"。

介,古讀入聲。《楚辭·九辯》叶"帶介慨邁穢敗昧"。

屆,古讀入聲。《詩·小雅·節南山》叶"惠戾屆闋",《小弁》叶"嘒淠屆寐",《大雅·瞻卬》叶"疾屆"。

拜,古讀入聲。《詩·召南·甘棠》叶"拜説"。

(十七)夬

快,古讀入聲。《易·旅卦》叶"位快逮"。

邁,古讀入聲。《詩·邶風·泉水》叶"舝邁衛害",《唐風·蟋蟀》叶"逝邁外蹶",《小雅·都人士》叶"厲蠆邁",《菀柳》叶"愒瘵邁",《白華》叶"外邁",《魯頌·泮水》叶"茷噦大邁";《楚辭·九辯》叶"帶介慨邁穢敗昧";宋玉《高唐賦》叶"會磍磕厲潏霈邁窴摯"。

敗,古讀入聲。《詩·召南·甘棠》叶"敗憩",《大雅·民勞》叶"愒泄厲敗大";《楚辭·九辯》叶"帶介慨邁穢敗昧"。

蠆,古讀入聲。《詩·小雅·都人士》叶"厲蠆邁"。

(十八)隊

佩,古讀平聲。《詩·鄭風·子衿》叶"佩思來",《秦風·渭陽》叶"思佩";《楚辭·離騷》叶"能佩"(能,奴來切),又叶"佩詒"。

背,古讀入聲。《詩·大雅·行葦》叶"背翼福",《桑柔》叶"極背克力",《瞻卬》叶"忒背極慝翼織",《魯頌·閟宫》叶"熾富背試"("熾富試"亦古入聲字)。

悖,古讀入聲。《詩·大雅·桑柔》叶"隧類對悖";《易·頤卦》叶"貴類悖",《説卦》叶"逮悖氣物";《左傳·莊公十一年》叶

“悖忽”;《禮記·中庸》叶“悖害”。

妹昧,古讀入聲。《詩·大雅·大明》叶“妹渭”;《老子》叶“昧物”;《楚辭·九辯》叶“帶介慨邁穢敗昧”。

悔,荒内切,又呼罪切,古讀上聲。《詩·召南·江有汜》叶“汜以以悔”,《大雅·生民》叶“時祀悔”(平上通押)。

悔,荒内切,古讀上聲。《詩·大雅·瞻卬》叶“悔寺”(“寺”亦古上聲字)。

晦,荒内切,古讀上聲。《詩·鄭風·風雨》叶“晦已喜”。

懟,古讀入聲。《詩·大雅·蕩》叶“類懟對内”。

對,古讀入聲。《詩·大雅·皇矣》叶“對季”,《蕩》叶“類懟對内”,《桑柔》叶“隧類對醉悖”。

退,古讀入聲。《詩·小雅·雨無正》叶“退遂瘁誶答退”;《易·大壯卦》叶“退遂利”,《雜卦》叶“外内類退”。

潰,古讀入聲。《詩·邶風·谷風》叶“潰肄塈”。

誶,古讀入聲。《詩·陳風·墓門》叶“萃誶”,《小雅·雨無正》叶“退遂瘁誶答退”。

内,古讀入聲。《詩·大雅·蕩》叶“類懟對内”;《易·家人卦》叶“内外”,《臨卦》叶“内謂”,《雜卦》叶“外内類退”;《禮記·月令》叶“泄出達内惠絶”;《吕氏春秋·權勳》叶“内外貴”。

(十九)代

代,古讀入聲。《楚辭·九章·惜往日》叶“代意置載備異再識”;《管子·勢》叶“極德力代”;《素問·寶命全形論》叶“惑代賊”。

載,古讀上聲。《詩·小雅·彤弓》叶“載喜右”。又讀入聲。《詩·小雅·大東》叶“載息”,《正月》叶“輻載意”,《大雅·緜》叶“直載翼”;《楚辭·九章·惜往日》叶“代意置載備异再識”。

再,古讀入聲。《楚辭·九章·惜往日》叶“代意置載備異再識”。

溉，古讀入聲。《詩·大雅·泂酌》叶"溉塈"；《靈樞·決氣》叶"味溉氣"。

慨，古讀入聲。《楚辭·九章·哀郢》叶"慨邁"。

愛僾，古讀入聲。《詩·小雅·隰桑》叶"愛謂"，《大雅·桑柔》叶"僾逮"；《楚辭·九章·懷沙》叶"喟謂愛類"。

（二十）廢

廢，古讀入聲。《易·繫辭》叶"大廢"；《大戴禮·武王踐阼》叶"廢世"；《管子·版法》叶"殺廢外"；《内業》叶"未廢竭"；《吕氏春秋·孝行》叶"殺廢闕"；《靈樞·制節真邪》叶"大害界外廢"。

穢，古讀入聲。《楚辭·離騷》叶"刈穢"。

吠，古讀入聲。《詩·召南·野有死麕》叶"脱帨吠"。

刈，古讀入聲。《楚辭·離騷》叶"刈穢"。

（二十一）震

信，古讀平聲。《詩·邶風·擊鼓》叶"洵信"，《鄘風·蝃蝀》叶"人姻信命"（"命"亦古平聲字），《鄭風·揚之水》叶"薪人信"，《唐風·采苓》叶"苓顛信"，《小雅·節南山》叶"親信"，《雨無正》叶"天信臻身天"，《巷伯》叶"翩人信"。

振，古讀平聲。《詩·周南·螽斯》叶"詵孫振"；《左傳·僖公五年》叶"晨辰振旗賁焞軍奔"。

燼，古讀平聲。《詩·大雅·桑柔》叶"翩泯燼頻"。

墐，古讀上聲。《詩·小雅·小弁》叶"先墐忍隕"。

吝，古讀平聲。《易·姤卦》叶"牽賓民正命吝"（"正命"亦古平聲字）。

（二十二）稕

順，古讀平聲。《莊子·天地》叶"緡昏順"。

（二十三）問

問，古讀平聲。《詩·大雅·緜》叶"慍問"（"慍"亦古平聲字）。

愠,古讀平聲。《家語·觀樂》叶"薰愠"。

訓,古讀平聲。《詩·周頌·烈文》叶"人訓刑",《大雅·蕩》叶"訓順"("順"亦古平聲字)。

(二十五)願

願,古讀平聲。《詩·鄭風·野有蔓草》叶"溥婉願"。

怨,古讀平聲。《詩·小雅·谷風》叶"嵬萎怨";宋玉《諷賦》叶"怨泉"。

獻,古讀平聲。《詩·小雅·瓠葉》叶"燔獻"。

憲,古讀平聲。《詩·小雅·六月》叶"安軒閑原憲",《桑扈》叶"翰憲難那"("翰"讀平聲),《大雅·板》叶"難憲",《崧高》叶"番嘽翰憲"。

(二十六)慁

困,古讀平聲。《國語·晉語》叶"訓困"("訓"亦古平聲字)。

悶,古讀平聲。《老子》叶"昏悶",又叶"悶醇"。

遁,古讀平聲。《詩·大雅·雲漢》叶"川焚熏聞遁";《三略》上叶"賢遁"。

(二十八)翰

翰,侯旰切,又胡安切,古讀平聲。《詩·小雅·桑扈》叶"翰憲難那",《板》叶"藩垣翰",《崧高》叶"翰蕃萱",又叶"番嘽翰憲",《常武》叶"嘽翰漢"("漢"亦古平聲字);《易·賁卦》叶"皤翰"。

漢,古讀平聲。《詩·大雅·常武》叶"嘽翰漢"。

歎嘆,他旦切,又他干切,古讀平聲。《詩·邶風·泉水》叶"泉歎",《曹風·下泉》叶"泉歎",《王風·中谷有蓷》叶"乾歎難",《小雅·常棣》叶"原難歎",《大雅·公劉》叶"原繁宣歎巘原";《楚辭·九辯》叶"澫歎"。

衎,苦旰切,又苦旱切,古讀平聲。《易·漸卦》叶"盤衎"。

爛,古讀上聲。《易·雜卦》叶"爛反"。

旦,古讀上聲。《左傳·昭公三年》叶"旦顯"。

岸,古讀平聲。《詩·大雅·皇矣》叶"援岸反",《衛風·氓》叶"怨岸泮宴晏旦反"(怨,古平聲字;泮宴晏旦,古上聲字。平上通押)。

粲,古讀上聲。《詩·鄭風·緇衣》叶"館粲",《羔裘》叶"晏粲彦"("晏彦"亦古上聲字)。

(二十九)换

館,古玩切,古讀上聲。《詩·鄭風·緇衣》叶"館粲",《大雅·公劉》叶"館亂鍛"。

亂,古讀上聲。《詩·大雅·公劉》叶"館亂鍛",《齊風·猗嗟》叶"變婉選貫反亂"。

貫,古讀上聲。《詩·齊風·猗嗟》叶"變婉選貫反亂"。

鍛,古讀上聲。《詩·大雅·公劉》叶"館亂鍛"。

涣,古讀平聲。《詩·周頌·訪落》叶"涣難",《鄭風·溱洧》叶"涣蕑"。

(三十)諫

諫,古讀上聲。《詩·大雅·民勞》叶"綣反諫",《板》叶"板亶遠管癉諫"。

澗,古讀平聲。《詩·衛風·考槃》叶"澗寬言諼"。

雁鴈,古讀上聲。《詩·邶風·匏有苦葉》叶"雁旦泮",《鄭風·女曰雞鳴》叶"旦爛雁"("旦爛"古亦上聲字)。

患,古讀平聲。《韓非子·揚權》叶"患端";《楚辭·九章·抽思》叶"聞患";《三略》下叶"安殘患";賈誼《鵩鳥賦》叶"摶患"。

晏,古讀上聲。《詩·衛風·氓》叶"怨岸泮宴晏旦反"(平上通押),《鄭風·羔裘》叶"晏粲彦"。

丱,古患切,古讀上聲。《詩·齊風·甫田》叶"孌丱見弁"("見弁"亦古上聲字)。

(三十二)霰

電,古讀平聲。《詩·小雅·十月之交》叶"電令"("令"亦古平聲字）。

霰，蘇佃切，古讀上聲。《詩·小雅·頍弁》叶“霰見宴”（“見宴”亦古上聲字）。

見，古讀上聲。《詩·齊風·甫田》叶“婉孌丱見弁”，《小雅·頍弁》叶“霰見宴”。

宴，古讀上聲。《詩·衛風·氓》叶“怨岸泮宴晏旦”，《小雅·頍弁》叶“霰見宴”。

甸，古讀平聲。《詩·小雅·信南山》叶“甸田”。

燕，古讀平聲。《詩·魯頌·有駜》叶“駽燕”。

（三十三）線

彥，古讀上聲。《詩·鄭風·羔裘》叶“宴粲彥”（“宴粲”亦古上聲字）。

媛，王眷切，古讀平聲。《詩·鄘風·君子偕老》叶“展袢顏媛”。

展，見君之服，陟扇切，古讀平聲。《詩·鄘風·君子偕老》叶“展袢顏媛”。

弁，古讀上聲。《詩·齊風·甫田》叶“婉孌丱見弁”。

轉，知戀切，又張兗切，古讀上聲。《詩·邶風·柏舟》叶“轉卷選”。

賤，古讀上聲。《莊子·秋水》叶“賤衍蹇”。

（三十四）嘯

嘯，亦寫作“歗”，古讀入聲。《詩·王風·中谷有蓷》叶“修歗歗淑”（幽覺對轉）。

弔，古讀入聲，音的。《詩·檜風·匪風》叶“飄嘌弔”（宵沃對轉）。

（三十五）笑

笑，古讀平聲。《詩·大雅·板》叶“寮囂笑蕘”，《邶風·終風》叶“暴笑敖悼”（宵沃對轉），《魯頌·泮水》叶“藻蹻昭笑教”

(平上通押,"教"亦古平聲字);《易·萃卦》叶"號笑",《同人卦》叶"咷笑",《旅卦》叶"鳥巢笑咷"(平上通押);《楚辭·九歌·山鬼》叶"笑窕"(平上通押)。

照炤,古讀上聲。《詩·陳風·月出》叶"照燎紹懆",《小雅·正月》叶"沼樂炤虐"(宵沃對轉);《楚辭·天問》叶"到照"("到"亦古上聲字)。

曜燿,古讀入聲。《詩·檜風·羔裘》叶"膏曜悼"(宵沃對轉)。

燎,力照切,又力小切,古讀上聲。《詩·陳風·月出》叶"照燎紹懆"。

廟,古讀上聲。《詩·大雅·思齊》叶"廟保"。

(三十六)效

效傚,古讀平聲。《詩·小雅·鹿鳴》叶"蒿昭恌傚敖",《角弓》叶"教傚"。

教,古讀平聲。《詩·小雅·車舝》叶"鷮教",《角弓》叶"教傚",《大雅·抑》叶"昭樂懆教虐耄"(宵沃對轉),《魯頌·泮水》叶"藻蹻昭笑教";《楚辭·九辯》叶"鑿教樂高"(宵沃對轉)。

孝,古讀平聲。《禮記》引《詩·大雅·文王有聲》叶"猶孝"。

覺,睡覺,古孝切,又古岳切,古讀入聲。《詩·王風·兔爰》叶"罦造憂覺"(幽覺對轉)。

(三十七)號

悼,古讀入聲。《詩·邶風·終風》叶"暴笑敖悼";《檜風·羔裘》叶"膏曜悼"。

暴,古讀入聲。《詩·邶風·終風》叶"暴笑敖悼";《孟子》叶"濯暴";《墨子·親士》叶"灼暴"。

告,古讀入聲。《詩·鄘風·干旄》叶"祝六告",《衛風·考槃》叶"陸軸宿告",《小雅·楚茨》叶"備戒告"("備戒"亦古入聲字),《大雅·既醉》叶"俶告",《抑》叶"告則"。

造，七到切，又昨早切，古讀上聲。《詩·鄭風·緇衣》叶"好造"，《大雅·思齊》叶"造士"，《周頌·閔予小子》叶"造疚老"（"疚"亦古上聲字）；《易·乾卦》叶"道咎造久首"。

奥，古讀入聲。《詩·小雅·小明》叶"奥蹙菽宿覆"。

掃埽，蘇到切，又蘇老切，古讀上聲。《詩·鄘風·墻有茨》叶"埽道丑"，《唐風·山有樞》叶"栲杻埽考保"，《小雅·伐木》叶"埽簋牡舅"。

（三十八）箇

賀，古讀上聲。《詩·大雅·下武》叶"賀佐"（"佐"亦古上聲字，讀如左）。

（三十九）過

過，古臥切，又古禾切，古讀平聲。《詩·召南·江有汜》叶"沱過過歌"，《衛風·考槃》叶"阿薖歌過"。

破，古讀平聲。《詩·小雅·車攻》叶"駕猗馳破"。

和，唱和，胡臥切，古讀平聲。《詩·鄭風·蘀兮》叶"吹和"。

貨，古讀平聲。《老子》叶"貨過爲"，又叶"貨多"。

（四十）禡

駕，古讀平聲。《詩·小雅·車攻》叶"駕猗馳破"（"破"亦古平聲字）。

稼，古讀上聲。《詩·豳風·七月》叶"圃稼"。

迓，吾駕切，亦寫作"御"，古讀平聲。《詩·召南·鵲巢》叶"居御"。

暇，胡駕切，古讀上聲。《詩·小雅·伐木》叶"湑酤鼓舞暇"，《何草不黄》叶"虎野暇"，《小旻》叶"除莫庶暇顧怒"（除，平聲；莫庶，入聲；顧怒，上聲。魚鐸對轉）。

夏，胡駕切，又胡雅切，古讀上聲。《詩·陳風·宛丘》叶"鼓下夏羽"，《小雅·四月》叶"夏暑"。

下，動詞，胡駕切；形容詞、名詞，胡雅切，古皆讀上聲。《詩·

召南·采蘋》叶“下女”,《殷其雷》叶“下處”,《邶風·凱風》叶“下苦”,《陳風·宛丘》叶“鼓下夏羽”,《東門之枌》叶“栩下”,《豳風·七月》叶“股羽野宇户下鼠處”,《小雅·采菽》叶“股下紓予”,《大雅·鳧鷖》叶“渚處湑脯下”。

夜,古讀入聲。《詩·召南·行露》叶“露夜露”(“露”亦古入聲字),《齊風·東方未明》叶“夜莫”,《小雅·雨無正》叶“夜夕惡”。

炙,之夜切,又之石切,古讀入聲。《詩·小雅·楚茨》叶“踖碩炙莫客錯度獲格酢”,《瓠葉》叶“炙酢”,《大雅·行葦》叶“席酢炙臄咢”;《禮記·禮運》叶“炙酪帛朔”,又叶“席冪帛炙魄莫”。

舍,屋也,始夜切,古讀上聲。《詩·小雅·何人斯》叶“舍車盱”(平上通押)。

射,神夜切,又羊謝切,又音石,古讀入聲。《詩·大雅·抑》叶“格度射”。

化,古讀平聲。《易·繫辭下》叶“化宜”;《楚辭·離騷》叶“他化”,又叶“化離”,《天問》叶“爲化”,又叶“施化”;《六韜·武韜》叶“施移化”;《管子·形勢》叶“歌化”;《周書·酆保》叶“移化奇”;《莊子·天運》叶“化波”,《秋水》叶“馳移化爲”,《則陽》叶“和化宜施”,又叶“爲化宜差”,《山水》叶“訾蛇化爲”;《荀子·天論》叶“多化”,又叶“畸施多化”,又叶“宜化過何”;《三略》上叶“施加宜知移化隨”。

(四十一)漾

恙,古讀平聲。《楚辭·九辯》叶“臧恙”。

讓,古讀平聲。《詩·小雅·角弓》叶“良方讓亡”;《楚辭·大招》叶“明堂卿張讓王”。

上,上下,時亮切;又登也,時掌切,古皆讀上聲。《詩·陳風·宛丘》叶“湯上望”(“望”亦古平聲字,平上通押),《大雅·大明》叶“上王方”(平上通押)。

壯,古讀平聲。《爾雅·釋天》叶"相壯陽";《楚辭·遠遊》叶"行鄉陽英壯放"("放"亦古平聲字)。

望,看望,巫放切,又武方切,古讀平聲。《詩·衛風·河廣》叶"杭望",《陳風·宛丘》叶"湯上望",《小雅·都人士》叶"黄章望",《大雅·卷阿》叶"卬璋望綱";《易·繫辭下》叶"彰剛望"。

貺,古讀平聲。《詩·小雅·彤弓》叶"藏貺飨"("飨"亦古平聲字);《左傳·僖公十五年》叶"羊衁筐貺償相"。

相,助也,息亮切;瞻視也,息良切,古皆讀平聲。《詩·大雅·棫樸》叶"章相王方",《桑柔》叶"相臧腸狂";《左傳·僖公十五年》叶"羊衁筐貺償相";《禮記·少儀》叶"相更";《荀子·成相》叶"相殃良倀"。

尚,古讀平聲。《詩·大雅·抑》叶"尚亡章兵方";宋玉《神女賦》叶"望相尚量暢狀"("暢狀"亦古平聲字)。

(四十二)宕

抗,古讀平聲。《詩·小雅·賓之初筵》叶"抗張"。

伉,古讀平聲。《詩·大雅·緜》叶"伉將行"。

喪,喪失,動詞,息浪切;死亡,名詞,息郎切,古皆讀平聲。《詩·大雅·皇矣》叶"兄光喪方",《蕩》叶"螗羹喪行方";《書·湯誓》叶"喪亡往";《易·震卦》叶"剛當光行喪",《旅卦》叶"傷喪"。

葬,古讀平聲。《莊子·山木》叶"藏將行方葬"。

(四十三)映

競,古讀平聲。《詩·大雅·桑柔》叶"將往競梗"("往"亦古平聲字,平上通押)。

慶,古讀平聲。《詩·小雅·楚茨》叶"祊明皇飨慶疆",《甫田》叶"梁京倉箱糧慶疆",《大雅·皇矣》叶"兄慶光喪方",《魯頌·閟宫》叶"洋慶昌臧方常";《易·坤卦》叶"剛光常方行慶殃",又叶"亨疆行常行慶疆",《益卦》叶"疆光慶行疆方行",《升卦》叶"亨慶行",《履卦》叶"明行當剛行當慶",《大畜卦》叶"慶行",《頤卦》叶“光上慶”,《晉卦》叶“行當慶光”,《睽卦》叶“當剛行慶亡”,《困卦》叶“明慶剛祥”,《豐卦》叶“當明行慶翔藏”,《兑卦》叶“當慶當光”。

命,古讀平聲。《詩·鄘風·蝃蝀》叶“人姻信命”(“信”亦古平聲字),《唐風·揚之水》叶“粼命人”;《易·乾卦》叶“天命”;《莊子·天地》叶“名形命神性”(“性”亦古平聲字),《秋水》叶“天命名真”,《天運》叶“聲命生形冥榮人”;《易·姤卦》叶“牽民正命吝”(“正吝”亦古平聲字);《韓非子·主道》叶“令命定情正”(“定”亦古平聲字),《揚權》叶“形生盛寧命情”(“盛”亦古平聲字);《吕氏春秋·順説》叶“勁命”(“勁”亦古平聲字);《楚辭·大招》叶“盛命定”。

病,古讀平聲。《老子》叶“亡病”,又叶“上病”(“上”亦古上聲字);《文子·上德》叶“虹藏病”;《左傳·僖公七年》叶“競病”(“競”亦古平聲字)。

泳,古讀平聲。《詩·周南·漢廣》叶“廣永泳方”(平上通押)。

行,品行,下更切,古讀平聲。《詩·衛風·氓》叶“湯裳爽行”(平上通押)。

敬,古讀平聲。《詩·周頌·閔予小子》叶“庭敬”;《易·訟卦》叶“正敬”;《周書·周祝》叶“正爭經刑敬聽爭靜”;《文子·符言》叶“令爭敬正寧”。

(四十五)勁

勁,古讀平聲。《吕氏春秋·順説》叶“勁命”(“命”亦古平聲字)。

盛,盛大,茂盛,承正切,古讀平聲。《韓非子·揚權》叶“形生盛寧命情”;《楚辭·大招》叶“盛命定”。

政,古讀平聲。《詩·小雅·節南山》叶“定生寧酲成政性”(“性”亦古平聲字);《管子·四稱》叶“令政矜人騂親身”。

正,端正,之盛切,古讀平聲。《詩·齊風·猗嗟》叶"名清成正甥",《小雅·斯干》叶"庭楹正冥寧",《大雅·雲漢》叶"星嬴成正寧";《易·乾卦》叶"正精情平",《井卦》叶"井正成"(平上通押),《訟卦》叶"正敬",又叶"成正淵",《臨卦》叶"正命",《姤卦》叶"牽賓民正命吝",《屯卦》叶"正民",《大畜卦》叶"正賢天";《荀子·樂論》叶"情經刑正身聽成營";《韓非子·主道》叶"令命定情正名形";《吕氏春秋·君守》叶"平生靜寧",《勿躬》叶"形正情性成";《楚辭·九章·懷沙》叶"盛正";《禮記·樂記》叶"正定聲",《周書·周祝》叶"正爭經刑敬聽爭靜"。

性,古讀平聲。《管子·天地》叶"名形命神性";《文子·上禮》叶"營性",《下德》叶"情營性正";《禮記·月令》叶"身寧性靜定";《莊子·天地》叶"名形命神性";《吕氏春秋·先己》叶"聽靜性",《勿躬》叶"形正情性成"。

令,古讀平聲。《詩·齊風·東方未明》叶"顛令",《秦風·車鄰》叶"鄰顛令",《小雅·十月之交》叶"電令",《小宛》叶"令鳴征生";《易·革卦》叶"成令天人";《管子·四稱》叶"令政矜人駢親身";《左傳·襄公五年》叶"挺扃令定";《管子·輕重己》叶"耕令";《韓非子·主道》叶"令命定情正名形";《文子·符言》叶"令爭正敬寧";秦會稽刻石叶"清名情貞誠程經令平傾銘"。

姓,古讀平聲。《詩·周南·麟之趾》叶"定姓",《唐風·杕杜》叶"菁睘姓",《小雅·節南山》叶"定生寧醒成政姓"。

聘,古讀平聲。《詩·小雅·采薇》叶"定聘"("定"亦古平聲字)。

(四十六)徑

定,古讀平聲。《詩·小雅·節南山》叶"定生寧醒成政姓",《大雅·采薇》叶"定聘",《江漢》叶"平定爭寧",《周南·麟之趾》叶"定姓";《左傳·襄公五年》叶"挺扃令定";《禮記·月令》叶"身寧性靜定",《樂記》叶"正定聲";《韓非子·主道》叶"令命定情正名形";《文子·道原》叶"形定成生"。

聽,聽從,他定切;聆也,他丁切,古皆讀平聲。《詩·小雅·伐木》叶"丁嚶鳴聲生聽平",《小旻》叶"程經聽爭成",《大雅·蕩》叶"刑聽傾",《雲漢》叶"牲聽"。

(四十七)證

乘,車乘,名詞,實證切;又駕也,動詞,食陵切,古皆讀平聲。《詩·魯頌·閟宫》叶"乘縢弓綅增膺懲承",《商頌·玄鳥》叶"勝乘承";《楚辭·招魂》叶"乘蒸";《易·賁卦》叶"乘興陵"。

勝,克也,詩證切;又任也,識蒸切,古皆讀平聲。《詩·商頌·玄鳥》叶"勝乘承",《小雅·正月》叶"蒸夢勝憎"("夢"讀平聲),《大雅·緜》叶"薨登馮興";《易·漸卦》叶"陵孕勝";《周書·周祝》叶"勝稱",《柔武》叶"心勝"。

孕,古讀平聲。《易·漸卦》叶"陵孕勝"。

應,物相應也,於證切;又當也,於陵切,古皆讀平聲。《易·臨卦》叶"臨應",《升卦》叶"升應",《蒙卦》叶"蒙中應功",《比卦》叶"從中應窮",《未濟卦》叶"中終應"。

(四十八)嶝

贈,古讀平聲。《詩·鄭風·女曰雞鳴》叶"來贈"。

(四十九)宥

右,於救切,又云久切,古讀上聲。《詩·衛風·竹竿》叶"右母",《秦風·蒹葭》叶"采已涘右沚",《小雅·彤弓》叶"載喜右",《甫田》叶"止子畝喜右否有敏",《大雅·緜》叶"止右理畝事"("事"亦古上聲字)。

祐,古讀上聲。《楚辭·天問》叶"祐喜"。

侑,于救切,古讀上聲。《禮記·禮運》叶"史侑右"。

狩,古讀上聲。《詩·鄭風·叔于田》叶"狩酒好",《秦風·駟鐵》叶"阜手狩",《小雅·車攻》叶"好阜草狩"。

臭,古讀平聲。《詩·大雅·文王》叶"臭孚";《左傳·僖公四年》叶"葅臭"。

疚,古讀上聲。《詩·周頌·閔予小子》叶"造疚考孝"(造,古讀上聲;孝,古讀平聲,平上通押),《小雅·杕杜》叶"來疚"(平上通押),《大東》叶"來疚"。

褎袖,古讀上聲。《詩·大雅·生民》叶"道草茂苞褎秀好"(平上通押),《唐風·羔裘》叶"褎究好"。

秀,古讀上聲。《詩·大雅·生民》叶"道草茂苞褎秀好"。

究,古讀上聲。《詩·唐風·羔裘》叶"褎究好";《國語·越語》叶"牡道究"。

壽,古讀上聲。《詩·豳風·七月》叶"棗稻酒壽",《小雅·天保》叶"壽茂"("茂"亦古上聲字),《南山有臺》叶"栲杻壽茂",《大雅·江漢》叶"首休考壽"(平上通押),《周頌·雝》叶"牡考壽",《載見》叶"考壽保";《老子》叶"久壽";《荀子·賦篇》叶"首壽老牡";《管子·内業》叶"道久壽"。

咮噣,陟救切,又竹角切,古讀入聲。《詩·曹風·候人》叶"咮媾"("媾"亦古入聲字)。

舊,古讀上聲。《詩·大雅·蕩》叶"時舊"(平上通押),《召旻》叶"里里舊"。

售,古讀平聲。《詩·邶風·谷風》叶"讎售"。

副,敷救切,古讀入聲。《素問·疏五過論》叶"測極式則副德"。

富,方副切,古讀入聲。《詩·小雅·我行其野》叶"富異"("異"亦古入聲字),《小宛》叶"克富又"(又,古上聲字,之職對轉),《魯頌·閟宫》叶"熾富背試"("熾背試"亦古入聲字);《管子·侈靡》叶"富伏",《四稱》叶"稷富力側飭貸殖伏革德式"("貸"亦古入聲字)。

覆,蓋也,敷救切;又反覆,芳福切,古皆讀入聲。《詩·邶風·谷風》叶"鞠覆育毒",《小雅·小明》叶"奥蹙菽戚宿覆";《靈樞·

刺節真邪論》叶"得伏北覆惑"。

復,又也,返也,白也,告也,扶富切;又返也,重也,房六切,古皆讀入聲。《詩·豳風·九罭》叶"陸復宿",《小雅·我行其野》叶"蓫宿畜復",《蓼莪》叶"鞠育畜復腹",《大雅·桑柔》叶"迪復毒";《易·暌卦》叶"逐復",《解卦》叶"復夙";《左傳·宣公二年》叶"目復腹";《禮記·禮運》叶"復孰";《老子》叶"畜育熟復",又叶"嗇復德極克國"。

(五十)候

茂,古讀上聲。《詩·小雅·斯干》叶"苞茂好猶"(平上通押),《天保》叶"壽茂",《南山有臺》叶"栲杻壽茂",《大雅·生民》叶"道草茂苞褎秀好",《周頌·良耜》叶"朽茂",《齊風·還》叶"茂道牡好";《韓非子·揚權》叶"道茂";宋玉《笛賦》叶"寶道老好受保楚茂"。

豆,古讀入聲。《吕氏春秋·貴公》叶"斲豆鬥寇"("鬥寇"亦古入聲字)。

鬥,古讀入聲。《吕氏春秋·貴公》叶"斲豆鬥寇"。

寇,古讀入聲。《吕氏春秋·貴公》叶"斲豆鬥寇"。

奏,古讀入聲。《易·屯卦》叶"寇媾"("媾"亦古入聲字);《詩·小雅·楚茨》叶"具奏禄"("具"亦古入聲字)。

媾覯,古讀入聲。《詩·曹風·候人》叶"咮媾";《大雅·抑》叶"漏覯";《易·屯卦》叶"寇媾"。

漏,古入聲字。《詩·大雅·抑》叶"漏覯"。

(五十二)沁

譖,莊蔭切,古讀平聲。《詩·大雅·桑柔》叶"林譖"。

(五十四)闞

濫,古讀平聲。《詩·商頌·殷武》叶"監嚴濫遑"。

憺,徒濫切,又徒敢切,古讀上聲。《楚辭·九章·抽思》叶"敢憺"。

(五十九)鑑

監,領也,格懺切;又臨下也,古銜切,古皆讀平聲。《詩·小雅·節南山》叶"巖瞻惔談斬監",《商頌·殷武》叶"監嚴濫"。

以上所述,有些字,完全可以證明古讀平聲、上聲或入聲,因爲它們在上古韻文中祇跟平上入聲押韻,而不跟去聲押韻,例如"慶"字,《詩經》四見,皆讀平聲;"埽"字,《詩經》三見,皆讀上聲;"告"字,《詩經》三見,皆讀入聲。古長入字(後來變爲去聲字)與長入字相押,似乎古有去聲;但是我們用系聯法,亦可證明其爲古入聲字,例如"大"字,《詩·魯頌·泮水》叶"茷噦大邁",《大雅·民勞》叶"愒泄厲敗大",似乎是去聲叶去聲;但是《易·坤卦》叶"發大害",《咸卦》叶"害大末説",《吕氏春秋·士容》叶"大害越外竭賴厲折","大"既可以跟入聲字"發、末、説、越、折"叶韻,可見它古讀入聲。又如"外"字,《詩經·魏風·十畝之間》叶"外泄逝",《唐風·蟋蟀》叶"逝邁外蹶",似乎是去聲叶去聲,但是《烝民》叶"舌外發","舌、發"都是入聲字,可見"外"字古讀入聲。用系聯法推知,"茷噦邁愒泄厲敗害賴竭厲逝蹶"等都應該是古入聲字了。

凡是有平去兩讀者,古皆讀平聲,如"夢信振行盛正相喪聽令乘勝應歎翰散過和"等;凡字有上去兩讀者,古皆讀上聲,如"夏下右上舍處怒濟涕轉造掃"等;凡字有去入兩讀者,古皆讀入聲,如"積易覺暴告射咮(噣)覆復"等。

原載《語言研究論叢》,1980年

玄應《一切經音義》反切考

玄應是唐初的和尚,貞觀末年爲大慈恩寺翻經法師,著有《一切經音義》二十五卷。他所作的反切,和《切韻》的反切不同。不但反切用字不同,語音系統也不盡相同。玄應既是長安的和尚,他的反切必能反映唐初首都長安的語音系統。這是漢語史的寶貴資料。另一方面,陸法言的《切韻》並不反映隋代的長安語音系統。否則,玄應《一切經音義》和陸法言《切韻》的差别不會那麽大。陸法言自己聲稱,他的《切韻》是"論南北是非,古今通塞"寫成的,當然不是一時一地之音。我們把兩書的反切加以對比,找出不同之點,就可考證出唐初的漢語語音系統。《切韻》原書雖佚,但是今存《廣韻》前身是《唐韻》,《唐韻》前身是《切韻》。《廣韻》的反切保存着《切韻》的反切,我們把玄應《一切經音義》的反切和《廣韻》的反切對比,可以得出可靠的結論。

我根據的玄應《一切經音義》是武進莊氏校刊本。書中有不少錯字,如"刎",亡粉反,誤作云粉反;"濯",徒角反,誤作從角反,等等。此書刊於乾隆年間,由於避康熙帝玄燁諱,所有"玄"字都改作"元",如"蠲",古玄反,改作古元反。這些錯字,都改正了。

下面是分析玄應《一切經音義》的結果。

一、聲　母

經錢大昕考證,古無舌上音。這就是説,知徹澄娘四母的字,古音應併入端透定泥。《廣韻》的反切中,還有一些古音的遺迹,例如:

1. 端知混切

椿:都江　罩:都教　䊲:丁全　貯:丁吕

鬡:陟賄　窡:丁滑　㔺:丁力

2. 透徹混切

牚:他孟　歡:丑歷　䆲:丑戾　獺:他鎋

3. 定澄混切

瑒:徒杏　湛:徒減　滯:徒例

4. 泥娘混切

嬭:奴蟹　獿:奴巧　絮:奴下　橈:奴教

胗:乃亞　賃:乃禁

玄應反切中,知系和端系混用的地方,比《切韻》多得多,而且多數是以端系切知系,例如:

1. 端知混切

湩:都洞、都用、竹用　戇:都絳、竹巷　斲:都角

椓搙:都角　啄:丁角　讁謫:都革、知革　摘:都革

2. 透徹混切

討:恥老　蠆:他邁、敕芥、丑芥　惕:聽歷、敕歷

洟:敕計

3. 定澄混切

撞:徒江　茶:徒加、徒迦　瞪:徒萌　懟:徒淚

袒:徒莧　擢:徒角、徒卓　濯:徒角

4. 泥娘混切

喃:女函　禰:女履　赧:奴盞、女盞

由此可以斷定,唐初時代的長安音,舌上尚未從舌頭分出。

經錢大昕考證,古無輕唇音。這就是説,非敷奉微四母的字,古音應併入幫滂並明,直到《切韻》時代,輕脣還是没有從重脣分出,例如:

1. 幫非混切

悲:府眉　彬:府巾　飆:府遥　兵:甫明

并:府盈　彪:甫烋

2. 滂敷混切

丕:敷悲　胚:芳杯　篇:芳連　鈹:敷羈

芝:匹凡　僻:芳辟

3. 並奉混切

皮:符羈　頻:符真　便:房連　平:符兵

憑:扶冰

4. 明微混切

眉:武悲　綿:武延　苗:武瀌　盲:武庚

明:武兵　瞢:武登

玄應反切中,幫系和非系混用,與《切韻》是一致的,例如:

1. 幫非混切

諷:不鳳　仳:父美[①]　匾:方殄

2. 滂敷混切

蜂:匹凶　孚:匹于　潘:敷袁　泛:匹劍、敷劍、孚梵

3. 並奉混切

髕:扶忍　邲:扶必

4. 明微混切

犛:亡交、亡包　憮:莫禹　牧:莫禄、亡福

睦:莫禄、亡竹　昴:亡飽　眇:亡紹　俛:無辯

① 父,讀如"甫"。

蜜:亡一　　洏:亡善

二、韻　部

玄應反切的韻部,與《切韻》韻部差別頗大。許多地方,《切韻》分爲兩三韻的,玄應反切併爲一韻。具體分析如下:

(一)東董送屋、冬宋沃、鍾腫用燭混用

1. 送宋混切

綜:子送,祖送

2. 屋沃混切

沃:烏木、烏穀、於木、於酷、於梏　梏:古木、古禄、孤禄、公篤

鵠:胡哭　　莕:古木　　酷:口木、口斛、口篤、苦篤

東冬混切無例,但以送宋混切,特别是以屋沃混切的大量實例類推,可見東冬也是不分的。東鍾混切、屋燭混切無例,但鍾燭是冬沃的三等(《七音略》《韻鏡》冬鍾同圖),既然東冬無别、屋沃無别,自然東與鍾、屋與燭也應該不分了。

(二)支紙寘、脂旨至、之止志混用

1. 支脂混切

梨:力知　　麋:忙皮、忙悲　　飢:几池

2. 支之混切

蚩:尺移

3. 脂之混切

夷:以之、餘之、弋之、余之　　痍:羊之、與之　　痍:與之

飢:几持、几治　　詞:似資　　輜:側飢　　錙:則飢

蚩:昌夷、尺之、充之　　滋:子夷、子思

4. 紙止混切

褫:敕爾、直紀

5. 旨止混切

旨:脂以　　兕:徐里、徐姊　　匕秕:卑以　　俟涘:事几

雉:直理

6. 寘至混切

刺:千利　翅:施致

7. 至志混切

致:徵吏　躓:豬吏　概:居置　饐:於吏

植:直致　嗣:辭利　飤:囚恣、囚志　字:慈恣

厠:惻冀

(三)虞麌遇、模姥暮混用

虞模混切

汙:於故、紆巫

虞模混切衹有一個例子,仍應認爲同一韻部,因爲《廣韻》注明虞模同用,《七音略》《韻鏡》又以虞模合爲一圖。模居一等,虞居二、三、四等(實衹三等),等呼不同,所以很少混切,不能因此否定其同屬一個韻部。至於魚語御,則應認爲獨立,因爲《廣韻》注明獨用,《七音略》《韻鏡》又獨爲一圖。有一個例外,就是"蛆"讀知殊反。這個例外是可疑的,因爲"蛆"是清母字,不可能用"知"作爲反切上字,疑"蛆"是"蛛"的誤字。

(四)霽祭混用

霽祭混切

厲:力計　斃:蒲計、毗世

祭韻可能有少數字混入至韻,如"彗"讀囚芮反,又讀蘇醉反,"篲"讀囚鋭、蘇醉二反,"曳"讀余出反("出"在這裏應讀尺類反),待考。

(五)灰賄隊、咍海代、泰混切

1. 灰咍混切

禖:莫來

2. 賄海混切

每:莫載、莫改

3. 泰隊混切

沛:補昧　　背:蒲貝　　類:力外

泰韻混入代隊兩韻,《廣韻》代隊同用,《七音略》《韻鏡》代隊同圖。

(六)怪夬混用

1. 以夬切怪

芥:加邁　　聵:牛快

2. 以怪切夬

噲:口壞、苦壞　　邁:莫介　　唄:蒲芥　　餲:烏芥

蠆:敕芥、丑芥、他邁

(七)真軫震質、諄準稕術、臻櫛、欣隱焮混用

1. 真臻混切

臻:側陳、側巾　　榛:仕巾、助巾、士巾　　侁:所隣[①]

詵:使陳、所巾

2. 軫準混切

允:翼刃

3. 質櫛混切

蝨:所一

4. 真欣混切

斤:居銀　　筋:居銀、居欣二反[②]

《廣韻》真諄臻同用,軫準同用,震稕同用,質術櫛同用。諄準稕術是真軫震質的合口呼,臻櫛是真質的二等,故應合成一個韻部。欣應歸真,段玉裁從杜甫詩中看出。現在在玄應反切中也可以得到證明。

(八)寒旱翰曷、桓緩換末混用

1. 寒桓混切

---

① 侁,今本誤作所憐反。

② 所謂二反,有些地方衹是一反,不過反切下字不同而已。

蟠:蒲寒　　瘢:薄寒、薄蘭、蒲蘭[1]

2. 翰换混切

判:普旦

3. 曷末混切

拔:補達

《廣韻》寒桓同用,旱緩同用,翰换同用,曷末同用。桓緩换末是寒旱翰曷的合口。

(九)删潸諫黠、山産襇鎋混用

1. 删山混切

頑:吴鰥、五鰥　　鰥:古頑　　潺:士山、士環二反

2. 潸産混切

赧:奴盞、女盞　　晥:還棧　　棧:仕板

3. 諫襇混切

串:誥幻　　鏟:叉莧　　羼:初莧[2]

4. 黠鎋混切

猾:胡刮

《廣韻》删山同用,潸産同用,諫襇同用,黠鎋同用。

(十)先銑霰屑、仙獮線薛混用

1. 先仙混切

編:卑綿　　蜎:一全

2. 霰線混用

戰:之見　　顫:之見

《廣韻》先仙同用,銑獮同用,霰線同用,屑薛同用。

(十一)蕭篠嘯、宵小笑混用

蕭宵混切

---

① 例外:"潘"讀敷袁反,疑"潘"讀作"潘","《集韻》"潘"有孚袁一切。

② 這一條例子是慧苑《華嚴經音義》的。

瞟:普幺

此類衹有一例,今依《廣韻》同用例,合併爲一個韻部。

(十二)清靜勁昔、青迥徑錫混用[①]

1. 清青混切

坰:公營

2. 昔錫混切

疫:營壁

(十三)尤有宥、侯厚候、幽黝幼混用

1. 尤侯混切,有厚混切

謀:莫侯　眸:莫侯　鍪:莫侯　矛:莫侯

某:莫有

這些字是由三等轉入一等。

2. 尤幽混切,有黝混切

虯:渠周、渠留　繆:莫浮　糾:居柳、居黝

(十四)覃感勘合、談敢闞盍混用

合盍混切

唼:子盍、祖盍[②]　呩:子盍　噆:子臘　噠:土合

覃感勘、談敢闞混用無例,但從合盍混用推知,覃與談、感與敢、勘與闞也是不分的。《廣韻》覃談同用,感敢同用,勘闞同用,合盍同用。

(十五)鹽琰艷葉、添忝标怗、嚴儼釅業、梵(喉牙)混用

1. 琰忝混切

厭:於簟　黶:於簟

2. 琰儼混切

檢:居儼　瞼:居儼　掩:於儼

3. 釅梵(喉牙)混切

① 另有耕登混用的例子:薨,呼宏反;肱,古宏反。這應是個别的例外,因爲直到朱熹時代,耕登還是不混用的。

② 《集韻》唼,作答切。

釅:魚劍

鹽添嚴混用、艷㮇釅混用、葉怗業混用無例,但由琰忝混切、琰儼混切推知。《廣韻》平聲鹽添同用,嚴凡同用,上聲琰忝儼同用,去聲艷㮇釅同用,入聲葉怗同用,業乏同用,四聲不一致。嚴凡同用,業乏同用,反映較古的語音系統。因爲嚴凡合起來和-n尾的元韻對應,業乏合起來和-t尾的月韻相對應。琰忝儼同用,艷㮇釅同用,反映唐初的語音系統。《平水韻》併梵韻"劍欠"於艷韻,是和玄應反切符合的,而併業韻於乏韻,則又不合了。待再詳考。

(十六)咸豏陷洽、銜檻鑑狎、凡范乏混用[①]

1. 咸銜混切,陷鑑混切

監:公杉　　巉:仕咸　　鑱:在咸[②]、仕衫、仕監

鑑:古陷　　儳:倉陷、士監二反

2. 銜凡混切

帆:扶巖,又扶劍、扶巖二反,又扶巖、扶泛二反

下列各韻,雖在玄應反切中没有系聯,也應該認爲合用的韻部,因爲《廣韻》注明它們是同用的:

佳皆,蟹駭,卦怪夬;

元魂痕,阮混很,願慁恨,月没;

歌戈,哿果,箇過;

陽唐,養蕩,漾宕,藥鐸;

庚耕清,梗耿靜,映諍勁,陌麥昔[③];

蒸登,拯等,證嶝,職德。

下列各韻,在《廣韻》中注明獨用,在《七音略》《韻鏡》中獨圖(或開合兩圖相配),在玄應反切中不與他韻系聯,應認爲獨韻:

① 梵韻"劍"字徘徊於釅梵兩韻之間,"梵"讀扶劍反,"汎泛"讀匹劍、敷劍、孚劍等反,自相矛盾。待再詳考。

② "在咸"應是"仕咸"之誤。

③ 青迥徑雖《廣韻》未與庚耕清、梗耿靜、映諍勁同用,也應併入。見上文。

江講絳覺	肴巧效
微尾未	豪皓號
魚語御	麻馬禡
文吻問物①	侵寑沁

綜上所述,唐初語音平上去聲共有二十九個韻部,入聲共有十五個韻部,即:

平上去聲

(1)東董宋	(2)江講絳	(3)支紙寘
(4)微尾未②	(5)魚語御	(6)虞麌遇
(7)齊薺霽	(8)佳蟹卦	(9)灰賄隊
(10)真軫震	(11)文吻問	(12)元阮願
(13)寒旱翰	(14)删潸諫	(15)先銑霰
(16)蕭篠嘯	(17)肴巧效	(18)豪皓號
(19)歌哿箇	(20)麻馬禡	(21)陽養漾
(22)庚梗映	(23)清靜勁	(24)蒸拯證
(25)尤有宥	(26)侵寑沁	(27)覃咸勘
(28)鹽琰艷	(29)咸豏陷	

入聲:

(1)屋	(2)覺	(3)質	(4)物	(5)月
(6)曷	(7)黠	(8)屑	(9)藥	(10)陌
(11)職	(12)緝	(13)合	(14)葉	(15)洽

原載《武漢師院學報》1980 年

① 《廣韻》平聲文欣同用,上聲吻隱同用,去聲問獨用,入聲物獨用,當以去入爲準。

② 《切韻》去聲廢韻應併入此部。

《經典釋文》反切考

《經典釋文》爲陸德明所作。陸德明約生於公元552年,殁於622年。《經典釋文》作於癸卯年,即公元583年,陳後主至德元年,隋文帝開皇三年,比陸法言《切韻》的成書還早了十八年(《切韻》寫成於公元601年)。

《經典釋文》是《周易》《尚書》《詩經》《周禮》《儀禮》《禮記》《左傳》《公羊傳》《穀梁傳》《孝經》《論語》《老子》《莊子》《爾雅》的音義,主要是記録舊音,以音明義。陸德明在他的序文裏説:"輒撰集五典、《孝經》《論語》及《老》《莊》《爾雅》等音。"又説"循省舊音",可見此書是以注音爲主的。《經典釋文》雖不是韻書,但是反切繁多,我們可以從中窺見中國6世紀的語音系統。拿此書的語音系統和《切韻》的語音系統相比較,足以證明《切韻》實兼古今方國之音,而《經典釋文》則代表當時中國的普通話,可能就是長安音。

陸德明是吴縣人,有人懷疑《經典釋文》用的是吴音。這個論據是不能成立的。盧文弨在《重雕經典釋文緣起》中説:"陸氏雖吴産,而其所匯輯前人之音,則不盡吴産也。"陸氏自己説:"方言差别,固自不同。河北江南,最爲巨異。或失在浮清,或滯於沈濁。

今之去取,冀祛兹弊。”他豈有采用吴音的道理? 況且他大量引用六朝注釋家的反切,更不能認爲是吴音了。

《經典釋文》的反切,有各種不同的情況。我讀了一遍以後,覺得有下列八點須要加以説明:

(1)大多數情況是因聲别義。一個字如果有兩種以上的讀音,在具體的上下文中,就應該選擇其中一種,這叫做以意求之,例如重復的“復”讀扶又反,反復的“復”音服;經過的“過”讀古禾反,超過的“過”讀古卧反。這些往往衹是聲調上的分别。某些字有本讀,有破讀(又叫讀破)。本讀稱爲如字,例如“爲”字讀平聲是如字,讀去聲於僞反是破讀;“祝”字讀入聲是如字,讀去聲之又反是破讀。有時候,兩種讀法都可以,例如《左傳・昭公三年》:“匪舌是出。”《釋文》:“出,如字,又尺遂反。”

(2)有些兩讀的字不僅是聲調的差異,而往往是聲母的不同。這一類多是所謂假借字,例如“説”借爲“悦”,則讀如“悦”。《論語・學而》:“學而時習之,不亦説乎?”《釋文》:“説,音悦。”又如“女”爲“汝”,則讀如“汝”。《論語・雍也》:“今女畫。”《釋文》:“女,音汝。”

(3)一字多讀,有時候是陸法言的音讀,例如《左傳・昭公二十五年》:“鸜鵒跦跦。”《釋文》:“跦,張子反,又張留反。”有時候是舊音各家不同,例如《詩經・小雅・大東》:“佻佻公子。”《釋文》:“佻,徒彫反。徐又徒了反,沈又徒高反。”

(4)有些字音,《經典釋文》所用的反切是統一的,例如:爲,于僞反;復,扶又反;去,起吕反;見,賢遍反;易,以豉反,等等。但是,更多的情況是反切用字不統一,例如:嵩,夙忠反;娀,息忠反。其實“嵩、娀”是同音字。又如:車,一處音尺遮反,另一處音尺奢反,又一處音昌蛇反,切出來是同一的讀音。甚至各家異讀也衹是字面不同,切出來的讀音並没有什麽兩樣,例如《尚書・泰誓上》:“刳刳孕婦。"《釋文》:"孕,以證反,徐養證反。"《莊子·盜跖》:"編虎須。"《釋文》:"扁,音鞭,又蒲顯反,徐扶顯反。"古無輕脣音,蒲顯與扶顯音同。這樣就造成混亂。當《釋文》一字兩讀的時候,到底是讀成兩音呢,還是讀成一音?就要求我們參考他處,作出判斷了。

(5)有些很淺的字,也注上反切。這是因爲要避免誤認爲字形近似的另一個字,例如:

日,人一反,而一反,人實反,表示這是日月的"日",不是《詩》云子曰的"曰";

土,他覩反,表示這是土地的"土",不是士農工商的"士";

己,音紀,表示這是自己的"己",不是已經的"已";

已,音以,表示這是已經的"已",不是自己的"己"。

(6)某字有兩種讀音,其音相差頗遠,那麽,第二種讀音應該是另一字,例如《尚書·顧命》:"敷重筍席。"《釋文》:"筍,息允反。馬云:'箬箬也。'徐云:'竹子竹爲席。'于貧反。"這是讀"筍"爲"筠"。《禮記·聘義》:"孚尹旁達。"注:"孚讀爲浮,尹讀如竹箭之筠。"《釋文》:"尹,依注音筍,又作筠,于貧反。"可見于貧是"筠"字的切音。這種情況雖不多見,但是值得注意。

(7)《經典釋文》的反切不如《切韻》嚴格,開、合兩呼往往混用。有下列四種情況:

1. 以開口一等字切合口一等字,例如:

般,薄寒反、步干反、蒲安反　弁,步干反、步寒反
盤,步干反、畔干反　潘,判丹反、判干反
磐,步干反、步丹反、畔干反　瞞,莫干反
槃,薄寒反　曼,莫干反
鞶,步干反　漫,末旦反、末干反
胖,步丹反　縵,武旦反、末旦反
槾,末旦反、末丹反　沫,亡曷反

饅,亡旦、武安二反　　芟,蒲葛反

鬘,側巴反　　偝,扶代反

秣,莫葛反　　臀,徒恩反

末,武葛反、亡葛反、亡曷反

2. 以合口一等字切開口一等字,例如:

翰,寒半反　　遏,烏末反

達,他末反　　閼,安末反

撻,他末反　　憚,丹末反

3. 以開口三等字切合口三等字,例如:

橘,均必反、均筆反、均栗反　　鴥,唯必反

鷸,尹必反　　聿,于必反

這種情況是可以解釋的,這些反切除了個別例外(如臀,徒恩反;橘,均栗反),都和脣音字有關。或者是被切字屬脣音,如"般、盤、磐、槃、鞶、胖、弁、潘、瞞、曼、漫、縵、饅、秣、末、沫、芟、偝"等;或者是反切下字屬脣音,如"半、巴、末、必、筆"等。我們知道,脣音字是雙脣接觸,與合口呼的圓脣相似,所以開口的脣音字也可以切合口字,反過來也一樣,合口的脣音字也可以切開口字。我們不可誤會,以爲《經典釋文》開合不分①。

(8)通志堂本《經典釋文》頗多訛誤,盧文弨重雕本《經典釋文》,經梁同舟、畢沅、段玉裁、李兆洛、臧鏞堂等人校勘,訛誤較少,但仍有一些地方没有校正,例如《詩經·秦風·晨風》:"鴥彼晨風。"《釋文》:"《説文》作鴥,尹鷸反,疾飛貌。《字林》於寂反。"今本《毛詩注疏》作"《字林》于叔反"。當以"于叔反"爲是。"於"是影母字,不合。"于"是喻母三等字,"尹"是喻母四等字,《經典釋文》喻三和喻四有混用的情況。《集韻》"鴥"讀于六切,可證。這一類情況是要謹慎處理的。

---

① 即以"臀、橘"二字而論,也可以有解釋:"徒"是合口一等字,故可以切合口一等的"臀";"均"是合口三等字,故可以切合口三等的"橘"。

下面我們把《經典釋文》語音系統分爲聲母、韻部、聲調三方面進行分析。

一、聲　母

經錢大昕證明,古無舌上音。後世讀知徹澄娘的字,古代讀端透定泥,直到《廣韻》反切中,還有舌頭與舌上相通的痕迹,例如:

椿,都江切　　縋,地僞切　　貯,丁吕切
滯,徒例切　　膗,杜懷切[①]　　鬤,乃庚切[②]
窡,丁滑切[③]　　鵽,丁刮切[④]　　瑒,徒杏切[⑤]
牚,他孟切[⑥]　　歡,丑歷切[⑦]　　䵺,丁力切[⑧]
賃,乃禁切[⑨]　　湛,徒減切[⑩]

羅常培先生以《切韻》殘本和《廣韻》對勘,發現《切韻》用舌頭爲切而《廣韻》用舌上爲切者(如:戇,《切韻》丁降反,《廣韻》陟降切)八例,認爲這是"陸詞舊法"[⑪],他的話是對的。直到7世紀,端系二、三等字還没有分化爲知系。《經典釋文》的反切可以作爲有力的證據。

1. 端知混用

(甲)以端切知

① 膗字依韻圖當作除懷切,故《切韻指南》把它歸入澄母,讀爲"䳡"(除邁切)的平聲。
② 當依《集韻》讀尼庚切。
③ 當依《集韻》作張滑切。
④ 當依《集韻》作張刮切。
⑤ 當依《集韻》作丈梗切。
⑥ 當依《集韻》作恥孟切。
⑦ 這是相反的情況,以舌上切舌頭。但理由是一樣的,既然古無舌上,則以舌上切舌頭實際上是以舌頭切舌頭。"歡"字《集韻》作他歷切。
⑧ 這與"陟"字竹力切同音。當依《康熙字典》音陟。
⑨ 當依《集韻》作女禁切。
⑩ 當依大徐《説文》作宅減切,或依《集韻》作丈減切。
⑪ 參看王力《漢語音韻學》。

豬(陟魚)①,丁魚
柱(知庾),丁主
長(知丈),丁丈、丁兩
疐躓懥(陟利),丁四
綴(陟衛、陟劣),丁衛、丁劣②、丁悦
轉(知戀),丁戀
罩(竹角③),都學
斸(陟玉),丁録
斲涿琢(竹角),丁角
窒(陟栗),得悉
挃(陟栗),丁秩
窋(竹律),丁律
輟(陟劣),丁劣
剟(陟劣),丁悦
著(張略),丁略
摘(陟革),都革
縶(陟立),丁立
畢(陟立),丁立、丁邑

(乙)以知切端(缺例④)

2. 透徹混用

(甲)以透切徹

朾(癡貞⑤),他貞
畜(丑六),他六
卓踔(敕角),吐濁
疃(丑降⑥),菟絳

(乙)以徹切透

侗恫(他孔⑦),勑動
臺(土來),勑來
吞(吐根),勑恩
灘(他干、他案⑧),勑丹、勑旦
窕(他彫、他弔⑨),勑彫、勑弔
祧挑(吐彫),勑彫

---

① 括號内是《廣韻》的反切。

② 《廣韻》去聲"綴",陟衛切,又丁劣切,但入聲"綴"則作陟劣切。

③ 這是《集韻》的反切,《廣韻》入聲無"罩"字。

④ 缺例不等於不可能有這種情況。觀於下文以徹切透,以澄切定,則知以知切端是完全可能的。

⑤⑥ 這是《集韻》的反切。

⑦ "恫"讀他孔切是依《集韻》。

⑧⑨ 灘,他案切;窕,他弔切是依《集韻》。

弢(土刀),勑刀①　　它(托何),敕多

稌(他魯),勑古　　坦(他但),敕但

儻(他朗),勑黨、勑蕩

脱(吐外②、他括),勑外、勑括

貸(他代),敕代　　大(吐臥③),勑佐

逖剔(他歷),勑歷

3. 定澄混用

(甲)以定切澄

淖(直教④),徒較　　軸(直六),大六

濯(直角),大角

植(逐力⑤、直吏),徒力、徒吏

(乙)以澄切定

憚(唐干⑥、徒案),直丹、直旦、丈旦

姪絰軼迭咥(徒結),直結

荎,沈又直黎

滌(徒歷),直的、直歷

翟覿糴(徒歷),直歷

4. 泥娘混用

(甲)以泥切娘

怩(女夷),乃私　　橈(女教⑦),乃教

淖(獰教⑧),乃孝　　鐃(女教⑨),乃孝

---

① 原書"敕"字有時寫作"勑",有時寫作"敇",今照録。

③ 這是《集韻》的反切,"吐臥"當作"吐佐"。

⑦ 這是大徐《説文》和《集韻》的反切。今本《廣韻》作奴教切,是古音的殘留。

⑧ 這是小徐《説文》的反切。今本大徐《説文》、《廣韻》《集韻》皆作奴教切。今按"橈、淖"同音,當以小徐的反切爲是。《經典釋文》"淖"讀女孝反,又讀乃孝反,泥娘混用。

②④⑤⑥⑨ 這是《集韻》的反切。

搦(昵角[①]),奴學　　　　暱(尼質),乃吉

吶(女劣),奴劣　　　　籋(尼輒),奴輒

(乙)以娘切泥(缺例[②])

舌頭舌上混用的情況如此之多,足以證明,在《經典釋文》時代,舌音尚未分化爲端知兩系。

經錢大昕證明,古無輕脣音。直到《切韻》時代還是這樣。今《廣韻》反切上字,幫系和非系混用(往往是以非系字切幫系字)。在《經典釋文》裏,這種情況更爲常見。

下面的例子,《廣韻》和《經典釋文》都以輕脣字切重脣字。

(1)以非切幫[③]

瀌(悲嬌[④]),《廣韻》甫嬌,《釋文》方苗

貶(悲檢),《廣韻》方斂,《釋文》方犯

堋(逋鄧),《廣韻》方隥,《釋文》甫贈

彆(必結),《廣韻》方結[⑤],《釋文》方血

閉(必結),《廣韻》方結,《釋文》方結

(2)以敷切滂

杓(匹遥[⑥]),《廣韻》撫招,《釋文》敷招

摽(紕招),《廣韻》撫招,《釋文》敷蕭

秠(攀悲),《廣韻》敷悲,《釋文》孚悲

犥(匹沼),《廣韻》敷沼,《釋文》芳表、芳趙、芳老

潎(匹滅),《廣韻》芳滅,《釋文》芳滅

辟(匹辟),《廣韻》芳辟,《釋文》芳益、芳石

① 這是《集韻》的反切。《廣韻》"搦"字無此音。

② 缺例不等於不可能有此情況。

③ 《經典釋文》也有以幫切幫的,這裏不列舉。下仿此。

④ 括號内是《集韻》的反切。《集韻》已分重輕脣。

⑤ 《廣韻》寫作"弼"。

⑥ 《集韻》卑遥切,《史記索隱》引《説文》匹遥反,今依《索隱》。

副(拍逼),《廣韻》芳逼,《釋文》孚逼

(3)以奉切並

貔(頻脂),《廣韻》房脂,《釋文》扶夷

嬪(毗賓),《廣韻》符真,《釋文》符真

蠙(毗賓),《廣韻》符真,《釋文》父賓

飄(毗霄),《廣韻》符霄,《釋文》扶遥

馮(皮冰),《廣韻》扶冰,《釋文》父冰、符冰

牝(並履),《廣韻》扶履,《釋文》扶死

辨(平免),《廣韻》符蹇,《釋文》扶免

辟(毗亦),《廣韻》房益,《釋文》扶亦、符亦

(4)以微切明

彌(民卑),《廣韻》武移,《釋文》亡移、亡皮

楣郿(旻悲),《廣韻》武悲,《釋文》亡悲

珉(眉貧),《廣韻》武巾,《釋文》武巾

旻(眉貧),《廣韻》武巾,《釋文》武巾、亡巾

閩(眉貧),《廣韻》武巾,《釋文》亡巾

泯(彌盡),《廣韻》武盡,《釋文》亡軫、亡忍、武軫

緜(彌延),《廣韻》武延,《釋文》武延

貓(眉鑣),《廣韻》武瀌,《釋文》亡朝

名(彌并),《廣韻》武並,《釋文》武征

靡(母彼),《廣韻》文彼,《釋文》亡彼

《廣韻》以輕脣字切重脣字,祇限於開口三等字①;《經典釋文》不限於開口三等,連開口一、二、四等也都可以用輕脣字切重脣字②。這樣,《經典釋文》以輕脣字切重脣字的情況就大大超過了《廣韻》。試看下面的例子:

① 例外:瞢,武登切。

② 當時東董宋不算合口,《韻鏡》把它們歸開口呼;冬沃也不算合口,《韻鏡》把它們認爲“開合”。所以這些韻内的字也可以用輕脣切重脣。

(1)以非切幫

① 一等

邶,《集韻》補昧,《廣韻》蒲昧,《釋文》方代

轐,《廣韻》博木,《釋文》方木

鳪,《廣韻》博木,《釋文》方木

襮鸔,《廣韻》博沃,《釋文》方沃

昄,《廣韻》博管,《釋文》方滿、方但、方旦

② 二等

敗,《廣韻》補邁,《釋文》甫邁

鳪,《集韻》北角,《釋文》方角

③ 三等

編,《廣韻》卑連,《釋文》方千、方緜、甫連

鯿,《廣韻》卑連,《釋文》方仙

瀌,《集韻》悲嬌,《釋文》方遥

藦,《廣韻》并弭,《釋文》方弭

秕,《廣韻》卑履,《釋文》甫姊、甫裏

髀,《廣韻》并弭,《釋文》方爾

稟,《廣韻》筆錦,《釋文》方鴆

臂,《廣韻》卑義,《釋文》方紙

比,《廣韻》必至,《釋文》方二

蓖,《廣韻》必至,《釋文》方寐

畀,《廣韻》必至,《釋文》甫至

蔽,《廣韻》必袂,《釋文》甫世、方四、方計

賓,《集韻》必刃,《釋文》方刃

擯,《廣韻》必刃,《釋文》方刃

并,《廣韻》畀政,《釋文》方政

縪,《廣韻》卑吉,《釋文》甫必

辟,《廣韻》必益,《釋文》甫亦、方狄

④ 四等(缺例)

(2)以敷切滂

① 一等

犥,《集韻》滂保,《釋文》芳老

撲,《廣韻》普木,《釋文》敷卜

② 二等

扳,《廣韻》普班,《釋文》敷閒

伻,《廣韻》普耕,《釋文》敷耕

③ 三等

紕,《廣韻》匹夷,《釋文》芳夷、芳薺

吡,《廣韻》匹婢,《釋文》方爾

庀,《廣韻》匹婢,《釋文》芳美、芳鄙、芳指

秠,《廣韻》匹鄙,《釋文》孚鄙、孚婢

剽,《廣韻》匹妙,《釋文》芳妙

漂,《廣韻》匹妙,《釋文》敷妙

④ 四等

嫳,《廣韻》普蔑,《釋文》敷結

澼,《廣韻》普擊,《釋文》敷歷

(3)以奉切並

① 一等

芃,《廣韻》薄紅,《釋文》符雄、扶雄、扶東

龐,《集韻》蒲蒙,《釋文》扶公

倍,《集韻》蒲枚,《釋文》扶來

朋,《廣韻》步崩,《釋文》扶恒

部,《廣韻》蒲口,《釋文》扶苟

背,《廣韻》蒲昧,《釋文》扶代

暴,《廣韻》蒲木,《釋文》扶沃

拔,《廣韻》蒲撥,《釋文》房末

茇,《廣韻》蒲撥,《釋文》房末、扶蓋

亳,《廣韻》傍各,《釋文》扶各

② 二等

庖,《廣韻》薄交,《釋文》扶交

阪,《集韻》部版,《釋文》扶板

鼊,《廣韻》蒲幸,《釋文》父幸

排,《集韻》步拜,《釋文》扶拜

罷,《廣韻》薄蟹,《韻會》皮駕,《釋文》扶買、扶罵

③ 三等

膑,《廣韻》毗忍,《集韻》毗賓,《釋文》符人

比,《廣韻》毗至、毗必,《釋文》扶至、扶志、扶必

被,《廣韻》平義,《釋文》扶義

紕,《集韻》平祕,《釋文》符至

敝,《廣韻》毗祭,《集韻》蒲結,《釋文》符世、扶滅、伏滅

幣,《廣韻》毗祭,《釋文》扶世

弊,《廣韻》毗祭,《釋文》扶世、扶計、扶滅

牝,《廣韻》毗忍,《釋文》扶忍、扶死、扶緬

弁,《廣韻》皮變,《釋文》扶變

便,《廣韻》婢面,《釋文》扶絹

④ 四等

批,《集韻》駢迷、蒲結,《釋文》父迷、父結

駢,《廣韻》部田,《集韻》旁經,《釋文》扶賢、扶經

(4) 以微切明

① 一等

蒙,《廣韻》莫紅,《釋文》亡公、武工

枚,《廣韻》莫杯,《釋文》亡回、武回、武杯

每,《集韻》謨杯,《釋文》亡回

媒,《廣韻》莫杯,《釋文》亡回

脢,《廣韻》莫杯,《釋文》武杯
虋,《廣韻》莫奔,《釋文》亡昆
莽,《廣韻》模朗,《釋文》亡蕩
儚,《韻韻》彌登,《釋文》亡崩、亡冰
蒙(莫侯),《廣韻》缺,《釋文》徐亡鉤
蠓,《廣韻》莫孔,《釋文》無孔
姆,《廣韻》莫補,《集韻》莫候,《釋文》亡甫、亡久、亡又
牡,《廣韻》莫厚,《集韻》滿補,《釋文》亡後、亡古
沬,《廣韻》莫貝,莫撥,《釋文》亡對、武蓋、亡曷
韎,《廣韻》莫拜,《釋文》亡界
昧,《廣韻》莫佩,《釋文》武内、亡比
曼,《集韻》莫半,《釋文》武半
縵,《廣韻》莫半,《釋文》武旦、武半
鏝,《廣韻》母官,莫半,《釋文》亡安、武旦
冒,《廣韻》莫報,莫北,《釋文》亡報、亡北
耄毛,《廣韻》莫報,《釋文》亡報
貿,《廣韻》莫侯,《釋文》亡救
鶩,《廣韻》莫卜,《釋文》亡卜
末,《廣韻》莫撥,《釋文》亡曷、亡葛、武葛
莫,《廣韻》慕各,《釋文》武博
幕,《廣韻》慕各,《釋文》武博、亡博
默纆,《廣韻》莫北,《釋文》亡北

② 二等

駹,《廣韻》莫江,《釋文》武邦
尨,《廣韻》莫江,《釋文》亡江
蒙,《韻韻》莫江,《釋文》武邦
埋,《廣韻》莫皆,《釋文》亡皆、無皆、武皆
霾,《廣韻》莫皆,《釋文》亡皆

貓,《廣韻》莫交,《釋文》武交
茅,《廣韻》莫交,《釋文》亡交
罞,《廣韻》莫交,《釋文》亡包
萌,《廣韻》莫耕,《釋文》武耕、亡耕
盟,《廣韻》莫更,《釋文》武耕、亡幸
謾,《廣韻》莫還、謨晏,《釋文》望山、武諫
縵,《廣韻》謨晏,《釋文》武諫
僈,《集韻》莫晏,《釋文》武諫
慢,《廣韻》謨晏,《釋文》亡諫、武諫
藐,《廣韻》莫角,《釋文》亡角、亡校
瞀,《廣韻》莫角,《釋文》亡角
貊,《廣韻》莫白,《釋文》武伯、亡百
貉,《廣韻》莫白,《釋文》亡百

③ 三等

夢[①],《廣韻》莫中、莫鳳,《釋文》忘忠、無工、亡弄、武仲
瞢[②],《廣韻》莫中、《釋文》武忠
攠,《集韻》忙皮,《釋文》亡奇
縻縻,《廣韻》靡爲,《釋文》亡池
蘪,《集韻》眉貧,《釋文》亡津
盟,《集韻》盲病,《釋文》武病
牟,《廣韻》莫浮,《釋文》亡侯、無不[③]
侔,《廣韻》莫浮,《釋文》亡侯、亡又
矛蝥繆,《廣韻》莫浮,《釋文》亡侯
彌,《韻會》母婢,《釋文》亡氏、亡爾
濔,《廣韻》綿婢,《集韻》美隕、彌兗,《釋文》亡婢、亡忍、

①② "夢、瞢"原是開口三等字(見《韻鏡》)。由於合口三等纔變輕脣,所以"夢、瞢"後來没有變輕脣。

③ 不,甫鳩切。

亡免

閔,《廣韻》眉殞,《釋文》武謹、亡謹

敏,《廣韻》眉殞,《釋文》亡謹

湣,《集韻》美殞、眉貧,《釋文》亡謹、亡巾

暋,《廣韻》眉殞,《釋文》亡巾

黽,《類篇》美殞,《釋文》亡忍

魅,《廣韻》明祕,《釋文》亡備、武冀

袂,《廣韻》彌弊,《釋文》武世

④ 四等

麛,《廣韻》莫兮,《釋文》亡兮

瞑,《廣韻》莫賢、莫經,《釋文》亡千、亡丁

螟銘,《廣韻》莫經,《釋文》亡丁

冥,《廣韻》莫經,《集韻》莫定,《釋文》亡丁、亡經、亡定

蔑,《廣韻》莫結,《釋文》亡結

冪鼏冪,《廣韻》莫狄,《釋文》亡歷

以重脣切輕脣的例子,也有一些,例如:

(1)以滂切敷

敷痡,《廣韻》芳無,《釋文》普吴

泛,《廣韻》孚梵,《釋文》匹劍

(2)以並切奉

樊,《廣韻》附袁,《釋文》步干、步丹、畔干

繁,《廣韻》附袁,《釋文》步干

由上所述,可見《經典釋文》時代,舌頭舌上不分,輕脣重脣不分,可以完全肯定。

另有一些情況是還不能完全肯定的,需要他書作爲佐證,纔能確定。初步觀察,有下列五種情況:

(1)神禪混用

①以禪切神

杼,《廣韻》神與,《釋文》常汝[①]

蛇,《廣韻》食遮,《釋文》市奢

繩,《廣韻》食陵,《釋文》市陵

楯,《廣韻》食尹,《釋文》純尹、常允、常準[②]

謚,《廣韻》神至,《釋文》時至

甸,《韻會》實證[③],《釋文》常證[④]

乘、賸,《廣韻》實證,《釋文》時證

贖,《廣韻》神蜀,《釋文》常欲、常戍

揲,《廣韻》食列,《釋文》時設[⑤]

②以神切禪

純,《廣韻》常倫,《釋文》順倫

蟬,《廣韻》市連,《釋文》示延

贍,《廣韻》時豔,《釋文》食豔。

可以這樣設想:開始時,祇有禪母[ʑ]是個擦音,後來一部分字分化爲塞擦音[dʑ]。到了《中原音韻》時代(或更早),有更多的字從擦音跑到塞擦音上來,如"常"[dʒ]、"臣"[dʒ]等。同時,一些神母字反而從塞擦音跑到擦音上去。這樣,"臣"[dʒ]和"神"[ʒ]掉了個個兒。從上面的例子看,以禪切神的字正是從塞擦音跑到擦音的字;以神切禪的字正是從擦音跑到塞擦音的字。可見我的設想是符合事實的。

(2)從邪混用

①以邪切從

① 《釋文》又讀食汝反,則與《廣韻》同音。

② 《釋文》又讀食允反和述允反,則與《廣韻》同音。

③ 朱駿聲曰:"甸,假借爲乘。"《韻會》讀實證切是對的。

④ 《釋文》又讀繩證反,則與《廣韻》同音。

⑤ 一音舌,則與《廣韻》同音。

疵,《廣韻》疾移,《釋文》似斯、似知

呰,《集韻》才支,《釋文》似斯

樵,《廣韻》昨焦,《釋文》似遥

繒,《廣韻》疾陵,《釋文》似陵

漸,《類篇》慈鹽,《釋文》似廉

踐,《廣韻》慈演,《釋文》似淺

漬,《廣韻》疾智,《釋文》辭賜

瘁,《廣韻》秦醉,《釋文》似醉

聚,《廣韻》才句,《釋文》俗裕

嚼,《廣韻》在爵,《釋文》序略

②以從切邪

羡,《廣韻》似面,《釋文》錢面、才箭,又音踐

從母和邪母的關係,跟神母和禪母的關係一樣。我的設想是:開始時,衹有邪母[z],是個擦音。直到今天,吴方言多數從邪不分,也就是衹有邪[z],没有[dz]。後來北京話裏邪母[z]大部分字(一、二、四等字和部分三等字)分化爲塞擦音[dz](從母),衹剩下一部分三等字保持着擦音[z]。這就是守温從邪二母的由來。粤方言走吴方言相反的道路,雖也是從邪不分,但不是併從於邪,而是併邪於從。於是"從、松"同音,都讀[tʃ‘uŋ],"萃、遂"同音,都讀[tʃøy],"字、寺"同音,都讀[tʃi],等等。《釋文》時代,恐怕從邪已經分立,不過具體的字歸類和後世不同罷了。待再詳考。

(3)牀俟混用

李榮在他的《切韻音系》證明,與禪母平行的二等字應該有一個俟母。牀俟混用,在《經典釋文》裏有一些例子。

①以俟切牀

戺,《廣韻》鉏里,《釋文》音俟

②以牀切俟

糇,《廣韻》牀史,《釋文》事已

竢,《廣韻》牀史,《釋文》音仕

涘,《廣韻》牀史,《釋文》音仕、音士

牀母和俟母的關係,跟神母和禪母的關係、從母和邪母的關係是一樣的。

正齒三等:照穿神審禪

‖ ‖

正齒二等:莊初牀山俟

‖ ‖

齒頭: 精清從心邪

由此看來,開始時,應該也是先有俟母[ʒ],是個擦音,後來大部分字變爲塞擦音[dʒ],即牀母,衹有一個音保持擦音,而且由舌葉擦音[ʒ]變爲舌尖擦音[z],與邪母合流。因此,舌葉擦音就從聲母系統中消失。到了《中原音韻》時代(或更早),牀母字又有少數回到擦音上來,如"士、事"[ʂʅ]。吴方言則把牀母和從神兩母合併,一律讀[z],那已經不是原來的俟母[ʒ]了。俟母衹有"俟、竢、糇、涘"幾個字,《七音略》《韻鏡》等韻圖都把它們歸入邪母,可見俟母在唐末宋初已經消失了。

(4)精系與莊系混用

鉏,《廣韻》士魚,《釋文》仕魚、士居,徐在魚、在居

肅,《廣韻》息逐,《釋文》如字,又所六

浞,《廣韻》士角,《釋文》仕角,徐在角

混用的情況罕見。上述兩例也不能證明是混用,可能衹是又讀。所以,《釋文》時代,精系和莊系仍應分開。

(5)匣于喻混用

鍰,《廣韻》户關,《釋文》户關(匣),又于眷(于)

炎,《廣韻》于廉,《釋文》于廉、于占、于凡、榮鉗(于),又音豔(喻)

羽,《廣韻》王矩(于),《釋文》讀爲扈,音户

遺,《廣韻》以醉,《釋文》惟季(喻)、于季(于)

遹,《廣韻》餘律,《釋文》户橘(匣),又音聿(喻)

歍,《廣韻》餘律,《釋文》尹橘(喻),《字林》于叔(于)

滑,《廣韻》户八,《釋文》于八(于)、户八

猾,《廣韻》户八,《釋文》于八(于)

弋,《廣韻》與職,《釋文》以職(喻),劉于則(于)

乍看起來,似乎匣于喻三紐相通,其實不然。于母(喻三)和喻母(喻四),直到《廣韻》還是分立的,《釋文》時代決不可能混用。"遺"字讀惟季反,又讀于季反,應是個别的特殊情況,也可能是于喻合流的開端。"弋"字應以讀以職反爲是,劉讀于則反是錯誤的。"遹"字《釋文》讀户橘反,又音聿。"户橘"應是"尹橘"之誤,觀於"歍"字讀尹橘反可知。"歍"字,《字林》讀于叔反,可能是古讀,"歍"從穴聲,"穴"讀胡決切,"歍"字古屬匣母是完全可能的。《釋文》時代,匣于同紐,則是符合事實的。"鍰"讀户關反,又讀于眷反;"羽"讀王矩反,又讀爲扈;"滑、猾"讀户八反,又讀于八反①,足爲明證。在韻圖中,匣母無三等字,與喻三(于母)正好互補。

二、韻　部

(一)東冬鍾混用,屋沃燭混用②

1.平聲東冬鍾混用(東無號,冬＊,鍾×)

沖,《廣韻》直弓,《釋文》直弓,徐音同,又敕弓

蟲,《廣韻》直弓,《釋文》直中、徐徒冬*

龍,《廣韻》力鍾×,《釋文》力恭×,又力公

潨,《廣韻》徂紅,徐云鄭音在容×

豵,《廣韻》子紅,又即容×,《釋文》子工、子公,徐又在容×

攻,《廣韻》古冬*,又古紅,《釋文》古弄,又如字,一音公送

---

① 户八反與于八反實同一音。

② 入聲韻部放在相應的平上去聲韻部一起講,更能説明其混用的情況。

濃,《廣韻》女容×,《釋文》奴同,又女龍

縫,《廣韻》符容×,《釋文》扶恭×,徐扶公,又音馮

茸,《廣韻》而容×,《釋文》如容×,或如融

縱,《廣韻》即容×,又子用×,《釋文》范音揔,劉又在紅

2. 上聲董腫混用(董無號,腫×)

氄,《廣韻》而隴×,《釋文》如勇×,徐而充,又如充

3. 去聲送宋用混用(送無號,宋*,用×)

雍,《廣韻》於用×,《釋文》屋送,李於鍾×

4. 屋沃燭混用(屋無號,沃*,燭×)

牘,《廣韻》徒谷,《釋文》音獨,或大録

暴,《廣韻》蒲木,《釋文》蒲卜,徐扶沃*

沃,《廣韻》烏酷*,《釋文》於木

督,《廣韻》冬毒*,《釋文》丁木

勗,《廣韻》許玉*,《釋文》許玉×,劉朽目

躅,《廣韻》直録×,《釋文》直録×,徐治六

上面的例子,有些可以認爲是又讀,但是有些顯然是混用,如"沃"音於木反,"督"音丁木反。今參照玄應反切,認爲《釋文》時代東與冬鍾、屋與沃燭已不能分了①。

《切韻》把東冬鍾分爲三韻,屋沃燭也分三韻,衹是爲了保存古音。經過研究,我們知道:《切韻》東韻一等及鍾韻等於上古的東部,屋韻一等及燭韻等於上古的屋部(東屋對轉);東韻三等及冬韻等於上古的冬部,屋韻三等及沃韻等於上古的覺部(冬覺對轉)②。凡《切韻》分爲數韻而《經典釋文》反切合爲一韻者,都可以從古今音對比得到解釋。

① 衹有一個地方不好解釋。《詩·邶風·旄丘》"狐裘蒙戎",《釋文》:"戎,如字,徐而容反。案徐此音是依《左傳》讀作茸。"據此,則東韻和鍾韻是有分别的。這衹好認爲是例外。

② "沃"字屬上古沃部(藥部),是例外。

(二)江獨用,覺獨用

1. 江獨用

駹,《廣韻》莫江,《釋文》武邦

尨,《集韻》莫江,《釋文》莫江

撞,《廣韻》宅江,《釋文》丈江

2. 覺獨用

較,《廣韻》古岳,《釋文》古岳,又音角

浞,《廣韻》士角,《釋文》仕角,徐在角

穛,《廣韻》側角,《釋文》側角

汋,《廣韻》士角,《釋文》士捉

藐,《廣韻》莫角,《釋文》莫角、亡角

鐲,《廣韻》直角,《釋文》直角

濯,《廣韻》直角,《釋文》大角

從另外許多例子看,似乎江韻和東冬鍾也相通,覺韻和屋沃燭也相通,例如(東屋無號,冬沃＊,鍾燭×,江覺△):

蒙,如字,徐武邦△

瞳,敕紅,郭菟絳△

舂,失容×,劉敕用×,又池江,一音竹降,《字林》丑兇,又丑降

尨,亡江、莫江△,又青蒙

窻,初江△,一音忽

屋,如字,或云鄭於角反△

瀆,音獨,劉又音濁△

觳,音斛,劉又户角△

鳪,音卜,郭方木,又方角△

濼,盧篤＊,又力角△

躅,丈録×,又音濁△

數目,劉音促×,李粗角△

不數,匕欲×,又所角△

樸,普剥△,劉音僕,一音扶禄

鷽,户角△,《字林》下沃*

例子雖多,但是都可以認爲是又讀。多數是各家讀法不同,不能説是江韻和東冬鍾相通,覺韻和屋沃燭相通。

江韻,在上古屬東部。覺韻在上古分屬屋沃覺三部①。上古覺部字有"覺、嶨、學、雹、晵"等,上古沃部字有"較、確、樂、卓、踔、濯、汋、搦、駮、邈、鷽、犖"等,上古屋部字有"角、殼、嶽、斲、濁、剥、璞、撲"等。上古屋沃部字,到了中古,有一部分字與鐸部字合流,在《釋文》反切的又讀中可以看出這種變遷的痕迹,例如(鐸部*):

暴,步卜,劉步落*,又步莫*

鋈,音沃,舊音惡*

沃,如字,徐於縛*

襮,音博,《字林》方沃;又音搏*

熇,徐許酷,沈又許各*

汋,士促,又上若*

犖,音洛*,又力角

簎,戚勑角,劉倉伯*,徐倉格*,沈槍昔*

由此可見,《釋文》時代覺韻的元音應該是個[ɔ],它一方面接近屋沃燭的[o],另一方面接近藥鐸的[a]。

(三)支脂之微混用

(甲)平聲支脂之微混用(支無號,脂*,之×,微△)

1. 以脂切支

螔,《廣韻》弋支,《釋文》音移,又音夷*

羸,《廣韻》力爲,《釋文》律悲*,徐力追*

玼,《廣韻》疾移,《釋文》沈顧徂斯,謝徂容

2. 以之切支

① "沃"在沃韻,在上古屬沃部。

罹,《廣韻》吕支,《釋文》力之×,馬力馳

疵,《廣韻》疾移,《釋文》音慈×

羈,《廣韻》居宜,《釋文》音基×

衹,《廣韻》巨支,《釋文》祁之×

3. 以微切支

爲,《廣韻》薳支,《釋文》于威△

4. 以支切脂

脂,《廣韻》旨夷*,《釋文》音支

搘(榰),《廣韻》旨夷*,《釋文》音枝

彝,《廣韻》以脂*,《釋文》以支

紕,《廣韻》匹夷*,《釋文》匹彌,徐芳夷*,又方移

紕,《集韻》頻脂*,《釋文》毛符至*,鄭毗移;又婢支,徐補移

貔,《廣韻》房脂*,《釋文》婢支,徐扶夷*

絺,《廣韻》丑飢*,《釋文》恥知,又勑宜

遲,《廣韻》直尼*,《釋文》徐直移

祁,《廣韻》渠脂,《釋文》巨移,又巨支,《字林》上尸*

耆,《廣韻》渠脂*,《釋文》渠夷、巨支,又巨伊*

梨,《廣韻》力脂*,《釋文》利知,又音離

龜,《廣韻》居追*,《釋文》愧悲*,李居危

儽,《廣韻》力追*,《釋文》力委,又力追*

綏,《廣韻》息遺*,《釋文》許規,劉相規

麋,《廣韻》武悲,《釋文》亡悲*、亡皮

5. 以之切脂

彝,《廣韻》以脂*,《釋文》以之×、羊之×、以而×

飢,《廣韻》居夷*,《釋文》居疑×

鴟,《廣韻》處脂*,《釋文》尺之×

絺,《廣韻》丑飢*,《釋文》勑其×、丑疑×

茨,《廣韻》疾資*,《釋文》在思

尼,《廣韻》女夷*,《釋文》女持×

怩,《廣韻》女夷*,《釋文》女姬×、乃私*

遲,《廣韻》直尼*,《釋文》直詩×,徐直尼*,又直疑×,徐直夷*

坻,《廣韻》直尼*,《釋文》直基×,又直疑×,徐直夷*

荎,《廣韻》直尼*,《釋文》直之×、直基×

蚳,《廣韻》直尼*,《釋文》直基×、直其×、丈之×

祁,《廣韻》渠脂*,《釋文》巨之×,《字林》上尸*

耆鬐,《廣韻》渠脂*,《釋文》巨之×

胝,《廣韻》丁尼*,《釋文》陟其×

6 以支切之

詒,《廣韻》與之×,《釋文》以支

貽,《廣韻》與之×,《釋文》羊皮

貍氂,《廣韻》里之×,《釋文》力知

釐,《廣韻》里之×,《釋文》音離

僖,《廣韻》許其×,《釋文》許宜

7.以脂切之

蘄,《廣韻》渠之×,《釋文》徐音祈*

8.以支切微

譏,《廣韻》居依△,《釋文》居宜

饑,《廣韻》居依△,《釋文》音飢*

刉,《廣韻》渠希△,又居依△,《釋文》居宜,又劉音奇

扆,《集韻》於希△,《釋文》於宜

9.以脂切微

譏,《廣韻》渠希△,《釋文》音祁*

莃,《廣韻》香衣△,《釋文》虛祁*

10.以之切微

譏,《廣韻》居依△,《釋文》居其×,又居疑×

饑,《廣韻》居依△,《釋文》居疑×

祈,《廣韻》渠希△,《釋文》音其

(乙)上聲紙旨止尾混用(紙無號,旨*,止×,尾△)

1. 以旨切紙

軹,《廣韻》諸氏,《釋文》音旨*

汦,《廣韻》諸氏,《釋文》音雉*,又徒死*

靡,《廣韻》文彼,《釋文》音美*

鄬,《廣韻》韋委,《釋文》于軌*

髀,《廣韻》并弭,《釋文》必履*

庀,《廣韻》匹婢,《釋文》劉芳美*

2. 以止切紙

汦,《廣韻》諸氏,《釋文》直里×

蟻,《廣韻》魚倚,《釋文》魚起×

踋,《集韻》普弭,《釋文》豐己×

俾,《廣韻》并弭,《釋文》必耳×、必以×

弭,《廣韻》綿婢,《釋文》弭耳×

3. 以紙切旨

比,《廣韻》卑履*,《釋文》必爾,又匹爾、並是

壘,《廣韻》力軌*,《釋文》劣委

疕,《廣韻》匹鄙*,《釋文》戚匹婢

秠,《廣韻》匹鄙*,《釋文》郭芳婢

4. 以止切旨

視,《廣韻》承矢*,《釋文》常止×,徐市止×,又市志×

兕,《廣韻》徐姊*,《釋文》徐子×

比妣,《廣韻》卑履*,《釋文》必里×

匕,《廣韻》卑履*,《釋文》必以×

秕,《廣韻》卑履*,《釋文》悲里×,徐甫里×,又悲矣

朼,《廣韻》卑履*,《釋文》必李×

履,《廣韻》力幾*,《釋文》利恥×

戹,《集韻》矧視*,《釋文》矢耳×

否,《廣韻》符鄙*,《釋文》備矣×、悲矣×、悲已×

希(黹),《廣韻》豬幾*,《釋文》張里×

5.以尾切旨

簋,《廣韻》居洧*,《釋文》居偉

壝,《廣韻》以水*,《釋文》劉欲鬼

6.以旨切止

第,《廣韻》阻史×,又側幾*,《釋文》側几*、側美*

7.以止切尾

偯,《廣韻》於豈△,《釋文》於起×

幾,《廣韻》居狶△,《釋文》居起×

狶(豨),《廣韻》虚豈△,《釋文》李音熙×①

(丙)去聲寘至志未混用(寘無號,至*,志×,未△)

1. 以至切寘

觶,《廣韻》支義,《釋文》音至*

刺,《廣韻》七賜,《釋文》七肆*

譬,《廣韻》匹賜,《釋文》匹致*

䏣,《廣韻》馳僞,《釋文》一音直媿*

忮,《廣韻》支義,《釋文》韋昭音洎*

2. 以志切寘

辟(避),《廣韻》毗義,《釋文》毗志×

施,《廣韻》施智,《釋文》始志×

啻,《廣韻》施智,《釋文》音試×

3. 以未切寘

輢,《廣韻》於義,《釋文》於既△

---

① "熙"讀平聲。

4. 以寘切至

劓,《廣韻》魚器*,《釋文》疑婢

5.以志切至

贄,《廣韻》脂利*,《釋文》音志×

媚,《廣韻》明祕*,《釋文》眉記×、眉忌×、美記×

視嗜,《廣韻》常利*,《釋文》市志×

耆,《集韻》時利*,《釋文》常志×、市志×

莅,《廣韻》力至*,《釋文》音吏×

致,《廣韻》陟利*,《釋文》音置×

躓,《廣韻》陟利*,《釋文》陟吏×

疐,《廣韻》陟利*,《釋文》渚吏×,又陟值×

懥,《廣韻》陟利*,《釋文》勑值×

稚(穉),《廣韻》直利*,《釋文》直吏×,又音值×

遲,《廣韻》直利*,《釋文》直志×

恣,《廣韻》資四*,《釋文》咨嗣×

比,《廣韻》毗至*,《釋文》毗志×

質,《廣韻》陟利*,《釋文》音置×

示,《廣韻》神至*,《釋文》神志×

6.以未切至

匱,《廣韻》求位*,《釋文》其魏△

簣,《廣韻》求位*,《釋文》其貴△

劓,《廣韻》魚器*,《釋文》魚氣△

餽,《廣韻》求位*,《釋文》徐紀畏△

7.以至切志

餌,《廣韻》仍吏×,《釋文》音二*

菑,《韻會》側吏×,《釋文》側冀*,沈子冀*

惎,《廣韻》渠記×,《釋文》其器*、其冀*

亟,《廣韻》玄吏×,《釋文》欺冀*、去冀*

8.以至切未

旣,《廣韻》居豙△,《釋文》其器*

塈,《廣韻》許旣△,《釋文》許器*

9.以志切未

穖,《廣韻》居豙△,《釋文》其記*

大量的例子足以證明,支脂之微、紙旨止尾、寘至志未,實當合爲一韻。玄應《一切經音義》支脂之混用,紙旨止混用,寘至志混用,可以作爲佐證①。

在《經典釋文》反切中,還有少數寘至志與齊祭泰怪等韻相通的例子,如:縊(寘),於計(霽);䩛(至),悲位(至),徐邊惠(霽);淠(至),匹世(祭);疐(至),都麗(霽);懥(至),又音勯(祭);肄(至),以至(至),又以制(祭),以世(祭);出(至),徐尺遂(至),王嗣宗勑類(至),又音毳(祭);劓(至),李魚界(怪);喟(至),起愧(至),又苦怪(怪);芾(未),徐方蓋(泰)。這祇能認爲是又讀,不是混用。

(四)魚虞模混用

(甲)平聲魚虞模混用(魚無號,虞*,模×)

1. 以虞切魚

鉏,《廣韻》士魚,《釋文》仕俱*

豬,《廣韻》陟魚,《釋文》音誅*

菹,《廣韻》側魚,《釋文》側俱*

2. 以模切魚

廬,《廣韻》力居,《釋文》力吳×②

3. 以魚切虞

吁,《廣韻》況于*,《釋文》音虛

① 玄應《一切經音義》例少,未見有支脂之與微混用,紙旨止與尾混用,寘至志與未混用的例子。

② 這是又讀。

敺,《廣韻》豈俱*,《釋文》起居

迂,《廣韻》憶懼*,《釋文》一音於

4. 以模切虞

敷,《廣韻》芳無*,《釋文》又普吴×,劉豐吴×

痡,《廣韻》芳無*,《釋文》普吴×

(乙)語麌姥混用(語無號,麌*,姥×)

1. 以麌切語

拒,《廣韻》其吕,《釋文》俱甫*

2. 以語切麌

愈,《廣韻》以主*,《釋文》音與

3. 以姥切麌

羽,《廣韻》王矩*,《釋文》讀爲扈×,音户×

甫,《廣韻》方矩*,《釋文》舊音哺×

黼,《廣韻》方矩*,《釋文》徐劉音補×

廡,《廣韻》文甫*,《釋文》徐莫杜×

栩,《廣韻》況羽*,《釋文》況浦×

數,《廣韻》所矩*,《釋文》所古×

(丙)御遇暮混用(御無號,遇*,暮×)

以御切遇

饇,《廣韻》衣遇*,《釋文》於據

魚虞模、語麌姥、御遇暮混用的例子較少,這是由於等呼不同。魚韻本是開口三等(《韻鏡》内轉第十一開),虞是合口三等,模是合口一等,所以一般不混用。但是,它們的主要元音應是相同,所以應該認爲同屬一韻。

(五)齊祭混用

(甲)平聲齊獨用

隄,《廣韻》都奚,《釋文》丁兮

瞖,《集韻》煙奚,《釋文》烏兮

枅,《廣韻》古奚,《釋文》音雞

蜺輗,《廣韻》五稽,《釋文》五兮

倪,《廣韻》五稽,《釋文》五圭

麛,《廣韻》莫兮,《釋文》亡兮

棲,《廣韻》先稽,《釋文》細兮

批,《廣韻》匹迷,《釋文》鋪迷

賫,《廣韻》祖稽,《釋文》王肅將啼

隮,《廣韻》祖稽,《釋文》子西

臡,《廣韻》奴低,《釋文》乃兮、人兮、人齊,劉奴兮,徐耳齊

鑴,《廣韻》户圭,《釋文》户圭

《經典釋文》的反切有少數支之與齊韻相通的例子,如犂(齊),力兮(齊),又力知(支)、力之(之)、利之(之);賫(齊),徐將馳(支);鑴(齊),户規(支);倪(齊),音宜(支)。那是又讀,不是混用。

(乙)上聲薺獨用

涕,《廣韻》他禮,《釋文》徐音體

濟泲,《廣韻》子禮,《釋文》子禮

薾,《廣韻》奴禮,《釋文》乃禮

泚,《廣韻》千禮,《釋文》且禮

洗,《廣韻》先禮,《釋文》蘇禮

疷,《廣韻》都禮,《釋文》徐都禮

髀,《廣韻》傍禮,《釋文》步米、步啟

《經典釋文》有少數紙薺相通的例子,如:玼(薺),音此(紙);髀(薺),必爾(紙),《字林》方爾(紙)。那是又讀,不是混用。

(丙)去聲霽祭廢混用(霽無號,祭＊,廢×)

1. 以祭切霽

殹,《廣韻》於計,《釋文》徐烏例*

戾,《廣韻》郎計,《釋文》力制*

2. 以霽切祭

蔽,《廣韻》必袂*,《釋文》劉博壻,徐方計,王補弟

弊,《廣韻》毗祭*,《釋文》劉薄計,徐蒲計,又扶計

敝,《廣韻》毗祭*,《釋文》李步計

瘞,《廣韻》於罽*,《釋文》徐於計

愒,《廣韻》去例*,《釋文》徐丘麗

揥,《廣韻》丑例*,《釋文》勑帝

3. 以霽切廢

喙,《廣韻》許穢×,《釋文》呼惠

《經典釋文》有少數霽祭和紙寘至相通的例子,如:蔽(祭),必婢(紙),徐方四(至);敝(祭),徐音婢(紙),李步計(霽);篲(祭),徐以醉(至),李尋恚(寘),又信醉(至);筮(祭),市至(至);汭(祭),李又而類(至);媲(霽),普惠(霽)、普計(霽),《字林》匹地。這都是又讀,不是混用。

(六)佳皆夬混用

(甲)平聲佳皆混用(佳無號,皆*)

1. 以皆切佳

柴,《廣韻》士佳,《釋文》士皆*、仕皆*、巢諧*

洼,《廣韻》於佳,《釋文》烏乖*

2. 以佳切皆(缺例)

《經典釋文》又有佳和齊麻支相通的例子,如:廲(佳),蒲佳(佳),徐薄雞(齊);洼(佳),烏攜(齊);佳(佳),格牙(麻);窪(佳),李於花;差(佳),初佳(佳),又初宜;涯(佳),又音宜(支)。這都是又讀,不是混用。

(乙)上聲蟹駭混用(缺例)

(丙)去聲卦怪夬混用(卦無號,怪*,夬×)

1. 以怪切卦

責,《集韻》側賣,《釋文》側界*

2. 以夬切怪

芥,《廣韻》古拜*,《釋文》吉邁×,徐古邁×,又姬邁×

竵,《廣韻》户怪*,《釋文》户快×

3. 以卦切夬

敗,《廣韻》補邁×,《釋文》必賣

4. 以怪切夬

嘬,《廣韻》楚夬×,《釋文》初怪*

噫,《廣韻》於犗×,《釋文》於介*

犗,《廣韻》古喝×,《釋文》徐音界*

《經典釋文》有卦與寘相通的例子,如:洒(卦),沈所寄。又有怪與隊相通的例子,如:蒯(怪),苦對(隊);韎(怪),劉李音妹。又有怪與霽相通的例子,如:憊(怪),又薄計。這都是又讀,不是混用。

(七)泰灰咍混用

(甲)平聲灰咍混用(灰無號,咍*)

1. 以咍切灰

倍,《集韻》蒲枚,《釋文》徐扶來*

2. 以灰切咍(缺例)

灰合口,咍開口,所以混用的例子很少。但也應該肯定,灰咍實同一韻。

(乙)上聲賄海混用(賄無號,海*)

1. 以海切賄

培,《廣韻》薄回①,《釋文》公宰*

2. 以賄切海

倍,《廣韻》薄亥*,《釋文》步罪、蒲罪

(丙)去聲泰隊代混用(隊無號,代*,泰×)

① 《廣韻》上聲無"培"字,今以平聲類推。

1. 以隊切泰

禬,《集韻》黄外×,《釋文》户對

繪,《廣韻》黄外×,《釋文》户妹

駾,《廣韻》他外×,《釋文》徒對

沬,《廣韻》莫貝×,《釋文》亡對

2. 以代切隊

背,《廣韻》蒲昧,《釋文》扶代*

邶,《廣韻》蒲昧,《釋文》《字林》方代*

郭,《集韻》都内,《釋文》劉都愛*

倅,《廣韻》七内,《釋文》劉倉愛*

3. 以泰切代

殆,《廣韻》徒亥①,《釋文》田賴×。

《經典釋文》反切有泰霽相通的例,如:濊(泰),呼會(泰),徐又呼惠(霽);有泰廢相通的例子,如:茷(廢),步貝(泰),蒲艾(泰),扶廢(廢),又音吠(廢)。這都是又讀,不是混用。

(八)真諄臻欣混用

(甲)平聲真諄臻欣混用(真無號,諄*,臻×,欣△)

1. 以諄切真

麏麇,《廣韻》居筠,《釋文》九倫*

麕麇,《廣韻》居筠,《釋文》居倫*、俱倫*

囷,《廣韻》去筠②,《釋文》丘倫*

2. 以真切諄(缺例)③

3. 以真切臻

榛,《廣韻》側詵×,《釋文》側巾、莊巾、仕巾、仕人

蓁,《廣韻》側詵×,《釋文》側巾、子人

---

① 《廣韻》去聲無"殆"字,今以上聲類推。

② 今本《廣韻》作去倫切。按:《廣韻》"囷"字入真韻,當讀去筠切。"倫"在諄韻,不合。

③ 真諄混用例子不多,是開合口不同的緣故。《切韻》真諄未分,實同一韻。

臻溱,《廣韻》側詵[×],《釋文》側巾

莘駪甡詵,《廣韻》所臻[×],《釋文》所巾

4. 以真切欣

昕,《廣韻》許斤[△],《釋文》許巾

殷慇,《廣韻》於斤[△],《釋文》於巾

芹,《廣韻》巨斤[△],《釋文》其巾

段玉裁注意到,杜甫的詩中真欣同用。玄應《一切經音義》反切中也有同樣的情況。因此,欣與真實同一韻。

(乙)上聲軫準隱混用(軫無號,準*,隱△)

1. 以準切軫

齔,《廣韻》初覲,又初忍,《釋文》沈創允[*]

2. 以隱切軫

朕,《廣韻》直引,《釋文》直謹[△]

敏,《廣韻》眉殞,《釋文》密謹[△]、亡謹[△]

暋,《廣韻》眉殞,《釋文》眉謹[△]

殞,《廣韻》于敏,《釋文》韻謹[△]

齔,《廣韻》初忍,《釋文》初謹[△],又敕謹[△]

3. 以軫切隱

巹,《廣韻》居隱[△],《釋文》劉羌愍,《字林》居敏、幾敏

(丙)去聲震稕焮混用(震無號,稕*,焮△)

1. 以稕切震

訊,《廣韻》息晉,《釋文》音信,又音峻[*]

2. 以焮切震

酳,《廣韻》羊晉,《釋文》士靳[△]

釁,《廣韻》許覲,《釋文》許靳[△]

僅瑾饉墐,《廣韻》渠遴,《釋文》其靳[△]

覲,《廣韻》渠遴,《釋文》巨靳[△]

櫬,《廣韻》初覲,《釋文》初靳[△]

齓,《廣韻》初覲,《釋文》楚靳△

3. 以震切焮

靳,《廣韻》居焮△,《釋文》居覲

隱,《廣韻》於靳△,《釋文》於刃

《經典釋文》反切中,有一個震問相通的例子,即:齓,初問反,又恥問反。這是一個孤證。平聲真與文、上聲軫與吻都不相通,所以震與問不能合爲一韻。

(丁)入聲質術櫛迄混用(質無號,術*,櫛×,迄△)

1. 以術切質

率,《廣韻》所律,入質韻,《釋文》所律*

2. 以質切術

橘,《廣韻》居律*,《釋文》均必、均栗、均筆

驈,《廣韻》餘律*,《釋文》于密

聿,《廣韻》餘律*,《釋文》于必

歋,《廣韻》餘律*,《釋文》唯必

3. 以質切櫛

櫛,《廣韻》阻瑟×,《釋文》側乙、莊乙

楖,《廣韻》阻瑟×,《釋文》側筆、莊密

扻,《集韻》側瑟×,《釋文》莊筆

瑟,《廣韻》所櫛×,《釋文》所乙

4. 以質切迄

迄,《廣韻》許訖△,《釋文》許乙

肸,《廣韻》許訖△,《釋文》許乙、許密

汔,《廣韻》許訖△,《釋文》許一

訖,大徐《説文》居迄△①,《釋文》居乙

(九)文魂痕混用

---

① 今本《廣韻》誤作居乙。

(甲)平聲文魂痕混用(文無號,魂＊,痕×)

1. 以文切魂

賁,《廣韻》博昆*,《釋文》音奔*,劉方問

2. 以痕切魂

臀,《廣韻》徒渾*,《釋文》徐劉徒恩×

(乙)上聲吻混很混用(吻無號,混＊,很×)

以很切混

𩓐,《廣韻》苦本*,《釋文》李又其懇×

(丙)去聲問慁恨混用(問無號,慁＊,恨×)

1. 以慁切問

坋,《廣韻》扶問,《釋文》步困*

2. 以問切慁

巽,《廣韻》蘇困*,《釋文》孫問

(丁)入聲物没〔紇〕混用[①] (物無號,没＊,〔紇〕×)

1. 以〔紇〕切没

𩓐,《廣韻》苦骨*,《釋文》苦紇×

2. 以没切〔紇〕

紇,《廣韻》下没*[②],《釋文》劉胡没*

痕很恨〔紇〕是開口一等,魂混慁没是合口一等,文吻問物是合口三等,等呼不同,所以反切相通的例子頗少,但是必須認爲同屬一韻,因爲在上古韻部中,文魂痕及其上去聲同屬文部,物没〔紇〕同屬物部。這種情況直到《釋文》時代没有改變。

(十)寒桓混用

(甲)平聲寒桓混用(寒無號,桓＊)

1. 以桓切寒(缺例)

---

① 〔紇〕是痕的入聲。

② "紇"字是"痕"的入聲(見《韻鏡》),《廣韻》因無字爲切,所以借用"没"字爲反切下字。

2. 以寒切桓

盤,《廣韻》薄官*,《釋文》步干、畔干

槃,《廣韻》薄官*,《釋文》薄寒

鞶,《廣韻》薄官*,《釋文》步干

磐,《廣韻》薄官*,《釋文》步干、步丹、畔干

弁,《集韻》薄官*,《釋文》步干、步寒

般,《廣韻》薄官*,《釋文》薄寒、蒲安、步干

胖,《集韻》薄官*,《釋文》步丹

潘,《廣韻》普官*,《釋文》判丹、判干

瞞曼,《廣韻》母官*,《釋文》莫干

(乙)上聲旱緩混用(缺例)

(丙)去聲翰換混用(翰無號,换*)

1. 以换切翰

翰,《廣韻》侯旰,《釋文》寒半*

2. 以翰切换

漫,《廣韻》莫半*,《釋文》末旦

縵,《廣韻》莫半*,《釋文》武旦、末旦

槾,《正韻》莫半*,《釋文》末旦

鏝,《廣韻》莫半*,《釋文》亡旦

(丁)曷末混用(曷無號,末*)

1. 以末切曷

曷,《廣韻》胡葛,《釋文》何末*

憚(怛),《廣韻》當割,《釋文》丹末*

撻達汏,《廣韻》他達,《釋文》他末*

閼,《廣韻》烏葛,《釋文》安末*

遏,《廣韻》烏葛,《釋文》烏末*

2. 以曷切末

沫,《廣韻》莫撥*,《釋文》亡曷

末,《廣韻》莫撥*,《釋文》亡葛、武葛、亡曷

秣,《廣韻》莫撥*,《釋文》莫葛

拔,《廣韻》蒲撥*,《釋文》步葛

跋,《廣韻》蒲撥*,《釋文》蒲末*,又補葛

茇,《廣韻》蒲撥*,《釋文》蒲葛

軷,《廣韻》蒲撥*,《釋文》步末*、步葛、步曷

在《經典釋文》反切中,有少數寒桓與刪山相通、旱緩與潸産相通、翰换與諫襉相通、曷末與黠鎋相通的例子,如:棺(桓),麲鎋(鎋)、古患;莞(桓),音官(桓),又音關(刪);昄(潸),符版(潸)、方滿(桓)、方但(旱)、方旦(翰);縵(换),武半(换)、武諫(諫)、謾(换)、武諫(諫)、亡半(换);豢(諫),徐音患(諫),又胡滿(緩);拔(末黠),畔末(末)、房末(末),或蒲八(諫)、皮八(黠),又半末(末)、步葛(曷);獺(曷鎋),又麲末(末)。那衹是又讀,不是混用。

(十一)刪山混用

(甲)平聲刪山混用(刪無號,山＊)

1. 以山切刪

班,《廣韻》布還,《釋文》伯山*

謾,《廣韻》莫還,《釋文》望山*

扳,《廣韻》普班,《釋文》舊敷閒*

頑,《廣韻》五還,《釋文》五鰥*

2. 以刪切山

鰥,小徐《説文》固山*①,《釋文》故頑、古頑

矜,《集韻》姑頑②,《釋文》古頑

瘝,《集韻》姑頑,《釋文》古頑、工頑

綸,《集韻》姑頑,《釋文》古頑

顅,《廣韻》苦閑*,《釋文》苦顔

---

① "鰥"字《廣韻》入山韻,而讀古頑切,誤。

② 《集韻》"矜"字入山韻,讀姑頑切,衹是借切。下文"瘝綸"仿此。

䡩,《集韻》丘閑*,《釋文》苦顔

(乙)上聲潸産混用(潸無號,産 *)

1. 以産切潸

撊,《集韻》下赧,《釋文》胡簡*。

2. 以潸切産

棧,《廣韻》士限*,《釋文》士板

轏輚,《廣韻》士限*,《釋文》仕板

(丙)去聲諫襉混用(諫無號,襉 *)

1. 以襉切諫(缺例)

2. 以諫切襉(缺例)

(丁)入聲黠鎋混用(黠無號,鎋 *)

1. 以鎋切黠

劀,《廣韻》古滑,《釋文》音刮*

2. 以黠切鎋

楬,《廣韻》枯鎋*,《釋文》苦八

刮,《廣韻》古頒*,《釋文》古滑、古八

(十二)先仙元混用

(甲)平聲先仙元混用(先無號,仙 * ,元×)

1. 以仙切先

研,《廣韻》五堅,《釋文》倪延*

編,《廣韻》布玄,《釋文》必連*、必綿*、必緜*、甫連*、方緜*、必然*、必仙*

2. 以先切仙

箯,《廣韻》房連*,《釋文》一音步賢

3. 以元切仙

拳,《廣韻》巨員*,《釋文》徐又己袁×

4. 以仙切元(缺例)

(乙)上聲銑獮阮混用(銑無號,獮 * ,阮×)

1. 以獮切銑

眏,《廣韻》姑泫,《釋文》劉古善*

2. 以銑切獮

褊,《廣韻》方緬*,《釋文》一音必殄

輦,《廣韻》力展*,《釋文》沈連典

旋,《廣韻》似宣*①,《釋文》李信犬

湎,《廣韻》彌兖*,《釋文》徐又莫顯

3. 以阮切獮

卷,《廣韻》居轉*,《釋文》徐居阮×

捲,《廣韻》居轉*,《釋文》徐紀阮×

圈,《廣韻》渠篆*,又求晚×,《釋文》徐紀阮×

(丙)去聲霰線願混用(霰無號,線*,願×)

1. 以線切霰

衒,《廣韻》黄練,《釋文》賢遍*

甸,《廣韻》堂練,《釋文》大遍*、徒徧*、田遍*

奠,《廣韻》堂練,《釋文》田遍*

俔,《廣韻》苦甸,《釋文》牽遍*

見,《廣韻》胡甸,《釋文》賢遍*

燕,《廣韻》於甸,《釋文》於遍*

韅,《廣韻》呼甸,《釋文》呼遍*

2. 以霰切線

徧,《廣韻》方見,《釋文》邊見②

羨,《廣韻》似面*,《釋文》辭見、徐薦③

3. 以願切線

---

① 《廣韻》上聲無旋字,以平聲類推。

② "徧(遍)"字,大徐小徐都讀比薦切,《廣韻》讀方見切,《集韻》讀卑見切,《廣韻》把它歸入線韻應是傳抄之誤。那麼,這些例子都不是霰線混用。

③ 衹有這個例子可以證明霰線混用。

援,《廣韻》王眷*,《釋文》沈于萬×

4. 以線切願

豢,《廣韻》去願*,又九萬×,《釋文》音眷*

(丁)入聲屑薛月混用(屑無號,薛*,月×)

1. 以薛切屑

隉,《廣韻》五結,《釋文》徐語折*

嫳,《廣韻》普蔑,《釋文》匹舌*

憋,《廣韻》普蔑,《釋文》劉芳滅*

2. 以屑切薛(缺例)

3. 以月切薛

孽,《廣韻》魚列*,《釋文》魚竭×,徐五歇×

讞,《廣韻》魚列*,《釋文》魚竭×

別,《廣韻》方別*,《釋文》彼竭×

桀,《廣韻》渠列*,《釋文》居竭×、居謁×

4. 以薛切月

钀,《廣韻》語訐×,《釋文》沈魚桀*

揭,《廣韻》其謁×,《釋文》又音桀*

訐,《廣韻》居竭×,又居列*,《釋文》九列×,又九謁×

元與仙、阮與獮、願與線、月與薛,關係密切。《廣韻》往往一字兩讀,既讀入元阮願月,又讀入仙獮線薛。可見實同一韻。

(十三)蕭宵混用

(甲)平聲蕭宵混用(蕭無號,宵*)

1. 以宵切蕭

銚,《廣韻》吐彫,《釋文》七遥*,何土堯

2. 以蕭切宵

釗,《廣韻》止遥*,又古堯,《釋文》姜遼

燋,《廣韻》即消*,《釋文》李祖堯

瓢,《廣韻》符霄*,《釋文》徐扶堯

嫖,《廣韻》符霄*,《釋文》劉平堯

摽,《廣韻》撫昭*,《釋文》敷蕭

掣,《廣韻》相邀*,《釋文》音簫

(乙)上聲篠小混用(篠無號,小＊)

1. 以小切篠

窈,《廣韻》烏皎,《釋文》於表*

湫,《廣韻》子了,《釋文》子小*

褭,《廣韻》奴鳥,《釋文》劉音繞*

2. 以篠切小

膘,《廣韻》符少*,《釋文》扶了

鷕,《廣韻》以沼*,《釋文》沈耀皎,一音户了

趙,《廣韻》治小*,《釋文》徒了

撟,《廣韻》居夭*,《釋文》沈古了

燎,《廣韻》力小*,《釋文》力鳥、力皎

(丙)去聲嘯笑混用(嘯無號,笑＊)

1. 以笑切嘯

嘯,《廣韻》蘇弔,《釋文》沈蕭妙*

2. 以嘯切笑

燎,《廣韻》力照*,《釋文》力弔

蕭宵有與肴相通的例子,如:掣(宵),音蕭(蕭),又色交(肴);鵰(蕭),陟交(肴),何音彫(蕭);釗(蕭、宵),姜遼(蕭),又音昭(宵),徐之肴(肴);貓(宵),亡朝(宵),又武交。又有與幽相通的例子,如:瀌(宵),符驕(宵),徐符彪(幽)。嘯笑也有與效相通的例子,如:掉(嘯),徒弔,劉奴較。那衹是又讀①,不是混用。

(十四)肴獨用

(甲)平聲肴獨用

① 這些又讀有的見於《廣韻》,如:貓,武瀌切,宵韻,又莫交切,肴韻;瀌,甫嬌切,宵韻,又皮彪切,幽韻。

殽,《廣韻》胡茅,《釋文》户交

巢,《廣韻》鉏交,《釋文》仕交、莊交,孫又徂交

呶鐃,《廣韻》女交,《釋文》女交

蛸,《廣韻》所交,《釋文》所交

罞,《廣韻》莫交,《釋文》亡包

茅,《廣韻》莫交,《釋文》卯交、亡交

烋,《集韻》虚交,《釋文》火交

勦,《集韻》初交,《釋文》初交

庖,《廣韻》薄交,《釋文》鮑交、步交,徐扶交

炰,《廣韻》薄交,《釋文》白交、薄交,徐又甫交

敲,《廣韻》口交,《釋文》口交

坳,《廣韻》於交,《釋文》於交

(乙)上聲巧獨用(缺例)

(丙)去聲效獨用

學(斆),《廣韻》胡教,《釋文》户教

覺,《廣韻》古孝,《釋文》交孝

罩,《廣韻》都教,《釋文》張教

敲,《廣韻》苦教,《釋文》苦孝

櫂,《廣韻》直教,《釋文》直教

橈,《廣韻》奴教,《釋文》乃教、女孝

鐃,《集韻》女教,《釋文》乃孝

淖,《廣韻》女教,《釋文》女孝、乃孝,徐徒較

約,《集韻》於教,《釋文》烏孝,戚於教

熠,《五音集韻》所教,《釋文》所教

肴巧效有與蕭篠嘯、宵小笑相通的例子,如:蛸(肴),所交(肴),《説文》音蕭(蕭);勦(肴),初交(肴),徐又子小(小);坳(肴),於交(肴),又烏了(篠);鐃(肴、效),女交(肴)、乃孝(效),一音而小(小)。又有與豪晧號相通的例子,如:殽(肴),户交

(肴),劉音豪(豪)。又有與尤有宥相通的例子,如炰(肴),白交(肴),徐甫九(有);坳(肴),於交(肴)、烏了(篠),李又伊九(有)。那也是又讀,不是混用。

(十五)豪獨用

(甲)平聲豪獨用

弢,《廣韻》土刀,《釋文》敕刀、吐刀

陶,《廣韻》徒刀,《釋文》音桃

猱,《廣韻》奴刀,《釋文》乃刀

(乙)上聲晧獨用

晧,《廣韻》胡老,《釋文》胡老

禱,《廣韻》都晧,《釋文》丁老

夭,《廣韻》烏晧,《釋文》烏老

(丙)去聲號獨用

纛,《廣韻》徒到,《釋文》桃報

悼,《廣韻》徒到,《釋文》徒報

冒芼毷,《廣韻》莫報,《釋文》亡報

勞,《廣韻》郎到,《釋文》力告

鑿,《集韻》在到,《釋文》在報、才報

奥,《廣韻》烏到,《釋文》烏報

臑(腝),《廣韻》那到,《釋文》奴報、奴到、乃報、乃到

豪韻有與侯韻相通的例子,如:褒,《釋文》薄謀反,《切韻》博毛反。這是又讀,不是混用。薄謀反當依《集韻》作蒲侯反,聚也,通"裒"。

(十六)歌戈混用

(甲)平聲歌戈混用(歌無號,戈＊)

1. 以戈切歌

蛾:《廣韻》五何,《釋文》我波*。

2. 以歌切戈

娑,《廣韻》蘇禾*,《釋文》素河

莎,《廣韻》蘇禾*,《釋文》今音素何

繁皤,《廣韻》薄波*,《釋文》步何

摩,《廣韻》莫婆*,《釋文》末何、末多

番,《廣韻》博婆*,《釋文》布何

頗,《廣韻》滂禾*,《釋文》普河、破多、破河

(乙)上聲哿果混用(哿無號,果*)

1. 以果切哿(缺例)

2. 以哿切果

跛,《廣韻》布火*,《釋文》波我、波可、彼我

簸,《廣韻》布火*,《釋文》波我

播,《集韻》補火*,《釋文》波可、波左

頗,《廣韻》普火*,《釋文》破可

(丙)去聲箇過混用(箇無號,過*)

1. 以過切箇(缺例)

2. 以箇切過

播,《廣韻》補過*,《釋文》波餓、波佐、波賀

簸,《廣韻》補過*,《釋文》府佐

磨,《廣韻》摸臥*,《釋文》莫佐

摲,《廣韻》莫臥*,《釋文》莫賀

(十七)麻獨用

(甲)平聲麻獨用

車,《廣韻》尺遮,《釋文》尺遮、昌蛇

邪,《廣韻》以遮,《釋文》以嗟

蛇,《廣韻》食遮,《釋文》布奢

瓜,《廣韻》古華,《釋文》古華

柤,《廣韻》側加,《釋文》側加、莊加

秅,《廣韻》宅加,《釋文》丈加

窐,《集韻》烏瓜,《釋文》劉烏華

髽,《廣韻》莊華,《釋文》莊瓜、側瓜、側巴

檛,《廣韻》陟瓜,《釋文》張瓜,王鄒華,《字林》竹瓜

(乙)上聲馬獨用

苴,《集韻》側下,《釋文》側雅,又知雅

槎,《廣韻》士下,《釋文》仕雅

(丙)去聲禡獨用

賈,《廣韻》古訝,《釋文》加霸

御,《集韻》魚駕,《釋文》五嫁、牙嫁

詫,《廣韻》丑亞,《釋文》敕駕

蜡,《廣韻》鋤駕,《釋文》仕詐、士嫁

藉,《廣韻》慈夜,《釋文》慈夜、在夜

貰,《廣韻》神夜,《釋文》市夜

炙,《廣韻》之夜,《釋文》之赦、章夜

射,《廣韻》神夜,《釋文》食夜

華,《廣韻》胡化,《釋文》户化

擭,《集韻》胡化,《釋文》胡化

罷,《韻會》皮駕,《釋文》扶罵

(十八)陽唐混用

(甲)平聲陽唐混用(陽無號,唐＊)

鴦,《廣韻》於良、烏郎*,《釋文》於岡*、於良。

這個例子衹是又讀,不是混用。陽三等,唐一等,所以缺乏相切的例子。但不能因此否認它們的主要元音相同。《韻鏡》陽唐同圖,説明它們是同韻。

(乙)上聲養蕩混用(缺例)

(丙)去聲漾宕混用(缺例)

(丁)入聲藥鐸混用(缺例)

(十九)庚耕清青混用

(甲)平聲庚耕清青混用(庚無號,耕＊,清×,青△)

1. 以耕切庚

更,《廣韻》古行,《釋文》古鸚*

喤,《廣韻》户盲,《釋文》徐音宏*

盟,《廣韻》武兵,《釋文》徐武耕*

鎗,《廣韻》楚庚,《釋文》劉初耕*

2. 以清切庚

滎,《廣韻》永兵,《釋文》劉音營*

瑩,《廣韻》永兵,《釋文》徐音營*

3. 以耕切清

嬰,《廣韻》於盈×,《釋文》或於耕*

4. 以青切清

菁,《廣韻》子盈×,《釋文》子丁△

朾,《集韻》癡貞×,《釋文》他丁△、勑丁△

煢,《廣韻》渠營×,《釋文》岐扃△

5. 以唐切青

萍,《廣韻》薄經△,《釋文》音平

6. 以清切青

螟,《廣韻》莫經△,《釋文》莫輕×

坰,《廣韻》古螢△,《釋文》徐又苦營×,或苦瓊×

(乙)上聲梗耿靜迥混用(梗無號,耿＊,靜×,迥△)

1. 以耿切梗

眚,《廣韻》所景,《釋文》所幸*

省,《廣韻》所景,《釋文》徐所幸*

2. 以靜切梗

炳,《廣韻》兵永,《釋文》兵領×

警,《廣韻》居影,《釋文》居領×

儆,《廣韻》居影,《釋文》京領×

省,《廣韻》所景,《釋文》色領×

眚,《廣韻》所景,《釋文》生領×

3. 以梗切耿

耿,《廣韻》古幸*,《釋文》工永

4. 以靜切耿

耿,《廣韻》古幸*,《釋文》徐工穎×

5. 以迥切耿

耿,《廣韻》古幸*,《釋文》工迥△

6. 以迥切靜

省,《廣韻》息井×,《釋文》西頂△

7. 以梗切迥

並,《廣韻》蒲迥△,《釋文》白猛,又步頂△。

8. 以靜切迥

熲,《廣韻》古迥△,《釋文》古頃×

潁,《廣韻》口迥△,《釋文》口迥△,徐孔穎×

褧,《廣韻》口迥△,《釋文》苦迥△,徐又孔穎×

苘,《廣韻》口迥△,《釋文》苦迥△,又口穎×

(丙)去聲映諍勁徑混用(映無號,諍*,勁×,徑△)

1.以映切諍

迸,《廣韻》北諍*,《釋文》北孟

2. 以徑切勁(缺例)

(丁)入聲陌麥昔錫混用(陌無號,麥*,昔×,錫△)

1. 以陌切麥

栅,《廣韻》楚革*,《釋文》楚格

核,《廣韻》下革*,《釋文》幸格

2. 以麥切昔

擿,《廣韻》直炙×,《釋文》郭都革*

蹢,《廣韻》直炙×,《釋文》徐治革*,持革*

辟,《釋文》方奭×,郭布革*

3. 以錫切昔

刺,《廣韻》七迹×,《釋文》沈此擊△,劉此歷△

4. 以麥切錫

覡,《廣韻》胡狄△,《釋文》李胡隔*

5. 以昔切錫

晳,《廣韻》先擊△,《釋文》徐思益×

滌,《廣韻》徒歷△,《釋文》杜亦×

(二十)蒸登混用

(甲)平聲蒸登混用(缺例)

(乙)上聲拯等混用(缺例)

(丙)去聲證嶝混用(缺例)

(丁)入聲職德混用(職無號,德 *)

弋,《廣韻》與職,《釋文》劉於則*

杙,《廣韻》與職,《釋文》劉餘則*

蒸職三等,登德一等,等呼不同,混用缺例或少例是可以理解的。拯等、證嶝字少,更可不論。

有一種奇怪的現象是《經典釋文》的反切中有蒸登、職德和耕清、昔錫相通的例子,如:郕(清),音承(蒸);馮(蒸),普耕(耕),又步耕(耕);稱(蒸),尺征;殈(職、錫),呼闃(錫),徐況逼(職),一音況狄(錫);副(職),孚逼(職),《字林》匹亦(昔)。依我觀察,唐詩中没有這些韻相通的情况。不能説在陸德明時代已經混用,連又讀也值得懷疑。待再詳考。

(二十一)尤侯幽混用

(甲)平聲尤侯幽混用(尤無號,侯 * ,幽×)

1. 以侯切尤

陬菆,《廣韻》側鳩,《釋文》子侯*

騶,《廣韻》側鳩,《釋文》側侯*

緅,《廣韻》側鳩,《釋文》祖侯*

鍪侔,《廣韻》莫浮,《釋文》亡侯*
牟,《廣韻》莫浮,《釋文》木侯*、亡侯*、莫侯*
眸,《廣韻》莫浮,《釋文》莫侯*、茂侯*
蝥,《廣韻》莫浮,《釋文》莫侯*,劉莫溝*
髳,《廣韻》莫浮,《釋文》茂侯*

2. 以幽切尤

烰,《廣韻》縛謀,《釋文》符彪×
休,《廣韻》許尤,《釋文》虛虯×、許虯×
捄,《廣韻》巨鳩,《釋文》音虯×

3. 以侯切幽

繆,《廣韻》武彪×,《釋文》亡侯*

4. 以尤切幽

觓,《廣韻》渠幽×,《釋文》其樛×,又音求
璆,《廣韻》渠幽×,《釋文》其休,又舊周
觩,《廣韻》渠幽×,《釋文》徐音虯×,又巨彪×,一音巨秋

(乙)上聲有厚黝混用(有無號,厚*,黝×)

黝,《廣韻》於糾△,《釋文》於柳,郭殃柳
滫,《廣韻》息有,《釋文》劉思酒,徐相幼①
糾,《廣韻》居黝△,《釋文》沈居酉

(丙)去聲宥候幼混用(宥無號,候*,幼×)

1. 以候切宥

咮噣,《廣韻》陟救,《釋文》都豆*
驟,《廣韻》鋤佑,《釋文》徐在遘*,劉才遘*
騶(驟),《廣韻》鋤佑,《釋文》徐仕遘*

2. 以宥切候

貿,《廣韻》莫候*,《釋文》徐亡救

① 滫,《釋文》徐讀去聲。

姆,《廣韻》莫候*,《釋文》亡久①,《字林》亡又

(二十二)侵獨用

駸,《廣韻》七林,《釋文》楚今,《字林》七林

紝,《廣韻》如林,《釋文》女金

(甲)上聲寑獨用

廩,《廣韻》力稔,《釋文》力錦、力荏

稟,《廣韻》筆錦,《釋文》彼錦、必錦、方鴆②

(乙)去聲沁獨用

飲,《廣韻》於禁,《釋文》於鴆

陰,《集韻》於禁,《釋文》於鴆

深,《廣韻》式禁,《釋文》尸鴆

譖,《廣韻》裝蔭,《釋文》側鴆、責鴆

(丙)入聲緝獨用

緝,《廣韻》七入,《釋文》七立、子立

隰,《廣韻》似入,《釋文》詳立、音習

輯,《廣韻》秦入,《釋文》音集,又七入、側立

揖,《集韻》即入,《釋文》子入、側立

挹,《廣韻》於入,《釋文》於十、於集

縶,《廣韻》陟立,《釋文》張執、陟立,徐丁立

馽,《廣韻》陟立,《釋文》丁邑,徐丁立

湆,《廣韻》去急,《釋文》去及

戢,《廣韻》阻立,《釋文》莊立、側立

熠,《廣韻》爲立,《釋文》以執

在《經典釋文》反切中,有侵覃相通的例子,如:鐔(侵、覃),戚音淫(侵),徐劉音尋(侵),一音徒南(覃);簪(侵),側林(侵),莊

① "久"是上聲字。

② "鴆"是去聲字。

林(侵),劉左南(覃),作南。又有緝狎相通的例子,如:翜(緝),所甲(狎),一音所立(緝)。那是又讀,不是混用。

(二十三)覃談混用

(甲)平聲覃談混用(缺例)

(乙)上聲感敢混用(感無號,敢＊)

1. 以敢切感

坎,《廣韻》苦感,《釋文》徐又苦敢*

2. 以感切敢

紞,《廣韻》都敢*,《釋文》《字林》丁坎

(丙)去聲勘闞混用(缺例)

(丁)入聲合盍混用(合無號,盍＊)

1. 以盍切合

蛤,《廣韻》古沓,《釋文》古盍*

噆,《廣韻》子答,《釋文》子合,郭子盍*

2. 以合切盍

闔,《廣韻》胡臘*,《釋文》胡臘*,又音合

臘,《廣韻》盧盍*,《釋文》力合

闒,《廣韻》徒盍*,《釋文》吐臘*,劉湯答

《釋文》反切有談鹽相通的例子,如:餤(談),沈音旋(談),徐音鹽(鹽)。那是又讀,不是混用。

(二十四)鹽添嚴凡混用

(甲)平聲鹽添嚴凡混用(鹽無號,添＊,嚴×,凡△)

1. 以添切鹽

頩,《廣韻》汝鹽,《釋文》郭、李而兼*

2. 以嚴切鹽

淹,《廣韻》央炎,《釋文》於廉,徐於嚴×

鉗,《廣韻》巨淹,《釋文》其炎,徐其嚴×,渠嚴×

緘,《釋文》其談,又其嚴×。

3. 以凡切鹽

僉,《廣韻》七廉,《釋文》七廉,又七劍△①

炎,《廣韻》于廉,《釋文》于廉、于沾,沈于凡△

(乙)上聲琰忝儼范混用(琰無號,忝＊,儼×,范△)

1. 以忝切琰

檿,《廣韻》於琰,《釋文》烏簟＊

厭,《廣韻》於琰,《釋文》徐又烏簟＊

2. 以范切琰

揜,《廣韻》衣儉,《釋文》於檢,李於範△

貶,《廣韻》方斂,《釋文》彼檢,《字林》方犯△

3. 以琰切儼

儼,《廣韻》魚掩×,《釋文》魚檢

嚴(儼),《廣韻》魚掩×,《釋文》魚檢、魚儉

(丙)去聲豔㮇釅梵混用(豔無號,㮇＊,釅×,梵△)

封(窆),《廣韻》方驗,《釋文》彼劍△

獫,《廣韻》力驗,《釋文》《字林》力劍△

斂,《廣韻》力驗,《釋文》力劍△

(丁)入聲葉怗業乏混用(葉無號,怗＊,業×,乏△)

1. 以業切葉

拾,《集韻》極曄,《釋文》其劫×、其業×,劉其輒

2. 以乏切葉

饁,《廣韻》筠輒,《釋文》尖輒、于輒,劉于法△

3. 以葉切怗

堞,《廣韻》徒協＊,《釋文》音牒＊,徐養涉

燮,《廣韻》蘇協＊,《釋文》蘇接

4. 以葉切業

① 劍,去聲字。

鰪,《玉篇》于劫×,《釋文》于輒

5.以乏切業

鰪,《玉篇》于劫×,《釋文》劉于法△

《廣韻》元阮願月與嚴儼釅業、凡范梵乏相應,先銑霰屑與添忝㮇怗相應,仙獮線薛與鹽琰豔葉相應。元阮願月、先銑霰屑、仙獮線薛既然混用,嚴儼釅業、凡范梵乏、添忝㮇怗、鹽琰豔葉自然也混用了。

在《釋文》的反切中,鹽有與銜侵覃相通的例子,如:顲(鹽),而占(鹽),又而銜(銜);鍼(鹽、侵),其廉(鹽),徐音針(侵);餤(談),沈旋音談(談),徐音鹽(鹽)。琰有與豏相通的例子,如:厭(琰),烏斬。㮇有與沁相通的例子,如:僭(㮇),毛側蔭(沁),鄭子念(㮇)。葉有與緝狎相通的例子,如:籋(葉),奴輒(葉),又女十(緝);楫(葉),音接(葉),又音集(緝);饁(葉),於葉(葉)、於十(緝)、於立(緝);厭(葉),於葉(葉),又於甲(狎)。那是又讀,不是混用。

(二十五)咸銜混用

(甲)平聲咸銜混用(咸無號,銜*)

1. 以銜切咸

咸,《廣韻》胡讒,《釋文》音銜*

摻,《廣韻》所咸,《釋文》所銜*

2. 以咸切銜

銜,《廣韻》户監*,《釋文》音咸

監,《廣韻》古銜*,《釋文》古咸

(乙)上聲豏檻混用(豏無號,檻*)

1. 以檻切豏(缺例)

2. 以豏切檻

檻,《廣韻》胡黤*,《釋文》户減,徐下斬

(丙)去聲陷鑑混用(陷無號,鑑*)

1. 以鑑切陷(缺例)

2. 以陷切鑑

鑒,《廣韻》格懺,《釋文》工陷

(丁)入聲洽狎混用(洽無號,狎 *)

狹,《廣韻》侯夾,《釋文》户甲*

歃,《廣韻》山洽,《釋文》所洽,又所甲*

在《釋文》反切中,有咸銜與鹽相通的例子,如:摻(咸),所銜(銜)、息廉(鹽)、山廉(鹽);縿(銜),所銜(銜),何、沈相沾(鹽),又所廉(鹽)。又有豏檻與寢感敢相通的例子,如:湛(豏),直減(豏),劉又音沈(寢),李唐感(感);摻(豏),所覽(敢),徐所斬(豏);檻(檻),户減(豏)、銜覽(敢)。又有鑑陷闞相通的例,如:鑒(鑑),工暫(闞)、古暫(闞);監(鑑),工陷(陷)、工暫(闞)、古蹔(闞)。又有洽狎緝葉相通的例子,如:扱(洽),初洽(洽),劉初輒(葉),又差及(緝),李、聶創涉(葉);插(洽),采協(怗),徐、劉初輒(葉),戚初洽(洽)。那是又讀,不是混用。

《釋文》於侵以下九韻(包括平上去入)的反切,有一些特殊的情況,即以-n 切-m,以-t 切-p,例如:

弇,《廣韻》衣儉(琰),《釋文》於簡(産),音揜(琰)

奄,《廣韻》衣儉(琰),《釋文》於簡(産)

茶,《廣韻》奴協(怗),又音涅(屑);《釋文》乃結(屑),徐、李乃協(怗),崔音捻(怗)

敜,《廣韻》奴協(怗),《釋文》徐乃協(怗),又乃結(屑)

這可以分爲兩種情況:一種是有誤字,如奄,《釋文》於簡反,注疏本作於檢反;另一種是又讀,如茶,《廣韻》奴結切,又奴協切。這些都不能證明《釋文》是-n、-m 混用,-t、-p 混用。

三、聲　調

關於聲調,這裏衹證明兩件事:第一,《釋文》時代,平聲還沒有分化爲陰平、陽平；第二，《釋文》時代，濁上還没有變爲去聲。

（一）平聲未分陰陽例證（陰無號，陽＊）

1. 以陰切陽①

蒙*：亡公、武工、亡鉤、武邦

彤*：徒冬、大冬

羸*：律悲、力追

犂*：力知、利之、力之

樊*：步干、步丹、畔丹

庖*：鮑交、步交、扶交

萌*：武耕、亡耕

帷*：位悲

2. 以陽切陰

舂：失容*、束容*

譏：居宜*、居淇*、居疑*

推：吐回*、他回*、昌誰*

焞：他門*、他屯*、他雷

掔：苦田*、口閑*

莊：側良*

陬：子侯*、側留*

簪：側林*、莊林*、左南*、作南*

（二）清上濁上同調例證（清上無號，濁上＊）

1. 以清上切濁上

罷*：扶彼 視*：常止、市止 兕*：徐子

髀*：步啟 醹*：如主 駭*：胡楷

眹*：直謹 鍵*：其展 僩*：下板、胡簡

棧*：在簡、士板、才產 泫*：胡犬 踐*：似淺

① 指後代平聲分化後的陰陽。

趙*:徒少　隋*:唐果、徒火　並*:步頂
臼*:其九　咎*:其久　紂*:直丑
部*:蒲口、扶苟　檻*,户減

2. 以濁上切清上

庀:匹是*　頍:缺婢*　跬:缺氏*
比:並是*　賄:呼罪*　漼:七罪*
散:素但*　笴:工但*　典:敇殄*
長:丁丈*、張丈*　儻:敇蕩*　帑:吐蕩*
省:所幸*

四、陰陽入三聲對應考

陰陽入三聲對轉,是古代漢語的語音規律,直到《經典釋文》的反切中,在一字兩讀時,往往反映了這種情況。舉例如下:

(一)陰陽對轉

1. 侯東對轉[①](侯無號,東＊)

蒙,《廣韻》莫紅*,《釋文》亡公*、武公*,徐武邦*,亡鉤

2. 支耕對轉(支無號,耕＊)

鼃,《廣韻》薄佳、蒲幸*,《釋文》薄佳、蒲佳,徐父幸*

蜱,《集韻》部弭、蒲眠,《釋文》音婢,或蒲年

䌁,《廣韻》古玄,《釋文》音圭,又古玄

以"鼃"讀父幸(薄幸)推之,"蜱"當讀如瓶。"䌁"從益聲,"益"錫部字,錫耕對轉,"䌁"當讀於扁切。古韻耕真兩部由於主要元音相同,常常通轉。"蜱"轉入蒲眠切,"䌁"轉入古玄切,和"瞑"轉入莫賢切、"骿軿胼"轉入部田切的情況是一樣的。

3. 脂真對轉(脂無號,真＊)

洗,《廣韻》先禮、蘇典*,《釋文》蘇禮,又蘇典*

① 講對轉時,所列韻部,指先秦韻部。

洒,《廣韻》先禮,《釋文》悉禮、先典*、素殄*

枅,《廣韻》古奚,《集韻》經天*,《釋文》枅音雞,又音肩

笫,《廣韻》側几①,《釋文》側几、側美,徐側敏②

寅,《廣韻》翼真*、以脂,《釋文》徐音夷

脪,《廣韻》丑忍*、敕辰*、丑饑,《釋文》敕引*,又敕私

牝,《廣韻》毗忍*、扶履,《釋文》頻忍*、扶盡*,徐扶死

“洗洒”先秦屬文部,漢以後轉入真部。“枅”字《集韻》讀經天切是對的,《釋文》音肩,當云音堅。陸德明時代“堅、肩”同音,故云音“肩”。

4. 之蒸對轉(之無號,蒸*)

能,《廣韻》奴登*、奴來,《釋文》如字,徐奴代,又奴來,本又作耐

耐,《廣韻》奴代,《釋文》古能*字

肯,《廣韻》苦等*,《釋文》徐苦等*,《字林》口乃

5. 微文對轉(微無號,文*)

頎,《廣韻》渠希,《釋文》音懇*,又音畿

肫,《廣韻》章倫*,《五音集韻》子罪,《釋文》時倫*、之春*,又之罪

蕡,《廣韻》符分,《釋文》扶云,一音婦輩

焞,《集韻》他昆*、通回,《釋文》他門*、他屯*,又吐雷

蟦,《廣韻》扶涕,《釋文》無味,又扶云*

6. 魚陽對轉(魚無號,陽*)

亡,《廣韻》武方*,《釋文》音無,又如字

7. 歌元對轉(歌無號,元*)

鼉,《廣韻》徒河,《釋文》徒河,沈音檀*

---

① 《廣韻》止韻:“笫,阻史切,又側几切。”旨韻不收“笫”字。按:“笫”從𠂔聲,當以側几切爲正。

② “敏”當作“愍”。“敏”本是之部字,徐邈時代,“敏”已讀如“愍”。

難,《廣韻》那干*、奴案*,《釋文》乃多,劉乃旦*

鄰,《廣韻》則旰*、昨何,《釋文》才多,又子旦*

(二)陰入對轉①

1. 支錫對轉(支無號,錫×)

蜺,《廣韻》五稽,《釋文》五兮,又五歷×

辟,《集韻》毗義,《廣韻》房益×,《釋文》音避,又扶益×,一音芳益×

刺,《廣韻》七賜、七迹×,《釋文》七智,又七亦×②,劉七賜,又此歷*,沈此擊×

縊,《廣韻》於賜,《釋文》一賜,於革×③,又一臂

鬄,《集韻》他計、他歷*,《釋文》吐歷×,劉土歷,又他計④

責,《廣韻》側革⑤,《集韻》側賣,《釋文》側界⑥

畫,《廣韻》胡卦、胡麥,《釋文》胡卦、衡賣、胡麥⑦

積,《廣韻》資昔×、子智,《釋文》如字,又子賜

2. 脂質對轉(脂無號,質×)

尼,《廣韻》女尼,《集韻》尼質×,《釋文》女持⑧,施女乙×

批,《廣韻》匹迷,《集韻》蒲結×,《釋文》備結×,一音鋪迷,《字林》父迷、父節×

鞸,《廣韻》兵媚,《釋文》悲位,徐邊惠,一音必結×,又音祕,又補結×

---

① 陰聲,指元音收尾的音節。上古入聲(長入)到隋唐時代(或較早)變爲去聲的,這裏也當陰聲看待。

② 當作"七易"或"七蜴"。

③ 當作"於隔"。

④ 當作"他擊"。

⑤ 當作"側隔"。

⑥ 當作"側賣"。

⑦ 當作"胡脈"。

⑧ 當作"女遲"。

暨,《廣韻》其冀,《釋文》其器,又斤乙×

比,《廣韻》毗至,《釋文》毗志①、必履,李扶必×

出,《廣韻》赤律×,又尺類,《釋文》如字,又赤遂,徐尺類,王嗣宗敕類

遞,《廣韻》特計,《釋文》音悌,他計,一音待結×

紒,《集韻》吉詣,又吉屑×,《釋文》音計,又音結×

契,《廣韻》苦計、苦結×,《釋文》苦計,徐苦結×

閉,《廣韻》博計、方結×,《釋文》必計,《字林》必結×、方結×

攦②,《集韻》郎計,《釋文》郭呂係,又力結×

戾,《廣韻》郎計,《釋文》力計、力結×

質,《廣韻》之日×,又陟利,《釋文》如字,一音致,又豬二

漆,《廣韻》親吉×,《釋文》音七×,徐七利

嫉,《廣韻》秦悉×,《釋文》音疾×,又音自

茎,《廣韻》徒結×,《釋文》田節×,又直黎

挈,《廣韻》苦結×,《釋文》苦計,又苦結×

3. 之職對轉(之無號,職×)

植,《廣韻》直吏、常職,《釋文》直吏、時力×、徒吏、徒力×、時織、徐音置

亟,《廣韻》去吏、紀力×,《釋文》虛記、居力

臆醷,《廣韻》於力×,《釋文》於紀,徐於力

4. 微物對轉(微無號,物×)

愾,《廣韻》許既,《釋文》許乞×,又許氣

帥,《廣韻》所類,又所律×,《釋文》色類、所類,又所律×

率,《集韻》力遂,《釋文》音類,又音律×,又所律×

祓,《廣韻》敷勿×,《釋文》孚物×、芳弗×,劉、徐音廢

5. 魚鐸對轉(魚無號,鐸×)

---

① 當作"毗至"。

② "攦"最初屬歌部,後來轉入脂部。

著,《廣韻》陟慮、張略$^{\times}$,《釋文》珍慮、張慮,又張略$^{\times}$

嚇,《廣韻》呼訝、呼格$^{\times}$,《釋文》許嫁,又許伯$^{\times}$

醵,《廣韻》其據、其虐$^{\times}$,《釋文》其據,又其略$^{\times}$

莫,《廣韻》慕名$^{\times}$,《釋文》忙故,又亡博$^{\times}$

度,《廣韻》徒故、徒落$^{\times}$,《釋文》劉直路,戚待洛$^{\times}$

堊,《廣韻》烏各$^{\times}$,《釋文》於故,又於各$^{\times}$

藉,《廣韻》慈夜、秦昔*,《釋文》在夜、慈夜,又在亦$^{\times}$

借,《廣韻》子夜、資昔$^{\times}$,《釋文》子亦$^{\times}$

舍,《廣韻》始夜,《釋文》音釋

射,《廣韻》神夜、食亦$^{\times}$,《釋文》食亦$^{\times}$、食夜

醋,《廣韻》倉故,《釋文》才各$^{\times}$

貉,《廣韻》莫白$^{\times}$,《釋文》莫駕、亡百$^{\times}$,施胡各$^{\times}$

磔,《廣韻》陟格$^{\times}$,《釋文》陟略$^{\times}$,又如字,劉薄駕

宅,《廣韻》場伯$^{\times}$,《釋文》徐大故,鄭音知嫁

獲,《廣韻》胡麥,《釋文》如字,或音胡化,鄭横霸,李音胡霸,劉音胡伯$^{\times}$

斥,《廣韻》昌石$^{\times}$,《釋文》音尺$^{\times}$,昌亦$^{\times}$,又昌夜,徐蚩柘

攫,《廣韻》居縛$^{\times}$,《釋文》俱縛$^{\times}$,舊居碧$^{\times}$,李又九夫

6. 祭月對轉[①](祭無號,月×)

芮,《廣韻》而鋭,《釋文》人劣$^{\times}$,又而歲

脃,《廣韻》此芮,《釋文》七歲,劉清劣$^{\times}$

弊,《廣韻》毗祭,《釋文》婢世,徐扶滅$^{\times}$

敝,《廣韻》毗祭,《釋文》婢世、符世,又扶滅$^{\times}$、伏滅$^{\times}$,徐扶哲$^{\times}$

綴,《廣韻》陟衛、陟劣$^{\times}$,《釋文》陟劣$^{\times}$,徐又張衛、丁衛,又丁劣$^{\times}$,沈知税,又張劣$^{\times}$

① 祭與月在上古同屬一個入聲韻部,只有長入和短入的差别。漢以後,祭部失去入聲韻尾,變爲陰聲韻。這裏把它當做陰聲韻看待。

忕,《廣韻》時制,《釋文》時世,又時設×

筮,《廣韻》時制,《釋文》市制,又時設×

泄,《廣韻》餘制、私列×,《釋文》以世、息列×

揭,《廣韻》去例,《釋文》起例,又丘竭×

會,《廣韻》古外,《釋文》古外,徐古活×,向音活×

噲,《廣韻》苦快,《釋文》古外,徐古活×

愒,《廣韻》苦蓋,《釋文》苦蓋,又苦葛×

介,《廣韻》古拜,《釋文》音戒①,又古黠②

芥,《廣韻》古拜,《釋文》吉邁,徐古邁,姬邁,一音古黠×③

茷,《廣韻》符廢,《釋文》扶廢,徐音伐×,一音蒲發×,又蒲艾

廢,《廣韻》方肺,《釋文》如字,一音發×

伐,《廣韻》房越×,《釋文》如字,劉扶廢

蹶,《廣韻》居衛、居月×,《釋文》蹇月×、其月×、其厥×,沈居衛,一音厥×

發,《廣韻》方伐×,《釋文》如字,徐音廢

訐,《廣韻》居竭×,《釋文》九列×、九謁×,又音刈

洩,《廣韻》餘制、私列×,《釋文》息列×,以製

折,《廣韻》旨熱×,《釋文》之設×,又音製

茢,《廣韻》良薛×,《釋文》音列×、音烈×,又音例

碣,《廣韻》渠列×,《釋文》其列×,韋昭其逝

晢,《廣韻》旨熱×,《釋文》之舌×,徐之列×,又之世

7. 幽覺對轉(幽無號,覺×)

蟰,《廣韻》蘇彫,《釋文》音蕭,《説文》音肅

儵,《廣韻》蘇彫,《釋文》素彫,音蕭,徐始六×,又音育×

妯,《廣韻》丑鳩,《釋文》敕留,徐又直留,郭音《爾雅》盧叔×,又音迪×

---

① 當云“音界”。

②③ 當云“古鎋”。

捄,《廣韻》巨鳩,《釋文》音求,又其匊×,何音掬×,沈居局×①

囿②,《廣韻》于救、于六×,《釋文》音又,一音于救,徐于目×,沈又尤菊×

畜,《廣韻》許竹×、許救,《釋文》許又、吁又,一音許六×

祝,《廣韻》之六×、職救,《釋文》周救、之又,又之六×、州六×

覆,《廣韻》芳福×、方副,《釋文》芳卜×、敷目×、方富、扶又、芳又

復,《廣韻》房六×、扶富,《釋文》扶又

伏,《廣韻》房六、扶富,《釋文》如字,舊扶又

滌,《廣韻》徒歷×,《釋文》直的×③,徐徒弔,同弔

奥,《廣韻》烏到,《釋文》烏到,沈於六×

勠,《廣韻》力竹、力求,《釋文》舊音六×,又力彫,《説文》力周

肉,《廣韻》如六×,《釋文》柔又、而救

隩,《廣韻》於六×,《釋文》於六×,《玉篇》於報

宿,《廣韻》息逐×、息救,《釋文》音肅×、音夙×、息六×,徐音秀,劉息就

告,《廣韻》古到、古沃×,《釋文》故毒×

纛,《廣韻》徒到、徒沃×,《釋文》桃報,劉音毒×

8. 宵沃對轉(宵無號,沃×)

揱,《廣韻》相邀、色交、所角,《釋文》色交,又音朔*④

約,《廣韻》於略、於笑,《釋文》如字,又於妙、要妙、因妙,戚於教

---

① 當作"居匊"。

② "囿"本是之部字,漢以後轉入幽部。

③ 當云"音迪"。

④ 當云"音稍"。

弔,《廣韻》多嘯、都歷×,《釋文》如字,又音的×,都歷×①

激,《廣韻》古歷×、古叫,《集韻》堅堯,《釋文》經覓×②,又古堯,李古弔,又軀弔

撽(擊),《廣韻》苦弔,《釋文》苦弔,又音的×

噭,《廣韻》古弔,《釋文》古弔,一音古狄×③

削,《廣韻》息約×,《釋文》音笑

潐,《集韻》子肖,《釋文》子召,李在學×④

罩,《廣韻》都教,《釋文》張教,徐又都學*⑤,《字林》竹卓×

箌(篧),《廣韻》都教,《釋文》郭陟孝,顧野王都角×⑥

暴,《廣韻》薄報,薄木×,《釋文》徐扶沃×

敲,《廣韻》口交、苦教,《釋文》苦孝,又苦學×⑦,口卓×

燋,《廣韻》即略×、即消,《釋文》哉約×,劉哉妙,《字林》子弔,李又祖堯

9. 侯屋對轉(侯無號,屋×)

瞀,《廣韻》莫候,《釋文》莫豆,又莫住,又亡角×

鑿,《廣韻》在各×,《釋文》在報

撲,《廣韻》普木×,《釋文》普卜×,徐敷卜×,劉方遘

(三)陽入對轉

1. 真質對轉(真無號,質×)

賑,《廣韻》丑忍,《釋文》敕忍,徐敕一×

黽,《廣韻》彌畢×,《釋文》彌畢×,又亡忍

2. 元月對轉(元無號,月×)

---

① 當作"都櫟"。

② 當作"經櫟"。

③ 當作"古櫟"。

④ 當作"在嶨"。

⑤⑥ 當作"都嶨"。

⑦ 當作"苦嶨"。

髖,《廣韻》可顏,《釋文》劉苦顏,或苦瞎×,一音枯曷×

3. 談盍對轉

淹,《廣韻》英廉,《釋文》於廉,又於劫×

厭,《廣韻》於豔、於葉×,《釋文》於葉×、於涉×,或於驗,沈又於占

由上面大量的例證看來,《經典釋文》反切中的陰陽入三聲的對轉是非常嚴格的,絶大多數的例子連等呼也完全一致。一等轉一等,如"能"由登韻的奴登反轉咍韻的奴來反;二等轉二等,如"嚇"由陌韻的許伯反轉禡韻的許嫁反;三等轉三等,如"鬒"由軫韻的敕忍反轉脂韻的敕私反,又轉質韻的敕一反;四等轉四等,如"戾"由霽韻的力計反轉屑韻的力結反。這種考證,對古音的擬測大有幫助,因爲陰陽入三聲對轉的元音必須是相同的。

五、《切韻》與先秦古韻對應考

《經典釋文》的反切反映的隋唐韻部,比《切韻》的 206 韻少得多[①]。陸德明與陸法言是同時代的人,兩音的韻部不應該有這樣大的差别。《切韻》應是像章炳麟所説的,實在包括了"古今方國之音",主要是存古。陸法言所謂"論南北是非,古今通塞",其實就是以存古爲是,爲通,違古爲非,爲塞。這裏我寫《切韻》與先秦古韻對應考,就是要證明《切韻》的存古性質,同時也證明《經典釋文》反切所反映的韻部纔是隋唐時代的實際讀音。

(一)東董送屋

1. 平聲東

(甲)一等　古韻東部

東同銅桐筒童僮曈空公功工攻蒙濛籠聾瓏洪紅鴻虹叢翁葱聰通蓬潼礱訌豵恫驄烘忽侗罿[②]

① 據今人考證,《切韻》原來只有 193 韻。這裏講的 206 韻,是傳統的説法,即《廣韻》206 韻。

② 例外:"潨"入冬部。

(乙)三等　古韻冬部[①]

中衷忠蟲沖終戎崇躬宮融熊窮豐隆藭螽狨灃癃彤𦝫㑖酆種蚛[②]

例外

弓雄穹馮夢瞢芎懵,古韻蒸部[③]

風楓芃楓,古韻侵部

雺罞髳,古韻幽部

2. 上聲董

(甲)一等　古韻東部

董動孔總澒蠓琫蓊嗊洞菶

(乙)三等　缺

例外

懵,古韻蒸部

3. 去聲送

(甲)一等　古韻東部

送洞齈弄貢凍痛棟稯慟鞚控鬨

(乙)三等　古韻東部

仲中衆

例外

夢瞢　古韻蒸部

鳳諷　古韻侵部

霿賵　古韻幽部

4. 入聲屋

(甲)一等　古韻屋部

屋木禄穀谷族鹿讀犢瀆牘櫝黷讟轂斛僕獨卜沐速麓鏃禿縠

① 春秋時代,冬侵合部;戰國時代,冬部從侵部分化出來。

② 例外:"充嵩崧菘"入東部。

③ 由蒸部合口三等轉來。

撲漉簸濮簏樸碌轆餗霂槲彀涑縠哭[1]

(乙)三等　古韻覺部

竹目熟肉腹菊軸逐宿復粥肅育六縮戮畜蓄叔淑菽馥祝蹙筑穆麴覆衄鬻燠隩竺築掬鞠匊匊蠹複蓿塾蹴踘毓舳踧夙蝮柷俶蓼倏蓫苜孰陸睦

例外

服福牧伏幅輻愊洑鷗艆郁謖蝠彧,古韻職部[2]

瀑暴曝熇毣,古韻沃部

(二)冬□宋沃

1. 平聲冬　古韻冬部

冬彤佟鼕爞宗琮淙鬃農悰賨儂獽膿

2. 上聲　缺

3. 去聲宋　古韻冬部

宋綜[3]

4. 入聲沃　古韻覺部

毒鵠酷梏櫜篤督裻礐牿告僕濮樸

(三)鍾腫用燭

1. 平聲鍾　古韻東部[4]

鍾鐘龍舂松衝容蓉庸封胸雍重從逢縫蹤茸峰蜂鋒烽蛩笻慵恭供蘢凶墉鏞傭溶鎔蚉卭鄘邕癰饔縱龔葑匈兇洶訩廱豐顒[5]

例外

濃醲穠　古韻冬部

---

① 例外:"鶩"(音木)入覺部。

② 由職部合口三等轉來。

③ 例外:"統"入東部。

④ 這是古韻東部三等字。上聲腫韻、去聲用韻準此。

⑤ "顒"從禺聲,原屬侯部,轉入東部。

2. 上聲腫　古韻東部

腫種踵寵隴壟擁壅兄重冢奉捧勇涌踊甬俑蛹恐尰拱洪鞏竦悚聳

3. 去聲用　古韻東部

用頌誦縱訟種俸共供從縫

4. 入聲燭　古韻屋部

俗玉足曲粟燭屬録籙緑辱獄局欲束蜀促觸續浴縟矚躅褥蓐慾頊躅歜溽贖劚跼挶酥逯騄

(四)江講絳覺

1. 平聲江　古韻東部

江釭扛厖龙窗邦缸降瀧雙艭龎逄腔撞幢樁橦豇

2. 上聲講　古韻東部

港棒絳項講[①]

3. 去聲絳　古韻東部

絳降巷惷撞洚

4. 入聲覺

(甲)古韻屋部

角桷玨嶽鸑浞捉數敕斲諑涿喔琢椓剥撲璞樸殼埆慤轂觳濁鐲握幄喔偓渥

(乙)古韻沃部[②]

翯榷搉確樂濁櫂擢濯搦踔汋稍箾卓倬趵爆駁邈眊礐逴犖較

例外

覺學嶨雹　古韻覺部

朔斮　古韻鐸部

(五)支紙寘

1. 平聲支

(甲)古韻支部

① "講"從冓聲,原屬侯部,轉入東部(侯東對轉)。

② 這是古韻沃部的二等字。

支枝碑兒知規危卮卑岐斯窺衹涯箎匙澌脾坻肢陴厮氏禆提庳褫埤蜘雌貲髭訾

（乙）古韻歌部[①]

移爲垂吹陂奇宜儀驪嫣漪犧縻璃羲皮離施馳池隨螭麾披炊差疲陲騎曦攲羈糜罷隳漓禠錡迆匜蛇虧罹纚籬撝鸝羅琦罹魑倕猗崎劙椅黟屣詖觭醨彌瀰萎逶痿

例外

虧戲巇　古韻魚部

2. 上聲紙

（甲）古韻支部

紙只咫是諟軹枳氏詭絫妓蕊豸褫髀俾鞞婢企跪技跂廌跬頍庋佹弭徙屣蓰觜此泚紫

（乙）古韻歌部

靡彼被髓犄綺侈箠捶迆艤蟻錡邐義倚弛委爾邇瀰壐

例外

揣毀燬　古韻微部

（丙）古韻支部

寘智翅忮芰恚豉企跂澌

（丁）古韻錫部

賜易避臂譬刺謚積漬縊啻

（戊）古韻歌部

義僞騎議貤誼寄睡帔吹被詖詈爲施

例外

瑞惴　古韻微部

（六）脂旨至

1. 平聲脂

① 這是古韻歌部三等字。上聲紙韻、去聲寘韻準此。

(甲)開口三等　古韻脂部

夷師姿遲眉麋墀彌肌脂尸湄茨私彝鬐資饑姨楣伊蓍屍尼鴟祁咿呰獅𩑺咨粢蠡胝鰭瀰痍貔比瓷骴疷洟嵋怩紕耆屄祇鬐蚳郿①

(乙)合口三等　古韻微部

帷維遺蕤誰衰錐追椎纍推綏睢騅樶壝惟鎚雖萑②

例外

逵馗頯　古韻幽部

龜丕邳駓伾秠　古韻之部

2. 上聲旨

(甲)開口三等　古韻脂部

旨砥指視豕美兕幾姊匕比妣矢菌雉死履杮笫庀秕機旎坻秭底

例外

秠否嚭鄙　古韻之部

(乙)合口三等　古韻微部

傀藟水唯壘誄欙壝③

例外

軌簋晷匭宄　古韻幽部

洧鮪痏　古韻之部

3. 去聲至

(甲)開口三等

① 古韻脂部

次媚轡貳二姿洎比庇穊遲示視嗜冀自莅膩屎佽鷙摯贄④

例外

備　古韻之部

---

① 例外:"悲絺"屬古韻微部。

② 例外:"葵騤戣夔"屬古韻脂部。

③ 例外:"癸揆"入古韻脂部。

④ 朱駿聲以"鷙摯贄"等字屬古韻泰部(即月部)。

② 古韻質部

利器至致肆棄鼻四駟泗懿畀痹㠜㧡閟泌祕躓緻劓秘邲肆

(乙)合口三等

① 古韻微部

累纍遺槌縋

② 古韻物部

翠類墜醉粹帥萃穗遂寐魅邃燧隧穟匱饋簣蕢祟誶①

(七)之止志

1. 平聲之　古韻之部

之芝時詩萁旗辭詞期祠基疑姬絲思司醫滋持癡慈嬉貍茲熙欺笞頤緇箕罳釐嶷治颸綦怡貽詒飴而騏蚩萁其噫菑輜淇褩媸淄氂朞耏嫠僖鵗喜孜臺蚩琪僛偲塒魌犛禧錙耔仔鯔麒嵫鼒緦宦玆

2. 上聲止　古韻之部

止市恃喜己紀子梓沚趾芷時巳以苡似耜汜姒已始峙痔齒矣擬恥祉杫滓圮庤儗址阯娌

3. 去聲志

(甲)古韻之部

事志治思吏字寺記使餌笥侍忌嗣驥痣志牸惎截珥刵伺眙儗饎

(乙)古韻職部

置亟意異試識食埴值植异

(八)微尾未

1. 平聲微　古韻微部

微薇徽韋圍幃闈違非霏菲扉騑緋肥妃飛威畿機幾譏磯璣饑希稀晞衣依巍歸禕淝欷豨葳禨

例外

暉煇輝揮翬祈旂沂頎圻　古韻文部

① 例外:"季悸淚"屬古韻脂部。

2. 上聲尾　古韻微部

尾鬼葦偉扆螘卉虺韙匪篚朏煒顗顡斐誹菲棐蟣豈偯瑋蜚

3. 去聲未

(甲)古韻微部

畏魏緯彙諱卉毅穖衣欷誹翡

(乙)古韻物部

未味氣貴費沸尉慰蔚胃渭謂既塈忔餼塈疿

(九)魚語御

1. 平聲魚　古韻魚部

魚漁初書舒居裾車渠蕖余予輿譽餘胥狙鋤疏蔬梳虛噓徐豬閭廬諸除儲如墟菹琚旟與畬疽苴樗攄於茹蛆且沮祛蜍挐櫚臚淤瀦胠好袽篨蘧鐻紓袽躇趄駑滁蘆歔醵據齬摢迦

2. 上聲語　古韻魚部

語圉圄禦敔吕侶旅膂紵苧抒杼佇羜與予渚煮汝茹暑鼠黍杵處貯楮褚醑女許拒距炬虡鉅秬莒所楚礎阻俎舉莒序舒緒鱮蕷墅籞巨駏詎鐻齼

3. 去聲御

(甲)古韻魚部

御處去慮譽署據馭曙助絮著箸豫翥恕與疏詛預倨筎語踞鋸灝蕷醵除鐻

(乙)古韻鐸部

庶

(十)虞麌遇

1. 平聲虞

(甲)古韻侯部[①]

愚隅芻儒濡襦須鬚株誅蛛朱珠殊銖俞瑜榆諛腴愉區驅軀趨

---

① 這是古韻侯部的三等字。上聲、去聲準此。

符鳧芻輸樞廚俱駒禺嵎劬朐需貙殳逾踰窬覦揄萸臾渝嶇鏤蔞苻姝躕拘毹嚅邾洙褕羭

(乙)古韻魚部

虞娛無蕪巫于盂衢臞扶敷夫膚紆竽雩誣吁盱瞿趺鈇迂蚨毋芙

例外

孚莩桴郛捊罦抱　古韻幽部

2. 上聲麌

(甲)古韻侯部

府庾拊主麈柎煦炷拄瘉斞乳豎腐數聚縷柱取愈腑俯窶

(乙)古韻魚部

麌雨羽禹宇舞父斧矩武

朱翱反切考[①]

朱翱,南唐時人。官朝散大夫,行祕書省校書郎。與徐鍇同時。徐鍇著《説文繫傳》,朱翱給他作反切。

朱翱的反切,和徐鉉《説文》的反切大不相同。徐鉉用的是孫愐《唐韻》的反切,和今本《廣韻》的反切大致相同。朱翱時代,《唐韻》已經通行,而朱翱獨不遵用《唐韻》,當是根據當時實際語音而作反切,這是語音史的重要資料。

朱翱的反切,以前有人做過考證。我没有利用從前的研究結論,而是自己另做一番歸納,認爲這樣做比較可靠些。

《説文繫傳》的反切有許多誤字,如:魃,巨寄反(參看徐鉉

---

① 此文寫成後,看見了張世禄先生的《朱翱反切考》(《説文月刊》第四卷)。我的結論跟張先生的結論頗有不同。

“魃”,奇寄切);檹,於離反,誤作于離反(參看“椅”,於離反);頯,甫支反,誤作甫友反;戔,自闌反,誤作自閑反(參看“殘”,自闌反);鷭,土鑾反,誤作土變反(參看“湍”,土鑾反);鷴,侯艱反,誤作俟艱反(參看“閑”,侯艱反);䞡,茶連反,誤作荼連反(參看“廛”,茶連反);蒿,咍牢反,誤作治牢反,等等。這些地方,都加以校正。

一、韻　部

壹　平上去聲二十七部

(一)東鍾①

東冬鍾合爲一韻,例如:

1.東一、東三混

a.以東三切東一

童:田風　　涳:苦龍　　攻:昆戎　　籠:梁充

聾:來充　　葱:麄中

b.以東一切東三

中:陟紅　　忠:珍蒙　　沖:直東　　潀:隻公

夢:木空　　楓:府通　　酆:孚洪　　隆:柳童

2.東冬混

彤:杜紅　　農:奴聰　　霿:止宋

3.東鍾混

a.以鍾切東

馮:父重　　蓬:貧容

b.以東切鍾

濃:奴聰

(二)江雙

在朱翱反切中,没有看見江韻和陽唐韻混用的情況,我們認爲江雙

① 舉平以該上去。下仿此。

獨立成韻。《切韻指南》把江韻分爲開合兩呼,“江、降”等字爲開口,“窗、雙”等字爲合口。朱翺反切不是這樣,而是把江類和雙類混用,例如:

厖:免江	駹:頫(俛)江	窗:叉江	邦:北江
降:侯邦	龎:貧雙	椌:苦龙	肯:口江
撞:宅邦	項:限蚌		

(三)支脂

1.支脂混用

a.以脂切支

岐:巨伊	眂:善旨	瓕:眠伊	嫛:蚪葵
夂:斯唯	躧:疎比	韃:所旨	婢:頻旨
恚:於棄	諉:女至	僞:魚醉	睡:時位
鵙:矩利	賁:鄙媚	娷:竹至	貤:弋示

b.以支切脂

夷:寅支	榛:羊支	貔:鼻宜	謘:纏離
肌:斤離	蓍:申離	耆:巨支	痺:毗避
郲:巨規	樣:力棰	頯:甫支	槌:池瑞
駓:浦宜	吚:忻宜	壘:力委	

2.支之混用

a.以之切支

踦:去其	犄:牽其	儀:研之	離:鄰之
鄰:銀之	禔:辰之	孷:之巳	芰:巨記
泜:子耳	卑:賓而	施:申而	榹:削欺
褫:辛兹	雌:千思		

b.以支切之

旗:虔知	稘:居知	騏:虔知	荋:然知
熹:忻宜	嵤:嗔離		

3.脂之混用

a.以之切脂

姨:寅之　痍:以之　師:申之　𦗁:只耳

荎:直而　私:先兹　秜:利之　𢙓:里而

伊:因之　眉:閩之　比:并止　矢:失止

履:六矣　塈:許意

b.以脂切之

宧:弋伊　嶷:銀眉　而:忍伊　癡:丑遲

疕:阻幾　吏:連致　憖:柳嗜　魅:敉穉

侕:如至　刵:仁至　亟:氣至

4.支微混用

祈:近離　璣:几離　鬼:矩毁

5.脂微混用

飢:居希　瘣:此韋　泌:頻未　眎:訖示

貴:矩位

6.之微混用

豈:丘里　珥:耳既　咥:忻記　餼:許意

旡:居志

(四)資思

止攝齒頭四等字,在《切韻指掌圖》中已轉入一等;在《切韻指南》中也轉入一等,衹是在字旁加圈。這種語音發展情况,在南唐時代已經存在;在朱翱反切中,資思自成一韻,因此以資思字切資思字,例如:

支紙寘

貲:子司　雌:千思　疵:才資　虒:辛兹

紫:將此　徙:宵此　刺:七賜　賜:先刺

佌:七紫

脂旨至

咨:子思　郪:千私　茨:疾兹　私:先兹

死:息似　恣:則四　次:七恣　自:慈四

四:素次

之止志

兹:則私　慈:秦思　思:息兹　詞:夕兹

祠:誕兹　枲:辛子　祀:祠此[①]

（五）魚模

1.魚虞混用

a.以虞切魚

齟:俱取　詛:即趣　茹:而住　豫:羊遇

鸒:玄遇

b.以魚切虞

軀:器於　邭:群許　禺:疑預　注:支處

2.魚模混用

杵:嗔伍

3.虞模混用

a.以模切虞

雨:于補　賦:方布

b.以虞切模

部:吾俱　圃:不雨

（六）齊稽

齊韻獨立,未與支脂合併[②],去聲霽祭合併,例如:

平聲

齊:自兮　黎:里西　妻:七低　低:的齊

嗁:敵圭　狴:比倪　螕:邊兮　雞:古兮

奚:賢迷　鷖:幽雞　倪:擬西　醯:顯緊

西:斯低　嘶:先迷　誓:散低　鼙:頻奚

① 有個别例外,如:斯,息移反;此,七里反;姊,津矣反;兕,徐美反;子,津矣反;載,千志反。這些衹能認爲是沿用舊切,或未轉入一等。

② 有個别例外,如上聲"敉"音名洗反(敉,紙韻;洗,薺韻);去聲"飤"音慈例反(飤,志韻;例,祭韻);忍音偶喙反(忍,未韻;喙,廢韻);"堉"音枲意反(堉,霽韻;意,志韻)。

甂:頻兮　批:篇兮　齎:子西　躋:子兮
躋:子泥　迷:莫低　泥:禰倪　谿:苦兮
圭:涓兮　刲:穹圭　睽:苦圭　携:匀迷
鑴:户迷　酅:匀低　豣:起迷

上聲

紕:自禮　禮:力體　蠡:盧啟　醴:連第
澧:蓮第　體:他禮　濟:即洗　底:的未
邸:丁禮　柢:的替　娣:笛計　洗:息米
鬌:寧洗　米:名洗　泚:此禮　綮:康禮
啟:溪禰　傒:亦啟　陛:頻啟　絲:莫禮
𪏭:忙弟

去聲　霽祭混用

a.以祭切霽

帝:的例　禘:狄例　覞:疑制

b.以霽切祭

聽:迴桂　瞥:鄙迷

(七)佳皆

1.佳皆混用

a.以皆切佳

街:古諧　齸:測皆　澻:謀揩　賣:母戒
譮:呼怪　買:忙戒

b.以佳切皆

痎:工柴　楷:肯解　怪:古賣　壞:古賣
顡:五隘①

2.卦夬混用

顡:五夬

---

① 據徐鍇《説文解字韻譜》。

以卦切夬

夬:古賣

3.怪夬混用

a.以夬切怪

齘:下夬　衸:恒夬

b.以怪切夬

敗:步拜　退:步介　犗:苟差　蠆:丑芥

餲:尼介　喝:殷介

(八)灰堆

灰堆韻包括灰賄隊及泰韻合口呼,可能還有一些脂旨至微尾未合口字。

平聲

灰:呼迴　魁:庫摧　隈:塢枚　椳:烏枚

回:户瓌　洄:户隈　蛕:户恢　枚:莫催

梅:莫堆　鋂:莫追[①]　傀:公恢　雷:來堆

儡:來推　瓃:魯虺　穨:徒摧　隤:徒崔

催:此灰　縗:倉回　自:都魁　摧:徂回

裴:步雷　郲:部梅　杯:脯隈　肧:普杯

嵬:五枚　推:土回

上聲

賄:虎每　猥:塢賄　磊:落浼　陮:特賄

每:梅礌　罪:造洧[②]　辠:造浼　儹:通猥

瘣:户猥　匯:苦罪　頧:口猥　錞:都罪

餧:那漼　隗:魚賄　漼:醋餧

去聲隊韻

隊:徒佩　佩:蒲妹　背:補妹　妹:莫隊

---

① “追”是脂韻合口字。

② “洧”是旨韻的合口字。

配:浦妹　誨:虎配　對:得悔　焠:此退
辭:子内　退:土妹　潰:胡塊　繢:胡對
塊:苦配　碎:蘇内　内:能未①　纇:盧對
頪:魯内　磓:五對

泰韻合口呼

沛:補會　旆:浦會　會:户兑　兑:杜會
檜:古最　最:祖外　譮:虎外　稽:苦檜
酹:勒會　外:五會　祋:丁最　濊:烏最
旆:蒲會　娧:杜祋　駾:吐外

隊泰(合)混用

a.以泰切隊

耒:魯會

b.以隊切泰

貝:補每　邶:博悔

(九)咍來

咍來韻包括咍海代及泰韻開口呼。

平聲

開:渴才　哀:遏開　臺:田咍　垓:苟孩
裓:古來　才:錢來　財:自來　來:婁才
灾:走該　猜:七開　胎:偷咍　邰:他來
孩:侯猜　趩:猴猜　鰓:先臺　皚:偶來

上聲

海:吼乃　愷:刻海　闓:苦亥　宰:子待
睟:租殆　待:投在　紿:徒亥　乃:年亥
鼐:都亥　改:古亥　亥:候乃　采:七海
茝:昌亥　在:前采　胐:剖海　毒:遏在

① “未”是未韻的合口字。

佁:夷采　倍:薄亥

去聲代韻

代:徒再　載:則代　簺:四載　塞:叟代

賽:四再　態:他代　溉:苟代　欬:苦曖

礙:偶代　愛:晏再　劾:侯耐　耏:奴代

戴:都愛　睞:勒菜　菜:此載　栽:咋菜

泰韻開口呼

泰:他蓋　蓋:溝艾　艾:五蓋　藹:思奈

藹:意大　柰:能大　大:特奈　害:桓艾

夆:户蓋　妎:恒艾　帶:當奈　礚:苦蓋

蔡:倉大　籟:郎蔡　瘌:力大　糲:梁蔡

餀:海艾

代泰混用

鎧:苦蓋　賚:勒帶　慨:苦蓋　嘅:苦蓋

(十)真文

1.真諄混用

a.以諄切真

茵:伊倫　辰:石倫　頵:宛旬　囷:牽輪

旻:眉均　畛:支允　類:力準

b.以真切諄

均:堅鄰　恂:息寅　輪:吕辰　倫:力辰

逡:七賓　遵:蹤民　匀:與因　準:主閔

盾:樹忍　趣:棄忍

2.真臻混用

甡:色鄰

3.真欣混用

謹:己忍　瑾:飢忍　近:渠遴

4.臻欣混用

齔[1]:楚近

5.真文混用

輑:愚蘊　　嗶:牛殞

6.諄文混用

閏:耳蘊　　順:殊問

7.文欣混用

靳:居郡　　㨷:己郡

(十一)元仙

元仙韻包括《廣韻》元先仙三韻[2]。

1.元先混用

趄:羽先

2.元仙混用

攣:俱戀　　圈:郡宛

3.先仙混用

a.以仙切先

媊:即然　　天:聽連　　削:於旋　　媥:婢篇

顯:呼衍　　篇:比兖　　齞:擬件　　驠:於釧

絢:許掾　　薦:子偏　　眄:弭釧　　睊:於旋

b.以先切仙

遷:七先　　湔:則千　　臱:米田　　櫋:莫田

輇:丑田　　輦:里典　　辯:必然　　賤:自見

徧:比薦

(十二)魂痕

魂不與元同用。在朱翱反切中,痕也祇有一例與魂系聯,但痕應依韻圖認爲是魂的開口,故合爲一韻。

1.魂混慁

① “齔”是臻韻上聲字。

② “鳌、播”讀父蘭反,轉入寒韻,是例外。

魂:户昆　昆:古論　温:塢門　門:莫魂
璊:謨奔　孫:素昆　尊:祖存　罇:子昆
敦:得昏　燉:他門　豚:徒昆　臀:徒論
僤:五昆　盆:步門　奔:布坤　論:盧屯
坤:苦敦　昏:喧盆　惀:勞存　噴:鋪奔
混:古論　焜:狐損　梡:胡本　刌:麤損
本:補忖　損:思忖　剸:租本　僔:祖本
笹:徒本　鱒:徂本　衮:孤損　緄:古本
黗:他衮　壼:苦渾　悃:苦衮　溷:胡頓
頓:都巽　遜:蘇困　困:苦悶　潓:免困
鐏:徂寸　睴:工鈍　鈍:徒寸　寸:麤巽

2.痕很恨

痕:户根　韗:侯恩　根:苟痕　恩:愛根
吞:逷痕　很:遐懇　豤:可很　艮:姦很
恨:遐艮　艮:姦恨

3.元痕混用

饐:五寸

(十三)寒桓

桓是寒的合口呼,故寒桓合爲一韻①。元韻脣音字也轉入寒韻。

寒桓混用

a.以桓切寒

旱:遐緩　汗:侯玩

b.以寒切桓

桓:户寒　官:古安　懽:古翰　槃:别安
瘢:步安　滿:門罕　華:補安　浣:胡旱
换:户岸　館:古翰　玩:五汗　稬:奴贊

① “饡、濽”讀箭鴈反,轉入諫韻,是例外。

(十四)删山

删山同屬二等,朱翱反切合爲一韻①。

a.以山切删

豩:呼閑　　㸬:布山　　姦:箇山　　獑:初簡

b.以删切山

綸:古還

(十五)蕭宵

a.以宵切蕭

鷯:令昭　　嫽:力照

b.以蕭切宵

綃:相幺　　窯:弋堯　　憭:吕曉　　紗:於堯

(十六)肴包

在朱翱反切中,和其他二等韻一樣,肴韻是獨立的,例如:

平聲

肴:侯交　　侑:豢交　　交:加肴　　郊:古肴

这:姑肴　　巢:士抛　　轈:事交　　鄛:助交

呶:獰交　　譊:女交　　捎:羶巢　　茅:夢梢

蝨:莫交　　虓:享茅　　哮:享茅　　漻:火包

包:北交　　苞:比交　　郇:伯茅　　胞:浦包

敲:口交　　散:希交　　啁:摘鈔　　訬:測嘲

匏:步交　　麃:薄交　　嘮:丑交

上聲

巧:肯飽　　佼:下巧　　卯:免狡　　絞:根卯

疝:姑咬　　爪:側狡　　鮑:步拗　　齩:五爪

去聲

效:侯教　　教:角效　　窖:工孝　　孝:呼教

---

① 襉韻"莧",閑旦反,當是閑袒反之誤(幻,胡袒反;袒,宅莧反)。

罩:咤孝　豹:晡效　皃:莫教　窌:匹孝
稍:史棹　皰:普效　橈:能教　淖:獰教
皰:皮豹

(十七)豪袍

豪韻是獨立的,例如:

平聲

豪:行高　高:家豪　勞:闌刀　蒿:哈勞
毛:門高　滔:偷刀　弢:偷勞　絛:土刀
刀:得高　騷:素叨　袍:盆毛　褒:補袍
桃:特豪　糟:作曹　遭:祖叨　敖:言高
翺:顏叨　嶅:偶毛　曹:殘高　鏖:阿高
猱:能曹　猱:能刀　尻:苦勞

上聲

晧:候抱　裒:薄保　老:勒抱　道:徒討
堖:奴道　嫂:思討　倒:得早　艸:倉老
早:子草　蚤:子晧　草:自保　稾:姦晧
縞:古老　好:蒿老　冃:莫保　寶:跛抱
保:補老　緥:博老　宲:博抱　芺:安浩
媪:晏考　考:刻保　栲:苦浩

去聲

号:候到　盜:徒號　到:都告　誥:古到
郜:工到　告:古奥　傲:五號　冃:忙報
毷:莫號　旄:毛抱　瑁:母報　嫪:勞到
癆:力到　操:雌報　暴:盆操　報:補號
漕:慈到　奥:乙告　隩:嘔報　譟:斯奥
趮:則到　秏:吼號

(十八)歌戈

戈是歌的合口呼,同韻。歌戈混用,例如:

a.以戈切歌

歌:更和　多:兜戈　鮀:豆科　莪:偶和
哿:間果　哆:兜禍　袉:圖坐　軻:可貨
餓:岸播

b.以歌切戈

戈:古多　姓:在多　婆:步他　鄱:部何
訛:五陁　鈋:五陁　頗:滂何　坡:浦何
和:户歌　科:苦何　過:古多

(十九)麻蛇

麻蛇韻獨立,尚未分爲家麻、車遮兩韻,例如:

平聲

麻:門車　奢:式嗟　遮:之巴　蛇:食遮
譁:忽奢　加:間巴　巴:不奢　衺:辭牙

上聲

馬:莫者　灺:似下　姐:即瓦　把:補寫
冎:古且

去聲

禡:母稼　罵:悶亞　謝:似下　藉:慈乍
跨:苦夜

(二十)陽唐

唐一等,陽三、四等,合爲一韻,混用,例如:

a.以唐切陽

鶩:殷光

b.以陽切唐

㝗:力畺　倉:切陽　匳:竊陽　穅:彊莊
䀮:忽強　光:國昌　鏜:呑匡　鼞:呑筐
滂:坡良　邙:蒙匡　臧:走張　徬:白良
蕩:呑匡

(二十一)庚青

在朱翺反切中,庚耕清青合爲一韻。下面舉出一些例子:

1.庚耕混用

a.以耕切庚

祊:逋萌　　榜:補爭　　鄳:母耿　　更:干諍

b.以庚切耕

耕:根橫　　氓:没彭　　嶸:户庚　　罌:恩行

崝:測亨　　琤:測庚　　錚:測彭　　薴:尼庚

姘:披彭　　橙:澄庚　　耿:根杏　　黽:莫幸

2.庚清混用

a.以清切庚

璥:居領

b.以庚切清

觪:失生　　竀:丑生　　省:息永　　鄭:直敬

3.庚青混

a.以青切庚

邴:布定

b.以庚切青

瀧:叉敬

4.耕青混

泓:烏亭

5.清青混

a.以青切清

瑩:玄經　　縈:玄經　　高:去挺

b.以清切青

郱:牌并　　迥:余請　　悜:其頸　　並:頻靜　　徑:居正

(二十二)蒸登

在朱翺反切中,蒸登不與庚耕清青合用,但蒸與登則混用,例如:

蒸韻[1]

蒸:振承　承:視澄　懲:纏陵　陵:力膺
膺:倚冰　應:於陵　凭:皮凌　冰:彬仍
蠅:余陵　繩:食陵　乘:時興　升:失稱
仍:而冰　兢:機仍　徵:知冰　繒:疾陵
鄫:自陵　興:香澄　稱:處陵　偁:尺興
證:酌應　孕:以證　膺:於證　甑:子孕
滕:詩證　餕:輂孕

登韻

登:丹增　崩:補弘　增:走稜　竲:作滕
層:前增　鯍:夢登　倗:薄弘　鞃:古弘
肱:吉弘　薨:呼能　能:奈登　騰:徒朋
滕:徒崩　縢:徒登　揯:溝恒　緪:古恒
等:都肯　肯:看等　贈:昨鄧　鄧:徒亘
亘:都亘　懜:莫贈　堋:比懵

蒸登混用

a.以登切蒸

丞:視登

b.以蒸切登

恒:胡膺

(二十三)尤侯[2]

尤侯幽合爲一韻,例如:

1.尤侯混用

a.以侯切尤

鄹:則侯　鯫:士走

---

① 例外:"拯"讀只競反。但《廣韻》云:"無韻切,音蒸上聲。"可見朱翱是不得已而用"競"字爲切的。

② 例外:"富"讀福務反。

b.以尤切侯

彄:可留　溝:梗尤　掊:步矛

2.尤幽混用

a.以幽切尤

休:喜彪　摎:居幽　鰗:伊糾

b.以尤切幽

樛:飢酬　鏐:里由

(二十四)侵尋

侵韻獨用,例如:

平聲

侵:七林	駸:子林	尋:似侵	鄩:徐林
林:力尋	棽:敕林	綝:丑林	郴:恥林
斟:止沈	沈:池心	諶:是任	忱:是吟
煁:氏吟	任:爾音	深:式琴	祲:子尋
鬵:似侵	捦:巨今	禽:巨任	欽:却林
吟:銀欽	霒:銀箴	金:居斟	音:郁吟
森:所今	參:師今	突:所禁	岑:助吟
兂:阻琴			

上聲

寢:七荏	梫:七朕	朕:直賃	廩:力甚
枎:陳衽	醑:子荏	荏:而沈	枕:之荏
審:施甚	甚:神朕	瀋:尺甚	錦:九沈
蕈:夕袵	趛:牛錦	稟:冰飲	飲:乙沈
品:披甚	扰:竹甚		

去聲

浸:進沁	鴆:直賃	禁:居蔭	噤:極朕
噤:極鴆	賃:女沁	蔭:衣任	瘖:乙沁
滲:所禁	闖:敕鴆	譖:側賃	讖:測浸

(二十五)覃談

覃談合爲一韻,例如:

覃談混用

a.以談切覃

鄿:杜擔　南:奴甘　諳:恩甘　函:胡甘

欿:脱甘　抩:晥甘　罯:烏敢　礹:欲敢

黲:此敢　寁:走敢　顲:勒敢

b.以覃切談

談:杜南　惔:狄南　甘:溝堪　磨:庚堪

儋:兜貪　苷:鉤諳　酣:侯貪　覽:婁坎

(二十六)鹽嚴

鹽添嚴凡(喉牙)合爲一韻[①],例如:

1.鹽添混用

a.以添切鹽

壓:煙嗛

b.以鹽切添

歁:曉鹽

2.鹽凡(喉牙)混用

鹼:魚欠　閹:於劍　㝃:碧劍

3.鹽嚴混用

a.以嚴切鹽

陝:收儼

b.以鹽切嚴

嚴:語醃　䉷:語淹　儼:牛檢

4.凡韻(喉牙)

劍:居欠　欠:丘劍　婄:於劍

① 例外:“黶”讀歐減反。

(二十七)咸銜

咸銜合爲一韻,不與覃談或鹽添混用。凡韻(脣)則併入此韻,例如:

1.咸韻

平聲

椷:于咸 緘:古咸 𪘁:干咸 攕:色咸

䫡:五緘 䖣:顔咸 讒:岑嵒

上聲

㜺:下斬 湛:宅減 減:古黯 斬:側減

黯:歐減

去聲

陷:寒蘸

2.銜韻

平聲

銜:侯彡 劖:士銜 礹:五監 巖:五彡

縿:所銜 芟:所監 監:姦巉

上聲

㺑:山檻 獥:荒檻

去聲

鑑:各擶

3.咸銜混用

a.以銜切咸

咸:侯彡 猎:歐彡

b.以咸切銜

鑱:岑嵒 彡:所咸 𥈭:姦嵒 黤:歐減

4.凡韻(脣)

汎:方梵 泛:方颿 氾:符梵 芝:孚凡

5.銜凡(脣)混用

a.以凡切銜

檻:寒犯

b.以銜切凡①

凡:符芟　　范:浮檻

貳　入聲十四部

(一)屋燭

屋沃燭合爲一韻,例如:

1.屋一、屋三混

a.以屋三切屋一

卜:巴伏　　木:門逐

b.以屋一切屋三

福:夫木　　賣:寅谷

2.屋沃混

哭:闊毒　　濼:盧毒

3.屋燭混

勖:喧六　　曲:牽六

(二)覺

在朱翺反切中,没有看見覺韻和藥鐸韻混用的情況,因此我們認爲覺韻是獨立的,例如:

覺:江岳　　角:古捉　　玨:江學　　推:刻學

嶽:逆捉　　浞:士角　　鷟:式角　　捉:氈岳

朔:色捉　　琢:輟角　　卓:竹角　　犨:誅角

啄:輒角　　剥:逼朔　　藐:龙璞　　雹:别卓

朴:坡岳　　璞:匹角　　濁:朮渥　　擢:朱渥

濯:水渥　　渥:乙卓　　箹:也卓　　喔:汪岳

犖:吕卓　　逴:敕渥　　學:遐岳　　嚳:遐岳

鸑:兮卓　　泶:士角　　嶨:胡角

① 例外:"颿"讀符嚴反,"凵"讀丘犯反。

(三)質術

質術合爲一韻,例如:

a.以術切質

溧:力出　必:畢聿　畢:卑聿　苾:頻術

鞑:頻述　率:所律

b.以質切術

聿:與必　黜:敕密　卹:相室　律:留筆

帥:疎密

(四)物迄

物迄櫛合爲一韻。櫛不併於質術而併於物迄,出乎意料之外,但按朱翱反切確是如此,例如:

1.物韻

物:無弗　弗:分勿　鬱:迂拂　剧:居屈

蝁:區勿　崛:瞿弗　堀:九勿　佛:附勿

趚:防勿　欻:羽屈　颮:王勿　袚:甫勿

2.迄韻

仡:希乞　艺:欺訖　訖:幾迄　圪:其乞

虼:疑迄

3.櫛韻

櫛:阻瑟　蝨:所櫛　璱:師櫛

4.櫛迄混用

a.以迄切櫛

瑟:師訖

b.以櫛切迄

釔:疑瑟

(五)月薛

月屑薛合爲一韻,例如:

1.月屑混用

剶:秋月[①]

2.屑薛混用

a.以薛切屑

屑:私列　僁:先列　玦:涓雪　闋:傾雪

絜:并列　鷩:彌悦

b.以屑切薛

孑:經節　抉:縈節　瞲:幽決

(六)没骨

没韻獨用。痕韻入聲"麧、齕"等字併入没韻,例如:

没:謀骨　骨:古没　縎:古忽　勃:步咄[②]

咄:都突　厺:他骨　㤪:他没　突:陀兀

腯:徒忽　嗢:烏骨　忽:呼兀　兀:吾忽

矗:呼骨　訥:奴嗢　圣:誇訥　窣:千兀

猝:村訥　捽:昨没　䶑:昨猝　搰:胡兀

卒:倉勃　麧:很没　齕:胡兀

(七)曷末

曷末合爲一韻,末是曷的合口呼,例如:

1.曷韻

曷:衡葛　蝎:胡葛　笪:當割　獺:他割

遏:戹渴　剌:勒割　鞨:勒遏　渴:刻曷

達:騰剌　巀:才葛　櫱:顔遏　葛:格曷

鄗:古曷　粲:桑怛

2.末韻

末:門撥　撥:北末　帗:步捋　括:古活

闊:苦末　秙:户斡　奪:徒活　痥:大活

豁:吼揩　斡:烏末　竅:歡活　眓:歡括

① 剶,大徐讀親結切,朱翱讀秋月反,當是與切同音。

② 例外:"郣"讀步勿反。

鏺:普末　捝:他活　捋:魯掇　掇:都撮

撮:村奪　跋:步捋　犮:蒲撥

3.曷末混用

a.以末切曷

羍:他末　撻:它末

b.以曷切末

銛:古獺

(八)黠鎋

黠鎋合爲一韻,與删山合韻同理。這兩韻不與曷末或月屑薛相通,例如:

1.黠韻

黠:痕札　拔:彭札　鼺:側八　劼:起八

滑:胡劼　八:北拔　欻:呼八　窰:誅貀

骫:烏滑　肭:女滑　察:叉札　督:測戛

鬠:古劼　戛:根察　扴:工八　契:格八

揠:戹戛　空:欝八　殺:色軋　帴:所八

滑:火滑　聐:五滑

2.鎋韻

鎋:閑刮　齾:五獺[①]　鬝:赫鎋　刮:古擷

頢:户刮　剮:古獺　纂:篡刮

3.黠鎋混用

擖:古鎋[②]　窡:竹刮　鶻:胡刮

(九)藥鐸

藥鐸合爲一韻。鐸在一等,藥在三等(依韻圖則在二、三、四等,故在朱翺反切中很少系聯,衹有一個系聯的例子,即"貈"讀閑縛反。這個閑縛反也許還是閑博反之誤,因爲同音的"鶴"字讀閑博反。但是我

① "獺"字兼入曷、鎋二韻,這裏讀鎋韻。

② 大徐口八切。

們還是把藥鐸併爲一韻,因爲與藥鐸對應的陽唐已經併爲一韻了。

(十)陌職

陌麥昔錫職德合爲一韻,例如:

1.陌麥混用

a.以麥切陌

乇:竹隔[①] 客:慳革 萻:句索[②] 漷:虎獲

宅:直摘 虢:古獲 擭:烏獲

b.以陌切麥

嘖:鉏客 蔌:史迮 㭙:知白 謫:張伯

啞:鵶赫

2.陌昔混用

a.以昔切陌

逆:言碧 欂:平碧

b.以陌切昔

擿:知白

3.麥錫混用

萵:移隔[③]

4.麥職混用

齰:爰測[④] 栅:妻側

5.昔錫混用

a.以錫切昔

迹:子壁 璧:並激

b.以昔切錫

晳:思益 鬩:許璧 戚:千益 郥:古役

① 大徐陟格切。

② 這個"索"讀山責切。

③ "移"字疑誤。

④ "爰"應是"楚"之誤。

壁:卑僻

6.昔職混用

a.以職切昔

疫:俞昃　　祏:時即　　圛:以陟　　奭:希式

b.以昔切職

食:神隻　　蓢:齋石

7.德韻

德:多則　　則:遭德　　勒:郎忒　　忒:他得

克:慳黑　　特:頭墨　　螣:徒得　　黑:亨勒

默:没墨　　纆:莫北　　賊:殘忒　　塞:叟或

北:補或　　菔:朋北　　匐:蒲北　　踣:甫北

惑:胡國　　國:古或

在朱翺反切中,德未與職系聯。由於蒸登併爲一韻,故職德也併爲一韻。

在平聲中,蒸登未併入庚耕清青,而在入聲中,職德併入陌麥昔錫,是入聲先走一步了。

(十一)緝立

緝韻獨用,與侵韻獨用是一致的,例如:

緝:七入　　葺:七十　　十:常入　　執:之習

習:似入　　襲:似集　　集:牆揖　　鏶:秦入

入:而集　　揖:伊入　　溼:傷執　　噍:姊入

湒:沛入　　蓻:子入　　及:其急　　蟄:直立

墷:長立　　縶:知習　　立:里汲　　笠:里泣

汲:飢泣　　給:居立　　泣:羌邑　　澀:師及

濇:師吸　　鈒:飾吸　　吸:希立　　郒:忻急

戢:臻邑　　濈:臻立　　邑:應執　　悒:殷戢

挹:伊濕　　湆:丑立　　熠:逸入　　鴡:彼及

皀:皮及

（十二）合盍

合盍合爲一韻，例如：

1.合韻

合:侯閤　郃:侯帀　論:後閤　閤:苟合
蛤:古沓　荅:都鍣　趿:速沓　颯:蘇合
沓:道合　鍣:他合　雜:自合　帀:子合
噆:作雜　卮:勒沓　納:奴荅　軜:奴合
姶:烏合　欱:呼合　疲:火帀　曓:五沓

2.盍韻

盍:侯臘　擸:廬盍　鰨:它榼　搨:他榼
蹋:徒盍　榼:枯蹋　瘟:一盍

3.合盍混用

臘:盧合　闒:他合

（十三）葉業

葉帖業合爲一韻，例如：

1.葉韻

葉:亦接　鍱:與涉　接:節攝　攝:失涉
渫:相聶　涉:常攝　獵:良涉　鬣:律捷
儠:力涉　捷:疾聶　牒:直輒　聶:女懾
躡:佞懾　佔:齒攝　讋:之接　浾:七捷
摺:之涉　妾:七接　懾:直聶　銸:丑輒
極:其輒　輒:陟聶　爗:筠輒　曄:炎捷
厭:伊葉　箑:山燁　萐:山曄

2.帖韻

協:羊帖　綊:胡頰　頰:居俠[①]　蛺:古叶
匧:輕帖　牒:田挾[②]　諜:田挾　蝶:徒叶

①② 鋏，居狹反；疊，田狹反，“狹”當是“俠”之誤。

甀:零帖　聑:丁帖

3.葉帖混用

a.以帖切葉

擪:於帖

b.以葉切帖

帖:遏輒　敜:奴輒　燮:相聶　聑:而攝

痎:丘輒　愜:去涉

4.業韻

業:疑怯　鄴:魚劫　脅:虛業　胠:羌脅

劫:居怯　腌:殷業

5.帖業混用

婡:羌脅

(十四)洽狎

洽狎乏(脣)合爲一韻,例如:

1.洽韻

洽:侯夾　貶:刻洽　夾:苟掐　郟:古洽

插:楚洽　臿:楚箑[①]　図:女洽

2.狎韻

狎:侯甲　柙:鶯甲[②]　雪:宅甲　壓:烏甲

甲:溝呷　翣:色呷　呷:呼甲

3.乏韻

乏:符法　法:方乏　姂:匹乏

4.洽狎混用

a.以狎切洽

臿:楚甲　袷:溝呷　歃:山呷

b.以洽切狎

---

① "箑"字兼入葉洽二韻,這個"箑"字屬洽韻。

② 大徐鳴匣切,《廣韻》胡甲切。

梒:笏掐　　㲸:山洽

5.洽乏混用

扱:楚乏

二、聲　母(共三十五母)

(一)牙音

1.見母

公:君聰　　江:溝降　　居:堅疎　　皆:古諧
傀:公回　　均:堅鄰　　昆:古論　　交:加肴
高:家豪　　岡:格康　　樛:飢酬　　弇:更堪

2.溪母

空:口紅　　闚:去規　　寬:苦桓　　慳:苦閑
牽:棄研　　敲:口交　　科:苦何　　卿:起明
堪:悝南　　匡:區昌　　丘:起秋　　謙:輕嫌

3.群母

窮:巨弓　　奇:巨離　　渠:巨居　　橋:伎昭
狂:倦王　　瓊:渠營　　強:巨良　　求:虔柔
禽:巨任　　鉗:勤潛　　巨:求許

4.疑母

顒:魚容　　儀:研之　　危:魚爲　　疑:銀眉
巍:元歸　　魚:研余　　吾:阮孤　　蜺:五雞
皚:五來　　銀:言陳　　元:宜袁　　頑:五還
研:御堅　　堯:研臯　　敖:言高　　俄:偶和
芽:五加　　卬:顔當　　凝:魚陵　　牛:逆求
吟:銀欽　　喦:五監　　嚴:語醃

(二)舌頭音

5.端母

東:得紅　　低:的齊　　敦:得昏　　端:顛歡

顛:的煙　　凋:都僚　　刀:得高　　多:兜戈

蟷:都郎　　登:丹增　　耽:都貪　　點:多忝

6.透母

通:土蒙　　堆:土回　　部:他來　　吞:逷痕

退:土妹　　絛:土刀　　它:託何　　湯:土郎

汀:它寧　　偷:託侯　　貪:吐含　　添:他兼

7.定母

徒:田吾　　提:敵圭　　臺:田咍　　壇:特丹

團:杜酸　　田:笛前　　跳:笛遼　　奈:能大

桃:特豪　　堂:徒郎　　廷:田丁　　騰:徒朋

8.泥母

農:奴聰　　奴:内都　　難:能蘭　　煗:奴短

年:泥賢　　嫋:禰了　　那:乃多　　囊:那當

寧:禰丁　　能:柰登　　男:年覃　　念:寧店

(三)舌上音

9.知母

中:陟紅　　知:珍餘　　竹:陟祝　　貯:竹吕

珍:陟陳　　綴:誅税　　鱣:陟連　　展:陟衍

朝:知潮　　觰:陟茶　　張:竹陽　　霑:陟潛

10.徹母

寵:丑壟　　絺:丑脂　　恥:敕以　　疢:丑刃

黜:敕密　　蠆:丑芥　　超:恥朝　　詫:丑亞

袓:丑兩　　敕:暢陟　　琛:丑林　　覘:丑廉

11.澄母

蟲:直弓　　撞:宅邦　　馳:陳知　　墀:纏伊

逐:陳六　　除:陳諸　　傳:纏專　　長:宙良

宅:直摘　　沈:池心

12.娘母①

褷:女重　搦:女角　尼:女咨　女:尼舉

暱:女室　赧:尼綰　豽:女滑　輾:尼展

鐃:女交　孃:女長　匿:尼測　狃:女有

(四)重脣音

13.幫母

碑:彼移　逋:不吾　杯:脯隈　奔:布坤

班:補鑾　編:布玄　猋:必遥　包:北交

褒:補袍　巴:不奢　崩:補弘　彪:彼虬

14.滂母

鋪:噴模　批:篇兮　坯:普杯　噴:鋪奔

攀:潘鑾　篇:僻連　杓:片幺　胞:匹交

頗:滂阿　葩:浦瓜　滂:坡良　抨:普萌

15.並母

蓬:貧容　酺:盆乎　鼙:頻奚　排:步乖

頻:婢民　袍:盆毛　婆:部何　杷:蒲牙

彭:白亨

16.明母

蒙:母東　夢:木空②　厖:免江　門:莫魂

蠻:莫還　眠:莫賢　苗:眉昭　茅:夢梢

髦:門高　螟:莫遐　邙:蒙匡　明:眉平

(五)輕脣音

17.非敷母

(1)非母

風:方戎　悲:府眉③　飛:甫肥　夫:甫殳

---

① 例外:"濃"讀奴聰反。按:讀如"農"。

② "夢"是合口三等字,未變爲輕脣。

③ "悲"是合口三等字,朱翱時讀輕脣。

方:府昌　不:甫柔　富:福務　鍑:分副

蕌:分溜　覂:方勇　匪:斧尾　粉:弗吻

(2)敷母

豐:孚弓　峰:敷容　妃:芳非　紛:撫文

覆:芳富　忿:敷粉　紡:妃兩　蝮:芳目

(3)非敷混用

a.以敷切非

封:敷容　分:翻文　饙:翻云　府:芳武

坌:翻文　複:芳郁

b.以非切敷

寷:甫馮　豐:甫蚃　菲:甫肥　敷:甫夫

孚:甫殳　郛:弗扶　芬:弗群　旛:分軒

[illegible]:福袁　芳:弗商　斐:斧尾　仿:分敞

撫:分武　赴:弗孺　肺:弗乂　覆:方目

拂:分勿　祓:甫勿

18.奉母

馮:房忠　肥:符非　符:凡無　羒:扶云

煩:復喧　房:浮長　浮:附柔　奉:附恐

負:復岳　阜:符九　凡:符芰　範:浮檻

19.微母

薇:尾希　巫:文區　聞:無云　蟁:無分

晚:武反　萬:舞飯　亡:勿強　尾:亡斐

問:亡運　網:文爽　味:勿貴　勿:無弗

(六)齒頭音

20.精母

宗:子冬　資:津司　諏:煎于　哉:走該

尊:祖存　箋:則千　蕉:前昭　糟:作曹

將:子長　蜻:子盈　旌:津貞　瀸:精廉

21.清母

聰:鼺中　沮:且渠　麤:村呼　淒:七低

縗:倉回　餐:倩丹　遷:七先　蹌:猜常

蒼:切陽　清:親貞　青:倉經　侵:七林

22.心母

私:先茲　胥:先居　須:四于　酸:素攢

僊:息遷　簫:先幺　搔:素叨　繅:蘇遭

娑:先多　襄:侯翔　桑:斯郎　銛:息廉

23.邪母(包括從母)

(1)從母

从:自邕　慈:秦思　徂:全徒　摧:徂回

存:在坤　殘:自閑　樵:自超　曹:殘高

醝:殘陀　牆:賤忘　情:自成　蠶:昨含

(2)邪母①

松:自逢　辭:夕慈　徐:似虛　旬:續倫

璿:似緣　次:夕連　衺:辭牙　翔:似羊

祥:似良　隨:似吹　兕:徐美　遂:夕醉

(3)從邪混用

a.以邪切從

蕈:夕祗　從:松用　顇:夕位

b.以從切邪

飤:慈例

(七)舌齒音

24.莊母

菹:齋居　芻:阻虞　齋:側皆　莊:側羊

裝:側良　爭:側泓　騶:側丘　先:阻琴

① 例外:"泅"讀延秋反,讀入喻母。

跧:鄒牷　髽:鄒茶　滓:阻史　醆:阻限
爪:側狡　鮓:側瓦　斬:側減　菑:側字
瘵:側介　詐:側駕　諍:側迸　縐:側救
甃:側秀　櫛:阻瑟　札:側滑　茁:側滑
迮:滓白　責:側革　仄:齋食　萴:齋石
戢:臻邑　濈:臻立

25.初母

篗:楚宜　差:初加　叉:初牙　創:楚霜
窗:叉江　鎗:測彭　琤:測亨　揣:初委
楚:襯許　鏟:初簡　厠:測吏　篡:測慣
剙:叉向　愴:初訪　纂:篡刮　策:測麥
測:察色　插:楚洽　臿:楚簉

26.山母

榱:所追　疏:色居　愉:數雛　侁:所臻
删:師關　潸:色關　山:色閑　疝:所間
鯊:所加　霜:色方　雙:所江　生:色庚
笙:色行　牲:所庚　搜:色酋　森:所今
參:師今　滲:所禁　攕:色咸　髟:所咸
芟:所監　所:師阻　㽰:山吕　數:率武
灑:所解　産:所限　䉶:所簡　爽:所敞
矖:所寄　鎩:師壞　訕:史患　稍:師棹
瘦:山溜　漱:色透　帥:師密　率:所律
瑟:師訖　蝨:所櫛　璱:師櫛　殺:色軋
刷:師孓　索:史迮　色:疎憶　歃:山呷
萐:山曄　翣:色呷　翜:山洽

大量的反切證明,莊初山三母都是獨立的,不與照穿審相混,也不與精清心相混。有個别例外,如"溱"讀氈莘反,是莊與照混;"鬻""讀齒治反,是初與穿混;"師"讀申之反,"捎"讀羶巢反,"鵜"

讀世方反,是山與審混;“鄒”讀則留反,“璪”讀子老反,“詛”讀即趣反,是莊與精混;“瘯”讀此韋反,“栅”讀妻側反,是初與清混。這些例外都可以得到解釋:有些是異讀,如“璪”讀如“蚤”、“瘯”讀如“縗”;有些是疎忽,如“師”讀申之反;有些是誤字,如“鄒”則留反,是側留之誤。這樣,莊初山的獨立性是毫無疑義的。至於牀母,則與精禪相混,見下文。

(八)正齒音

27.照母

終:職戎　支:章移　錐:專唯　諸:掌於
朱:專扶　專:準旋　昭:真遥　遮:之巴
征:真名　蒸:振承　周:隻留　詹:之炎

28.穿母

充:赤風　衝:昌容　吹:叱爲　熾:昌意
處:嗔佇　嗔:齒真　車:稱梛　犨:赤周
襜:赤占

29.審母

舂:輸容　施:申而　申:式人　弛:施
鼠:叔吕　奢:申嗟　賒:式車　聲:識征
升:失稱　深:式琴　少:失沼　庶:失著

30.禪母(包括牀神)

(1)牀母

崇:助弓　士:鉏里　浞:士角　牀:乍莊
助:牀詛　柴:士佳　棧:助眼　驟:鉏狖
篡:助箭　巢:士抛　槎:士鮓　僎:士免
岑:助吟　乍:愁亞　牀:乍莊　齚:鉏客
讒:岑喦

(2)神母

蛇:食遮　繩:食陵　舓:神爾　抒:神杵

揗:食尹　射:神隻　贖:實蜀　葚:食荏

(3)禪母

匙:是支　誰:市隹　蜀:市玉　是:善紙

市:辰止　純:常倫　遄:市緣　郕:是征

讎:市柔　諶:是任　紹:是沼　署:是恕

(4)牀神禪混用

a.以神切牀

士:實史

b.以禪切牀

鉏:蟬於　雛:善于　豺:蟬齋　愁:燀搜

儕:蟬差

c.以牀切禪

韶:士遥

d.以禪切神

脣:是倫　神:是鄰　船:市緣　乘:時興

盾:樹忍　示:時至　謚:常利　順:殊閏

麝:時卸　述:常出　實:市日　舌:時哲

e.以神切禪

時:神持　殊:船區　宸:實申　鋋:示川

成:示征　宬:食征　社:食者　湜:神息

殖:神直　妁:實削　石:神隻　嗜:食利

甚:神朕　腎:食忍　卲:食夭　劭:食要

(九)喉音

31.影母

翁:烏公　邕:宛封　逶:委爲　猗:於奇

烏:宛都　殷:意斤　幺:於堯　阿:鷖何

央:殷強　憂:衣仇　音:郁吟　諳:恩甘

32.曉母

烘:呼弓　胸:許容　訩:吁封　麾:毁爲
撝:喧垂　揮:火韋　虚:忻余　呼:虎烏
訢:希斤　翾:虚全　蕣:哈牢　休:喜彪

33.匣母①(包括喻母)

(1)匣母

紅:户公　洚:侯邦　狐:魂徒　奚:賢迷
蟆:胡雞　諧:痕皆　豪:行高　何:閑俄
猴:河溝　函:胡甘　嫌:賢兼　銜:侯彡

(2)喻三

熊:于戎　爲:雨隨　闈:宇歸　于:員須
雲:羽文　員:于專　王:于光　榮:永兵
尤:羽秋　衛:于歲　運:于問　宥:尤舊

(3)喻四②

融:以弓　容:弋雍　庸:與封　移:以支
輿:以虚　寅:翼真　繇:延期　羊:猶良
盈:以成　猶:延秋　淫:移今　鹽:羊廉

(4)喻三、喻四混用

a.以喻四切喻三

玄:營先　炎:延占　矣:延耳　右:延九
又:延救　粤:予厥

b.以喻三切喻四

籲:云遇　瑣:王閔　剡:有斂

(5)匣喻混用

a.以喻三切匣

① 例外:"蔫"讀爲焉反,"鄢"讀于乾反。

② 例外:"筵"讀抑延反,"漹"讀殷焉反,"佚"讀秧七反,讀入影母;又:槎,似槳反,讀入邪母。

雄:于弓① 洪:員聰 澋:矣抱

b.以喻四切匣

郋:移雞 携:匀低 蘿:唯專 峴:易顯

泫:豫顯 迥:余請

c.以匣切喻四

鸒:玄遇 籲:云遇 塋:玄經

上面所述,從邪混用,牀神禪混用,匣喻混用,皆與今吴語合。

(十)半舌半齒音

34.來母

龍:力鍾 離:鄰之 閭:連於 來:婁才

巒:魯剜 遼:黎挑 闌:勒滄 羅:婁何

梁:柳昌 軨:郎丁 婪:婁參 廉:連兼

35.日母

戎:如融 兒:然知 如:熱除 人:而申

犉:然匀 然:仁遷 饒:而焦 穰:然莊

仍:而冰 柔:然柔 壬:爾音 蚺:人占

三、聲 調

關於聲調,朱翱反切完全依照《切韻》平上去入四聲,平聲没有分陰陽,濁上没有變去,例如:

壹 平聲没有分陰陽

a.以今陽平切今陰平

驄:倉紅 卑:賓而 醫:於其 書:式魚

租:尊吾 街:古諧 開:渴才 寃:迂言

愆:豈虔 膏:家豪 秋:七牛 侵:七林

b.以今陰平切今陽平

① "雄"字,《廣韻》羽弓切,喻母字,《集韻》胡弓切,匣母字。

聾:來充	遺:與追	扉:甫肥	渝:羊朱
倪:擬西	豺:蟬齋	臣:石真	群:其分
韓:痕安	堯:研梟	横:户庚	嫌:賢兼

貳　濁上没有變去

奉:附恐	是:善紙	祀:祠此	俟:牀史
巨:求許	父:浮甫	杜:徒土	陛:頻啟
在:前采	伴:蒲晼	限:侯産	篆:直選
兆:池沼	道:徒討	坐:徂可	下:霞假
丈:直敞	阜:符九	舅:伎酒	淡:稻槧
湛:宅減			

朱熹反切考

朱熹在他所著的《詩集傳》和《楚辭集注》中用了大量的反切,主要是用於叶音。由於朱熹不懂古音,不知道古音與今音不同,以爲用今音讀來不押韻處必須臨時改讀他音而後押韻,叫做叶。叶音説是錯誤的,陳第已經批判了它。但是,朱熹所用的反切反映了南宋時代的語音系統,是我們研究語音史的重要資料。他的反切並没有依照《切韻》《唐韻》或《廣韻》;正是由於這個緣故,朱熹反切纔真正準確地反映了當時的語音。朱熹不大會用反切,往往被切字是洪音,而反切上字用了細音。那不要緊,倒反可以説明一些問題,例如"儀"叶牛何反,音俄,可以證明"儀、牛、俄"在當時都讀 ng-;又如"犧"讀虛何反,音呵,可以證明"犧、虛、呵"在當時都讀 x-。

朱熹不懂《詩經》的韻例;許多不押韻的地方都被他認爲韻脚,例如《周頌・載芟》:"播厥五穀,實函斯活,驛驛其達,有厭其傑。"應該是"活、達、傑"押韻,"穀"字無韻;朱熹誤以"穀"爲韻脚,於是以"活"叶呼酷反,與"穀"叶。許多押韻的地方却又被他認爲無韻,例如《小雅·十月之交》:“皇父卿士,番維司徒,家伯爲宰,仲允膳夫,棸子内史,蹶維趣馬。楀維師氏,豔妻煽方處。”應該是“士、宰、史”押韻①,“徒、夫”押韻,“馬、處”押韻,但是朱熹以爲“士、宰、史”在單句,不入韻,所以他没有在“宰”字下注叶音。有些地方本該認爲换韻,而朱熹誤以爲一韻到底,例如《鄘風·載馳》:“載馳載驅,歸唁衛侯。驅馬悠悠,言至于漕。大夫跋涉,我心則憂。”應該是“驅、侯”押韻(侯部),“悠、漕、憂”押韻(幽部),朱熹把兩個韻部混同起來了。在這些地方,我們都依照朱熹的反切來做分析,因爲我們所要考證的是南宋時代的語言系統。

《詩集傳》有兩種版本:一種是通行本(監本),一種是宋本。通行本較多用直音,而且較近今音,例如《小雅·巧言》:“躍躍毚兔,遇犬獲之。”通行本注云:“毚,音殘。”那顯然是錯誤的,因爲直到《中原音韻》時代,監咸尚未混入寒山。宋本注音士咸反,纔是正確的。今一律依照宋本。

《詩集傳》通行本和宋本都有許多錯字,直音和反切的錯字更多,例如通行本《小雅·小弁》:“伐木掎矣。”“掎”下注:“音已,叶居何反。”“已”是“己”之誤。又:“莫高匪山。”“山”下注:“叶所旃矣。”“矣”是“反”之誤。宋本《大雅·崧高》:“維周之翰。”“翰”下注:“胡干反。”“干”是“千”之誤。甚至張冠李戴,如《大雅·鳧鷖》:“鳧鷖在亹,公尸來止熏熏。”通行本和宋本於“亹”下注云:“音門。”於“熏”下注云:“叶眉貧反。”其實應該於“亹”下注云:“音門,叶眉貧反。”②這些地方我都校正了。

現在把朱熹反切分爲韻部、聲母、聲調三方面加以分析,如下。

---

① 段玉裁認爲“氏”字也入韻,江有誥認爲不入韻,今依江有誥。

② “熏”是曉母字,不可能叶眉貧反(“眉”是明母字)。“亹”音門還不能與“熏”押韻,必須叶眉貧反纔能押韻。朱熹於《邶風·北門》“門”叶眉貧反,與“殷”押;於《小雅·何人斯》“門”叶眉貧反,與“雲”押;於《大雅·韓奕》“門”叶眉貧反,與“雲”押,可證。

一、韻　部

壹　平上去聲二十二部

(一)東鍾

1.東董送

平聲:僮公東同蓬聰充童功濛攻空恫豐菶訌中宫蟲螽忡窮沖躬戎融終潨崇

上聲:鞏幪唪動總

去聲:控送仲

2.冬〇宋

平聲:冬宗

去聲:宋

3.鍾腫用

平聲:墉從縫縱雝豵葑庸容凶豐松龍顒饔訩共重衝樅鏞鐘廱濃襛罿邛

上聲:勇尰竦

去聲:訟誦用

叶　音

江講絳

平聲:雙(所終[①])　邦(卜工、卜攻、卜功)

降(乎攻、胡攻、呼攻)

上聲:厖(莫孔)

去聲:巷(胡貢)

東冬鍾合用例證(東無號,冬 ** ,鍾 *):

《羔羊》:縫 * 總(子公)公

《騶虞》:蓬 * 豵

① “所終”即“所終切”,以下一律省“切”字。

《桑中》:葑* 東庸* 中宮

《伯兮》:中東蓬容*

《兔爰》:罿* 庸* 凶* 聰

《山有扶蘇》:松* 龍* 充童

《南山》:〔雙①〕(所終)庸* 庸* 從*

《采苓》:葑* 東從*

《七月》:同功豵* 公

《蓼蕭》:濃* 沖雝* 同

《六月》:顒* 公

《吉日》:同從*

《祈父》:聰饔*

《節南山》:誦*(疾容)訩*〔邦〕(卜工)

《采菽》:蓬〔邦〕(卜工)同從

《皇矣》:恭*〔邦〕(卜攻)共*(音恭*)

《靈臺》:鐘* 廱* 逢* 公

《文王有聲》:廱* 東

《鳧鷖》:潨**(在公)宗** 宗**〔降〕(乎攻)崇

《雲漢》:蟲宮宗**〔臨〕(力中)躬

《崧高》:〔邦〕(卜功)庸*

《召旻》:訌共(音恭)〔邦〕(卜功)

《雝》:雝* 公

《泮水》:訩* 功

《閟宫》:公東庸

《閟宫》:蒙東〔邦〕(卜工)同從* 功

《離騷》:庸〔降〕(乎攻)

《天問》:從* 通

① 凡叶音字加〔 〕號,但不改韻部衹改聲調者不加〔 〕號。

《抽思》:同容*

《懷沙》:豐容*

《悲回風》:〔江〕(音工)洶*

《成相》:從凶〔江〕(音工)

董腫合用例證(董無號,腫*):

《長發》:共*(居勇*)〔厖〕(莫孔)龍*(丑勇*)動(德總)竦*總

送宋用合用例證(送無號,宋**,用*):

《擊鼓》:仲宋**忡(敕衆)

《大叔于田》:控送

《丰》:丰*(芳用*)〔巷〕(胡貢)送

《離騷》:縱*〔衖〕(乎貢)

凡不言叶音者,表示同一韻部。下仿此。

(二)支齊

1.支紙寘

平聲:支知斯觿(許規)枝提(是移)伎(其宜)易(以支)祇箎卑皮爲離儀宜猗靡罷吹池陂縭錡椅(於宜)萎

上聲:毀砥爾邇瀰瀰毀

去聲:地刺易

2.脂旨至

平聲:纍(力追)綏飢祁悲遲姨脂眉湄坻蓍鴟騤維毗麋伊遺桋尸葵腉惟屎(許伊)郿祗駓崔(子雖)龜伾

上聲:几旨矢兕匕履視穉妣美指藟秠

去聲:肄棄塈四畀遂悸穗醉季寐比佽隧萃瘁出(尺遂)穉利馴穟位備匱

3.之止志

平聲:治淇姬之蚩期塒其騏狸基時箕詩僛飴

上聲:苢趾以李裹已耳齒止涘里杞士喜矣鯉屺祉芑仕史使恥

侍紀起薿

去聲:異貽(音異)試識字寺熾忌

4.微尾未

平聲:飛衣薇微違譏霏晞畏(於非)騑幾圍威腓

上聲:尾菲煒葦韡

去聲:謂蔚渭

5.齊薺霽

平聲:萋妻荑蠐犀淒氐(都黎)迷底(都黎)懠黎齊

上聲:體薺弟泲禰鱧濟禮泥(乃禮)醴

去聲:濟棣惠戾穧翳逮替

6.祭

愬説(始鋭)帨厲揭(苦例)逝嘒栵(音例)歲

7.廢

喙刈穢

叶 音

1.歌戈,箇過

和(户圭)　何(音奚)　破(彼寄)　多(章移)

2.皆駭怪

平聲:喈(居奚)　懷(胡威)　階(居奚)　湝(賢雞)　霾(貍)

去聲:拜(變制)　屆(居氣)　瘵(子例)

3.灰賄隊

平聲:回(乎爲)　媒(謨悲)　梅(莫悲)

上聲:晦(呼洧)　痗(呼洧)　悔(呼委)

去聲:誨(呼位)　背(補寐)　佩(蒲眉)

4.咍海代

平聲:哀(於希)　哉(將黎)　來(陵之)　臺(田飴)

上聲:怠(養里)　采(此履)　殆(養里)　穿(獎里)

海(虎洧)

去聲:愛(許既) 載(子利)

5.泰

萊(陵之) 帶(丁計) 外(五墜) 大(特計)

艾(五計) 害(暇憩)

6.夬

敗(蒲寐) 邁(力制)

7.尤有宥

平聲:訧(于其) 謀(謨悲) 尤(于其) 丘(祛奇)

裘(渠之) 否(補美) 郵(于其) 牛(魚其)

上聲:右(羽軌、羽已) 友(羽已) 有(羽已) 久(舉里)

玖(舉里) 負(蒲美、扶委)

去聲:又(音怡,夷豉) 右(于紀) 舊(巨已) 富(方未)

8.侯厚候

上聲:母(滿彼) 畝(滿彼)

支脂之微齊合用例證(支無號,脂*,之×,微**,齊××):

《蘀兮》:吹〔和〕(户圭××)

《東山》:縭儀〔嘉〕(居宜)〔何〕(音奚××)

《葛覃》:萋××飛**〔喈〕(居奚××)

《采蘩》:祁*歸**

《草蟲》:薇**悲*夷*

《谷風》:遲*違**畿**

《北風》:〔喈〕(居奚××)霏**歸**

《碩人》:頎**(其機)衣**妻××姨*〔私〕(息夷*)

《碩人》:荑××脂*蠐××犀××眉*

《風雨》:淒××〔喈〕(居奚××)夷*

《南山》:崔*(子雖*)綏*歸**歸**〔懷〕(胡威**)

《蒹葭》:萋××晞**湄*躋××坻*

《素冠》:衣**悲*歸**

《候人》:隮××飢*
《豳風》:遲*祁*悲*歸**
《東山》:歸**悲*衣**〔枚〕(謨悲*)
《九罭》:衣**歸**悲*
《四牡》:騑**遲*歸**悲*
《采薇》:騤*依**腓**;依**霏**遲*飢悲〔哀〕(於希**)
《出車》:遲*萋××〔喈〕(居奚××)祁*(巨移)歸**夷*
《斯干》:罷〔蛇〕(于其×)
《遠遊》:戲(音嬉×);麾〔波〕(補基×);疑〔浮〕(扶毗*)
《杕杜》:萋××悲*萋××悲*歸**
《斯干》:飛**躋××
《節南山》:夷*違**
《小旻》:〔哀〕(於希**)違**依**底(都黎××)
《巧言》:麋*〔階〕(居奚××)伊*幾**(居希**)
《四月》:淒××腓**歸**;薇**桋*〔哀〕(於希**)
《鼓鐘》:〔喈〕(居奚××)〔湝〕(賢雞××)悲*〔回〕(乎爲)
《采菽》:維*葵*膍*〔戾〕(郎之×)
《崧高》:郿*歸**
《烝民》:騤*〔喈〕(居奚××)齊××歸**
《瞻卬》:鴟*〔階〕(居奚××);幾**悲*
《有客》:追*綏*威**夷*
《長發》:違**齊××遲*躋××遲*祗*圍**
《終南》:〔梅〕(莫悲*)〔裘〕(渠之×)〔哉〕(將黎)
《十月之交》:時×〔謀〕(謨悲*)〔萊〕(陵之×)矣(於姬×)
《巷伯》:箕×〔謀〕(謨悲*);〔丘〕(祛奇)詩×之×
《四月》:〔梅〕(莫悲*)〔尤〕(于其×)
《黍苗》:〔牛〕(魚其×)〔哉〕(將黎××)
《駉》:駓*騏×伾*〔才〕(前西××)

紙旨止尾薺合用例證(紙無號,旨*,止×,尾**,薺××):

《汝墳》:尾** 燬燬邇

《靜女》:煒** 美*

《新臺》:泚××(此禮××)瀰〔鮮〕(想止×)

《蝃蝀》:指* 弟××

《葛藟》:藟* 弟××

《載驅》:濟××瀰弟××

《七月》:〔火〕(虎委)衣**(上聲);〔火〕(虎委)葦**

《狼跋》:尾** 几*

《常棣》:韡** 弟××

《杕杜》:〔偕〕(舉里×)〔近〕(渠紀×)邇

《魚麗》:鱧××旨*;旨*〔偕〕(舉里×)

《大東》:匕*砥*(之履*)矢*履*視*(善止×)涕××(音體××)

《大田》:穉*〔火〕(虎委)

《賓之初筵》:旨*〔偕〕(舉里×)

《行葦》:葦**履*體××泥××(乃禮××);弟××爾几*

《公劉》:依**(於豈**)濟××(子禮××)几*依**(於豈**)

《關雎》:〔采〕(此履*)〔友〕(羽已×)

《芣苢》:〔采〕(此履*)〔有〕(羽已×)

《風雨》:〔晦〕(呼洧*)已×喜×

《四牡》:止×杞×〔母〕(滿彼)

《杕杜》:杞×〔母〕(滿洧*)

《采芑》:芑×〔畝〕(每彼)試(詩止)

《沔水》:〔海〕(虎洧*)止×〔友〕(羽軌*)〔母〕(滿洧*)

《十月之交》:里×〔痗〕(呼洧*)

《小旻》:止×〔否〕(補美*)〔謀〕(莫徙)

《信南山》:理×〔畝〕(滿彼)

《賓之初筵》:〔否〕(補美*)史×

《緜》:止×〔右〕(羽已×)理×〔畝〕(滿彼)事×(上止×);飴×(音移)

《蕩》:〔式〕(式吏×)〔晦〕(呼洧*)

《江漢》:理×〔海〕(虎委)

《瞻卬》:〔誨〕(呼位*)寺×

《潛》:鮪(于軌*)鯉

《雝》:祉×〔母〕(滿彼)

《閟宮》:喜×〔母〕(滿委)士×〔有〕(羽已×)祉×齒×

《玄鳥》:里×止×〔海〕(虎洧*)

寘至志未霽祭廢合用例證(寘無號,至*,志×,未**,霽××,祭×*,廢*×):

《君子偕老》:〔翟〕(去聲)髢××(徒×帝×)揥×*(敕帝××)〔晳〕(征例×*)帝××

《葛屨》:辟(音避)揥×*(敕帝××)〔刺〕(音砌××)

《文王》:帝××易(以豉)

《摽有梅》:塈*謂**

《載馳》:濟××閟*

《晨風》:棣××檖*醉*

《甘棠》:〔敗〕(蒲寐*)憩×*(起例×*);〔拜〕(變制×*)説×*(始鋭×*)

《野有死麕》:帨×*(始鋭×*)吠**(符廢*×)

《谷風》:肄*(以世×*)塈*(許器*)

《有狐》:厲×*〔帶〕(丁計××)

《十畝之間》:〔外〕(五墜*)泄×*(以世×*)逝×*

《蟋蟀》:逝×*〔邁〕(力制×*)〔外〕(五墜*)蹶×*(俱衛×*)

《東門之枌》:逝×*〔邁〕(力制×*)

《東門之楊》:〔肺〕(普計××)晢×*(之世×*)

《車攻》:佽*〔柴〕(子智)

《庭燎》:艾(音乂**)晣×*(之世×*)噦×*

《節南山》:惠××戾××〔届〕(居例×*)〔闋〕(胡桂××)

《雨無正》:戾×× 勩×* ;〔退〕(吐類*)遂* 瘁*〔訊〕(息悴*)〔退〕(吐類*);出*(尺遂*)瘁*

《小弁》:嘒××(呼惠××)淠*(孚計××)〔屆〕(居氣**)寐*

《蓼莪》:蔚** 悴*

《采菽》:淠*(匹弊×*)嘒××駟*〔屆〕(居氣)

《菀柳》:愒×*(欺例)〔瘵〕(子例×*)〔邁〕(力制×*)

《隰桑》:〔愛〕(許既**)謂**

《民勞》:愒×* 泄×* 厲×*〔敗〕(蒲寐*)〔大〕(特計××)

《蕩》:揭×*(去例×*)〔害〕(瑕憩×*)〔撥〕(方吠*×)世×*

《抑》:〔疾〕(集二*)戾××

《瞻卬》:惠××厲×*〔瘵〕(側例×*)〔屆〕(居氣**)

支脂之合用,紙旨止合用,寘至志合用,不足爲奇,《廣韻》已經標明同用了。微尾未雖未標明與支脂之等韻同用,但是《四聲等子》微尾未與脂旨至同屬止攝,同呼同等,《切韻指南》並於止攝標明微尾未與脂旨至同欄,則可證明宋時微尾未和脂旨没有分别了。至於齊薺霽韻,韻圖歸入蟹攝四等,似與支脂之没有關係,但是《四聲等子》“踶(蹄)弟體帝”蟹、止兩攝並收,《切韻指南》“弟體帝”蟹、止兩攝並收,兩書止攝都以“弟”爲“地”的上聲,可見宋元時代齊薺霽實際上已讀入止攝。《切韻指掌圖》和朱熹反切最相近似。《指掌圖》第十七圖蟹攝開口去聲雖標祭韻,其實無字,第十八圖止攝開口去聲亦標祭韻,雖亦無字,至少可以證明實際上祭韻已由蟹攝轉入止攝。《指掌圖》第十九圖合口三等輕脣去聲“廢肺吠未”四字同列,可證廢未兩韻已經合流。至於四等齊薺霽三韻,《切韻指掌圖》和《四聲等子》《切韻指南》大致相同,但是做得更徹底,支脂之微與齊同圖,分屬三、四等(上去聲準此),四等之中,“雞××溪××祇(當作祁*)倪××”同列,“鷖××醯××兮××頤×”同列,“几*企蜆××”同列,“濟××泚××薺××臬×”同列,“吟××傒××迤邐”同列,“計××棄*詣××”同列,“帝××替××地*泥××”同列,“縊欳××系××異×吏×”同列,“圭××睽××

葵*”同列，“烓××睳××携××惟*”同列，“恤*慧××遺*”同列，可見齊薺霽已經和支紙寘、脂旨至、之止志、微尾未合爲一個韻部了。朱熹反切在這方面是和宋元韻圖相一致的。

（三）資思

1.支紙寘

平聲：斯雌

去聲：刺

2.脂旨至

平聲：私師資

上聲：死姊兕秭

去聲：駟四①

3.之止志

平聲：思絲兹鼒

上聲：子汜俟涘耜梓耔祀似

去聲：寺字②

這個韻部是止攝齒頭四等（實際是三等）轉入一等的字。它的音值就是今天普通話裏的[ɿ]。這個情況在韻圖中也有反映。《切韻指南》把止攝齒頭四等字“貲雌慈思詞、姊此𩞄枲似、恣次自四寺”移入一等欄内，變成小字加圈。《切韻指掌圖》做得更徹底，它讓齊薺霽佔了止攝四等，索性讓“兹雌慈思詞、紫此死兕、恣載自笥寺”佔了止攝四等，不用小字加圈。

這個韻部後來發展爲《中原音韻》的支思。但是《中原音韻》的支思韻除止攝全部齒頭字外，還包括一部分正齒字。朱熹反切的資思韻除止攝全部齒頭字外，衹有正齒二等一個“師”字，這個“師”字大約是像現代吴語、客家語、西南官話等方言讀爲[sɿ]，或者像現代普通話讀爲[ʂʅ]。

① 《采菽》“駟”字，朱讀不入韻；《干旄》“四”字，朱未讀叶音，疑誤。

② 《瞻卬》“寺”字、《生民》“字”字，朱未讀叶音，疑誤。

爲什麽知道朱熹的資思是獨立的韻部呢？這是因爲資思韻字如果和支齊没有分别，那麽它們和支齊韻字押韻就用不着讀叶音，現在除了韻脚同屬資思韻（如《瞻彼洛矣》押“茨師”）以外，一律讀叶音，可見資思和支齊是不同的韻部了。

資思韻獨用例證（支紙寘無號，脂旨至*，之止志×，微尾未**，齊薺霽××）：

平聲

《墓門》：〔斯〕（所宜）知

《小弁》：〔斯〕（先齎××）提（是移）；伎（其宜）〔雌〕（千西××）枝知

《何人斯》：知〔斯〕（先齎）

《碩人》：頎**（其機**）衣**妻××姨*〔私*〕（息夷*）

《下泉》：蓍*〔師*〕（霜夷*）

《節南山》：氐××維*毗*迷××〔師*〕（霜夷*）

《楚茨》：尸*歸**遲*〔私*〕（息夷*）

《大田》：萋××祁*〔私*〕（息夷*）

《板》：懠××毗*迷××尸*屎*（許伊*）葵*〔資*〕（箋西××）〔師*〕（霜夷*）

《桑柔》：〔資*〕（箋西××）①疑×維*〔階〕（居奚××）

《終風》：〔霾〕（音貍×）〔來〕（陵之×）〔思×〕（新齎××）

《雄雉》：〔思×〕（新齎××）〔來〕（陵之×）

《泉水》：淇×〔思×〕（新齎××）姬×〔謀〕（謨悲*）

《載馳》：〔尤〕（于其×）〔思×〕（新齎××）之×

《氓》：蚩×〔絲×〕（新齎××）〔謀〕（謨悲*）淇×〔丘〕（祛奇）期×〔媒〕（謨悲*）期×；〔思×〕（新齎××）〔哉〕（將黎××）

《君子于役》：期×〔哉〕（將黎××）塒〔來〕（陵之×）〔思×〕（新

---

① “資”字，朱未注叶音，今補。

齊××）

《子衿》:〔佩〕（蒲眉*）〔思×〕（新齎××）〔來〕（陵之×）

《園有桃》:〔哉〕（將黎××）其×之×之×〔思×〕（新齎××）

《渭陽》:〔思×〕（新齎××）〔佩〕（蒲眉*）

《鳲鳩》:〔梅〕（莫悲*）〔絲×〕（新齎××）騏×

《皇皇者華》:騏×〔絲×〕（新齎××）〔謀〕（莫悲*）

《白駒》:〔來〕（陵之×）期×〔思×〕（新齎××）

《緜》:飴×（音移）〔謀〕（謨悲*）龜*時×〔兹×〕（津之×）

《抑》:〔絲×〕（新夷*）基×

《召旻》:時×〔兹×〕（津之×）①

《敬之》:之×〔思×〕（新夷*）〔哉〕（將黎××）〔兹×〕（津之×）

《絲衣》:基×〔鼒×〕（津之×）

上聲

《谷風》:菲**體××〔死*〕（想止×）

《泉水》:泲××禰××弟××〔姊*〕（獎禮××）

《相鼠》:體××禮××禮××〔死*〕（想止×）

《吉日》:矢*〔兕*〕（徐履*）醴××;〔有〕（羽已×）〔俟×〕（于紀×）〔友〕（羽已×）〔右〕（羽已×）〔子×〕（獎履*）

《豐年》:〔秭*〕（咨履*）醴××妣*〔皆〕（舉里×）

《載芟》:以×士×〔耜×〕（養里×）〔畝〕（滿委）;濟××〔積〕（上聲）〔秭*〕（咨履*）②醴××妣*禮××

《麟之趾》:趾×〔子×〕（獎履*）

《江有汜》:〔汜×〕（養里×）以以〔悔〕（虎洧*）

《何彼襛矣》:矣×李×〔子×〕（獎履*）

《匏有苦葉》:〔子×〕（獎履*）〔否〕（補美*）〔否〕〔友〕（羽軌*）

《旄丘》:〔子×〕（獎履*）耳*

---

① 這個"兹"字,朱未注叶音,今補。

② 這個"秭"字,朱未注叶音,今補。

《相鼠》:齒×止×止×〔俟×〕(羽已×);體××禮××禮××〔死*〕(想止×)

《葛藟》:〔涘×〕(音矣×)〔母〕(滿彼)〔有〕(羽已×)

《丘中有麻》:李×〔子×〕(獎履*)〔子×〕〔玖〕(舉里×)

《蒹葭》:〔采〕(此禮××)已×〔涘×〕(音以×又音始×)〔右〕(羽軌*)

《衡門》:鯉×〔子×〕(獎履*)

《七月》:〔耜×〕(羊里×)趾×〔子×〕(獎履*)〔畝〕(滿彼)喜×

《六月》:里×〔子×〕(獎履*)

《節南山》:仕×〔子×〕(獎履*)已×〔殆〕(養里×)仕×

《雨無正》:仕×〔殆〕(養里×)使×〔子×〕(獎履*)使×〔友〕(羽已×)

《小宛》:〔采〕(此履*)〔負〕(蒲美*)〔似×〕(養里×)

《小弁》:〔梓×〕(獎履*)止×〔母〕(滿彼)裏×〔在〕(此里×)

《北山》:杞×〔子×〕(獎里×)事×(上止×)〔母〕(滿彼)

《甫田》:〔畝〕(滿彼)〔耔×〕(獎里×)薿×(魚起×)止×士×;止×〔子×〕(獎里×)〔畝〕(滿彼)喜×〔右〕(羽已×)〔否〕(補美*)〔畝〕(滿彼)

《裳裳者華》:〔右〕(羽已×)〔右〕〔有〕(羽已×)似×(養里×)

《文王》:已〔子〕(獎里)

《大明》:〔涘×〕(羽已×)止×〔子×〕(獎禮××)

《皇矣》:〔悔〕(虎洧*)祉×〔子×〕(獎里×)

《生民》:〔祀×〕(養里×)〔子×〕(獎里×)〔敏〕(母鄙*)止;〔祀×〕(養里×)〔子×〕(獎里×);秠*(孚鄙*)芑×秠*〔畝〕(滿洧*)芑×〔負〕(扶委)〔祀×〕(養里×);時×(上止×)〔祀×〕(養里×)〔悔〕(呼委)

《既醉》:時(上止)〔子〕(獎里);士×士×〔子〕(獎里)

《假樂》:〔友〕(羽已×)士×〔子×〕(獎里×)

《卷阿》:止×士×使×〔子×〕(獎里×)①

《抑》:〔友〕(羽已×)〔子×〕(獎履*);李×〔子×〕(獎履*);

① 這個"子"字,朱未注叶音,今補。

〔子$^{\times}$〕(獎履*)否*(音鄙*)事$^{\times}$(上止$^{\times}$)耳$^{\times}$〔子$^{\times}$〕(獎履*);〔子$^{\times}$〕(獎履*)止$^{\times}$〔悔〕(虎委)

《韓奕》:〔子$^{\times}$〕(獎履*)里$^{\times}$

《江漢》:〔子$^{\times}$〕(獎履*)〔似$^{\times}$〕(養里$^{\times}$)祉$^{\times}$〔子$^{\times}$〕(獎履*)已$^{\times}$

《瞻卬》:〔誨〕(呼位*)〔寺$^{\times}$〕(祥吏$^{\times}$)①

《雝》:〔祀$^{\times}$〕(養里$^{\times}$)〔子$^{\times}$〕(獎履*)

《載芟》:以$^{\times}$士$^{\times}$〔耜$^{\times}$〕(養里$^{\times}$)〔畝〕(滿委)

《良耜》:〔耜〕(養里)〔畝〕(滿委)

《有駜》:始$^{\times}$〔有〕(羽已$^{\times}$)〔子$^{\times}$〕(獎履*)

《閟宫》:〔子$^{\times}$〕(獎履*)〔祀$^{\times}$〕(養里$^{\times}$)耳$^{\times}$

《玄鳥》:〔有〕(羽已$^{\times}$)〔殆〕(養里$^{\times}$)〔子$^{\times}$〕(獎履*)

《長發》:〔子$^{\times}$〕(獎履*)士$^{\times}$

(四)魚模

1.魚語御

平聲:砠罝車居諸虚且旟琚蘧渠餘輿苴樗據書魚廬菹胥譽舒沮祛

上聲:楚筥處渚與沮暑紓阻予許舉所鱮鼠黍湑禦紵語萸羜旅圉茹緒虡秬

去聲:著助御據洳除庶去椐譽豫茹

2.虞麌遇

平聲:吁夫虞娱膚盱

上聲:釜輔羽雨舞甫父武踽栩宇麌黼冔脯訏噳

去聲:瞿芋訏賦

3.模姥暮

平聲:瘏痡乎呼狐烏都蘇闍荼壺租胡帑圖塗徒辜鋪幠蒲屠徂酤稌呱

① 這個“寺”字,朱未注叶音,今補。

上聲：罟祜土苦虎組五滸户杜鹽怙鼓股圃午祖堵扈羖補吐浦虜瞽魯

去聲：怒素露故莫路惡度岵固顧

叶音（麻馬禡）

平聲：華（芳無） 麻（謨婆） 車（尺奢） 邪（祥余）

罝（子余） 家（古胡、古乎） 舍（商居） 騢（洪孤）

瑕（洪孤） 牙（五胡） 衙（五乎） 瓜（攻乎）

上聲：馬（滿補） 者（章與、掌與） 野（上與） 下（後五、後户）

夏（後五） 斝（居訝） 寡（果五） 椵（果五）

去聲：稼（古護） 暇（後五） 夜（羊茹）

魚虞模合用例證（魚無號，虞＊，模×）：

《卷耳》：砠瘏×痡×吁＊

《兔罝》：罝（子余）夫＊

《行露》：露×〔夜〕（羊茹）露×

《干旄》：旟都×

《木瓜》：〔瓜〕（攻乎×）琚

《有女同車》：車〔華〕（芳無＊）琚都×

《山有扶蘇》：蘇×〔華〕（芳無＊）都×且（子餘）

《出其東門》：闍×荼×荼×且（子餘）藘娱＊

《著》：著（直居）素（孫租×）〔華〕（芳無＊）

《羔裘》：袪居故×（攻乎×）

《七月》：〔瓜〕（音孤×）壺×苴（七餘）樗（敕書）夫＊

《鴟鴞》：據荼×租×瘏×〔家〕（古胡×）

《狼跋》：胡×膚＊；胡×〔瑕〕（洪孤×）

《出車》：〔華〕（芳無＊）塗×居書

《祈父》：〔牙〕（五胡×）居

《我行其野》：樗（敕雩＊）居〔家〕（古胡）

《十月之交》：徒×夫＊

《巧言》:且(七餘)辜×幠×

《何人斯》:〔舍〕(商居)車盱*

《信南山》:廬〔瓜〕(攻乎×)菹

《魚藻》:蒲×居

《都人士》:餘旟盱*

《何草不黄》:狐×車

《韓奕》:屠×壺×魚蒲×車且(子餘)胥;居譽(羊諸)

《駉》:〔騢〕(洪孤×)魚祛〔邪〕(祥余)徂×

語麌姥合用例證(語無號,麌＊,姥×):

《漢廣》:楚〔馬〕(滿補×)

《采蘋》:筥釜*;〔下〕(後五×)女

《殷其靁》:〔下〕(後五×)處

《燕燕》:羽*〔野〕(上與)雨*

《柏舟》:茹(如預)據怒×

《日月》:土×處顧(果五×)

《擊鼓》:處〔馬〕(滿補×)〔下〕(後五×)

《雄雉》:羽*阻

《谷風》:雨*怒×(暖五×)

《簡兮》:舞*處;俁*舞*虎×組×

《蝃蝀》:雨*〔母〕(滿補×)

《干旄》:組×五×予

《揚之水》:楚甫*;蒲(滂古×)許

《葛藟》:滸×(呼五×)父*(夫矩*)顧×(公五×)

《叔于田》:〔野〕(上與)〔馬〕(滿補×)〔馬〕武*

《大叔于田》:〔馬〕(滿補×)組×舞*〔藪〕(素苦×)舉虎×所〔狃〕(女古×)女

《敝笱》:鱮雨*

《陟岵》:岵×父*

《碩鼠》:鼠黍女顧(公五×)女土×土×所

《綢繆》:楚户×(侯古×)〔者〕(章與)

《杕杜》:湑(私叙)踽*(俱禹*)父*(扶雨*)

《鴇羽》:羽*栩*盬×黍怙×所

《采苓》:苦×〔下〕(後五×)與

《黄鳥》:楚虎×虎×禦

《宛丘》:〔下〕(後五×)〔夏〕(後五×)羽*

《東門之枌》:栩*〔下〕(後五×)

《墓門》:顧(果五×)予(演女)

《株林》:〔馬〕(滿補×)〔野〕(上與)

《蜉蝣》:羽*楚處

《七月》:股×羽*〔野〕(上與)宇*户(後五×)〔下〕(後五×)鼠户×〔子〕(兹五×)處

《鴟鴞》:雨*土×户×(後五×)予(演女)

《東山》:〔野〕(上與)〔下〕(後五×);宇*户(後五×)羽*〔馬〕(滿補×)

《四牡》:〔馬〕(滿補×)盬×處;〔下〕(後五×)栩*盬×父*(扶雨*)

《伐木》:許(呼古×)藇(象吕)羜(直吕)父*(扶雨*)顧(居五×);湑(思吕)酤×(音古×)舞*〔暇〕(後五×)湑

《采薇》:盬×處

《蓼蕭》:湑〔寫〕(想羽*)語處

《六月》:茹(如豫)穫(音護×)

《采芑》:鼓×旅

《吉日》:午×〔馬〕(滿補×)麌*所

《鴻鴈》:羽*〔野〕(上與)〔寡〕(果五×)

《黄鳥》:栩黍處父*

《斯干》:祖×堵×户×處語

《正月》:雨*輔*予(演女)

《十月之交》:〔馬〕(滿補ˣ)處

《小旻》:土ˣ沮

《巧言》:怒(奴五ˣ)沮(慈吕)

《巷伯》:〔者〕(章與)〔謀〕(滿補ˣ)虎

《谷風》:雨*女予

《四月》:〔夏〕(後五ˣ)暑予

《小明》:土ˣ〔野〕(上與)苦ˣ雨*罟ˣ

《甫田》:鼓ˣ祖ˣ雨*黍女

《桑扈》:扈ˣ羽*胥(思吕)祜ˣ

《車舝》:女舞*

《賓之初筵》:語羖ˣ

《采菽》:筥予予〔馬〕(滿補ˣ)予黼*;股ˣ〔下〕(後五ˣ)紓(上與)予

《何草不黄》:虎ˣ〔野〕(上與)〔暇〕(後五ˣ)

《文王》:冔*祖ˣ

《緜》:沮父*;父*〔馬〕(滿補ˣ)滸ˣ〔下〕(後五ˣ)女宇*

《皇矣》:怒(暖五ˣ)旅旅祜ˣ〔下〕(後五ˣ)

《下武》:許武*詁ˣ

《鳧鷖》:渚處湑脯*〔下〕(後五ˣ)

《桑柔》:宇怒(暖五)處圉

《雲漢》:沮所顧(果五ˣ)助(牀所)祖ˣ予(演女)

《烝民》:〔下〕(後五ˣ)甫*;茹(忍與)吐ˣ甫*茹吐ˣ〔寡〕(果五ˣ)禦;舉圖(丁五ˣ)舉助(牀五ˣ)補*

《韓奕》:土ˣ訏*(況甫*)甫*噳*(愚甫*)虎ˣ

《常武》:〔士〕(音所)祖ˣ父*(音甫*)〔戎〕(音汝);父*旅浦ˣ土ˣ處緒(象吕);武*怒ˣ(暖五ˣ)虎ˣ虜ˣ浦ˣ所

《有瞽》:瞽ˣ虡(音巨)羽*鼓ˣ圉〔奏〕(音祖ˣ)舉

《有客》:〔馬〕(滿補ˣ)且〔七序〕旅

《駉》:〔馬〕(滿補×)〔野〕(上與)〔者〕(章與)

《有駜》:〔下〕(後五×)舞*

《泮水》:武*祖×祜×

《閟宫》:黍秬(求許)土×緒;武*緒〔野〕(上與)女旅父*(扶雨*)〔子〕(子古×)魯×宇*輔*;祖×女(音汝);〔嘏〕(果五×)魯×許宇*

《烈祖》:祖×祜×所

《殷武》:武*楚阻旅所緒

御遇暮合用例證(御無號,遇＊,暮×):

《遵大路》:祛(起據)惡×(烏路)故×

《東方未明》:圃(博故×)瞿*(俱具*)〔夜〕(羊茹)莫×(音慕×)

《蟋蟀》:莫×(音慕×)除(直慮)居(音據)瞿*(俱具*)

《天保》:固×除(直慮)庶

《斯干》:除(直慮)去芋(王遇*)

《小明》:除(去聲)莫×庶〔暇〕(胡故×)顧×怒×

《車舝》:譽〔射〕(都故×)

《生民》:去呱×(去聲)訏*(去聲)路×

《板》:怒×豫

《蕩》:呼(火故×)〔夜〕(羊茹)

《抑》:度×虞(元具*)

《雲漢》:去故×莫×(音慕×)虞(元具×)怒×

《振鷺》:惡×(烏路×)〔斁〕(丁故×)〔夜〕(羊茹)譽

(五)皆來

1.佳蟹卦

平聲:佳柴娃

上聲:解買

去聲:邂隘掛絓畫懈

2.皆駭怪

平聲:皆喈偕階湝諧懷霾齋

上聲:楷

去聲:怪壞瘵戒介界屆拜

3.哈海代

平聲:哈開埃哀臺來萊災哉台

上聲:海醢愷凱宰待殆迨怠改采在載

去聲:代逮載再態溉愛鼐菜賚

4.泰

泰太蓋艾靄大奈軑害帶沛(普蓋)會外旆(蒲蓋)茷(蒲害)茇(音旆)噦(呼會)

5.夬

夬快噲邁勱敗蠆

佳皆哈合用例證(佳無號,皆*,哈×,支°,脂°*,微**,之°×,齊××)(凡讀叶音而與支齊韻叶者,都是皆來韻字):

《園有桃》:〔哉×〕(將黎××)其°×之°×〔思°×〕(新齎××)

《終南》:〔梅〕(莫悲°*)〔裘〕(渠之°×)〔哉×〕(將黎××)

《南山有臺》:〔臺×〕(田飴°×)〔萊×〕(陵之°×)基°×期°×

《白駒》:〔來×〕(陵之°×)期°×〔思°×〕(新齎××)

《十月之交》:時°×〔謀〕(謨悲°×)〔萊×〕(陵之°×)矣(於姬°×)

《頍弁》:期°×時°×〔來×〕(陵之°×)

《黍苗》:〔牛〕(魚其°×)〔哉×〕(將黎××)

《敬之》:之°×〔思°×〕(新夷°*)〔哉×〕(將黎××)〔茲°×〕(津之°×)

《駉》:駓°* 騏°×伾°* 期°×〔才×〕(前西××)

蟹駭海合用例證(蟹無號,駭*,海×,紙°°,旨°*,止°×,尾**,薺××):

《悲回風》:〔解〕(居豈**)〔締〕(丈爾)

《陟岵》:〔偕*〕(舉里°×)〔死°*〕(想止°×)

《杕杜》:〔偕*〕(舉里°×)〔近〕(渠紀°×)邇°°

《魚麗》:旨°*〔偕*〕(舉里°×)

《蓼蕭》:泥××(乃禮××)弟××弟××(待禮××)〔豈×〕(開改×,叶去禮××)

《賓之初筵》:旨°*〔偕*〕(舉里°×)

《魚藻》:尾**〔豈×〕(去幾**)

《豐年》:〔秭°*〕(咨履°*)醴××妣°*禮××〔皆*〕(舉里°×)

《關雎》:〔采×〕(此履°*)〔友〕(羽己°×)

《芣苢》:〔采×〕(此履°*)〔有〕(羽己°×)

《蒹葭》:〔采×〕(此履°*)已°×〔涘°×〕(音以°*)〔右〕(羽軌°*)沚°×

《沔水》:〔海×〕(虎洧°*)止°×〔友〕(羽軌°*)〔母〕(滿洧°*)

《節南山》:仕°×〔子°×〕(獎履°*)〔殆×〕(養里°×)仕°×

《雨無正》:仕°×〔殆×〕(養里°×)使°×〔子°×〕(獎履°*)使°×〔友〕(羽己°×)

《小宛》:〔采×〕(此履°*)〔負〕(蒲美°*)〔似°×〕(養里°×)

《小弁》:〔梓°×〕(獎里°×)止°×〔母〕(滿彼°°)裏°×〔在×〕(此里°×)

《賓之初筵》:〔否°*〕(補美°*)史°×耻°×〔怠×〕(養里°×)

《雲漢》:紀°*〔宰×〕(獎里°×)〔右〕(羽己°×)止°×里°×

《江漢》:理°×〔海×〕(虎委°°)

《玄鳥》:〔有〕(羽己°×)〔殆×〕(養里°×)〔子°×〕(獎履°*);里°×止°×〔海×〕(虎洧°*)

泰卦怪夬代合用例證(泰無號,卦∘,怪*,夬*∘,寘∘∘,至∘*,志∘×,未**,霽××,祭×*,廢*×):

《甘棠》:〔敗*°〕(蒲寐°*)憩××;〔拜*〕(變制××)説××(始鋭××)

《泉水》:〔轄〕(下介*)邁*°〔衛××〕(此字本與害叶)害

《二子乘舟》:〔逝××〕(此字本與害叶)害

《有狐》:厲×*〔帶〕(丁計××)

《采葛》:艾〔歲×*〕(本與艾叶)

《十畝之間》:〔外〕(五墜°*)泄×* 逝×*

《蟋蟀》:逝×*〔邁*°〕(力制×*)〔外〕(五墜°*)蹶×*(俱衛×*)

《東門之枌》:逝×*〔邁*°〕(力制×*)

《車攻》:佽°*〔柴°〕(子智°°)

《出車》:〔旆〕(蒲寐°*)瘁°*

《小旻》:艾(音乂*×)〔敗*°〕(蒲寐°*)

《菀柳》:愒×*(欺例×*)〔瘵*〕(子例)〔邁*×〕(力制×*)

《都人士》:〔厲×*〕(落蓋)蠆*×(初邁*×)邁*×

《白華》:外邁*×

《民勞》:愒×* 泄×* 厲×*〔敗*×〕(蒲寐°*)〔大〕(特計××)

《蕩》:揭×*(去例×*)〔害〕(瑕憩×*)〔撥〕(方吠*×)世(始制×*)

《瞻卬》:惠××厲×*〔瘵*〕(側例×*)〔屆*〕(居氣**)

《泮水》:〔茷〕(蒲害)噦(呼會)大邁×*

《閟宮》:〔富〕(方未**)〔背〕(蒲寐°*)〔大〕(特計××)〔艾〕(五計**)歲×*〔害〕(瑕憩×*)

《彤弓》:〔載×〕(子利°*)喜°×(去聲)〔右〕(于記°×)

(六)灰堆

1.灰賄隊

平聲:嵬隤虺(呼回)雷(靁)摧(徂回)穨枚崔(徂回)罍推回梅媒鋂隈

上聲:罪悔晦

去聲:佩背痗内

叶　音

〔懷〕(胡隈)　〔敦〕(都回)　〔遺〕(夷回、烏回)

〔萎〕(於回)　〔歸〕(古回)

蟹攝一等在朱熹反切中分爲兩類：開口一等（咍海代）仍屬蟹攝，合口一等（灰賄隊）則轉入止攝，但是與止攝合口三等（支紙寘、脂旨至、微尾未）不同韻部。此兩類區别甚嚴。“懷”字叶灰韻時（如《卷耳》叶“嵬隤罍懷”），則叶胡隈反；叶脂微韻時（如《王風·揚之水》叶“懷歸”），則叶胡威反，絶不相混。

灰賄隊獨用例證（灰賄隊無號，支紙寘°，脂旨至*，之止志×，微尾未**，齊薺霽××，皆駭怪°*，咍海代°×）：

平聲

《卷耳》：嵬隤罍〔懷°*〕（胡隈）

《汝墳》：〔枚〕（莫悲*）飢*

《終風》：靁〔懷°*〕（胡隈）

《北門》：〔敦〕（都回）〔遺*〕（夷回）摧

《采芑》：〔焞〕（吐雷）雷〔威**〕（音隈）

《谷風》：頹（徒雷）〔懷°*〕（胡隈）〔遺*〕（烏回）；嵬（五回）〔萎°〕（於回）

《鼓鐘》：〔喈°*〕（居奚××）〔湝°*〕（賢雞××）悲*〔回〕（乎爲°）

《鴛鴦》：〔摧〕（徂爲）綏（宣隹）

《旱麓》：枚回

《泂酌》：罍〔歸〕（古回）

《雲漢》：推（吐雷）雷〔遺*〕（夷回）〔遺*〕摧（在雷）

《常武》：回〔歸〕（古回）

《氓》：蚩×〔絲×〕（新齎××）〔謀〕（謨悲*）淇〔丘〕（袪奇°）〔媒〕（謨悲*）期×

《終南》：〔梅〕（莫悲*）〔裘〕（渠之×）〔哉〕（將黎××）

《鳲鳩》：〔梅〕（莫悲*）〔絲×〕（新齎××）〔絲×〕騏×

《四月》：〔梅〕（莫悲*）〔尤〕（于其×）

《子衿》：〔佩〕（蒲眉*）〔思×〕（新齎××）〔倈〕（陵之×）

《渭陽》：〔思×〕（新齎××）〔佩〕（蒲眉*）

《十月之交》:里$^{\times}$〔痗〕(呼洧*)

上聲

《江有汜》:〔汜$^{\times}$〕(羊里$^{\times}$)以$^{\times}$以$^{\times}$〔悔〕(虎洧*)

《風雨》:〔晦〕(呼洧*)已$^{\times}$喜$^{\times}$

《皇矣》:〔悔〕(虎洧*)祉$^{\times}$〔子$^{\times}$〕(獎里$^{\times}$)

《生民》:時$^{\times}$(上止$^{\times}$)〔祀$^{\times}$〕(養里$^{\times}$)〔悔〕(呼委$^{\circ}$)

《蕩》:〔式〕(式吏$^{\times}$)止$^{\times}$〔晦〕(虎洧*)

《抑》:止$^{\times}$〔悔〕(虎洧*)

去聲

《巧言》:〔威**〕(紆胃**)〔罪〕(音悴)

《伯兮》:背(音佩)痗(呼内)

《瞻卬》:〔誨〕(呼位*)寺$^{\times}$

可以從三種情況證明灰堆韻獨用:第一,全用灰堆韻時,不注叶音,如《旱麓》叶“枚回”,《伯兮》叶“背痗”;以灰堆韻字叶支齊韻時,注於灰堆韻字注叶音,如《汝墳》叶“〔枚〕(莫悲*)飢*”;以支齊韻字叶灰堆韻時,如《泂酌》叶“罍〔歸〕(古回)”。

(七)真群

1.真軫震

平聲:人麟蘋濱身伸申薪姻仁鄰鄰駰親陳臣塵賓民鈞頻神巾晨辰振(音真)貧瘠緡

上聲:盡引閔忍畛泯

去聲:信嬪鎮墐振燼

2.諄準稕

平聲:麢(俱倫)春漘囷(丘倫)鶉犉倫輪淪洵詢旬均鈞匀

上聲:隼筍尹允狁惀

去聲:順閏

3.臻

平聲:蓁榛臻溱莘詵

4.文吻問(喉牙)

平聲:君軍雲芸員(于云)群云氳熏裙𤋮耘

上聲:藴隕(音藴)

去聲:慍訓

5.殷隱焮

平聲:殷勤慇芹欣

上聲:隱堇近

去聲:靳近

叶 音

1.庚(三等)清青蒸;梗(三等)静迥拯;映(三等)勁徑證(庚梗映無號,清静勁*,青迥徑×,蒸拯證**)

平聲:苓×(音零×) 零 〔令×〕(力征*,叶力呈*)

〔命〕(彌並*、彌賓①) 矜

2.先銑霰

平聲:〔淵〕(一均) 〔天〕(鐵因) 〔田〕(徒因)

〔千〕(倉新) 〔顛〕(典因) 〔年〕(尼因)

〔闐〕(徒隣) 〔賢〕(下珍) 〔甸〕(田見,叶徒隣)

〔堅〕(吉因)

3.仙獮線

平聲:〔川〕(樞倫) 〔翩〕(批賓)

4.魂混慁

平聲:〔孫〕(須倫) 〔門〕(眉貧) 〔奔〕(逋珉)

〔昆〕(居匀) 〔飧〕(素倫) 〔遯〕(徒匀)

去聲:〔先〕(蘇薦,叶蘇晉)

5.山産襇

平聲:〔艱〕(居銀) 鰥(古倫)

---

① 可能在朱熹的方言裏,真文與庚青已合爲一韻,所以"命"字既叶彌並反,又叶彌賓反。《盧令》"令"只注音零,不注叶音,等等。待再詳考。

6.微尾未

平聲:〔煇〕(許云)　〔旂〕(渠斤)

7.灰賄隊

去聲:錞(徒對,叶朱倫)

真諄臻文(喉牙)欣合用例證(真無號,諄＊,臻＊＊,文×,欣××):

《桃夭》:蓁＊＊人

《擊鼓》:洵＊信(師人)

《簡兮》:榛＊＊〔苓〕人

《褰裳》:溱＊＊人

《鳲鳩》:榛＊＊人人〔年〕(尼因)

《皇皇者華》:駰均＊詢＊

《無羊》:〔年〕(尼因)溱＊＊

《雨無正》:〔天〕(鐵因)信(斯人)臻＊＊身〔天〕

《北山》:濱臣均＊賢(下珍)

《青蠅》:榛＊＊人

《菀柳》:〔天〕(鐵因)臻＊＊矜

《大明》:〔天〕(鐵因)莘＊＊

《行葦》:〔堅〕(吉因)鈞＊均＊〔賢〕(下珍)

《桑柔》:旬＊民填(古塵字)〔天〕(鐵因)矜

《雲漢》:〔天〕(鐵因)人臻＊＊

《螽斯》:詵＊＊(所巾)振(音真)

《何彼襛矣》:緡〔孫〕(須倫＊)

《楚茨》:〔愆〕(起巾)〔孫〕(須倫＊)

《北門》:〔門〕(眉貧)殷××貧〔艱〕(居銀)

《鶉之奔奔》:〔奔〕(逋珉)君×

《大東》:〔泉〕(才勻＊)薪人

《葛藟》:漘＊〔昆〕(古勻＊)〔昆〕〔聞〕(微勻＊)

《敝笱》:〔鰥〕(古倫＊)雲×

《小戎》:群×〔錞〕(朱倫*)
《鴟鴞》:勤××閔(眉貧)
《庭燎》:晨〔煇〕(許云×)〔旂〕(渠斤××)
《鳧鷖》:〔亹〕(音門,叶眉貧反①)熏欣〔芬〕(豐匀)〔艱〕(居銀)
《桑柔》:慇××辰〔東〕(音丁②)瘩(武巾)
《雲漢》:〔川〕(樞倫*)焚(符匀×)熏×聞(微匀*)〔遯〕(徒匀*)
《韓奕》:雲×〔門〕(眉貧)
《載芟》:耘×畛(音真)
《國殤》:雲×〔先〕(音詢*)

軫準吻(喉牙)隱合用例證(軫無號,準*,吻×,隱××):
《離騷》:忍隕*③

震稕問(喉牙)焮合用例證(震無號,稕*,問×,焮××):
《女曰雞鳴》:順*問④
《抑》:訓×順*

(八)聞魂

1.文吻問(脣)

平聲:聞文蚊汶汾墳焚羒枌蕡分棼芬紛氛雰

上聲:吻抆刎粉忿

去聲:問聞紊糞奮分

2.魂混慁

平聲:孫門奔昆啍瑞存飧亹豚敦魂盆

上聲:噂鱒鯀悃

去聲:困遯溷坌(步頓)奔(布頓)頓

文(脣)魂合用例證(魂無號,真∘,諄*,臻**,文×,殷××,山×*,

① 今本《詩集傳》"叶眉貧反"在熏字後,誤,今正。
② 這裏也顯得朱熹方言真群與京青混。
③ "隕"字,《廣韻》入軫,但朱讀音尹,又音蘊。
④ "問"當讀叶音。

仙＊×)：

平聲

《大車》:啍(他敦)璊(音門)奔

《惜誦》:聞×忳

《抽思》:聞×〔患〕(胡門)

《悲回風》:〔還〕(胡昆)聞×

凡讀叶音然後與真群韻叶者,大多數是聞魂韻字,例如:

《何彼襛矣》:緡°〔孫〕(須倫＊)

《韓奕》:雲×〔門〕(眉貧°)

《北門》:〔門〕(眉貧°)殷××貧〔艱×＊〕(居銀°)

《鶉之奔奔》:〔奔〕(逋珉°)君×

《葛藟》:漘＊〔昆〕(古匀＊)〔昆〕〔聞〕(微匀＊)

《伐檀》:輪＊漘＊囷°鶉＊〔飧〕(素倫＊)

《何人斯》:〔艱×＊〕(居銀°)〔門〕(眉貧°)云×

《楚茨》:〔愆＊×〕(起巾°)〔孫〕(須倫＊)

《信南山》:雲×〔雰×〕(敷云×)

《鳧鷖》:〔亹〕(眉貧°)熏×欣××〔芬×〕(豐匀＊)〔艱×＊〕(居銀°)

《雲漢》:〔川＊×〕(樞倫＊)〔焚×〕(符匀＊)熏×〔聞×〕(微匀＊)〔遯〕(徒匀＊)

《緜》:〔慍×〕(紆問×)問×①

《天問》:〔分×〕(敷因°)陳°

《惜誦》:貧〔門〕(彌貧)

《遠遊》:天②〔聞〕(無巾°)鄰

觀於"雰"叶敷云,纔與"雲"叶;"芬"讀豐匀,纔與"熏"叶;"焚"叶符匀,"聞"讀微匀,纔與"熏"叶;"慍"叶紆問,纔與"問"叶,可見文韻脣音與喉牙音在朱熹時代分屬真群、聞魂兩韻。文的

① "慍"讀叶音然後與"問"叶,可見"慍"屬真群韻,"問"屬聞魂韻。

② "天"字當叶鐵因反。

入聲物韻脣音與喉牙音亦分屬兩韻,與此對應(參看下文)。

(九)寒山

1.寒旱翰

平聲:寒干歎乾難檀餐壇安翰單嘽

上聲:罕亶旱

去聲:粲旦岸歎難爛衎翰癉漢

2.桓緩换

平聲:寬溥觀冠欒慱完丸

上聲:管館①痯

去聲:泮貫亂鍛涣纂

3.删潸諫

平聲:關還患潸環顔菅姦班蠻攀彎

上聲:潸綰僩赧板版昄僩晥莞

去聲:諫鴈晏雁慢綰患宦慣

4.山産襉

平聲:山鰥矜閒簡艱閑潺

上聲:産汕棧眼殘

去聲:間莧盼瓣辦幻

5.元阮願(脣音)

平聲:樊煩蕃藩燔幡繁

上聲:反阪

去聲:飯萬蔓

寒桓删山元合用例證(寒無號,桓＊,删×,山××,元＊＊,先×＊,仙＊×):

《考槃》:〔澗×〕(居賢×＊)

《十畝之閒》:閒××閑××還×

六月:〔安〕(於連＊×)軒××〔閑××〕(胡田×＊)原＊＊憲(許言＊＊)

① 館,《廣韻》讀去聲,朱讀上聲,如今讀。

《斯干》:〔干〕(居焉*×)〔山××〕(所旃*×)

《溱洧》:〔涣*〕(于元**)〔簡×〕(古賢×*)

《皇矣》:〔閑××〕(胡員*×)言**連*×〔安〕(於肩×*)

《韓奕》:完*蠻×

《板》:板×癉(當簡×)管*亶諫×(音簡×)

《殷武》:〔山××〕(所旃*×)〔丸〕(胡員*×)遷*×梴*×〔閑〕(胡田×*)安(於連*×)

旱緩潸産阮(脣)合用例證(旱無號,緩*,潸×,産××,阮**,銑×*,獮*×):

《執競》:簡××反**反**

《民勞》:綣**反**諫×

翰換諫襉願(脣)合用例證(翰無號,换*,諫×,襉××,願**,霰×*,線*×):

《匏有苦葉》:鴈×(魚旰①)旦泮*

《羔裘》:晏×粲彦*×(魚旰)

《氓》:怨**〔岸〕(魚戰*×)〔泮*〕(匹見×*)宴*×晏×(伊佃)〔旦〕(得絹*×)反**(孚絢×*)

《猗嗟》:孌*×(龍眷*×)婉**(紆願**)選*×(雪戀*×)〔貫*〕(扃縣×*)〔反**〕(孚絢×*)〔亂*〕(靈眷*×)

《緇衣》:館*(古玩*)粲

《大叔于田》:慢*(莫半*)②罕(虚旰)

《羔裘》:晏×粲〔彦〕(魚旰)

《女曰鷄鳴》:旦爛鴈×

《南有嘉魚》:汕×(所諫×)衎(苦旦)

《公劉》:館*(古玩)亂*鍛*(丁亂*)

凡讀叶音然後能與元仙押韻者,都是寒山韻字,例如:

---

① “鴈”字不必讀叶音。

② 莫半,今本誤作“黄半”。

《泉水》:〔干〕(居焉)言**;泉*×〔歎〕(它涓×*)

《靜女》:孌*×〔管*〕(古衮*×)

《君子偕老》:展*×(諸延*×)〔袢*〕(薄慢,叶汾乾*×)〔顔×〕(魚堅*×)媛*×(于權*×)

《考槃》:〔澗×〕(居賢×*)〔寬*〕(區權*×)諼**

《氓》:垣**〔關×〕(圭員*×)漣*×言**言**遷*×

《將仲子》:園**〔檀〕(徒沿*×)言**

《狡童》:言**〔餐〕(七宣*×)

《東門之墠》:墠*×(上演*×)〔阪**〕(孚巒*×)遠**

《野有蔓草》:〔漙*〕(土兖*×)婉**願**(五遠**)

《還》:還*×(音旋*×)〔間×〕(居賢×*)肩×*儇*×(許全*×)

《甫田》:孌*×(龍眷*×)〔丱×〕(古患×,叶古縣×*)弁*×

《伐檀》:〔檀〕(徒沿*×)〔干〕(居焉*×)漣*×廛*×貆**〔餐〕(七宣*×)

《駟鐵》:園**〔閑××〕(胡田*)

《東門之池》:〔菅×〕(居賢*)言**

《澤陂》:〔蕑×〕(居賢×*)卷*×(其員*×)悁×*(烏玄×*)

《常棣》:原**〔難〕(泥沿*×)〔歎〕(它涓×*)

《伐木》:〔阪**〕(孚巒*×)踐*×(在演*×)遠**愆*×(起淺*×)

《杕杜》:幝*×(尺善*×)〔痯*〕(古轉*×)遠**

《小弁》:〔山××〕(所旃*×)泉*×言**垣**

《巷伯》:〔幡**〕(芬邅*×)言**遷*×

《桑扈》:〔翰〕(胡見×*)憲**

《青蠅》:〔樊**〕(汾乾*×)言**

《賓之初筵》:筵*×〔反**〕(分邅*×)〔幡**〕(分邅*×)遷*×僊*×

《角弓》:〔反**〕(分邅*×)遠**(於圓*×);遠**(於圓*×)然*×

《瓠葉》:〔燔**〕(汾乾*×)獻**(虛言**)

《皇矣》:援**(于願**)羡*×(餞面*×)〔岸〕(魚戰*×)

《文王有聲》:垣**〔翰〕(胡田×*)

《公劉》:原**〔繁**〕(紛乾*×)宣*×巘**(魚軒**);泉*×〔單〕(多涓×*)原**

《板》:〔難〕(泥涓×*)憲**(虚言**);〔藩**〕(分邅*×)垣**〔翰〕(胡田×*);〔旦〕(得絹*×)衍*×(怡戰*×)

《抑》:〔顔×〕(魚堅×*)愆*×

《崧高》:〔翰〕(胡千×*)〔蕃**〕(分邅*×)宣;番**(分邅*×)嘽〔翰〕(胡千×*)憲**(虚言**)

《江漢》:宣*×〔翰〕(胡千×*)

元阮願脣音字,宋時已轉入寒山,即三等合口轉入一等開口,如今音,例如《東門之墠》《伐木》"阪"與"遠"叶,《青蠅》"樊"與"言"叶,《角弓》"反"與"遠"叶,《瓠葉》"燔"與"獻"叶,《公劉》"繁"與"原"叶,《板》"藩"與"垣"叶,依《廣韻》本是同韻字,不必讀叶音。今讀叶音,可見"樊蕃藩燔阪反"等字已經轉入寒山韻了。《中原音韻》這些字亦入寒山,與朱熹同。

(十)元仙

1.元阮願(喉牙)

平聲:元原源嫄爰袁垣園媛援轅貆喧暄萱塤(壎)鴛寃言軒

上聲:遠偃蹇巘婉宛

去聲:願綣建獻憲

2.先銑霰

平聲:先前千天堅肩豣賢弦煙燕憐田畋填闐賓年顛巔牽眠駢淵蜎涓蠲邊編玄縣(懸)

上聲:典腆殄繭晛俔顯畎犬

去聲:霰先倩縣眩炫衒電殿甸瑱練見俔晛宴見(現)燕驠薦片荐

3.仙獮線

平聲:仙僊鮮錢遷然延筵旃氈甄邅羶禪廛連聯篇便緜全泉宣

鐫儇翾穿川沿鉛緣旋還娟蜎悁船鞭銓專磚圜圓員乾虔愆褰騫權拳鬈傳椽孿焉

上聲：獮鮮演衍踐餞俴展輾淺幝闡嘽遣蹇善翦戩燹辨辯沔湎緬黽免勉雋兖臠轉卷選輭舛喘篆撰蜎扁變

去聲：線戰顫繕禪彥唁絹狷媛院面掾箭扇煽眷卷倦戀變卞弁汴旋傳賤羨轉衍便徧

元（喉牙）先仙合用例證（元無號，先＊，仙×）：

《采苓》：旃×然×言焉×

《澤陂》：〔蕑〕（居賢＊）卷×（其員×）悁＊（烏玄＊）

《小弁》：〔山〕（所旃×）泉×言垣

《巷伯》：〔幡〕（芬邅×）言遷×

《角弓》：遠（於圓×）然×

《皇矣》：〔閑〕（胡員×）言連×〔安〕（於肩＊）

《公劉》：原〔繁〕（紛乾×）宣×巘（魚軒）原；泉×原；泉×〔單〕（多涓＊）原

《君子偕老》：展×（諸延×）〔袢〕（汾乾×）〔顏〕（魚堅＊）媛×（于權×）

《氓》：垣〔關〕（圭員×）漣×言言遷×

《殷武》：〔山〕（於旃×）〔丸〕（胡員×）遷×虔×梴×〔閑〕（胡田＊）〔安〕（於連×）

阮（喉牙）銑獮合用例證（阮無號，銑＊，獮×）：

《伐柯》：遠踐×（賤淺×）

《伐木》：〔阪〕（孚臠×）衍×踐×遠愆×（起淺×）

《新臺》：〔洒〕（叶先典＊）〔浼〕（叶美辯×）殄＊

願（喉牙）霰線合用例證（願無號，霰＊，綫×）：

《氓》：怨〔岸〕（魚戰×）〔泮〕（匹見＊）宴＊〔晏〕（伊佃＊）〔旦〕（得絹×）〔反〕（孚絢＊）

《甫田》：孌×（龍眷×）〔丱〕（古縣＊）見＊弁×

《猗嗟》:孌×(龍眷×)婉(于願)選×(雪戀×)〔貫〕(扃縣*)〔反〕(孚絢*)〔亂〕(靈眷×)

《皇矣》:援(于願)羨×(餞面×)〔岸〕(魚戰×)

(十一)蕭爻

1.蕭篠嘯

平聲:蕭簫翛祧佻挑恌銚刁凋雕彫迢條蜩苕調梟澆聊膋遼寥僚堯寮

上聲:皎皦鳥了朓杳窈蔞窕挑湫

去聲:嘯(歗)糶眺弔釣叫徼掉調竅料窔

2.宵小笑

平聲:宵消霄逍蛸超朝潮鼂囂樵譙憔驕嬌喬橋焦椒饒橈燒遥傜繇珧窰姚摇謡瑶軺陶韶昭招釗飆標杓儦麃鑣瓢飄苗描要腰嘤葽邀鍬妖夭蹻弨漂嘌翹茷燎鷮

上聲:小肇兆趙旐沼夭少擾繞摽弨縹渺眇藐矯表標殍莩鷕悄剿繚憭

去聲:笑肖照炤詔燿耀要召邵劭嶠漂峭燎療醮廟妙驃少

3.肴巧效(喉牙)

平聲:肴殽爻淆交郊蛟膠虓哮敲坳

上聲:巧佼絞攪姣拗

去聲:效校傚斅教覺較孝

蕭宵肴(喉牙)合用例證(蕭無號,宵*,肴×):

《凱風》:夭*(於驕*)〔勞〕(音僚)

《園有桃》:殽×謡*驕*

《七月》:葽*蜩(徒彫)

《車舝》:鷮*(音驕*)〔教×〕(居爻×)

《板》:寮囂*笑(思邀*)蕘(如謡)

篠小巧(喉牙)合用例證(篠無號,小*,巧×):

《柏舟》:悄*小*少*摽*

《泮水》:藻蹻*蹻*(居表*)昭(之繞*)教×

《月出》:皎僚(音了)〔糾〕(己小*)悄*(七小*)

《良耜》:〔糾〕(其了)趙×(直了)蓼

嘯笑效(喉牙)合用例證(嘯無號,笑*,效×)

《月出》:照*燎*(力召*)紹*(實照*)〔懆〕(七弔)

《匪風》:飄*(匹妙*)嘌*(匹妙*)弔

《角弓》:教×傚×

凡讀叶音然後與豪包韻叶者,都是蕭爻韻字,例如(豪包韻以°爲號):

《終風》:暴°〔笑*〕(音燥°)敖°(五報°)悼°

《干旄》:旄°〔郊×〕(音高°)

《碩人》:敖°〔郊×〕(音高°)〔驕*〕(音高°)〔鑣*〕(音褒°)〔朝*〕(直豪°)勞°

《氓》:勞°〔朝*〕(直豪°);暴°〔笑*〕(音燥°)悼°

《羔裘》:〔朝*〕(直勞°)忉°;膏°(古報°)〔曜*〕(羊號°)悼°

《載驅》:滔°〔儦*〕(褒°)遨°

《碩鼠》:苗(音毛°)勞〔郊〕(音高°)號(户毛°)

《鹿鳴》:蒿°〔昭*〕(側豪°)恌(音洮°)〔傚×〕(胡高°)敖°

《出車》:〔郊〕(音高°)旄

《車攻》:〔苗〕(音毛°)〔囂〕(五刀°)旄敖

《鴻鴈》:嗸°勞°〔驕*〕(音高°)

《十月之交》:勞°〔囂〕(五刀°)

《信南山》:刀°毛°〔膋〕(音聊,叶音勞°)

《漸漸之石》:高°勞°〔朝〕(直高°)

凡讀叶音然後與尤侯韻叶者,也有一部分是蕭爻韻字,例如(尤侯韻字以**爲號):

《采葛》:〔蕭〕(疎鳩)秋**

《下泉》:〔蕭〕(疎鳩)周**

（十二）豪包

1.豪皓號

平聲：勞號豪高膏皐羔櫜鼛牢醪蒿敖遨翱鷔鼇嶅（嗷）曹槽螬漕鏖猱猺尻操袍

上聲：皓昊浩抱老潦討道稻腦惱嫂埽（掃）倒擣島禱草早澡藻蚤棗阜造杲槀縞好寶保褓鴇葆襖媪考攷栲栳槁薧

去聲：號導翿纛悼蹈盜到倒告誥膏傲奡冒帽耄毣眊瑁澇（潦）勞操造慥暴曝報漕奥譟（噪）竈秏好

2.肴巧效（舌齒脣）

平聲：巢鐃呶梢弰箾蛸茅貓包胞苞抛嘲抄庖咆匏炮（炰）麃怓

上聲：飽撓卯昴爪鮑

去聲：罩豹爆貌窌砲稍棹（櫂）淖樂（五教）

豪肴（舌齒脣）合用例證（豪無號，肴＊）：

《思齊》：〔廟〕（音貌*）〔保〕（音鮑）

《公劉》：曹牢匏*

《防有鵲巢》：巢*〔苕〕（徒刀）忉（都勞）

《七月》：茅*綯

《蓼莪》：蒿勞

《北山》：號勞

皓巧（舌齒脣）合用例證（皓無號，巧＊）[①]：

《緇衣》：好造（在早）

《巷伯》：好草

《魚藻》：藻鎬

《采蘋》：藻潦（音老）

《桑柔》：寶好

《烝民》：考保

① 編者注：此與下條原文如此。

《韓奕》:道好

號效(舌齒脣)合用例證(號無號,效＊):

《日月》:冒好(呼報)報

《木瓜》:報好(呼報)

《女曰鷄鳴》:好(呼報)報

《揚之水》:〔皓〕(胡暴)〔鵠〕(居號)

《巧言》:盜暴

《黍苗》:膏(古報)勞(力報)

凡讀叶音然後與尤侯韻叶者,多數是豪包韻字,例如(豪皓號無號,肴巧效＊,侯厚候＊＊,尤有宥×,幽黝幼××,虞麌遇◦,脂旨至◦◦):

《泮水》:〔茆＊〕(謨九×)酒×酒×〔老〕(魯吼＊＊)〔道〕(徒吼＊＊)醜

(十三)歌戈

1.歌哿箇

平聲:歌哥瑳磋多傞娑佗駝紽陀鼉沱跎酡馱莪鵝峨蛾娥他它羅蘿那何河荷訶呵軻苛阿瘥

上聲:哿可癉舵我荷軻左

去聲:箇個賀佐坷餓馱

2.戈果過

平聲:戈過莎蓑梭婆皤摩魔磨訛吪羸(騾)波番和禾龢科窠薖倭靴頗

上聲:果裹朶鎖瑣墮埰惰妥橢麽坐裸羸蠃跛簸叵頗禍火夥脞

去聲:過和挫課髁唾蜕播剉磨懦破座臥貨惰涴

叶　音

1.支紙寘

〔皮〕(蒲何)　〔蛇〕(音移,叶徒何)　〔儀〕(牛何、五何,音俄)

〔宜〕(牛何、魚何)　〔猗〕(於何、於箇)　〔錡〕(巨何)

〔爲〕(吾禾) 〔罹〕(良何) 〔馳〕(徒臥) 〔陂〕(音波)

〔褵〕(音羅) 〔罷〕(彼何) 〔池〕(唐何) 〔掎〕(居何)

〔柁〕(湯何) 〔犧〕(虛何)

2.麻馬禡

〔珈〕(居何) 〔麻〕(謨婆) 〔嘉〕(居何) 〔鯊〕(蘇何)

〔蛇〕(土何) 〔差〕(七何) 〔嗟〕(遭哥)

歌戈合用例證(歌無號,戈*):

《相鼠》:〔皮〕(蒲何)〔儀〕(牛何)〔儀〕〔爲〕(吾禾*)

《淇奧》:〔猗〕(於何)磋(七何)磨*

《考槃》:阿邁*(苦禾*)歌過*(古禾*)

《兔爰》:羅〔爲〕(吾禾*)〔罹〕(良何)吪*

《東門之枌》:〔差〕(七何)〔麻〕(謨婆*)娑

《東門之池》:〔麻〕(謨婆*)歌

《澤陂》:〔陂〕(音波*)荷何沱

《破斧》:〔錡〕(巨何)吪*(五戈*)〔嘉〕(居何)

《無羊》:阿〔池〕(唐何)訛*

《漸漸之石》:波*沱(徒何)他(湯何)

《鳧鷖》:〔沙〕(桑何)〔宜〕(牛何)多〔嘉〕(居何)〔爲〕(吾禾*)

《抑》:〔儀〕(牛何)〔嘉〕(居何)磨*〔爲〕(吾禾*)

哿果合用例證(哿無號,果*):

《何人斯》:〔禍*〕(胡果*)我可

箇過合用例證(箇無號,過*):

《車攻》:〔猗〕(於箇)〔馳〕(徒臥*)破*(普過*)

(十四)麻蛇

1.麻馬禡

平聲:麻蟆車奢賒邪斜耶遮嗟罝蛇華驊劃瓜騧蝸媧花譁夸誇跨胯拏挐嘉家加葭笳麚豭痂枷袈珈遐瑕蝦鰕葩鴉丫椏巴豝芭叉差杈沙鯊裟紗牙衙芽茶闍洼蛙髽杷琶查槎些

爹騢

上聲:馬假者赭野也冶雅賈檟蝦斝灺下夏寫瀉且社捨舍姐把踝寡剮瓦惹啞

去聲:禡罵駕嫁稼架亞婭罅嚇迓訝詫侘吒咤奼詐乍褅(蜡)謝榭暇下夏藉夜卸瀉柘炙蔗舍赦射麝霸怕華(崋)化胯跨嗄

2.麻蛇韻獨用例

《桃夭》:華家

《何彼襛矣》:華車(尺奢)

《騶虞》:葭(音加)豝(百加)

《隰有萇楚》:華家

《丘中有麻》:麻嗟嗟〔施〕(時遮)

《采薇》:華車

《大叔于田》:射〔御〕(魚駕)

《行葦》:〔御〕(魚駕)斝(居訝)

凡讀叶音然後與魚模韻或歌戈韻叶者,大多數是麻蛇韻字,例如(麻馬禡無號,魚＊,虞＊＊,模×＊,歌×,戈××,尤°,侯°°):

《行露》:露×*〔夜〕(羊茹*)露

《木瓜》:〔瓜〕(攻乎×*)琚*

《有女同車》:車〔華〕(芳無**)琚*都×*

《山有扶蘇》:蘇×*〔華〕(芳無**)都×*且*

《著》:著(直居)素(孫租)〔華〕(芳無)

《東方未明》:圃×*(博故×*)瞿**(俱具**)〔夜〕(羊茹*)莫×*(音慕×*)

《葛生》:〔夜〕(羊茹*)居*(姬御*);楚*〔野〕(上與*)處*

《七月》:〔瓜〕(音孤)壺樗苴夫

《鴟鴞》:據*荼×*租×*瘏×*〔家〕(古胡×*)

《狼跋》:胡×*〔瑕〕(洪孤×*)

《皇皇者華》:〔華〕(芳無**)夫**

《祈父》:〔牙〕(五胡×*)居*

《常棣》:〔家〕(古胡×*)帑×* 圖×* 乎×*

《我行其野》:樗*居*〔家〕(古胡×*)

《出車》:〔華〕(芳無**)塗×*居*書*

《雨無正》:都×*〔家〕(古胡×*)

《何人斯》:〔舍〕(商居*)車*盱**

《信南山》:廬×*〔瓜〕(攻乎×*)菹*

《緜》:徒×*〔家〕(古胡×*)

《皇矣》:椐*(紀庶*)〔柘〕(都故×*)路×*固×*

《蕩》:呼×*(火故×*)〔夜〕(羊茹*)

《振鷺》:惡×*(烏路×*)斁×*(丁故×*)〔夜〕(羊茹*)譽*

《駉》:〔騢〕(洪孤×*)魚*祛*〔邪〕(祥餘*)徂×*

《漢廣》:楚*〔馬〕(滿補×*)

《殷其靁》:〔下〕(後五*)處*

《燕燕》:羽**〔野〕(上與*)雨*×

《擊鼓》:處*〔馬〕(滿補×*)〔下〕(後五×*)

《凱風》:〔下〕(後五×*)苦×*

《叔于田》:〔野〕(上與*)〔馬〕(滿補×*)〔馬〕武**

《大叔于田》:〔馬〕(滿補×*)組×* 舞**〔藪°°〕(素苦×*)舉虎所〔狃°〕(女古)女(音汝)

《綢繆》:楚*户×*〔者〕(章與*)

《采苓》:苦×*〔下〕(後五×*)與*

《宛丘》:鼓×*〔下〕(後五×*)〔夏〕(後五×*)羽**

《東門之枌》:栩**〔下〕(後五×*)

《七月》:股×* 羽**〔野〕宇**户×*〔下〕(後五×*)鼠*户×*〔子①〕

① "子"字不應認爲押韻,朱氏誤。

(兹五×*)處*;圃×*(博故×*)〔稼〕(古護×*)

《東山》:羽**〔馬〕(滿補×*)

《四牡》:〔馬〕(滿補×*)盬×*處*;〔下〕(後五×*)栩**父**

《伐木》:湑*(思呂*)酤×*(音古×*)鼓×*舞**〔暇〕(後五×*)湑*

《蓼蕭》:湑*(息呂*)〔寫〕(想羽**)語*處*

《吉日》:〔馬〕(滿補×*)麌**所

《鶴鳴》:〔野〕(上與*)渚*

《鴻鴈》:羽**〔野〕(上與*)〔寡〕(果五×*)

《十月之交》:〔馬〕(滿補×*)處*

《巷伯》:〔者〕(掌與*)〔謀°〕(滿補×*)虎×*

《四月》:〔夏〕(後五×*)暑*予*

《北山》:〔下〕(後五×*)土×*

《小明》:土×*〔野〕(上與*)暑*苦×*雨**罟×*;除*莫×*庶*〔暇〕(胡故×*)顧×*怒×*

《裳裳者華》:湑*(思呂*)〔寫〕(想與*)〔寫〕處*

《車舝》:譽〔射〕(都故);湑*〔寫〕(想羽**)

《采菽》:筥*予*予*〔馬〕(滿補×*)予*黼**

《采綠》:鱮*〔者〕(掌與*)

《何草不黄》:虎×*〔野〕(上與*)〔暇〕(後五×*)

《大明》:父**〔馬〕(滿補×*)滸×*〔下〕(後五×*)女*宇**

《皇矣》:怒×*旅*旅*祜×*〔下〕(後五×*)

《載見》:祜×*〔嘏〕(音古×*)

《鳧鷖》:渚*處*湑*(息汝*)脯**〔下〕(後五×*)

《公劉》:〔野〕(上與*)處*旅*語*

《崧高》:〔馬〕(滿補×*)土

《烝民》:〔下〕(後五×*)甫**;茹*吐×*甫**茹*吐×*〔寡〕(果五×*)禦*

《有客》:〔馬〕(滿補×*)且*(七序*)旅*

《有駜》:〔下〕(後五×**)舞**

《閟宫》:武** 緒*〔野〕(上與*)女* 旅* 父**〔子〕①(子古)魯×* 宇** 輔**;〔嘏〕(果五×*)魯×* 許* 宇**

《中原音韻》把麻韻分爲家麻、車遮兩韻。朱熹時代尚未分立,如“華”與“車”押,“麻”與“嗟”押,未讀叶音。

(十五)江陽

1.陽養漾

平聲:筐傷將方裳亡良忘涼央防襄詳長鄉姜疆狂梁陽房墻揚翔昌瀼蹌霜常嘗楊魴斨場羊王瑲祥牀痒漿章箱張商璋相糧腸粻鏘鍚穰香魴

上聲:養仰掌往兩爽望饗享罔

去聲:兩(音亮)上向尚王讓餉帳悵釀障壯誑亮旺

2.唐蕩宕

平聲:岡黄荒頏鏜臧雱唐堂桑狼郎湯杭簧旁光蒼牂煌稂剛遑藏傍倉喪康囊卬綱螗洸芒鶬

上聲:蕩廣榜顙莽黨朗盎慷晃

去聲:抗伉藏喪葬傍曠盪

3.江講絳

平聲:江雙龐邦尨降窗

上聲:講蚌(蜯)項

去聲:絳降巷(衖)

叶　音

平聲:〔行〕(户郎)　〔觥〕(古黄)　〔兵〕(晡芒、晡亡)
〔兄〕(虚王)　〔京〕(居良)　〔甿〕(謨郎)
〔彭〕(普郎)　〔英〕(於良)　〔明〕(謨郎)
〔庚〕(古郎)　〔亨〕(虚良)　〔衡〕(户郎)

① “子”字不應認爲押韻,朱氏誤。

〔珩〕(户郎)　〔喤〕(胡光)　〔盟〕(謨郎)
〔亨〕(普郎)　〔祊〕(補光)　〔饗〕(虚良)
〔慶〕(祛羊)　〔羹〕(盧當)

上聲:〔競〕(其兩)　〔梗〕(古黨)　〔將〕(子兩)　〔景〕(舉兩)

去聲:〔泳〕(于誑)　〔永〕(弋亮)　〔怲〕(兵旺)

陽唐江合用例證①(陽無號,唐＊):

《卷耳》:筐〔行〕(户郎*);岡*黄*〔觥〕(古黄*)傷
《樛木》:荒*將
《殷其靁》:陽遑*
《燕燕》:頏*將
《北風》:涼雱*〔行〕(户郎*)
《桑中》:唐*鄉姜
《定之方中》:堂*〔京〕(居良)桑臧*
《載馳》:〔蝱〕(謨郎*)〔行〕(户郎*)狂
《氓》:湯*裳爽〔行〕(户郎*)
《河廣》:杭*望
《君子陽陽》:陽簧*房
《將仲子》:墻桑*〔兄〕(虚王)
《大叔于田》:黄*襄〔行〕(户郎*)揚
《清人》:〔彭〕(普郎*)旁*〔英〕(於良)翔
《有女同車》:〔行〕(户郎*)〔英〕(於良)翔將姜忘
《丰》:昌堂*將;裳〔行〕(户郎*)
《野有蔓草》:瀼揚臧*
《雞鳴》:〔明〕(謨郎*)昌〔明〕昌
《還》:昌陽狼臧*
《著》:堂黄〔英〕(於良)

① 江韻與陽唐合用没有例證,但是《詩集傳》通行本《草蟲》《出車》的"降"字都音杭,《長發》的"厖"字音忙,應該認爲朱熹時代江韻已與陽唐合流了。講絳準此。

《東方未明》:〔明〕(謨郎*)裳

《載驅》:湯*〔彭〕(普郎*)翔

《猗嗟》:昌長揚楊蹌臧*

《汾沮洳》:方桑*〔英〕(於良)〔英〕〔行〕(户郎*)

《陟岵》:岡〔兄〕(虚王)

《鴇羽》:〔行〕(户郎*)桑*梁嘗常

《車鄰》:桑*楊簧*亡

《蒹葭》:蒼*霜方長央

《終南》:堂*裳將忘

《黄鳥》:桑*〔行〕(户郎*)〔行〕防

《無衣》:裳〔兵〕(晡芒*)〔行〕(户郎*)

《渭陽》:陽黄*

《東門之楊》:楊牂*煌*

《羔裘》:翔堂*傷

《下泉》:稂*〔京〕(居良)

《七月》:陽〔庚〕(古郎*)筐〔行〕(户郎*)桑*;桑*斨揚桑*;黄*揚裳;霜場饗(虚良)羊堂*〔觥〕(古黄*)疆

《東山》:場〔行〕(户郎*)

《破斧》:斨皇*將

《鹿鳴》:簧*將〔行〕(户郎*)

《采薇》:剛*陽

《出車》:方〔彭〕(普郎*)央方襄

《杕杜》:陽傷遑*

《南山有臺》:桑*楊光*疆

《蓼蕭》:瀼光*爽(師莊)忘

《彤弓》:藏*貺(虚王)饗(虚良)

《六月》:方陽章央〔行〕(户郎*)

《采芑》:鄉央〔衡〕(户郎*)瑲皇*〔珩〕(户郎*)

《庭燎》:央光*將

《沔水》:湯*揚〔行〕(户郎*)忘

《黄鳥》:桑*梁〔明〕(謨郎*)〔兄〕(虚王)

《斯干》:牀裳璋〔喤〕(胡光*)皇*王

《十月之交》:〔行〕(户郎*)良常臧*

《巧言》:〔盟〕(謨郎*)長

《大東》:霜〔行〕(户郎*);漿長光*襄;襄章箱〔明〕(謨郎*)〔庚〕(古郎*)〔行〕(户郎*)

《北山》:〔彭〕(普郎*)旁*將剛*方;牀〔行〕(户郎*)

《鼓鐘》:將湯*傷忘

《楚茨》:蹌羊嘗〔亨〕(鋪郎*)將〔祊〕(補光*)〔明〕(謨郎*)皇*饗(虚良)慶(祛羊)疆

《信南山》:享(虚良)〔明〕(謨郎*)皇*疆

《裳裳者華》:黄*章章〔慶〕(墟羊)

《甫田》:〔明〕(謨郎*)羊方臧*〔慶〕(祛羊);涼〔京〕(居良)倉*箱梁〔慶〕(祛羊)疆

《賓之初筵》:抗*(居郎*)張

《都人士》:黄*章望

《隰桑》:藏*忘

《瓠葉》:〔亨〕(普郎)嘗

《苕之華》:黄*傷

《何草不黄》:黄*〔行〕(户郎*)將方

《大明》:商〔京〕(居良)〔行〕(户郎)王;梁光*;王〔京〕(居良)〔行〕(户郎*)王商;洋煌*〔彭〕(普郎*)揚王商〔明〕(謨郎*)

《緜》:伉(苦郎*)將〔行〕(户郎*)

《皇矣》:〔兄〕(虚王)〔慶〕(祛羊)光*喪*方;〔京〕(居良)疆岡*

《既醉》:將〔明〕(謨郎*)

《假樂》:皇*王忘章;疆綱

《公劉》:康*疆倉*糧囊*光*張揚〔行〕(户郎*);岡*〔京〕(居良);長岡*陽;糧陽荒*

《卷阿》:長康*常;卬*璋望綱*;岡*陽

《民勞》:康*方良〔明〕(謨郎*)王

《板》:〔明〕(謨郎*)王

《蕩》:螗*〔羹〕(盧當*)喪*〔行〕(户郎*)方

《桑柔》:王痒荒*蒼*;〔瞻〕(側姜)相臧*狂

《崧高》:疆粻〔行〕(户郎*)

《烝民》:將〔明〕(謨郎*);〔彭〕(普郎*)鏘方

《江漢》:湯*洸*方王

《召旻》:喪*亡荒*

《執競》:王康*皇*康*方〔明〕(謨郎*)〔喤〕(胡光*)將穰

《載見》:王章陽央鶬光*享(虚良)

《泮水》:皇*揚

《閟宫》:嘗〔衡〕(户郎*)剛*將〔羹〕(盧當*)房洋〔磨〕(袪羊)昌臧*方常

《烈祖》:疆〔衡〕(户郎*)鶬享(虚良)將康*穰〔享〕(虚良)疆嘗將

《玄鳥》:商芒*湯*方

《長發》:商祥芒*方疆長將商;〔衡〕(户郎*)王

《殷武》:鄉湯*羌享(虚良)王常

《離騷》:荒*章常〔懲〕(直良);桑*羊;當*芳;〔行〕(户郎*)粻;鄉〔行〕(户郎*)

《東皇太一》:良皇*琅*芳漿倡堂*康*

《雲中君》:芳〔英〕(於良)央光*章

《湘夫人》:堂*房張芳〔衡〕(户郎*)

《大司命》:翔陽〔坑〕(看岡*)

《東君》:方桑*〔明〕(謨郎*);裳狼*〔降〕(胡剛*)漿翔〔行〕(户郎*)

《國殤》:〔行〕(户郎*)傷

《天問》:〔明〕(謨郎×)藏*尚〔行〕(户郎*);揚光*;方桑*;臧*羊;〔行〕(户郎*)將

《涉江》:〔英〕(於良)光*湘

《哀郢》:亡〔行〕(户郎*)

《抽思》:亡光*

《懷沙》:章〔明〕(謨郎*);量臧*

《思美人》:將當*

《悲回風》:傷倡忘長芳章芳貺羊〔明〕(謨郎*)

《遠遊》:〔行〕(户郎*)鄉陽〔英〕(於良);涼皇*;鄉〔行〕(户郎*)

《卜居》:長〔明〕(音芒*)〔通〕(他光*)

養蕩講合用例證(養無號,蕩＊):

《南山》兩蕩*

《桑柔》將(子兩)往〔競〕(其兩)梗(古黨)

漾宕絳合用例證:

《漢廣》:廣*(古曠*)〔泳〕(于誑)〔永〕(弋亮)方(甫妄)

《宛丘》:湯*(他浪*)上(辰亮)望(武放)

《頍弁》:上(時亮)怲(兵旺)藏*(才浪*)

《河伯》:望蕩*

《天問》:饗喪*

(十六)庚生

1.庚梗映(二等)

平聲:庚更秔賡羹阬(坑)盲蝱莔横黌瑝喤祊鱦(鱑)彭棚搒亨烹鐺琤傖崢棖生笙牲甥行珩衡蘅傍(布彭)

上聲:梗骾鯁綆哽埂杏猛荇艋冷

去聲:更孟橫行倀榜

2.耕耿諍

平聲:耕鏗牼甍宏紘閎嶸竑吰莖丁(朾)罃甇鶯嚶櫻鸚鷪崢琤錚噌怦姘伻抨轟訇訇橙瞪繃爭箏

上聲:耿黽幸

去聲:諍迸

本韻例證

《伐木》:丁(陟耕)嚶(於耕)

在朱熹反切裹,庚生韻字讀叶音然後與陽唐韻叶,或與京青韻叶,例如(庚耕無號,陽°,唐°°,清＊,青×):

《卷耳》:筐〔行〕(户郎°°);岡°°觥(古橫,叶古黃°)傷°

《雄雉》:〔行〕(户郎°°)臧°°

《北風》:涼雱〔行〕(户郎°°)

《載馳》:蝱(音盲,叶謨郎°°)〔行〕(户郎°°)狂°

《氓》:湯°°裳°爽°〔行〕(户郎°°)

《褰裳》:裳°〔行〕(户郎°°)

《鴇羽》:〔行〕(户郎°°)桑°°梁°嘗°常°

《黃鳥》:桑°°〔行〕(户郎°°)〔行〕防°

《七月》:陽〔庚〕(古郎°°)筐〔行〕(户郎°°)桑°°;霜場饗羊°堂°°〔觥〕(虢彭,叶古黃°°)

《鹿鳴》:〔笙〕(師莊°)將°〔行〕(户郎°°)

《出車》:方°〔彭〕(鋪郎°°)央°方°襄°

《采芑》:鄉°央°〔衡〕(户郎°°)瑲°皇°°〔珩〕(户郎°°)

《六月》:方°陽°章°央°〔行〕(户郎°°)

《沔水》:湯°°揚°〔行〕(户郎°°)忘°

《斯干》:牀°裳°璋°〔喤〕(華彭,叶胡光°°)皇°°王°

《十月之交》:〔行〕(户郎°°)良°常°臧°°

《巧言》:〔盟〕(謨郎°°)長°

《大東》:霜°〔行〕(户郎°°)

《北山》:〔彭〕(鋪郎°°)〔傍〕(布彭,叶布光°°)將剛°°方;牀°〔行〕(户郎°°)

《何草不黄》:黄°°〔行〕(户郎°°)將°方°

《瓠葉》:〔亨〕(鋪郎°°)嘗

《緜》:伉°°將°〔行〕(户郎°°)

《公劉》:康°°疆°倉°°糧°囊°°光°°張°揚°〔行〕(户郎°°)

《蕩》:螗°°〔羹〕(盧當°°)喪°°〔行〕(户郎°°)方°

《崧高》:疆粻〔行〕(户郎°°)

《烝民》:〔彭〕(鋪郎°°)鏘°方°

《韓奕》:張°王°章°〔衡〕(户郎°°)鍚°;〔彭〕(鋪郎°°)鏘°光°°

《天作》:荒°°康°°〔行〕(户郎°°)

《駉》:皇°°黄°°〔彭〕(鋪郎°°)疆°臧°°

《長發》:〔衡〕(户郎°°)王

《猗嗟》:名*清*成*正*〔甥〕(桑經×)

《常棣》:平寧×〔生〕(桑經×)

《伐木》:鳴聲*聲*〔生〕(桑經×)平

《節南山》:定×(唐丁×)〔生〕(桑經×)寧×醒*成*政*(諸盈*)姓*(桑經×)

《小旻》:程*經×聽×〔爭*〕(側陘×)成*

《小宛》:令×(音零×)鳴征*〔生〕(桑經×)

《苕之華》:青×〔生〕(桑經×)

《緜》:成*〔生〕(桑經×)

《雲漢》:〔牲〕(桑經×)聽×

《殷武》:聲*靈×寧×〔生〕(桑經×)

《江漢》:平定×(唐丁×)〔爭*〕(菑陘×)寧×

《烈祖》:〔成*〕(音常°)〔羹〕(音郎°°)〔平〕(音旁°°)〔言〕(音

昂°°)〔爭*〕(音章°)疆°①

爲什麽知道庚生與京青不同韻呢？這從“生甥牲笙爭”等字的叶音看出來的②。如果依照《中原音韻》的庚青韻,《常棣》“生”與“平寧”押,《殷武》“生”與“聲*靈×寧”押,《猗嗟》“甥”與“名清成正”押,《雲漢》“牲”與“聽”押,《小旻》“爭”與“程經聽成”押,《江漢》“爭”與“平定寧”押,等等,都用不着讀叶音。現在都讀叶音,可見這些字在朱熹時代不屬於京青韻了。特别富於啟發性的是《鹿鳴》“笙”叶“鳴平”本來很諧和,朱熹偏要叶師莊反,讓它與“簧將行”押,可見“笙”字在朱熹時代並不與“鳴平”等字同韻。這就證明了,朱熹時代,梗攝二等和三、四等是不同韻部的。

(十七)京青

1.庚梗映(三、四等)

平聲:英平苹評枰驚京荆明鳴榮瑩兵兄卿擎黥勍鯨

上聲:丙秉怲警儆景境省永皿

去聲:映敬竟鏡競倞慶命病柄怲詠(咏)泳禜迎

2.清靜勁

平聲:縈成城盈征旌聲清營名正菁睘(煢)楹酲楨傾贏嬴

上聲:靜靖穽(阱)整逞騁郢頴穎領嶺頸餅頃井癭請省

去聲:勁清政正聖鄭性姓令聘摒併淨靚盛

3.青迥徑

平聲:丁星青庭廷霆寧經聽冥屏靈涇陘形刑型邢硎亭停腥醒零囹苓蛉瓴汀銘溟蓂瓶萍熒螢扃駉坰馨

上聲:迥炯熲茗頂鼎挺梃町謦醒到並

去聲:徑逕甯佞脛定錠罄磬聽

庚(三、四)清青合用例證(庚無號,清＊,青×):

① 依段玉裁,應以“成平爭”爲韻,“疆衡”爲韻,朱氏在這裏是錯誤的。

② 《文王》叶“生楨寧”,《卷阿》叶“鳴生”,朱熹認爲單句不押韻,所以這兩個“生”字没有叶音。

《蕩》:明卿

《小星》:星$^{\times}$征*

《杕杜》:菁*(子零$^{\times}$)睘*(求螢$^{\times}$)姓*(桑經$^{\times}$)

《匏有苦葉》:盈*鳴

《淇奥》:青$^{\times}$瑩星$^{\times}$

《雞鳴》:鳴盈*鳴聲*

《著》:庭$^{\times}$青$^{\times}$瑩

《猗嗟》:名*清*成*正*〔甥〕(桑經$^{\times}$)

《常棣》:平寧$^{\times}$〔生〕(桑經$^{\times}$)

《伐木》:鳴聲*聲*〔生〕(桑經$^{\times}$)平

《車攻》:鳴旌*驚盈*

《斯干》:庭$^{\times}$楹*正*冥$^{\times}$寧$^{\times}$

《節南山》:平寧$^{\times}$正*

《小旻》:程*經$^{\times}$聽$^{\times}$〔爭*〕(側陘$^{\times}$)成*

《小宛》:令$^{\times}$鳴征*〔生〕(桑經$^{\times}$)

《黍苗》:平清*成*寧$^{\times}$

《文王》:楨*寧$^{\times}$

《緜》:成*〔生〕(桑經$^{\times}$)

《皇矣》:屏$^{\times}$平

《文王有聲》:聲*聲*寧$^{\times}$成*

《鳧鷖》:涇$^{\times}$寧$^{\times}$清*馨$^{\times}$成*

《卷阿》:鳴〔生〕(桑經$^{\times}$)

《板》:屏$^{\times}$寧$^{\times}$成*

《蕩》:刑$^{\times}$聽$^{\times}$傾*

《抑》:〔令〕(音經$^{\times}$)政(音征*)

《雲漢》:星$^{\times}$贏*成*正*寧$^{\times}$

《江漢》:平定(當丁$^{\times}$)〔爭*〕(菑陘$^{\times}$)寧$^{\times}$

《常武》:霆$^{\times}$驚;平庭$^{\times}$

《有瞽》:庭×聲*鳴聽×成*

《良耜》:盈*寧×

《那》:成*聲*平聲*聲*

《殷武》:聲*靈×寧×〔生〕(桑經×)

《離騷》:情*聽×

《湘君》:征*庭×旌*靈×

《少司命》:青×莖①成*;旍×星×正*(音征*)

《山鬼》:冥×鳴

《天問》:寧×情*

《抽思》:正*(音征*)聽×;星×營*

《遠遊》:征*零×成*情*程*;榮人②征*

《卜居》:清*輕*鳴名*貞*

《漁父》:清*醒×

《九辯》:聲*鳴征*成*

映(三、四)勁徑合用例證(映無號,勁*,徑×):

《麟之趾》:定×(都佞×)姓*

《采薇》:定×聘*

《閔予小子》:庭×(去聲)敬

(十八)蒸登

1.蒸拯證

平聲:繩升興承懲蒸兢勝冰陾馮(憑)膺承仍凝烝丞澄(澂)陵綾鯪應鷹掤昇陞稱偁

上聲:拯

去聲:證孕媵乘剩應甑勝稱秤丞凭

2.登等嶝

平聲:薨憎朋增恒崩肱騰縢登弘鵬曾層

① "莖"當讀叶音。

② "人"字未讀叶音,可能在朱熹的方言裏,真文與京青通用。

上聲:等肯

去聲:鄧亘蹭蹬嶝凳

叶　音

平聲:于〔弓〕(姑弘)　　〔夢〕(莫縢、彌登、莫登)

〔雄〕(于陵、胡陵)　〔音〕(一陵)

蒸登合用例證(蒸無號,登*):

《螽斯》:薨* 繩

《大叔于田》:掤〔弓〕(姑弘*)

《椒聊》:升朋*

《小戎》:膺〔弓〕(姑弘*)縢*興〔音〕(一陵)

《天保》:興陵增*;恒*升崩*承

《菁菁者莪》:陵朋*

《斯干》:興〔夢〕(彌登*)

《無羊》:蒸〔雄〕(于陵)兢崩*肱*升

《正月》:蒸〔夢〕(莫登*)勝(音升)憎*;陵懲〔夢〕(莫登*)〔雄〕(胡陵)

《十月之交》:騰*崩*陵懲

《采緑》:〔弓〕(姑弘*)繩

《緜》:陾薨*登*馮(扶冰)興勝(音升)

《生民》:登*升

《閟宫》:崩*騰*朋*陵;乘縢*〔弓〕(姑弘*)〔綅〕(息陵)增*膺懲承

《楚辭·九歌·國殤》叶"弓懲凌雄",朱氏誤認爲叶"弓懲凌靈雄",於是"弓"叶音經,"雄"叶音形,衹此一例,不能證明朱熹時代蒸登已經併入京青。當依宋元韻圖,曾攝獨立。

(十九)尤侯

1.尤有宥

平聲:鳩洲逑流求仇休讎悠滺遊裯猶舟憂游脩修抽瘳周收輈矛綵

遒柔醻浮妯槱蹂酋劉優囚捜球旒捄尤訧謀丘(邱)裘郵牛紑揄(音由)

上聲:酒誘手醜首阜醜杻缶懰受壽韭舅咎留莠柳朽友否有久右婦玖負

去聲:售救褎究秀呪祝臭咮(噣)舊疚又囿

2.侯厚候

平聲:哀蔞侯諏樓謳歐鷗頭投偷鉤溝枸兜抔陬餱句(勾)鍭

上聲:笱苟後枸耇口厚斗后叟藪母牡畝

去聲:媾豆奏後漏覯茂戊姤

3.幽黝幼

平聲:幽呦虯觩璆捄彪鏐樛烋繆

上聲:黝赳

去聲:幼謬繆

叶　音

平聲:〔蕭〕(踈鳩)　〔漕〕(徂侯)　〔滔〕(他侯)

〔袍〕(步謀)　〔髦〕(莫侯)　〔茅〕(莫侯)

〔孚〕(房尤)　〔怓〕(尼猶)　〔騷〕(蘇侯)

〔苞〕(補鉤)　〔陶〕(夷周)　〔昴〕(力求)

〔炮〕(蒲侯)　〔驅〕(祛尤)　〔聊〕(音留)

上聲:〔包〕(補苟)　〔老〕(魯吼、魯口)

〔軌〕(居有)　〔埽〕(蘇后、蘇吼)　〔道〕(徒厚、徒苟、徒口、徒吼)　〔好〕(許厚、許口、許苟、訏口)

〔保〕(補苟)　〔簋〕(己有)　〔鴇〕(補苟)

〔栲〕(去九)　〔考〕(去九、去久,叶音口)

〔飽〕(補苟)　〔翿〕(殖酉)　〔棗〕(音走)

〔稻〕(徒苟)　〔草〕(此苟)　〔禱〕(丁口)

〔苞〕(補苟、蒲苟)　〔卯〕(莫後)　〔擣〕(丁口)

〔阜〕(子苟)　〔趣〕(此苟)　〔茆〕(謨九)

去聲:〔陶〕(徒候) 〔抽〕(敕救) 〔好〕(許候、呼候、呼鬥)

〔道〕(徒候) 〔昊〕(許候) 〔告〕(古后、居后)

尤侯幽合用例證(尤無號,侯*,幽×)①:

《泉水》:〔漕〕(徂侯*)悠遊憂

《載馳》:〔驅〕(祛尤)侯*悠〔漕〕(徂侯*)憂

《蟋蟀》:休〔慆〕(佗侯*)憂休

《桑扈》:觩×(音求)柔求

《角弓》:浮流〔髦〕(莫侯*)憂

《白華》:〔茅〕(莫侯*)猶

《江漢》:浮〔滔〕(他侯*)遊求

《常武》:遊〔騷〕(蘇侯);〔苞〕(補鉤*)流

《離騷》:留〔茅〕(莫侯*)

有厚黝合用例證(有無號,厚*)

《野有死麕》:〔包〕(補苟*)誘

《擊鼓》:手〔老〕(魯吼*)

《匏有苦葉》:〔軌〕(居有)牡*

《墻有茨》:〔埽〕(蘇后*)〔道〕(徒厚*)醜

《叔于田》:狩(始九)酒酒〔好〕(許厚*)

《大叔于田》:〔鴇〕(補苟*)首手阜

《遵大路》:手魗(齒九)〔好〕(許口*)

《女曰鷄鳴》:酒〔老〕(魯吼*)〔好〕(許厚*)

《山有樞》:〔栲〕(去九)杻〔埽〕(蘇后*)〔考〕(去九)〔保〕(補苟*)

《權輿》:〔簋〕(己有)〔飽〕(補苟*)

《宛丘》:缶(方有)〔道〕(徒厚*)翿(殖有)

《七月》:〔棗〕(音走*)〔稻〕(徒苟*)酒壽(殖有)

《伐木》:〔埽〕(蘇吼*)〔簋〕(己有)牡*舅咎

① 編者注:幽韻字少,此節平上聲均如此,我們不作改動。下同。

《南山有臺》:〔栲〕(音口*)杻壽(直酉)茂*(莫口*)

《車攻》:〔好〕(許厚*)阜〔草〕(此苟*)狩(始九)

《吉日》:戊(莫吼*)〔禱〕(丁口*)〔好〕(許口*)阜阜醜

《斯干》:〔苞〕(補苟*)茂*(莫口*)〔好〕(許厚*)猶(余久)

《十月之交》:〔卯〕(莫後*)醜

《小弁》:〔道〕(徒苟*)〔草〕(此苟*)〔擣〕(丁口*)老(魯口*)首

《楚茨》:〔飽〕(補苟*)首〔考〕(去九)

《信南山》:酒牡*〔考〕(去九)

《大田》:〔皁〕(子苟*)〔好〕(許苟*)莠(餘久)

《苕之華》:首罶〔飽〕(補苟*)

《棫樸》:槱〔趣〕(此苟*)

《生民》:〔道〕(徒口*)〔草〕(此苟*)茂*(莫口*)〔苞〕(蒲苟*)褎(徐久)秀(思久)〔好〕(訏口*)

《雝》:壽(殖酉)〔考〕(音口*)

《有駜》:牡*酒

《泮水》:〔茆〕(謨九)酒酒〔老〕(魯吼*)〔道〕(徒吼*)醜

《天問》:〔嫂〕(音叟*)首

宥候幼合用例證(宥無號,候*,幼×):

《羔裘》:褎(徐救)究〔好〕(呼候*)

《天保》:壽茂*

《巷伯》:受(承呪)〔昊〕(許候*)

《小旻》:猶(余救)〔集〕(《韓詩》作就,叶疾救)咎(巨又)〔道〕(徒候*)

《惜誦》:〔好〕(呼鬥*)就

《天問》:〔告〕(古后*)救

《抽思》:救〔告〕(居后*)

(二十)侵尋

侵寢沁

平聲:林心音衿欽陰琴駸壬堪諶臨深琛今金參森祲沈尋潯霖斟針(鍼)箴任淫愔鬵簪衾吟歆禁砧岑

上聲:寢錦枕飲朕廩懍稟荏飪稔沈葚凜品甚

去聲:甚浸妊任衽鴆枕禁賃蔭飲臨葚

叶　音

平聲:〔三〕(疏簪)　〔風〕(孚愔)　〔南〕(尼心)
〔耽〕(持林)　〔湛〕(持林)　〔興〕(音歆)
〔男〕(尼心)　〔僭〕(七心、七尋)　〔譖〕(子林)
〔潭〕(音尋)　〔能〕(奴金)

上聲:〔簟〕(徒錦)

侵獨用例證:

《兔爰》:林心

《摽有梅》:〔三〕(疏簪)今

《緑衣》:〔風〕(孚愔)心

《燕燕》:音〔南〕(尼心)心

《凱風》:〔南〕(尼心)心;音心

《雄雉》:音心

《氓》:葚(知林)〔耽〕(持林)

《子衿》:衿心音

《晨風》:〔風〕(孚愔)林欽

《株林》:林〔南〕(尼心)林〔南〕

《匪風》:鬵(音尋)音

《常棣》:琴〔湛〕(持林)

《鹿鳴》:芩琴琴〔湛〕(持林)心

《白駒》:音心

《何人斯》:〔風〕(孚愔)〔南〕(尼心)心

《鼓鐘》:欽琴音〔南〕(尼心)〔僭〕(七心)

《車舝》:琴心

《賓之初筵》:林〔湛〕(持林)〔能〕(奴金)

《白華》:煁(市林)心

《大明》:林〔興〕(音欽)心

《思齊》:音〔男〕(尼心)

《皇矣》:心音

《生民》:歆今

《卷阿》:〔南〕(尼心)音

《抑》:〔僭〕(七尋)心

《桑柔》:〔風〕(孚愔);林〔譖〕(子林)

《烝民》:〔風〕(孚愔)心

《瞻卬》:深今

《泮水》:心〔南〕(尼心);林音琛金

《離騷》:心淫

《涉江》:〔風〕(孚愔)林

《哀郢》:心〔風〕(孚愔)

《抽思》:〔潭〕(音尋)

寑獨用例證:

《澤陂》:㚜(音寑)諗(音審)

《斯干》:〔簟〕(徒錦)寑(千錦)

《巷伯》:錦甚(食荏)

(二十一)覃咸

1.覃感勘

平聲:覃潭譚参驂南男枏諳庵盦含函頷頷婪嵐蠶簪探貪耽湛
眈龕堪戡涵

上聲:感贛禫萏黮慘憯坎埳顑頷撼壈

去聲:勘轗紺憾暗闇琀

2.談敢闞

平聲:談惔郯倓甘柑擔儋聃三藍慚(慚)酣餤

上聲:敢橄覽擥(攬)欖菼噉(啖咱)淡澹黲槧嵌喊憺

去聲:闞濫勵纜憨暫擔三

3.咸豏陷

平聲:咸鹹緘摻杉喦讒饞毚①

上聲:減斬闞摻黯

去聲:陷蘸站

4.銜檻鑑

平聲:銜巉鑱巖攙衫芟監鑑

上聲:檻艦勵濫黤

去聲:鑑(鑒)監懺

5.凡范梵(脣)

平聲:凡帆

上聲:范範犯

去聲:梵汎(泛)氾

叶 音

〔瞻〕(側銜) 〔襜〕(都甘) 〔詹〕(多甘)

覃談咸銜凡(脣)合用例證(覃無號,談＊,咸＊＊,銜×,凡××):

《節南山》:巖×〔瞻〕(側銜×)惔＊(徒藍＊)談＊斬＊＊(側銜×)監×(古銜×)

《巧言》:涵(音含)讒＊＊;甘＊餤＊(音談＊)

《采綠》:藍＊〔襜〕(都甘＊)〔詹〕(多甘＊)

感敢豏檻范(脣)合用例證(感無號,敢＊,豏＊＊,檻×,范××):

《大車》:檻×菼＊(吐敢＊)敢＊

《抽思》:敢＊憺＊(徒敢＊)

勘闞陷鑑梵(脣)合用例證(勘無號,闞＊,陷＊＊,鑑×,梵××):

《殷武》:監×濫＊

---

① 《詩・小雅・巧言》"躍躍毚兔",《詩集傳》通行本注云:"毚,音殘。"似乎覃咸已轉入寒山。但是,宋本注云:"毚,士咸反。"宋本纔是正確的。

(二十二)鹽嚴

1.鹽琰艷

平聲:鹽閻檐廉簾鐮匳簾砭銛纖孅籤僉詹瞻占蟾苫襜髯黏炎
霑沾覘淹尖殲漸潛鬵鉗箝黔鈐鹹懕緌

上聲:琰剡扊斂獫險貶颭儉芡檢魘壓冉苒染陜閃諂奄掩撿漸槧灩

去聲:豔(艷)贍厭饜窆砭驗掞塹斂殮瀲覘占

2.添忝㮇

平聲:添甜恬鬑兼蒹鶼鰜嫌鮎拈

上聲:忝點玷簟嗛歉慊

去聲:念店坫墊念僭

3.嚴儼釅

平聲:嚴杴醃

上聲:儼

去聲:釅

4.凡范梵(喉牙)

去聲:劍欠

叶　音

〔萏〕(待檢)　〔枕〕(知險)　〔巖〕(魚杴)

鹽添嚴合用例證(鹽無號,添＊,嚴×)

《閟宫》:〔巖〕(魚杴×)詹

琰忝儼合用例證(琰無號,忝＊,儼×)

《澤陂》:〔萏〕(待檢)儼×(魚檢)〔枕〕(知檢)

《召旻》:〔玷＊〕(丁險)貶

以朱熹反切的二十二韻部與韻圖十六攝相比較,可見很明確的對應關係。内轉通止遇果宕流曾深八攝在朱熹反切中都是獨韻,即東鍾、支齊、魚模、歌戈、江陽、尤侯、蒸登、侵尋。稍有不同者:蟹攝三、四等併入止攝,江攝併入宕攝,止攝齒頭字分出成爲資思韻。外轉江蟹臻山效假咸梗八攝,大多數分爲兩韻:臻攝分爲門魂、真文;蟹攝分爲皆來、灰堆;山攝分爲寒山、元仙;效攝分爲豪包、蕭爻;咸攝分爲覃咸、鹽嚴;梗攝分爲庚生、京青。祇有江攝併入了宕攝,蟹攝三、四等併入了支齊,假攝獨立成韻。

與《中原音韻》十九部相比較,就平上去聲來説,東鍾、魚模、皆來、先天、歌戈、江陽、尤侯、侵尋、監咸、廉纖十部都和朱熹反切相同①。《中原音韻》的支思,一部分字(正齒字)在朱熹反切歸支齊。《中原音韻》的齊微,一部分字(蟹攝一等合口)在朱熹反切歸灰堆。《中原音韻》的真文,在朱熹反切分爲真文、門魂二部。《中原音韻》的寒山、桓歡,在朱熹反切合爲一部;家麻、車遮亦合爲一部。《中原音韻》的庚青,在朱熹反切分爲庚生、京青二部。《中原音韻》的蕭豪,在朱熹反切分爲蕭爻、豪包二部。

濁上變去

《韻鏡》云:"凡以平側呼字,至上聲多相犯。古人制韻,間取去聲字參入上聲者,正欲使清濁有所辨耳(如一董韻有動字,三十二皓有道字之類矣)。或者不知,徒泥韻策分爲四聲,至上聲多例作第二側讀之,此殊不知變也。若果爲然,則以'士'爲'史',以'上'爲'賞',以'道'爲'禱',以父母之'父'爲'甫',可乎?今逐韻上聲濁位並當呼爲去聲。"張麟之《韻鏡》作於嘉泰三年(1203),正值朱熹時代(朱熹卒於1210年),可見濁上變去已經從宋代開始。朱熹反切有很多例證。有許多常用字本來就讀上聲,朱熹還注上反切,就是怕别人依宋代語音讀爲去聲,例如:

動,(叶德總),與厖(叶莫孔)龍(叶丑勇)竦(小勇反)總叶(《長發》)

士,鉏里反,與洧(叶于己)叶(《褰裳》),又與畝(叶滿彼)耔(叶奬里)薿(魚起反)止叶(《甫田》),又與止使子叶(《卷阿》),又與喜母(叶滿委)有(叶羽己)祉齒叶(《閟宫》),又與海(叶呼

① 先天改稱元仙,監咸改稱覃咸。

洧)理阯海叶(《大招》)

舅,其九反,與埽(叶蘇吼)簋(叶己有)牡咎(其九反)叶(《伐木》)

咎,其九反,與埽簋牡舅叶(同上)

仕,鉏里反,與子(叶奬里)已殆(叶養里)叶(《節南山》),又與殆(養里)使子(叶奬履)使友(叶羽已)叶(《雨無正》)

踐,在演反,與衍遠愆(叶起淺)叶(《伐木》),又賤淺反,與遠叶(《伐柯》)

阜,符有反,與鴇(叶補苟)首手藪叶(《大叔于田》),又叶手狩(叶始九),又叶好(叶許厚)草(叶此苟)狩(叶始九)(《車攻》),又與戊(叶莫吼)禱(叶丁口)好(叶許口)醜叶(《吉日》)

盡,叶子忍反[①],與引叶(《楚茨》)

墠,音善,叶上演反[②],與阪(叶孚臠)遠叶(《東門之墠》)

造,叶在早反,與好叶(《緇衣》)

户,侯古反,與楚者(叶章與)叶(《綢繆》),又後五反,與雨土予叶(《鴟鴞》),又與股羽野(叶上與)宇下(叶後五)鼠子(叶兹五)處叶(《七月》)

視,叶善止反,與匕砥(之履反)矢履涕(音體)叶(《大東》)

怙,候古反,與羽栩(況禹反)盬(音古)黍所叶(《鴇羽》)

土,音杜,徒古反,與雨户(叶後五)予叶(《鴟鴞》)

緒,象吕反,與父旅浦土處叶(《常武》)

父,叶夫矩反,與滸(呼五)顧(叶公五)叶(《葛藟》),又扶雨反,與湑(私敘反)踽(俱禹反)叶(《杕杜》),又與下(叶後五)栩(況甫)盬叶(《四牡》),又與武緒野(叶上與)女(音汝)旅功(叶音古)子(叶子古)魯宇輔(扶雨反)叶(《閟宫》)

如果與去聲字押韻,就不注叶音,例如《蓼莪》"恃"與去聲"至"叶,

① 當云:"盡,慈忍反。"

② "叶"字宜删。

就不注叶音,讓讀者依宋代語音“恃”讀去聲就是了。但是,這一類字本讀上聲,現在如果要讀去聲,就不算正讀,所以在一般情況下,反而要注叶音,例如:

咎,叶巨又反,與猶(叶于救)就道(叶徒候)叶(《小旻》)

受,叶承呪反,與昊(叶許候)叶(《巷伯》)

罪,叶音悴,與威(叶紆胃)叶(《巧言》)

貳　入聲十部

(一)屋燭

1.屋

鞠覆育祝六夙速櫝陸軸宿匊燠薁菽蓫畜復奥(於六)蹙俶肅卜霂沐穋木服伏福輻牧蓄鹿谷穀樕鞫讀族轂屋目禄腹獨

2.沃

沃毒篤督酷嚳鵠礐僕梏瑁襮告(工毒)熇

3.燭

燭屬矚蠋玉獄項旭勗掬局跼蜀觸辱蓐褥欲浴鵒彔(之録)欲録緑騄醁錄碌曲劚足贖幞促續藚俗粟涑亍束觫

叶　音

〔告〕(姑沃)　〔角〕(盧谷)　〔驅〕(居録)　〔椓〕(都木)

〔濁〕(殊玉)　〔戚〕(子六)　〔奏〕(音族)　〔渥〕(烏谷)

〔迪〕(徒沃)　〔垢〕(居六)　〔活〕(呼酷)

屋沃燭合用例證(屋無號,沃＊,燭×):

《行露》:〔角〕(盧谷)屋〔家〕(音谷①)獄×獄×足×

《野有死麕》:樕鹿束×玉×

《谷風》:鞠覆育毒＊

《墻有茨》:束×讀讀辱×

《干旄》:祝六〔告〕(姑沃＊)

① “家”不入韻,朱氏誤。

《考槃》:陸軸宿〔告〕(姑沃*)

《南山》:告(工毒*)鞫

《汾沮洳》:曲×藚×玉×玉×族

《椒聊》:匊篤*

《小戎》:〔驅〕(居録×)續×轂馵×(之録×)玉×曲×

《東山》:蜀×宿

《天保》:穀禄足×

《鶴鳴》:穀玉×

《白駒》:谷束×玉×

《黄鳥》:穀粟×穀族

《正月》:禄僕*禄屋

《小宛》:粟×獄×卜穀

《信南山》:霂〔渥〕(烏谷)足×穀

《四月》:〔濁〕(殊玉×)穀

《采緑》:緑×匊局×沐

《白華》:束×獨

《既醉》:俶〔告〕(姑沃*);禄僕*

《桑柔》:〔迪〕(徒沃*)復毒*

《良耜》:〔角〕(盧谷)續×

《天問》:欲×禄

《思美人》:木足×

《遠遊》:屬×轂

《載芟》:穀〔活〕(呼酷*)

覺韻字已轉入藥鐸,故讀叶音。

(二)質職

1.質

質桎蛭騭銍鑕日馹衵實秩紩帙姪悉膝蟋一壹七漆匹吉拮暱(昵)逸佚佾溢軼鎰泆詰栗慄室疾嫉蒺失室密蜜宓謐必畢篳韠

蹕觱珌彃佶邲苾泌叱弼乙鴕筆肸佖

2.術

術述橘聿鴥遹卹恤戌律黜怵出卒

3.櫛

櫛瑟

4.物(喉牙)

鬱屈倔

5.迄

迄仡肸汔訖吃乞屹

6.陌(三等)

劇屐戟撠隙郤綌逆

7.昔

昔腊舄積脊蹐迹(跡)踖蹟益繹亦弈奕譯懌斁驛嶧腋掖易蜴埸射釋適奭尺赤斥石碩袥隻炙蹠跖擲躑刺席夕穸汐席籍藉瘠脣躃闢辟璧僻癖碧

8.錫

錫析裼晳蜥激擊霹劈澼歷靂櫪櫟轢曆瀝鬲厤的嫡鏑蹢滴檄覡鷁狄荻迪翟敵糴覿笛(篴)滌踧逖(逷)倜趯剔惕踢喫惄溺寂覓鼏冪汨壁戚慼鷊績闃鶪幭

9.職(三、四等)

職織直力敕(勑勅)飭陟食息寔湜殖植埴識式軾拭畫極匿憶臆抑殛棘亟弋翊翌翼即稷鯽嶷棫

叶　音

〔馘〕(況壁)　〔子〕(音則)　〔又〕(夷益)　〔識〕(音失)

〔牧〕(莫狄)　〔載〕(節力)　〔菑〕(年力)　〔異〕(逸織)

〔意〕(乙力)　〔祀〕(逸織)　〔侑〕(以益)　〔告〕(古得)

〔彧〕(於逼)　〔側〕(莊力)　〔戒〕(訖力)　〔急〕(音棘)

〔穴〕(户橘)　〔伯〕(音逼)　〔噎〕(於悉)　〔螫〕(地一)

〔垤〕(地一)　〔至〕(朱力)　〔結〕(訖力、繳質)

〔茀〕(分聿)　〔忽〕(虛屈)　〔拂〕(分聿)　〔毖〕(音必)

〔没〕(莫筆)　〔厄〕(於栗)　〔解〕(訖力)　〔革〕(訖力)

〔國〕(于逼)　〔福〕(筆力)　〔輻〕(筆力)

質術櫛物(喉牙)迄陌(三等)昔錫職(三、四等)合用例證(質無號,術*,櫛**,物*×,迄×*,陌∘×,昔×∘,錫××,職×):

《定之方中》:日室栗漆瑟**

《大車》:室〔穴〕(户橘*)日

《東門之墠》:栗室即×

《東方之日》:日室室即×

《山有樞》:漆栗瑟** 日室

《車鄰》:漆栗瑟**〔耋〕(地一)

《黄鳥》:〔穴〕(户橘*)慄

《旄丘》:〔伯〕(音逼×)日

《素冠》:韠〔結〕(訖力×)一

《鳲鳩》:七一一〔結〕(訖力)

《杕杜》:〔來〕(六直×)〔疚〕(訖力×)〔至〕(朱力×)恤*

《十月之交》:〔血〕(虛屈*×)室

《賓之初筵》:抑×怭秩

《緜》:〔穴〕(户橘*)室

《文王有聲》:淢×(況域×)匹

《皇矣》:〔茀〕(分聿*)仡**(魚乞**)〔忽〕(虛屈*×)〔拂〕(分聿*)

《假樂》:抑×秩匹

《公劉》:密即×

《良耜》:挃(珍栗)栗櫛**(側瑟**)室

《漸漸之石》:卒*(在律*)〔没〕(莫筆)出*

《北門》:適×∘益×∘〔讁〕(竹棘×)

《淇奥》:〔簀〕(側歷××)錫××璧×∘

《正月》:〔局〕(居亦×○)蹐×○(井亦×○)脊×○蜴×○(星歷××)①

《皇矣》:辟×○(婢亦×○)剔××(它歷××)

《瞻卬》:刺×○狄××

《文王有聲》:績××辟×○

《韓奕》:幭(莫歷××)〔厄〕(於栗)

《殷武》:辟×○(音璧×○)績××辟×○〔解〕(訖力×)

《羔羊》:〔革〕(訖力×)緎×食×

《殷其靁》:〔側×〕(莊力×)②息×

《桑中》:〔麥〕(訖力×)弋×

《載馳》:〔麥〕(訖力)極

《楚茨》:棘×稷×翼×億×食×〔祀〕(逸織×)〔侑〕(夷益×○)〔福〕(筆力×)

《賓之初筵》:〔識×〕(音失)〔又〕(夷益×○)

《惜誦》:釋×○〔白○×〕(音弼)

《菀柳》:息×暱極×

《泮水》:德〔服〕(蒲北)〔馘〕(況璧×○)

“日室栗漆”與“瑟”叶,“桎栗室”與“櫛”叶,可見質櫛同韻,“穴”音户橘與“慄”叶,又與“室”叶,可見質術同韻。“佾”音逼與“日”叶,“結”叶訖力與“韠一”叶,“秩匹”與“抑”叶,“怭秩”與“抑”叶,“匹”與“減”叶,“密”與“即”叶,可見質職同韻。“來”叶六直、“疚”叶訖力、“至”叶朱力與“恤”叶,可見術職同韻。“血”叶虚屈與“室”叶,可見質物(喉牙)同韻。“忽”叶虚屈,“茀拂”叶分聿與“仡”叶,可見物(喉牙)與迄同韻。“謫”叶竹棘與“適益”叶,可見昔職同韻。“簀”叶側歷與“錫璧”叶,“辟”與“剔”叶,“刺”與“狄”叶,“績”與“辟”叶,可見昔錫同韻。“解”叶訖力,與“辟績”叶,可見昔錫職同韻。“厄”叶

① 朱氏誤以“蜴”爲“蜥”。通行本音易,不誤。

② “側”讀叶音然後與“息”押,可見“側息”不同韻。參看下文。

於栗與“幭”(莫歷)叶,可見質錫同韻。“識”音失與“又”叶夷益,可見質昔同韻。這樣互相系聯,就構成質職這個大韻部了。

(三)物没

1.物(脣)

物勿弗紱黻紼韍(市)佛拂茀祓

2.没

没殁骨鶻汩勃渤悖餑艴鵓誖孛咄突腯凸忽笏惚兀杌窟堀訥猝卒捽淈搰

例證:

《懷沙》:汩忽

這個韻部獨用的情況比較少見,往往通過叶音,與質術迄相押,例如(物無號,質＊,術×,迄××,没＊×):

《蓼莪》:律×〔弗〕(分聿＊)卒×

《漸漸之石》:卒×(在律×)〔没＊×〕(莫筆＊)出×

《皇矣》:〔茀〕(分聿×)仡××〔忽＊×〕(虛屈)〔拂〕(分聿×)

(四)曷黠

1.曷

曷褐鶡蝎喝怛妲闥健撻遏頞獺闕剌辣瘌渴達蘖葛薩撥捺

2.末

末秣(韎)抹妹沬撥茇鉢括聒鴰适闊活奪敓脫豁濊斡涴撮捋掇跋魃废拔鈸軷

3.黠

黠札紮拔劼滑猾八豽察戞軋揠猰殺煞鎩茁

4.鎋

鞪(鎋)轄刹瞎獺刮鴰刷

5.月(脣)

伐筏罰閥茷髮發韤(襪)

叶 音

〔害〕(音曷)

曷末黠鎋合用例證(曷無號,末＊,黠×,鎋××,月＊＊):

《甘棠》:伐[＊＊]茇[＊](蒲曷)

《蓼莪》:發[＊＊]〔害〕(音曷)

《四月》:發[＊＊]〔害〕(音曷)

《車舝》:舝[×](胡瞎[××])〔逝〕(石列①)渴括[＊]

《生民》:達〔害〕(音曷)

《瞻卬》:奪説(音脱)

《思美人》:發[××]達

《芣苢》:掇奪

凡讀叶音然後與月薛韻叶者,都是曷黠韻字,例如:

《擊鼓》:〔闊[＊]〕(苦劣)説;〔闊[＊]〕(苦劣)〔活[＊]〕(户劣)

《碩人》:〔活[＊]〕(户劣)〔濊〕(許月)〔發[××]〕(方月)揭孽朅

《君子于役》:月〔佸[＊]〕(户劣)桀〔括[＊]〕(古劣)〔渴〕(巨列)

《采葛》:〔葛〕(居謁)月

《子衿》:〔達〕(他悦)闕月

《東方之日》:月〔闥〕(它悦)〔闥〕〔發[××]〕(方月)

《甫田》:桀〔怛〕(旦悦)

《匪風》:〔發[××]〕(方月)偈〔怛〕(旦悦)

《采薇》:烈〔渴〕(巨列)

《都人士》:〔撮[＊]〕(租悦)〔髮[××]〕(方月)説(音悦)

《烝民》:舌〔發[××]〕(方月)

《瞻卬》:〔達〕(佗悦)傑

《長發》:〔撥[＊]〕(必烈)〔達〕(他悦)〔達〕越〔發[××]〕(方月)烈截;鉞烈〔曷〕(《漢書》作遏,叶阿竭)蘖(五葛,叶五竭)〔達〕(陀悦)截〔伐〕(房越)桀

① 依朱氏體例,這裏"逝"字不宜叶音石列。

(五)月薛

1.月(喉牙)

月刖越粤鉞曰厥蹶蕨巇闕謁閼歇蠍訐揭竭碣

2.屑

屑切竊結絜潔桔袺拮節癤血闋缺玦訣觼譎鐍駃決泬鴂觖抉穴姪昳垤耋迭跌絰驖颩咥鐵饕纈擷頡涅捏截蠽臬隉蔑蠛巇噎咽挈契鍥蹩窒蛭

3.薛

薛紲褻泄渫离媟朁列烈洌冽裂茢栵哲桀傑竭碣楬揭偈杰熱茶晢浙舌折孽櫱蘖滅朅揭愒鼈絶雪悦閲巇爇蝆説拙歠啜輟惙餟綴掇劣埒鋝癟别轍徹澈撤孑訐設掣威

月(喉牙)屑薛合用例證(薛無號,屑*,月×):

《草蟲》:蕨×惙説(音悦)

《子衿》:〔達〕(他悦)闕×月×

《碩人》:〔活〕(户劣)〔濊〕(許月×)〔發〕(方月×)揭孽朅(欺列)

《君子于役》:月×〔佸〕(户劣)桀〔括〕(古劣)〔渴〕(巨列)

《東方之日》:月×〔闥〕(它悦)〔闥〕〔發×〕(方月×)

《匪風》:〔發×〕(方月×)偈〔怛〕(旦悦)

《正月》:結*〔厲〕(力桀)滅威(呼悦)

《都人士》:〔撮〕(租悦)〔髪×〕(方月×)説(音悦)

《烝民》:舌〔發×〕(方月×)

《長發》:〔撥〕(必烈)〔達〕(他悦)〔達〕越×〔發×〕(方月×)烈截*;鉞×烈〔曷〕(阿竭)〔櫱〕(五葛,叶五竭)〔達〕(佗悦)截*伐×桀

《旄丘》:〔葛〕(居謁×)節*

(六)藥覺

1.藥

藥若躍禴龠鑰籥略掠脚屩勺灼斫酌繳妁爍鑠弱箬綽約卻(却)虐瘧杓芍削斮爵雀爝嚼鵲碏釀縛矍著謔臄

2.鐸

鐸度莫幕膜摸漠瘼寞落絡洛雒烙珞酪樂駱託槖籜拓柝擭魄作柞鑿鑿錯厝各閣胳恪咢愕鄂鍔蕚噩鰐顎(腭)博搏惡堊泊亳箔薄礴膗藿霍壑索涸鶴貉昨酢笮髆襮諾擴郭廓椁(槨)蘀蠖穫鑊濩鞹

3.覺

覺角桷玨榷搉傕嶽岳樂鸑浞鷟捉朔槊數斮涿諑椓卓啄剥駮倬邈雹礐璞樸朴慤確(確確)埆濁濯擢鐲渥握偓幄喔齷逴犖學嶨皠鷽娖齪藐

叶 音

〔綌〕(去略)	〔斁〕(弋灼)	〔席〕(祥籥)
〔夕〕(祥籥)	〔碩〕(常灼、常約)	〔獲〕(黄郭、胡郭)
〔澤〕(徒洛、康落)	〔戟〕(訖約)	〔宅〕(達各)
〔客〕(克各)	〔踖〕(七略)	〔炙〕(陟略)
〔莫〕(音麥,叶木各)	〔庶〕(陟略)	〔格〕(剛鶴)
〔白〕(僕各)	〔柏〕(逋莫,音博)	〔弈〕(弋灼)
〔懌〕(弋灼)	〔赫〕(黑各)	〔席〕(祥勺)
〔射〕(弋灼)	〔逆〕(宜脚)	〔貊〕(莫博)
〔尺〕(尺約)	〔舄〕(七約)	〔奕〕(弋灼)
〔釋〕(時若)	〔蹠〕(音灼)	〔耄〕(毛博,音莫)
〔沼〕(音灼)	〔熇〕(許各)	〔昭〕(音灼)
〔慅〕(七各)	〔溺〕(奴學)	

藥鐸覺合用例證(藥無號,鐸*,覺×):

《葛覃》:莫*濩*〔綌〕(去略)〔斁〕(弋灼)

《氓》:落*若

《緇衣》:〔席〕(祥籥)作*

《載驅》:薄鞹〔夕〕(祥籥)

《騶驖》:〔碩〕(常灼)〔獲〕(黄郭*)

《無衣》:〔澤〕(徒洛*)〔戟〕(訖約)作*

《皇皇者華》:駱*若度*

《白駒》:藿*〔夕〕(祥籥)〔客〕(克各*)

《楚茨》:〔踖〕(七略)〔碩〕(常約)〔炙〕(陟略)莫*(木各*)〔庶〕(陟略)〔客〕(克各*)錯*度*〔獲〕(黄郭*)〔格〕(剛鶴*)酢*

《裳裳者華》:〔白〕(僕各*)駱*駱*若

《瓠葉》:〔炙〕(陟略)酢*

《頍弁》:〔柏〕(逋莫*)〔弈〕(弋灼)〔懌〕(弋灼)

《行葦》:〔席〕(祥勺)酢*〔薦〕(即略①)〔炙〕(陟略)臄(渠略)咢*

《板》:〔懌〕(弋灼)莫*

《抑》:〔格〕(剛鶴*)度*〔射〕(弋灼)

《泮水》:博*〔斁〕(弋灼)〔逆〕(宜脚)〔獲〕(黄郭*)

《閟宫》:〔繹〕(弋灼)〔宅〕(達各*)〔貊〕(莫博*)諾*若;〔柏〕〔柏〕(逋莫)度〔尺〕(尺約)〔舄〕(七約)〔碩〕(常約)〔奕〕(弋灼)作*〔碩〕若

《山鬼》:若〔柏〕(音博*)作*

《哀郢》:〔蹠〕(音灼)〔客〕(康落*)薄*〔釋〕(時若)

《靈臺》:濯×(直角×)翯×(户角×②)〔沼〕(音灼)躍

《板》:虐謔蹻(其略)〔耄〕(毛博*)謔〔熇〕(許各*)藥

《抑》:〔昭〕(音灼)樂*(音洛*)〔懆〕(七各*)藐×(美角×)〔教〕(叶入聲)虐〔耄〕(音莫*)

《桑柔》:削爵濯×〔溺〕(奴學×)

《崧高》:藐×〔伯〕(逋各*)蹻(渠略)濯×

(七)麥德

① “薦”字不當認爲入韻。

② 通行本音鶴。

1.陌(二等)

陌貊驀貉磔舴白帛舶伯迫百柏嘖額坼拍魄怕赫嚇格骼碧宅擇澤翟虢蠖

2.麥

麥脈(脉)霢獲畫嫿劃蟈馘幗摑檗擘綼賾耤責簀幘策册筴柵剨覈翮核隔膈鬲革摘謫(讁)戹(厄)扼搤阸軛啞索(索)

3.職(二等)

崱測惻色嗇穡嬙側仄昃

4.德

德得勒肋仂泐刻克剋特螣黑墨默冒纆万賊塞北菔(蔔)僰匐踣或惑蜮國裓

陌(二等)麥職(二等)德合用例證(陌無號,麥＊,職＊＊,德×,昔×＊,錫××,質＊×,屋◦,緝◦◦):

《關雎》:得×〔服°〕(蒲北×)側＊＊

《柏舟》:側＊＊特×慝×

《有狐》:側＊＊〔服°〕(蒲北×)

《六月》:則×〔服°〕(蒲北×)

《天問》:惑×〔服〕(蒲北×)

《懷沙》:默×〔鞠〕(名額＊)〔抑〕(於革＊)

《悲回風》:默×得×

《遠遊》:德×則×

《皇矣》:德色革則

《大田》:螣×賊×

《烝民》:德則色

《瞻卬》:忒＊〔背〕(必墨×)慝×

凡讀叶音然後與陌(三等)職(三、四等)昔錫叶韻者,都是麥德韻字,例如:

《北門》:適益〔讁＊〕(竹棘＊＊)

《淇奥》:〔簀*〕(側歷××)錫××璧××

《韓奕》:幭××(莫歷××)〔厄*〕(於栗**)

《羔羊》:〔革*〕(訖力**)緎**食**

《殷其靁》:〔側**〕(莊力**)息**

《桑中》:〔麥*〕(訖力**)北×①弋**

《載馳》:〔麥*〕(訖力**)極**

《園有桃》:棘**食**〔國×〕(于逼**)極**

《伐檀》:〔輻〕(筆力**)〔側**〕(莊力**)穡**億**特×食**

《碩鼠》:〔麥*〕(訖力**)德×〔國×〕(于逼**)〔國×〕直**

《鳲鳩》:棘**忒×〔國×〕(于逼**)

《七月》:〔穋°〕(六直**)〔麥*〕(訖力**)

《六月》:飭**〔服°〕(蒲北×)〔急°°〕(音棘**)〔國×〕(于逼**);翼**〔服°〕(蒲北×)〔國×〕(于逼**)

《采芑》:翼**奭〔服°〕(蒲北×)〔革*〕(訖力**)

《斯干》:翼**棘**〔革*〕(訖力**)

《抽思》:北×域**〔側**〕(莊力**)〔得×〕(徒力**)息**

《湘君》:極**息**〔側**〕(莊力**)

《天問》:〔得×〕(徒力**)殛**;極**〔得×〕(徒力**)

《北山》:息**〔國×〕(越逼**)

《青蠅》:棘**〔國×〕(越逼**)

《文王》:翼**〔國×〕(于逼**)

《大明》:翼**〔福°〕(筆力**)〔國×〕(越逼**)

《崧高》:德×直**〔國×〕(于逼**)

《常武》:〔戒〕(訖力**)〔國×〕(越偪**);翼**克×〔國×〕(越逼**)

《閟宮》:稷**〔福°〕(筆力**)〔穋°〕(六直**)〔麥〕(訖力**)〔國×〕(于逼**)穡**

---

① "北"字應讀叶音。下文"穡特德忒克"同。

《殷武》:〔國ˣ〕(越逼**)〔福°〕(筆力**)

朱熹反切雖有不一致的地方,但是在多數情況下,麥德和質職的界限是清楚的。最有啟發性的是:當"革"字與職昔錫等韻相叶時,都叶音訖力反,唯有與"德色則"相叶時(《皇矣》)不叶音訖力反。又如"德"字雖未注叶音,但是在《楚辭》中,"得"字兩次叶音徒力反。這都足以證明職德是分用的。職德分用,由來已久。范曄《後漢書》的傳贊、劉勰《文心雕龍》的贊,早已分用了。

(八)緝立

緝葺十什拾執汁習襲隰集輯入廿揖挹邑溼(濕)及笈蟄縶㬹立

粒笠苙急汲給伋級芨岌泣澀吸翕歙濈悒浥熠

緝韻獨用例證:

《螽斯》:揖蟄

《燕燕》:及泣

《中谷有蓷》:溼泣泣及

《皇皇者華》:隰及

《無羊》:濈溼

《棫樸》:楫及

《離騷》:急立

《天問》:悒急

(九)合洽

1.合

合盒閤鴿蛤郃答趿颯卅沓遝踏鍩雜帀(匝)噆拉納軜衲溘磕

2.盍

盍闔嗑臘蠟耷榻塔鰈嗒遢蹋闒榼磕

3.洽

洽狹祫峽恰掐帢夾郟袷跲眨插臿霎歃箑劄

4.狎

狎霅柙匣喋鴨壓押甲胛翣呷

叶　音

〔邑〕(烏合)　〔集〕(昨合)　〔輯〕(祖合)　〔接〕(音匝)

合盍洽狎合用例證(合無號,盍＊,洽×,狎××):

《小戎》:合軜〔邑〕(烏合)

《大明》:〔集〕(昨合)合

《板》:〔輯〕(祖合)洽×

《國殤》:甲××〔接〕(音匝)

(十)葉業

1.葉

葉接睫楫(檝)婕攝喋涉獵鬣躐捷腌聶躡鑷籋讘韘囁讋懾慴懾

摺霅妾踕衱輒曄饁爗箑霎魘厴靨厭

2.怗

怗帖貼協葉緦俠挾頰鋏莢蛺愜篋牒喋蹀諜堞疊茶瞥燮屧躞韘

蜨浹

3.業

業鄴嶪脅怯胠劫跲衱

叶　音

〔甲〕(古協)　〔及〕(極業)

葉怗業合用例證(葉無號,怗＊,業×):

《匏有苦葉》:葉涉

《芄蘭》:葉韘韘〔甲〕(古協＊)

《采薇》:業×捷

《烝民》:業×捷〔及〕(極業×)

《長發》:葉業×

《哀郢》:接涉

二、聲　母

關於朱熹反切的聲母系統,研究起來比較困難,因爲某些字的叶音似乎是讀成另一個字的音,例如"福"叶筆力反,是讀"福"如"逼",並不能證明輕脣與重脣相通;"湛"叶持林反,是讀"湛"如"沈",並不能證明舌頭與舌上相通;"邁"叶力制反,是讀"邁"如"厲",並不能證明明母與來母相通;"爲"叶吾何反,是讀"爲"如"訛",並不能證明疑母與喻母相通;又如"羹"叶盧當反,也是讀成另一字音(但不知是哪一個字[①]),並不能證明見母與來母相通。但是,如果拿《中原音韻》《詞林韻釋》對照,還可以看出朱熹反切的聲母系統的。現在分析如下:

清濁混用

1.見群混

局,叶居亦反(《正月》)

2.影喻混

遠,叶於圓反(《角弓》)　　矣,叶於姬反(《十月之交》)

3.曉匣混

昊,叶許候反(《巷伯》)　　降,叶呼攻反(《旱麓》)

谺,呼加反,叶音何(《哀二世賦》)　活,叶呼酷反(《載芟》)

4.端定混

動,叶德總反(《長發》)　　圖,叶丁五反(《烝民》)

得,叶徒力反(《天問》《抽思》)　地,叶音低(《天問》)

5.透定混

溥,徒端反,叶土兖反[②](《野有蔓草》)　蛇,叶土何反(《斯干》)

6.知澄混

濁,叶竹六反(《漁父》)

7.神審混

神,叶式云反(《大招》)

8.審禪混

① 可能讀成"郎"字,因爲《楚辭·招魂》"羹"叶音郎。

② 宋本作上兖反,誤。今依通行本。

紓,音舒,叶上與反(《采菽》) 施,叶時遮反(《丘中有麻》)

釋,叶時若反(《哀郢》)

9.牀山混

士,叶音所(《常武》)

10.精從混

盡,叶子忍反(《楚茨》) 阜,叶子苟反(《大田》)

臧,叶才浪反(《頍弁》) 輯,叶祖合反(《板》)

存,叶祖陳反(《遠遊》)

11.幫並混

保,叶音鮑

12.滂並混

蒲,叶滂古反(《揚之水》)

13.敷奉混

墳,叶敷連反(《天問》) 繁,叶紛乾反(《公劉》)

由此類推,見與群、照與神、莊與牀、心與邪、非與奉,也應該是混的。

喻三與喻四混用

蛇,叶于其反[①](《斯干》) 猶,叶于救反(《小旻》)

有,叶音以(《反離騷》) 用,叶于封反(《小旻》)

喻邪混用

祀,叶逸織反(《大田》《旱麓》《潛》),又叶養里反(《生民》)

俟,叶羽已反(《相鼠》),又叶于紀反(《吉日》)

這個現象不大好説明,也許可以認爲讀成近似的聲母,因爲喻母是舌面半元音[j],而邪母齊齒字可能已變爲[ʑ]。

泥娘混用

南,叶尼心反(《燕燕》《鼓鐘》),又叶尼金反(《招魂》)

---

① 當云叶音移。

能，叶音尼（《成相》）

知照混用

中，叶諸良反（《桑中》），又叶諸仍反（《小戎》）

展，叶諸延反（《君子偕老》）

照莊混用

昭，叶側豪反（《鹿鳴》），又叶側姜反（《桑柔》）

神禪混用

蛇，市奢反[①]（《斯干》） 抒，上與反（《惜誦》）[②]

審山混用

侁，叶式巾反（《招魂》）

施，叶所加反（《天問》），又叶疎何反（《哀時命》《鴻鵠歌》）

禪穿混用[③]

醜，市由反，叶齒九反（《遵大路》）

精莊混用

陬，側鳩反，又子侯反（《離騷》）

娵，音鄒，又子侯反（《楚辭》）

清初混用

差，初佳反，叶七何反（《東門之枌》）

心山混用

三，叶疏簪反（《摽有梅》） 蕭，叶疎鳩反（《采葛》）

斯，叶所宜反[④]（《墓門》）

生，叶桑經反（《常棣》《伐木》《節南山》《小宛》）

非敷混用

---

① 《廣韻》"蛇"食遮切，神母字，"市"時止切，禪母字。

② 《廣韻》"抒"神與切，神母字，"上"時掌切，禪母字。

③ 禪穿混用，是某些禪母字轉入穿母，這是一些平聲字，正如現代漢語"臣"讀如"陳"、"常"讀如"長"。

④ 宋本誤作"所宜也"，通行本未注叶音。

風,叶孚愔反(《緑衣》《晨風》《何人斯》《烝民》),又叶孚音反(《桑柔》)

封,叶孚音反(《天問》)　　紑,孚浮反(《絲衣》)

分,叶敷因反(《天問》),又叶孚巾反(《成相》)

反,叶孚絢反(《氓》)　　阪,叶孚欇反(《伐木》)

從上面的分析,可以得出結論,朱熹時代共有21個聲母,即:

1.見母(包括群母仄聲字)

2.溪母(包括群母平聲字)

3.疑母①

4.喻母(包括喻三、喻四及影母)

5.曉母(包括匣母)

6.端母(包括定母仄聲字)

7.透母(包括定母平聲字)

8.泥母(包括娘母)

9.知母(包括澄母、牀母仄聲字、照母及一部分莊母字)

10.徹母(包括澄母、牀母平聲字、穿母及一些神母、禪母、初母字)

11.審母(包括禪母、一些心母字和一些神母、山母字)

12.精母(包括從母仄聲字及莊母一部分字)

13.清母(包括從母平聲字及初母一部分字)

14.心母(包括邪母及山母一部分字)

15.幫母(包括並母仄聲字)

16.滂母(包括並母平聲字)

17.明母

18.非母(包括敷奉母)

19.微母

20.來母

① 疑母獨立,未與影喻混。所以"顒"讀玉容反,又魚容反;"霓"讀五稽、五歷、五子三反,等等。

21.日母

這樣,朱熹反切的聲母系統和《中原音韻》的聲母系統就非常接近了。

三、聲　調

朱熹時代的聲調和《切韻》系統一樣,即平、上、去、入四聲。平聲不分陰陽,所以在反切中,今陰平聲字和今陽平聲字可以互爲反切,例如:

(一)以今陰平聲字爲今陽平聲字的反切下字:

夢,叶莫登反(《正月》)　　湝,叶賢雞反(《鼓鐘》)

旂,巨依反,叶巨巾反(《采菽》),又叶其斤反(《泮水》)

濡,叶而朱反(《羔裘》),又叶如朱反(《皇皇者華》)

渝,叶容朱反(《羔裘》),又叶用朱反(《板》)

梅,叶莫悲反(《終南》《鳲鳩》《四月》)

來,叶陵之反(《終風》《君子于役》《子衿》《白駒》)

芹,其斤反(《泮水》)　　翰,叶胡千反(《崧高》《江漢》)

雖,叶乃多反(《桑扈》)　　顔,叶魚堅反(《君子偕老》《抑》)

(二)以今陽平聲字爲今陰平聲字的反切下字:

宫,叶居王反(《桑中》)　　萎,叶於回反(《谷風》)

施,叶疎何反(《哀時命》)　　差,初宜反(《燕燕》)

師,叶霜夷反(《節南山》)　　思,叶新方反(《泉水》)

驅,叶袪尤反(《載馳》)　　租,子胡反(《鴟鴞》)

氐,叶都黎反(《節南山》)　　敦,叶都回反(《北門》)

熏,叶眉貧反(《鳧鷖》)　　昆,叶古匀反(《葛藟》)

孫,叶須倫反(《何彼襛矣》)

入聲字,仍有-k、-t、-p三類。但是,梗攝和曾攝入聲三、四等字已由-k變爲收-t,與現代客家話相同。參看上文入聲質職韻例證。

范曄劉勰用韻考

范曄著《後漢書》一百卷，除《天文志》外，每卷後面都有一個贊。劉勰著《文心雕龍》五十篇，每篇後面也都有一個贊。贊是用韻文寫的，分析范曄、劉勰的用韻，可以考證南北朝的韻部。

范曄的活動時期在宋元嘉年間(424—453)。劉勰的活動時期在梁天監年間(502—518)，時代相差不遠。范曄是順陽(今湖北光化)人，劉勰是東莞莒縣(今山東莒縣)人，地域相差也不太遠。經過分析，我們發現他們二人的韻部非常近似，主要有下列三點：

(1)蒸拯證職與登等嶝德分立，絶不相混；

(2)支脂之三韻分立(上去聲同)，絶不相混；

(3)元阮願月與魂混慁同用。

因此，我們把他們二人的用韻合起來研究，這樣可以互相補充，互相證明。

(一)東冬鍾江，董□腫講，送宋用絳，屋沃燭覺

(甲)平聲東冬鍾江

1.東獨用

聰終(《順冲質帝紀》)　雄風工同功(《宗室四王三侯傳》)

豐雄忠(《竇融傳》)　功中雄(《李陳龐陳橋傳》)

2.鍾獨用

鍾容從(《桓榮丁鴻傳》)

3.東鍾同用(東無號，鍾＊)

容*恭*從*隆(《禮儀志》) 蹤*潼兇*容*鋒*空《皇甫張段傳》

4.冬鍾同用(冬×,鍾*)

宗×龍*容*(《崔駰傳》) 蹤*容*彤×(《列女傳》)

5.鍾江同用(鍾*,江△)

龍*鋒*江△邦△(《王劉張李彭盧傳》)

庸*邦△降△(《伏侯宋蔡馮趙牟韋傳》)

《文心雕龍》缺例。依照范曄的用韻,東冬鍾江當合爲一韻。

(乙)上聲董□腫講

1.董獨用

孔總動董(《文心雕龍·史傳》)

2.腫獨用

隴種勇(《馬援傳》) 重奉寵(《袁張韓周傳》)

(丙)去聲送宋用絳

3.送獨用

弄慟控送(《文心雕龍·哀弔》)

(丁)入聲屋沃燭覺

1.屋獨用

淑禄屋(《皇后紀》) 讀禄竹速福(《劉趙淳于江劉周趙傳》)

牧福逐覆(《劉袁呂傳》) 谷族(《東夷傳》)

2.燭獨用

局玉欲縟(《輿服志》)

3.覺獨用

學幄駮(《鄭范陳賈張傳》)

4.屋燭同用(屋無號,燭*)

禄獄*續*(《桓帝紀》) 禄辱*俗*(《崔駰傳》)

(二)支紙寘

(甲)平聲支獨用

知疵差[①](《左周黄傳》)　　施垂離(《烏桓鮮卑傳》)

(乙)上聲紙獨用

毁侈紫(《樊陰傳》)　　氏侈使綺徙毁(《馬融傳》)

詭髓紫靡(《文心雕龍·體性》)

(丙)去聲寘獨用

寄義刺僞瑞詖(《朱樂何傳》)　智易義寄(《文心雕龍·序志》)

(三)脂旨至

(甲)平聲脂獨用

姿師威*(《吴延史盧趙傳》)

“威”是微韻字,可以認爲是借韻。我們不認爲是脂微同用,因爲從上聲旨尾分立、去聲至未分立看來,脂微也應該是分立的。

(乙)上聲旨獨用

軌水履美(《文心雕龍·銘箴》)

(丙)去聲至獨用

饋貳(《李陳龐陳橋傳》)

(四)之止志

(甲)平聲之獨用(缺例)

(乙)上聲止獨用

祀止紀始(《祭祀志》)　　吏士跱恃(《隗囂公孫述傳》)

止里市(《鄭范陳賈張傳》)　已祉子祀(《章帝八王傳》)

(丙)去聲志獨用

熾識志忌事(《杜欒劉李劉謝傳》)

(五)微尾未

(甲)平聲微獨用

幾扉依威(《任李萬邳劉耿傳》)　　微威歸(《張王種陳傳》)

---

① 李賢注:“差,音楚家反。”非是。這裏的“差”,義從楚家反,音從楚宜反。

違機威歸(《宦者傳》)

(乙)上聲尾獨用

扆偉尾斐(《文心雕龍·章表》)

(丙)去聲未獨用

貴蔚氣費(《文苑傳》)　　緯貴沸蔚(《文心雕龍·正緯》)

(六)魚虞模,語麌姥,御遇暮

(甲)平聲魚虞模

1.魚虞同用(魚無號,虞*)

書愚*(《申屠鮑郅傳》)

2.魚虞模同用(魚無號,虞*,模×)

胡*區*虛書拘*(《西域傳》)

3.虞模同用(虞*,模×)

謨×徒×都×愚*(《鄧寇傳》)

(乙)上聲語麌姥

1.語麌同用(語無號,麌*)

禹*拒阻撫*旅(《張法滕馮度楊傳》)

2.麌姥同用(麌*,姥×)

古×五×府*祖×(《文心雕龍·宗經》)

(丙)去聲御遇暮

1.御遇同用(御無號,遇*)

傅*譽句*(《鄧張徐張胡傳》)

2.暮獨用

度蠹怒路(《安帝紀》)

(七)齊薺霽

(甲)平聲齊獨用(缺例)

(乙)上聲薺獨用

濟悌體禮(《章帝紀》)　　體陛啟禮(《文心雕龍·樂府》)

(丙)去聲霽獨用(缺例)

(八)佳蟹卦

(甲)平聲佳獨用(缺例)

(乙)上聲蟹獨用(缺例)

(丙)去聲卦獨用

派畫隘稗(《文心雕龍·詮賦》)

(九)皆駭怪

(甲)平聲皆獨用(缺例)

(乙)上聲駭獨用(缺例)

(丙)去聲怪獨用

憊蒯誡壞(《文心雕龍·諧讔》)

(十)灰咍,賄海,隊廢代

(甲)平聲灰咍同用

災才埃(《董卓傳》)

此例都是咍韻字。這裹説平聲灰咍同用,是由去聲隊代同用類推的。

(乙)上聲賄海同用

宰采海在(《文心雕龍·徵聖》)

此例都是海韻字。這裹説上聲賄海同用,是由去聲隊代同用類推的。

(丙)去聲隊廢代同用

1.隊韻獨用

内妹(《皇后紀》)

2.隊代同用(隊無號,代*)

配載*態*佩(《文心雕龍·麗辭》)

3.隊廢代同用(隊無號,廢×,代*)

對廢×穢×退曖*(《周黄徐姜申屠傳》)

(十一)真諄臻,軫準□,震稕□,質術櫛

(甲)平聲真諄臻同用(真無號,諄*)

辰屯*賓[①](《獻帝紀》)　倫*諄*濱塵(《荀韓鍾陳傳》)

真倫*巡*(《郭符許傳》)

(乙)上聲軫準同用(缺例)

(丙)去聲震稕同用(震無號,稕＊)

進潤*峻*順信釁(《皇后紀》)

(丁)入聲質術櫛同用

1.質獨用

弼疾一(《鄭孔荀傳》)

2.質術同用(質無號,術＊)

術*質失秩(《桓馮傳》)　一疾失術*(《王充王符仲長統傳》)

(十二)文欣,吻隱,問焮,物迄

(甲)平聲文欣同用

甄[②]文群雲焚(《光武紀》)　分君紛聞(《郡國志》)

聞雲分(《劉玄劉盆子傳》)　文墳雲紛(《班彪傳》)

聞墳(《楊李翟應霍爰徐傳》)　分聞縕(《南匈奴傳》)

以上諸例,除"甄"字外,都是文韻字。這裏説平聲文欣同用,是由上聲吻隱同用類推而知。

(乙)上聲吻隱同用(吻無號,隱＊)

近*吻槿*隱(《文心雕龍·聲律》)

(丙)去聲問焮同用

訓分運奮(《文心雕龍·練字》)

此例都是問韻字。這裏説問焮同用,是由上聲吻隱同用推知。

(丁)入聲物迄同用(缺例)

(十三)元魂痕,阮混很,願慁恨,月没□

(甲)平聲元魂痕同用(元無號,魂＊)

存*軒飜(《朱景王杜馬劉傳堅馬傳》)

---

① "屯"讀陟綸切。

② "甄"是真韻字,這裏是借韻。

藩昏* 言轅(《郭杜孔張廉王蘇羊賈陸傳》)

言元蕃昏*(《左周黄傳》)

門* 源繁存*(《文心雕龍·總術》)

(乙)上聲阮混很同用(阮無號,混＊)

遠本* 損衮(《伏侯宋蔡馮趙牟韋傳》)

(丙)去聲願慁恨同用(願無號,慁＊)

怨願困*(《竇何傳》)　論* 等* 遯* 勸(《文心雕龍·論説》)

(丁)入聲月没同用

1.月獨用

發鉞伐越蹷(《皇甫嵩朱儁傳》)

2.月没同用(月無號,没＊)

曶* 發月(《律曆志》)

按先秦古韻,元寒桓仙爲一部(元部),諄文魂爲一部(文部);按《中原音韻》,元韻也應該和寒桓或先仙同韻,不能和魂痕同韻。《廣韻》(《切韻》)把元韻放在魂痕的前面,又注云"魂痕同用",令人迷惑不解。現在看范曄、劉勰的用韻,確有元魂同用、阮混同用,願慁同用、月没同用的情況,這就説明了元韻曾經與魂韻合流(上去入聲準此)。

(十四)寒桓,旱緩,翰换,泰,曷末

(甲)平聲寒桓同用(寒無號,桓＊)

端* 干酸* 觀*(《五行志》)

(乙)上聲旱緩同用(旱無號,緩＊)

款* 滿* 卵* 緩*(《卓魯魏劉傳》)

此例都是緩韻字。這裏説上聲旱緩同用,是由平聲寒桓同用推知。

(丙)去聲翰换同用(翰無號,换＊)

贊斷* 漢(《光武紀》)　漢算* 歎亂*(《梁統傳》)

亂* 難漢畔*(《東夷傳》)

贊爛旦翫*(《文心雕龍·頌贊》)

(丁)去聲(古入聲)泰獨用(缺例)

(戊)入聲曷末同用(缺例)

(十五)删山,潸産,諫襉,夬,黠鎋

(甲)平聲删山同用(缺例)

(乙)上聲潸産同用(缺例)

(丙)去聲諫襉同用(缺例)

(丁)去聲(古入聲)夬獨用

話敗蠆邁(《文心雕龍·檄移》)

(戊)入聲黠鎋同用

札訥拔察(《文心雕龍·書記》)

訥,内骨切,屬没韻,這是借韻。但《集韻》"訥"字有張滑一切,則屬黠韻。"拔"有蒲八、蒲撥二切,這裏讀蒲八切,屬黠韻。此例都是黠韻字,這裏説入聲黠鎋同用,衹是猜測。上文説平聲删山同用,上聲潸産同用,去聲諫襉同用,也是猜測。

(十六)先仙,銑獮,霰線,祭,屑薛

(甲)平聲先仙同用(先無號,仙*)

西山然*宣*(《竇融傳》)　　鮮蠲弦賢(《循吏傳》)

西,《篇海》讀蘇前切,屬先韻,這是古音的殘留。山,所閒切,屬山韻,這是借韻。但《集韻》"山"字又有所旃一切,則屬仙韻。

(乙)上聲銑獮同用(缺例)

(丙)去聲霰線同用(缺例)

(丁)去聲(古入聲)祭獨用

蔽滯晣(《張衡傳》)

(戊)去聲祭、入聲薛同用(祭×,薛*)

孽*缺*衛×(《靈帝紀》)　　世×祭×缺*輟*(《張曹鄭傳》)

在先秦時代,祭薛同屬入聲月部三等,祭是長入,薛是短入。這裏祭薛同用,是古音的殘留。或者是"衛世祭"當時還讀入聲,或者是“薛缺輟”當時有去聲一讀。我傾向於前者。

(十七)蕭宵,篠小,嘯笑

(甲)平聲蕭宵同用(蕭無號,宵＊)

驕饒朝潲(《章帝八王傳》)

此例都是宵韻字。這裏説平聲蕭宵同用,是從上聲篠小同用推知。

(乙)上聲篠小同用

1.小獨用

趙擾(《光武紀》)

2.篠小同用(篠無號,小＊皓△)

徼峭*表*道△寶△兆*(《南蠻西南夷傳》)

徼,古弔切,嘯韻;峭,七肖切,笑韻。都是去聲字,與“表道寶兆”押韻,是上去通押。“道寶”都是皓韻,是借韻。

(丙)去聲嘯笑同用(例見上)

(十八)肴巧效

(甲)平聲肴獨用

包爻交匏(《文心雕龍·隱秀》)

(乙)上聲巧獨用

飽巧昴攪(《文心雕龍·雜文》)

(丙)去聲效獨用

校效奥*(《方術傳》)　　教孝貌效(《文心雕龍·原道》)

(十九)豪皓號

(甲)平聲豪獨用

騷高勞毫(《文心雕龍·辨騷》)

(乙)上聲皓獨用

討道(《光武紀》)　　道老考(《明帝紀》)

皓道(《荀韓鍾陳傳》)　　寶藻(《郭符許傳》)

(丙)去聲號獨用

誥好蹈號(《文心雕龍·詔策》)

(二十)歌戈麻,哿果馬,箇過禡

(甲)平聲歌戈麻

1.歌戈同用(歌無號,戈＊)

河歌和*(《銚王祭傳》)

2.歌麻同用(歌無號,麻△)

阿苛奢△(《第五鍾離宋寒傳》)　　遐△沙△荷(《班梁傳》)

歌麻是同用還是借韻,未能確定,待詳考。

(乙)上聲哿果同用(缺例),馬獨用

雅者夏馬社(《袁紹傳》)

(丙)去聲箇過禡

1.箇過同用(箇無號,過＊)

挫*和*佐(《鄭孔荀傳》)

2.過獨用

課懦和播(《文心雕龍·議對》)

3.禡獨用

駕謝化亞(《文心雕龍·指瑕》)

(二十一)陽唐,養蕩,漾宕,藥鐸

(甲)平聲陽唐

1.陽獨用

彊驤梁陽揚(《吴蓋陳臧傳》)　　祥羊房(《竇何傳》)

王方莊揚王箱(《宣張王王杜郭吴承鄭趙傳》)

2.陽唐同用(陽無號,唐＊)

疆凉方剛*揚(《虞傅蓋臧傳》)

剛*羌彊陽攘(《西羌傳》)　　綱*當亡(《陳王傳》)

(乙)上聲養蕩

1.養獨用

往上枉(《逸民傳》)

2.養蕩同用(養無號,蕩＊)

廣*象蕩*(《董卓傳》)　想養朗*爽(《文心雕龍·養氣》)

(丙)去聲漾宕同用(漾無號,宕＊)

王放望宕*喪*相讓(《光武十王傳》)

亮望喪*(《袁紹傳》)

(丁)入聲藥鐸同用(藥無號,鐸＊)

博*幙*雀(《袁張韓周傳》)　薄*作*虐略(《酷吏傳》)

(二十二)庚耕清青,梗耿靜迥,映諍勁徑,陌麥昔錫

(甲)平聲庚耕清青

1.庚清同用(庚無號,清＊)

兵營*城*成*(《耿弇傳》)

平生*名*(《劉趙淳于江劉周趙傳》)

2.庚清青同用(庚無號,清＊,青×)

刑×平情*程*卿(《郭李傳》)　貞*形×傾明(《黨錮傳》)

(乙)上聲梗耿靜迥

1.梗靜同用(梗無號,靜＊)

請*眚井*(《張王種陳傳》)

2.梗迥同用(梗無號,迥×)

獷猛並×梗(《劉虞公孫瓚陶謙傳》)

3.梗靜迥同用(梗無號,靜＊,迥×)

並×騁*鯁炳(《文心雕龍·風骨》)

(丙)去聲映諍勁徑

1.映勁同用(映無號,勁＊)

正*慶(《申屠鮑郅傳》)

政*縈病屏*命(《第五鍾離宋寒傳》)

2.徑獨用

定訂聽徑(《文心雕龍·知音》)

(丁)入聲陌麥昔錫(陌無號,麥△,昔＊,錫×)

策△狄×迹*液*(《耿弇傳》)

(二十三)蒸拯證職

(甲)平聲蒸獨用

兢勝陵(《明帝紀》)　　昇興陵(《馬援傳》)

陵興(《杜樂劉李劉謝傳》)　　陵承興徵澂(《儒林傳》)

承繩凝陵(《文心雕龍·定勢》)

(乙)上聲拯獨用(缺例)

(丙)去聲證獨用

孕應興勝(《文心雕龍·神思》)

(丁)入聲職獨用

翼飾食(《桓榮丁鴻傳》)　　職力稷極直(《李杜傳》)

(二十四)登等嶝德

(甲)登獨用

朋肱能輣[①](《郭杜孔張廉王蘇羊賈陸傳》)

騰朋(《鄭孔荀傳》)　　恒朋騰能(《文心雕龍·章句》)

(乙)等獨用(缺例)

(丙)嶝獨用

亘鄧贈懵(《文心雕龍·事類》)

(丁)德獨用

國塞德(《光武紀》)　　則慝德克《孝和孝殤帝紀》

墨德克忒國(《百官志》)　　克德賊國(《馮岑賈傳》)

德國惑忒則(《楊震傳》)　　德北國(《劉虞公孫瓚陶謙傳》)

忒惑德(《獨行傳》)　　德北則國(《文心雕龍·程器》)

蒸拯證職與登等嶝德分用畫然,可見決不止是開合口的分别,而是主要元音不同。

(二十五)尤侯,有厚,宥侯

(甲)平聲尤侯同用

① 李賢注:"輣,兵車也,音彭。協韻音普滕反。"

州尤囚仇謀(《朱馮虞鄭周傳》)

此例都是尤韻字。這裏説平聲尤侯同用,是由上聲有厚同用、去聲宥侯同用推知。

(乙)上聲有厚同用(有無號,厚＊)

舅后*(《楊李翟應霍爰徐傳》)

(丙)去聲宥候

1.宥獨用

秀宙授囿(《文心雕龍·諸子》)

2.宥候同用(宥無號,候＊)

懋*候*富(《章帝紀》)

(二十六)幽黝幼

(甲)平聲幽獨用

休彪幽虯(《文心雕龍·封禪》)

休,亦作"烋"。《廣韻》:"烋,美也,福禄也,慶善也,香幽切。"《經典釋文》讀"休"爲許虯反,又虚虯反。"休彪幽虯"四字都是幽韻字。幽是窄韻而不出韻,應該相信幽韻是獨用的。

(乙)上聲黝獨用(缺例)

(丙)去聲幼獨用(缺例)

(二十七)侵寢沁緝

(甲)平聲侵獨用

深尋陰淫(《蘇楊傳》)　　岑陰沈(《崔駰傳》)

(乙)上聲寢獨用

稟錦甚品(《文心雕龍·才略》)

(丙)去聲沁獨用

禁酖浸任(《文心雕龍·奏啟》)

(丁)入聲緝獨用

立集習及(《順冲質帝紀》) 立集泣戢[①](《文心雕龍·誄碑》)

(二十八)覃感勘合

(甲)平聲覃獨用

含南參耽(《文心雕龍·明詩》)

(乙)上聲感獨用(缺例)

(丙)去聲勘獨用(缺例)

(丁)入聲合獨用

匝合納颯答(《文心雕龍·物色》)

(二十九)談敢闞盍

(甲)平聲談獨用

談甘藍慚(《文心雕龍·祝盟》)

(乙)上聲敢獨用

覽膽敢澹(《文心雕龍·比興》)

(丙)去聲闞獨用

瞰濫淡擔(《文心雕龍·鎔裁》)

(丁)入聲盍獨用(缺例)

劉勰覃感勘合與談敢闞盍分立是保留了古韻的界限。覃感勘來自古韻侵部,談敢闞來自古韻談部;合來自古韻緝部,盍來自古韻盍部,本來是各不相混的。

(三十)鹽添,琰忝,豔㮇,葉怗

(甲)平聲鹽添同用(缺例)

(乙)上聲琰忝同用(琰無號,忝*)

檢漸琰玷*(《文心雕龍·夸飾》)

(丙)去聲豔㮇

1.豔獨用

驗贍豔厭(《文心雕龍·情采》)

① "戢",各本作"忒",唐寫本作"戢"。作"戢"是。

2.艷㮇同用(艷無號,㮇＊)

贍讖[△]驗念[*]玷[*]劍[*](《李王鄧來傳》)

讖,楚譖切,沁韻字。劍,居欠切,梵韻字。這裏"讖、劍"都是借韻。玷,上聲忝韻字,上去通押。

(丁)入聲葉怗同用(葉無號,怗＊)

疊[*]葉接協[*](《文心雕龍·附會》)

(三十一)咸銜,豏檻,陷鑑,洽狎(缺例)

(三十二)嚴凡,儼范,釅梵,業乏

(甲)平聲嚴凡同用(缺例)

(乙)上聲儼范同用(缺例)

(丙)去聲釅梵同用(缺例)

(丁)入聲業乏同用(業無號,乏＊)

業乏[*]怯法[*](《文心雕龍·通變》)

略論清儒的語言研究

中國的語言研究,傳統上稱爲小學。大家承認,清代是小學極盛的時代,人們給乾嘉學派的評價很高,段(玉裁)王(念孫)之學被認爲登峰造極。無疑地,清儒的小學著作是我們的一份寶貴的文化遺産。但是我們必須對這一份文化遺産進行批判,然後談得上繼承。在過去,我們對清儒小學的批判是不够的:往往是頌揚多,批判少;從政治上批判多,從學術上批判少。我個人也是偏於頌揚,一則因爲我以爲頌揚遺産就是愛國主義的表現,二則因爲我對清儒小學也衹是一知半解,空洞恭維易,深入批判難。現在我認識到,無批判地頌揚清儒,不但不是愛國主義,而且適得其反。直到今天,還有人承受清儒的衣鉢,以封建士大夫的治學方法爲科學研究的準則,這就大大地阻礙了中國學術的進步,對年輕的一代産生了不良的影響。爲了清除這些壞影響,就必須對它進行徹底的批判。

一、值得肯定的地方

在中國語言學史上,清代和前代比較來説,無疑是一個大進步。主要表現在:

(1)比較充分地佔有材料。試以鄭樵《通志》的《六書略》與清儒的《説文》研究相比較,可以看出前者主觀臆斷較多,後者則在很大程度上尊重語言事實。《六書略》以"武"爲從戈從止,"厶"爲象男子之勢,"了"爲象交脛之形,"出"爲象花英之形,如此等等,都是憑空捏造。清儒顯得謹慎得多,嚴肅得多,例如段玉裁講古人坐於牀,而又不似今人垂足而坐,又講"古人之臥,隱几而已",都確鑿有據,不同於向壁虛造。

(2)比較地注意古今的差别。在古音方面,自顧炎武接受了陳第的"時有古今,地有南北,字有更革,音有轉移"的理論以後,三百年的古音學都遵守這個原則,徹底推翻了宋儒叶音之説,這是人所共知的事實。訓詁方面,小學家們在許多地方也能注意到古今的不同,例如段玉裁説:"履本訓踐,後以爲屨名,古今語異耳。"他明白地提出了古今語異的原則。以今語釋古語,是一般通病。清儒在這些地方往往給予嚴厲的批評,例如《管子·大匡》:"雖得天下,吾不生也,兄與我齊國之政也!"舊注云:"召忽稱管仲爲兄。"王念孫説:"《困學紀聞·諸子類》引張嵲讀《管子》曰:'兄,古況字。'而注乃謂'召忽稱管仲爲兄',陋矣!"衹一個"陋"字,就表現出清儒治學遠勝古人,因爲尊稱朋友爲兄是後世的習俗,不能適用於先秦。有了古今的概念,就能免於淺陋。

(3)比較地注意語言的社會性和系統性。清儒反對孤證,就語言研究來説,實際上就是重視語言的社會性。清儒主張以本書證本書,實際上就是重視語言内部的統一。當然他們還不能很清楚地認識語言的本質,以致有許多地方還陷於方法上的錯誤,但是,在他們的著作中,望文生義的地方較少,則是事實。

(4)重視有聲語言與概念的直接關係。王念孫提出了"就古音以求古義,引申觸類,不限形體"的合理主張。這樣就不再爲字形所束縛,實際上是糾正了文字直接表示概念的錯誤觀點。這是清代訓詁學的精華所在,對後代產生了很大的影響。

的確,清儒對語言的研究,有許多可以繼承的地方。首先是他們所收集的材料,應該充分加以利用。其次,上述的那些優點,對今天的語言研究工作者來説,也是可以借鑒的。

二、應該批判的地方

我們一方面應該實事求是地肯定清儒在語言研究上的成就,不能苛求古人;另一方面又要站在今天的思想高度來衡量古人的得失。我們對清儒的學術進行批判,並不是苛求古人,而是對今天的語言研究工作者提出嚴格的要求,要求他們以馬克思列寧主義、毛澤東思想作爲治學的準則,不要追隨清儒沿着錯誤的道路再走下去。這樣的批判,纔是有重大的現實意義的。現在試就歷史主義和辯證法兩方面對清儒的語言研究進行批判。

(1)缺乏歷史主義。清儒雖然注意到古今的不同,但是由於他們抱着復古主義的態度,必然是古非今。他們雖然不贊成顧炎武"舉今日之音而還之淳古",那衹是覺得事實上不可能而已,他們復古的思想有過之無不及。錢大昕爲段玉裁的《六書音均表》作序説:"惟《三百篇》之音爲最善。"段玉裁也説"音有正變""古有正而無變"。這是在讀音上的崇古。段玉裁在《説文解字注》中,對於古義的消滅,常常表示歎惜。如《説文》:"終,絿絲也。"段注云:"按絿字恐誤,疑下文絭字之訛,取其相屬也。《廣韻》云:'終,極也,窮也,竟也。'其義皆當作'冬'。冬者,四時盡也,故其引申之義如此。俗分别'冬'爲四時盡,'終'爲極也,窮也,竟也,乃使'冬'失其引申之義,'終'失其本義矣。"姑不論他的話説得對不對,他衹用一個"失"字就表示了對古義消失的惋惜;衹用一個"俗"字就表示他對當代通行的正字法的不滿。這是在字義、字形上的崇古。

小學被認爲是經學的附庸,它是爲經學服務的。清儒對字義的研究,最多衹研究到兩漢。這正合着韓愈在《答李翊書》中所説的:"非三代兩漢之書不敢觀,非聖人之志不敢存。"他們即使參考漢代以後的書,也祇是爲了更好地説明先秦兩漢的字義。在復古主義思想的指導下,他們把語言的演變看成是退化,他們不懂得語言的發展是進步的。因此,他們忽視漢以後的語言發展,以致没有一個人對漢語史進行過研究。

清儒也有一些人研究俗語,如翟灝著《通俗編》、錢大昕著《恒言録》、陳鱣著《恒言廣證》、郝懿行著《證俗文》、梁章鉅著《稱謂録》等。這並不能證明他們重視語言的發展。他們之所以研究俗語,目的在於稽古。他們是在厚古薄今的思想指導下來研究俗語的。他們這樣做,是今爲古用,是企圖證明俗語於古有徵。梁章鉅在《稱謂録》自序裏把研究俗語的目的講得很清楚:"用爲稽古之資,且增摛詞之助。"他們哪裏重視語言的發展呢?

他們也研究方言,但是這也絲毫不能證明他們重視語言的發展。像杭世駿的《續方言》、程際盛的《續方言補正》等,都祇是對《説文》《釋名》及古書注釋中敘述到的方言加以匯集。段玉裁、桂馥、王筠、朱駿聲等人喜歡講方言,也無非以今證古,企圖説明《説文》中某一個字或者某一個意義在現代方言中還存在着。這是所謂"方言證許"。"方言證許"是危險的嘗試,是違反歷史主義的。因爲語言的發展自有其發展的綫索,不可能中斷了千數百年,忽然在方言俗語中又被人發現了。清末民初的章炳麟繼承了"方言證許"的方法,寫了一部《新方言》,極盡穿鑿附會的能事。方法錯誤了,搬用再多的材料也是徒然的。

總的説來,清儒的語言祇是把古代漢語放在一個平面上,完全缺乏歷史發展觀點,因而違反了歷史主義。我過去曾經説過段玉裁有歷史發展觀點,那是錯誤的。因爲能辨别古今,並不等於就有了歷史發展觀點。在語言研究上,必須承認語言整個系統是發展的,並且正朝着豐富完善的道路發展着;必須承認近代和現代語言的研究不但是重要的,而且比古代語言的研究更有價值;必須承認語言有它的内部發展規律,然後纔算是有了歷史發展觀點。清儒的語言研究是完全不符合上述標準的。因此,清儒的學術思想是反歷史主義的。

(2)缺乏辯證法。清儒對於古代的字書和訓詁書,做了許多注解工作。當字書能如實地反映語言事實的時候,字書和材料是一致的。當字書與材料不一致的時候,相信字書還是相信材料,這是唯心主義與唯物主義的分水嶺。毛主席説(《實踐論》):"理性的東西所以靠得住,正是由於它來源於感性,否則理性的東西就成了無源之水,無本之木,而衹是主觀自生的東西了。"清儒凡是相信材料時,就做出了成績;凡是迷信字書時,就陷於錯誤。而清儒的字義研究,由字書演繹多於從材料歸納,所以常常陷於錯誤。歸納、概括,一般是靠得住的;至於演繹,那就要看前提是否有客觀根據了。古代的字書和訓詁書都是個人的著作,個人的知識無論多麽淵博,也終是有限的,而不可能每一句話都講得很對。何況許慎等人在許多地方都表現爲唯理論者,他們帶頭鑿空,我們不應該也跟着他們鑿空。段玉裁等人常常爲許慎的錯誤辯護、圓謊,找一些不相干的例子去證明許氏的説解。許慎説了一句:"爲,母猴也。"段、桂、王、朱都連忙給他找證據:段玉裁、朱駿聲找了個"公叔禺人",桂馥、王筠找了個"沐猴"。甲骨文出土後,證明了"爲"是手牽象之形,許氏之説不攻自破。歷來批評許慎的人,往往被人批評爲"輕議古人"。其實如果從材料出發,有了真憑實據,古人也並不是不可以議的。而清儒却常常做不到這一點。

古人對於同義詞,没有正確的瞭解。他們衹看見同義詞的共同性,而看不見同義詞當中每一個詞的特殊性。《爾雅》所載同義詞多至十餘字,《廣雅》所載同義詞多至數十字。《廣雅》所收比《爾雅》更濫,凡詞義稍有關係的都算作同義詞。王念孫的《廣雅疏證》曾經受到很高的評價,但是他對於同義詞的認識仍然是錯誤的。張揖在方法上錯誤了,他不去糾正,反而給張説找證據,例如《廣雅》説:"道,大也。"實際上,"道"和"大"決不能認爲同義,而王氏引《老子》“故道大,天大,地大,王亦大”爲證。這樣做,徒然造成混亂,而絲毫不能解決問題。

清儒對於多義詞也常常缺乏正確的認識。他們以爲甲與乙同義,乙與丙同義,則甲與丙亦必同義。他們不知道,一詞既然多義,則甲與乙所同的義不一定就是乙與丙所同的義。段玉裁等人常常在這些地方陷於常識性的錯誤,例如《説文》:“夫,丈夫也。”又:“壻,夫也。”本來都講得不錯。但是,經過段氏一解釋,也就面目全非。段氏説:“夫者,丈夫也,然則壻爲男子之美稱,因以爲女夫之稱。”這簡直是荒唐! 這種作風對後世造成極其惡劣的影響。後人從《爾雅》《説文》《廣雅》等書中找出一些同義詞來展轉相訓,以達到穿鑿附會的目的,始作俑者就是段玉裁等人。其實多義詞之不能展轉相訓,正如甲與乙同事,乙與丙同事,甲與丙不一定同事(因爲有一人兼數職的可能),道理非常簡單,而段氏及其追隨者竟然不懂,那就衹能説是封建士大夫的偏見了。

清儒形而上學的治學方法是最應該批判的。在古音方面,段玉裁“同聲必同部”的理論在原則上是對的,但問題出在一個“必”字。他不知道:諧聲時代,要比《詩經》時代早得多;在諧聲時代,同聲必同部,到了《詩經》時代,語音有了發展,個别的字就不一定同部了,例如《詩經·小雅·六月》叶“顒、公”,《衛風·竹竿》叶“左、瑳、儺”,本來非常諧和,段氏泥於“同聲必同部”之説,反而認爲合韻了。其實少數幾個不規則的變化是不可避免的,要求整齊劃一,毫無例外,反而是形而上學。

最嚴重的形而上學的錯誤表現在因聲求義上。上文説過,王念孫的“就古音以求古義,引申觸類,不限形體”的主張是合理的;但是越過真理一步就是錯誤,如果把這個原則推廣到聲近義通,也就是説,衹要讀音相近,詞義就能相通,那就變成牽強附會了。聲近義通衹是可能,不是必然。不但語言有社會性,文字也有社會性。擺脱字形的束縛是對的,否定文字的社會性則是錯誤的。王氏父子已經有一些穿鑿附會的地方，後人變本加厲，片面地强調聲近義通，主觀臆斷，無所不用其極。俞樾就是一個典型的例子，他解釋《詩經·魏風·伐檀》，“廛”釋爲“纏”，“億”釋爲“繶”，“囷”釋爲“稛”。真奇怪！爲甚麼詩人在同一位置上的三個字都寫了别字！“億”字在《詩經》别的地方都當數目字用，爲甚麼惟獨在這裏當做一個僻字（繶）來用呢？此風一開，人人都可以憑着主觀的想象去找一個同音字來傅會成説。前人拘執字形，其失在泥；清儒的末流，以“引申觸類，不限形體”作爲幌子，實際上是鑿空立論，其失在誣。泥與誣雖是兩個極端，但都是唯心主義，都是形而上學。

清亡以後，清儒的治學方法被繼承下來，胡適等人把它當做科學方法向人推薦。於是因聲求義變成了實用主義的防空洞。胡適所謂“大膽假設，小心求證”，往往是大膽假設以後，用因聲求義來作爲全部證據或一部分證據。胡適自己寫的《説儒》，就利用“儒，柔也”的聲訓大做其文章。清儒因聲求義的方法，到了民國以後，越變越不科學了。清儒因聲求義，必須用同音字或讀音非常相近的字，即既是雙聲又是叠韻的字，這是比較合理的，因爲祇有同音，纔有互相代替的可能；近人變本加厲，祇求叠韻，不求雙聲，以致無所不通，無所不借。那就是接受了清儒的壞影響以後，反而不如清儒了。

假如今天我們在語言研究上已經完全肅清了清儒因聲求義和展轉相訓的壞影響，那麽，批判清儒語言研究中的唯心主義就成爲不必要的了。事實上我們還不能這様樂觀。清儒的治學方法，不但在老一輩的腦子裏根深蒂固，而且老一輩還把它當做法寶傳給新的一代。不但語言研究上，而且在古代哲學研究上、在古典文學研究上、在古文字研究上、在歷史研究上，至今都還有人踏着清儒的脚印，作出不科學的結論。這種研究的危害性是很大的，不能不引起嚴重的注意。批判清儒不是爲了昨天，而是爲了明天。希望今後我們在馬克思列寧主義、毛澤東思想的指導下,認真地肅清清儒的反歷史主義和反辯證法的壞影響,把語言研究引導到正確的道路上來。

原載《新建設》1965年第8、9期

黄侃古音學述評[1]

黄侃的古音學，特别是他的古韻學説，在漢語音韻學上有很大的影響。他的學説雖然也有合理的部分，但是值得批判的地方也很多。我在我的《漢語音韻學》裏對他提出了批評，但是批評得不深入，同時也没有看見他的學説中的合理部分。張世禄先生在他的《中國音韻學史》裏對黄氏古音學也着重在批評，他的批評比我所做的深刻得多[2]。後來我講清代古音學，在備課過程中仔細看了黄氏的著作，覺得還有許多話要説，所以寫這篇文章。文章打算分爲兩部分：第一部分敘述並分析黄氏的古音學説；第二部分對這個學説加以評論。

一

黄侃治古音學是有他的方法的。他以爲必須認識聲母與韻母之間的密切關係；聲母問題解決了，韻母問題也跟着得到解決；同理，如果韻母問題解決了，聲母問題也跟着解決。所以他説[3]：

> 古聲既變爲今聲，則古韻不得不變爲今韻。以此二物相挾以變，故自來談字母者以不通古韻之故，往往不悟發聲之由

① 這裏所謂"古音"是依傳統音韻學上的定義，指的是上古語音。

② 張世禄《中國音韻學史》下册第 279—294 頁，又第 313—320 頁，商務印書館 1938 年。

③ 《制言》半月刊第六期，黄侃《音略》第 1 頁。

來;談古韻者,以不憭古聲之故,其分合又無的證。

黄氏以此方法爲指導,考得古聲母十九個,古韻部廿八個。他是怎樣得出這個結論的呢?錢玄同敘述他考證的過程説(《文字學音篇》第30頁):

> 黄侃復於《廣韻》中考得有三十二韻爲古本韻。此三十二韻中,惟有影見溪曉匣疑端透定來泥精清從心幫滂並明十九紐,無其他之二十二紐①,因知古紐止此十九。

又説(《文字學音篇》第31頁):

> 黄侃據章君(按:指章炳麟)之説,稽之《廣韻》,得三十二韻(知此三十二韻爲古本韻者,以韻中止有十九古本紐也。因此三十二韻中止有古本紐,異於其他各韻之有變紐,故知其爲古本韻。又因此三十二古本韻中止有十九紐,故知此十九紐實爲古本紐。本紐本韻,互相證明,一一吻合,以是知其説之不可易)。合之爲二十八部。

黄氏所定古韻廿八部如下表:

陰聲	一歌戈	二[灰]	三[齊]	四模	五侯
	六豪	七蕭	八哈		
陽聲	九寒桓	一〇[先]	一一痕魂	一二青	一三唐
	一四東	一五冬	一六登	一七覃	一八添
入聲	一九曷末	二〇屑	二一没	二二錫	二三鐸
	二四屋	二五沃	二六德	二七合	二八帖

歌與戈、寒與桓、痕與魂、曷與末都衹是開合口的關係,所以合併爲一部,古本韻三十二韻實得二十八部。在上面的表中,我加方框的字,表示本字不在此部:《廣韻》灰韻雖屬古音灰部,但是"灰"字本

① 黄侃認爲《廣韻》有四十一個聲母,所以説十九紐之外還有二十二紐。

身屬咍部;《廣韻》齊韻雖屬古音齊部,但是"齊"字本身屬灰部;《廣韻》先韻雖屬古音先部,但是"先"字本身屬痕部[①]。章氏古韻廿三部與黃氏古韻廿八部的比較如下表(加〔 〕號者是章氏韻部)[②]:

〔歌部〕=歌部	〔脂部〕=灰部
〔支部〕=錫部、齊部	〔魚部〕=鐸部、模部
〔侯部〕=屋部、侯部	〔宵部〕=沃部、豪部
〔幽部〕=蕭部[③]	〔之部〕=德部、咍部
〔寒部〕=寒部	〔真部〕=先部
〔諄部〕=痕部	〔清部〕=青部
〔陽部〕=唐部	〔東部〕=東部
〔冬部〕=冬部	〔蒸部〕=登部
〔侵部〕=覃部	〔談部〕=添部
〔緝部〕=合部	〔盍部〕=帖部
〔泰部〕=曷部	〔至部〕=屑部
〔隊部〕=没部	

古音學家如王念孫、江有誥、章炳麟等的古韻部名稱都大同小異,惟有黃氏古韻部名稱與衆迥然不同,這是因爲他選用了古本韻的名稱的緣故。

黃氏於《切韻》的聲母,基本上采用了陳澧《切韻考》的分類。陳澧分爲四十類,他衹多分出了一類,成爲四十一類。他説:

> 依陳君所考,照穿牀審喻應分爲二類,而明微合爲一類。侃以爲明微應分二類,實得聲類四十一。

他以十九紐爲古本紐,其餘二十二紐爲變紐,如下表(大字代表古

① 根據劉賾先生《聲韻學表解》。

② 參看《唯是月刊》第三期,黃侃《與友人論小學書》第 10 頁。

③ 章氏幽部包括入聲,黃氏蕭部似乎不包括入聲,討論見下文。

本紐，小字代表變紐)[①]：

影喻于				
見群	溪	曉	匣	疑
端知照	透徹穿審	定澄神禪	來	泥娘日
精莊	清初	從牀	心山邪	
幫非	滂敷	並奉	明微	

黄氏於《廣韻》的二百零六韻，以爲除了開合洪細的區別之外[②]，主要還是由於從古韻看來不宜合併，又由於古本韻與變韻應該區別開來。他説[③]：

> 《廣韻》分韻分類雖多，要不外三理：其一，以開合洪細分之。其二，開合洪細雖均，而古本音各異，則亦不能不異，如東冬必分，支脂之必分，魚虞必分，佳皆必分，仙先必分，覃談必分，尤幽必分，是也。其三，以韻中有變音無變音爲分，如東第一[④](無變音)鍾(有變音)，齊(無變音)支(有變音)，寒桓(無變音)删山(有變音)，蕭(無變音)宵(有變音)，豪(無變音)肴(有變音)，青(無變音)清(有變音)，添(無變音)鹽(有變音)，諸韻皆宜分析，是也。

什麽是變音呢？他説[⑤]：

> 當知二百六韻中但有本音不雜變聲者爲古本音；雜有變聲者，其本聲亦爲變聲所挾，是爲變音。

可見變紐(變聲)是構成變音的條件。韻中有了變紐，不但帶有變紐的字被認爲是變音(如鍾韻的"蛩重醲封峰逢松鍾衝舂容茸")，

---

① 參照錢玄同《文字學音篇》第30頁。

② 開合大約指的是寒桓之分、痕魂之分、歌戈之分等。洪細大約指的是庚韻分爲洪細、東韻分爲洪細等。

③⑤ 《唯是月刊》第三期，黄侃《與友人論小學書》第7頁。

④ 指東韻第一類，即紅類(一等字)。

而且連不帶變紐的字(如鍾韻的"恭顒從邕胸龍")也被認爲是變音,因爲這些古本紐的字也受了變紐的字的影響("其本聲亦爲變聲所挾"),它們的韻母也起了變化,不能保持上古的韻母了。

單就平聲和入聲而論,古本韻和變韻如下表[①]:

古本韻	變韻
東一[②]	鍾、江
冬	東二
模	魚、虞半、麻半
齊	支半、佳
灰	脂、微半、皆
咍	之、尤半
痕魂	微半、諄半、文、殷
寒桓	元、删半、山、仙半
先	真、諄半、臻、删半、仙半
蕭	宵、肴半、尤半
豪	肴半、幽
歌、戈一[③]	戈二、戈三、麻半、支半
唐	陽、庚半
青	庚半、耕半、清
登	耕半、蒸
侯	虞半
覃	侵、咸半、銜、嚴半、凡
添	談、鹽、咸半、嚴半

① 參照錢玄同《文字學音篇》第22—25頁。

② 東一指東韻第一類,即紅類(一等字),東二指東韻第二類,即弓類(三等字)。

③ 戈一指戈韻第一類,即禾類(合口一等),戈二指戈韻第二類,即伽類(開口三等),戈三指戈韻第三類,即靴類(合口三等)。

屋一[①]	屋二、燭、覺半
沃	覺半、藥半
没	術半、迄、物
曷末	祭、泰、夬、廢、月、黠半、鎋、薛半
屑	質、術半、櫛、黠半、薛半
鐸	陌、藥半、麥半、昔半
錫	麥半、昔半
德	職
合	緝、洽半、狎
帖	盍、葉、業、洽半[②]

黄氏認爲古音衹有平聲和入聲,因此所有上聲韻和去聲韻都認爲是變韻。即以古本韻而論,其上去聲也算是變韻。錢玄同説[③]:

> 古韻有平入而無上去。故凡上去之韻,皆爲變韻。如此處上聲之董,去聲之送一,在古皆當讀平聲,無上去之音,故曰變韻是也。

古本音和變音,這是黄氏古音學的基本概念。他所擬定的整個古音系統都從此出發。我們必須深入考查他是怎樣看出"本"和"變"來的。

我們首先要知道黄氏對開合洪細的看法。他反對等韻開合各分四等,他認爲開口衹有兩等,合口衹有兩等,總計也不過四個等。他説[④]:

> 若夫等韻之弊在於破碎。音之出口不過開合,開合兩類各有洪細,其大齊唯四而已。而等韻分開口合口各爲四等。

① 屋一指屋韻第一類,即谷類(一等字),屋二指屋韻第二類,即六類(三等字)。

② 所謂半,衹表示一韻分爲兩部分其中的一部分,字數多寡可以不平衡。

③ 錢玄同《文字學音篇》第22頁。按:錢玄同聲明他的古音學説是采用黄侃的。

④ 《唯是月刊》第三期,黄侃《與友人論小學書》第6—7頁。

今試舉寒桓類音質之,爲問寒(開洪)桓(合洪)賢(開細)玄(合細)之間尚能更容一音乎?

黄氏這個議論和他的老師章炳麟的議論正相符合。章炳麟説(《國故論衡·音理論》):

又始作字母者未有分等。同母之聲,大别之不過闔口開口。分齊視闔口而減者爲撮口,分齊視開口而減者爲齊齒。闔口開口皆外聲,撮口齊齒皆内聲也。依以節限,則闔口爲一等,撮口其細也;開口爲一等,齊齒其細也。本則有二,二又爲四,此易簡可以告童孺者。季宋以降,或謂闔口開口皆四等,而同母同收者可分爲八,是乃空有名言,其實使人哽介不能作語。驗以見母收舌之音,昆(闔口)君(撮口)根(開口)斤(齊齒)以外,復有佗聲可容其閒邪?

由此看來,黄氏所謂開合洪細四等,實際上就是開齊合撮四呼。錢玄同采用他的説法,索性稱爲開齊合撮。如説(《文字學音篇》第22頁):"東二,冬之變韻,由本音變同東韻之撮口呼。"

其次,我們要知道黄氏所謂本與變的含義。所謂本,就是説直到《切韻》時代,仍然保存着上古的讀音,例如見母,從上古到《切韻》時代一直讀[k];又如咍韻,從上古到《切韻》時代一直讀[ai]。所謂變,就是説上古讀音與《切韻》時代的讀音不同,例如群母的演變過程是[k]→[g']①,又如之韻的演變過程是[ai]→[i]。

既然他認爲一攝衹能有開齊合撮四呼,那麽,等韻中的四個等不可能同時存在。他就設想:其中有兩個等是上古時代存在的,另外還有兩個等則是後代的變音。從實際讀音來看,一等與二等没有分别,三等與四等没有分别,衹是一等與四等代表古本音,二等與三等代表後來從别處轉變來的音罷了。劉申叔(師培)在他的

① 黄氏雖認爲群母在中古屬濁音,但是他對濁音的説明很不科學。現在姑且把群母擬成g'。

《音論序贊》裏泄露了這個祕密[①]：

> 實考古音二等,《廣韻》四等。一與四者,古音之本;其二與三,本音變也。

黄氏自己在討論等韻時也説[②]：

> 顧其理有暗與古合者,則其所謂一等音,由今論之,皆古本音也。此等韻巧妙處,其他則繽紛連結,不可猝理。

我們要進一步追問:爲什麽黄氏選擇了一等和四等,而不選擇一等和三等,或二等和三等,作爲古本音呢?如果能回答這個問題,那就算是知道了黄氏古音學的全部祕密。

原來黄氏是從古本紐出發來證明古本韻的。錢大昕證明古無輕脣、舌上,又正齒亦多歸舌頭,這樣就從三十六母中減去了十三個字母(非敷奉微知徹澄娘照穿牀審禪),剩下二十三個。章炳麟以喻歸影,以日歸泥,又減去了兩個。黄氏即從錢、章的結論出發,看見非敷奉微禪喻日衹出現於三等(喻母雖有喻三喻四之分,但喻四的字可以用三等字爲反切下字,實屬三等),知徹澄娘照穿牀審衹出現於二、三等,可見變紐不能居於一、四等。若以無變紐的韻作爲古本韻的話,衹能從一、四等尋找古本韻了。按照這個簡單的方法來考察十六攝,凡一等韻和純四等韻都算古本韻。具體説來:

> 江攝全是二等,所以没有古本韻。
>
> 止攝只有三等(其中包括假二等和假四等),所以没有古本韻。
>
> 遇攝一等有模,三等(包括假二、四等)有魚虞,所以模是古本韻。
>
> 蟹攝一等開口有咍泰,合口有灰泰,二等有佳皆夬,三等有祭廢,四等有齊。咍灰齊是古本韻。泰因爲是去聲,不算古本韻。

---

① 《制言》半月刊第六期。

② 《唯是月刊》第三期,黄侃《與友人論小學書》第 7 頁。

臻攝一等開口有痕,合口有魂没,二等有臻櫛,三等(包括假四等)有真諄文欣質術物迄,所以痕魂没是古本韻。

山攝一等開口有寒曷,合口有桓末,二等有删山黠鎋,三等(包括假二、四等)有元仙月薛,四等有先屑,所以寒桓曷末先屑是古本韻。

效攝一等有豪,二等有肴,三等(包括假四等)有宵,四等有蕭,所以豪蕭是古本韻。

假攝没有一等,也没有純四等,所以没有古本韻。

宕攝一等有唐鐸,三等(包括假二、四等)有陽藥,所以唐鐸是古本韻。

曾攝一等有登德,三等(包括假四等)有蒸職,所以登德是古本韻。

梗攝没有一等字,二等有庚耕陌麥,三等(包括假四等)有庚清陌昔,四等有青錫,所以青錫是古本韻。

流攝一等有侯,三等(包括假二、四等)有尤幽,所以侯是古本韻。

深攝没有一等,也没有純四等,所以没有古本韻。

咸攝一等有覃談合盍,二等有咸銜洽狎,三等(包括假四等)有鹽嚴凡葉業乏,四等有添帖。覃合添帖是古本韻。照理,談盍也該算古本韻,但是黄氏以前的古音學家都衹把收-m 的韻分兩類(即黄氏的覃添),收-p 的韻分兩類(即黄氏的合帖),黄氏也就不改變前人的結論了①。

此外還有兩個攝,其中找不出一等韻和四等韻,但是能找到一等字。於是黄氏把一韻分成兩、三類,以其中一類爲古本韻:

通攝一等有東韻第一類(紅類),屋韻第一類(谷類)和冬韻、沃韻;三等(包括假二、四等)有東韻第二類(弓類),屋韻第

① 據説黄氏後來又分古韻爲三十部,談添盍帖算是四部。下文當再論及。

二類(六類)和鍾韻、燭韻,所以東一、屋一、冬、沃是古本韻。

果攝一等有歌韻和戈韻第一類(禾類);三等開口有戈韻第二類(迦類),合口有戈韻第三類(靴類),所以歌和戈一是古本韻。

黄氏的古音十九紐也是從這裏找證據的。上面説過,輕脣、舌上、正齒、日喻等紐都衹出現於二、三等;章炳麟古音二十一紐,正是以輕脣與重脣合併、舌上與舌頭合併等辦法得出來的。黄氏比章氏減少了兩個聲紐,即群母和邪母。大家知道,群母衹出現於三等;邪母在韻圖中雖屬四等,那是假四等,因爲它衹出現於三等韻中,以三等字爲反切下字(如敍,徐吕切)。

現在談到黄侃對上古聲調的看法。這個看法和他的古韻部學説是有密切關係的。他説:“四聲古無去聲,段君所説;今更知古無上聲,惟有平入而已。”①又説:“段茂堂《六書音均表》去去聲而不去上聲者,一則以《詩經》今之上聲連用者多,故不敢下斷語,一則以《詩經》韻例尚未嚴密。”②他否定了上去兩聲之後,衹剩平入兩聲,於是他想到了平入分立,把所有的入聲韻都獨立起來。這樣就成爲陰陽入三分法。本來陰陽入三分不是從黄氏開始的;戴震的古韻二十五部就包括陰聲七部、陽聲九部、入聲九部。但是黄氏的入聲韻部和戴氏的入聲韻部有很大的分别。最明顯的是曷部,包括戴氏的陰聲靄類和入聲遏類。其實豈但曷部?其他各部都有同樣的問題。黄氏同意段玉裁古無去聲的學説,把大多數去聲字(主要是偏旁與入聲相同的字)都歸到入聲韻部去了(其餘少數歸入平聲),他的弟子劉賾教授的《聲韻學表解》和《説文古音譜》反映了他對於入聲的見解。而戴氏則把陰聲韻去聲字仍舊看成去聲,算是

① 《制言》半月刊第六期,黄侃《音略》第1頁。

② 黄永鎮《古韻學源流》第83頁所引。

陰聲韻部,例如“護祚暮”等字,戴氏歸入去聲[①],而黄氏歸入入聲[②]。

黄氏入聲一律獨立的學説,和他的老師章炳麟的古韻學説是相抵觸的。章氏明白地宣稱,收[-k]的入聲韻部在上古是不存在的。他説:

> 案古音本無藥覺職德沃屋燭鐸陌錫諸部,是皆宵之幽侯魚支之變聲也。有入聲者:陰聲有質櫛屑一類,曷月鎋薛末一類,術物没迄一類,陽聲有緝類盍類耳。

在入聲問題上,黄氏和章氏的分歧很大。前人因他們有師生關係,而忽略了他們之間的重大分歧,那是不合適的。

依黄氏的學説,二十八個韻部中,每一個韻部衹有一個聲調。陰聲韻和陽聲韻都衹有一個平聲,入聲韻自然也衹有一個入聲。這實際等於説上古漢語没有聲調的存在,因爲在聲母完全相同的情況下,聲調必然相同。即使陰聲、陽聲和入聲在高低升降的形狀上有所不同,聲調已經失掉辨義的作用了。

有一件事是黄氏没有講清楚的:章氏幽部的入聲(我所謂覺部),黄氏歸到哪裏去了?劉賾教授把這一類字歸入蕭部,那就和章氏一致了。楊樹達在把劉賾教授《聲韻學表解》印發給清華大學中文系學生作爲參考資料時[③],加一個附記説:“劉君用黄君季剛之説也。”這樣,似乎以覺類歸蕭部是可信的。但是,如果我們仔細玩味黄氏自己的話,就會得出完全不同的結論:第一,黄氏在《與友人論小學書》提到“侯蕭同入”[④],可見他受了段玉裁《六書音均表》的影響。段玉裁第三部(蕭部)有入,第四部(侯部)無入。段氏晚年接受了王念孫和江有誥的意見,同意把第三部入聲的一半歸入第

---

① 戴震《聲類表》第3頁,渭南嚴氏叢書本。

② 參看劉賾《説文古音譜》鐸部。

③ 時間約在1935年左右。

④ 《唯是月刊》第三期,黄侃《與友人論小學書》第11頁。

四部。黄氏因爲找不到覺部的“古本韻”，纔又把兩部的入聲合併起來。不過這一回不像段氏那樣算是第三部的入聲，而算是侯蕭同入了。第二，黄氏在《音略》中提到屋部是“戴所立”。戴震的屋部也正是包括屋覺兩部的[1]。第三，黄氏整個古音體系是陰陽入三聲分立，怎肯把入聲字歸到平聲韻裏去呢？因此，如果没有有力的反證，我們還是相信黄氏把覺部合併到屋部去了。

依黄氏的學説，上古音系比中古音系簡單很多。每一個韻部不能同時具備洪細音：有開合者不能有齊撮，有齊撮者不能有開合。有些韻部有開無合，有些韻部有合無開，有些韻部有齊無撮。現在參照他的《與友人論小學書》和《音略》，叙述各韻的開合洪細如下：

陰聲	入聲	陽聲
——	屑（合開細）	先（合開細）
灰（合洪）	没（合洪）	痕魂（合開洪）
歌戈（合開洪）	曷末（合開洪）	寒桓（合開洪）
齊（合開細）	錫（合開細）	青（合開細）
模（合洪）	鐸（合開洪）	唐（合開洪）
侯（開洪）	屋（合洪）	東（合洪）
蕭（開細）	——	——
豪（開洪）	沃（合洪）	冬（合洪）
咍（開洪）	德（合開洪）	登（合開洪）
——	合（開洪）	覃（開洪）
——	帖（開細）	添（開細）[2]

這是古本韻學説的邏輯結果，因爲從一等韻中找出古本韻來就必

① 戴氏幽侯不分，屋覺不分。參看《聲類表》卷三。

② 這個表見於《音略》和《與友人論小學書》。後者於合帖覃添衹注洪細，不注“開”字。

然是洪音，從四等韻中找出古本韻來就必然是細音，絶不可能兼備洪細。有些古本韻只有開口字（如咍），就不容許再有合口；有些古本韻只有合口字（如灰），就不容許再有開口。黄氏自己講得很清楚①：

> 段君能分支脂之爲三類而不得其本音……謹案："支"之本音在齊韻，當讀爲"鞮"；"脂"之本音在"灰"韻，當讀如"磓"（脂韻古皆合口，前人已多言之②）；"之"之本音在咍韻，當讀如"𪏮"。今之所以溷者，以"支"由本聲爲變聲，遂成變韻；"脂"由本聲爲變聲，復由合口爲開口，由洪音爲細音；"之"由本聲爲變聲，復由洪音爲細音。於是"支、脂、之"皆同爲開口細音，斯其分介不憭矣。

黄氏在教人讀古音的時候説："當知變音中之本聲字，改從本音讀之。其變聲字當改爲本聲，而後以本音讀之。"③他把東韻第二類列成一個表，現在爲了節省篇幅，不照録原表了，衹引申其意來説明一下。所謂"變音中之本聲字，改從本音讀之"，例如東韻撮口呼去聲"趮""字（香仲切）屬曉母，曉母是古本紐（本聲），但仍要改讀如"烘"（呼東切），因爲東韻撮口呼是變韻，去聲韻也是變韻。又如"穹"字（去宫切）屬溪母，溪母是古本紐，但仍要改讀爲"空"，因爲讀去宫切則屬撮口呼，仍非本音。所謂"其變聲當改爲本聲，然後以本音讀之"，例如"雄"（羽弓切）屬于母（喻三），"融"（以戎切）屬喻母（喻四），都是變紐（變聲），應先改成本紐影母，然後以一等音（本音）讀之，"雄、融"都讀如"翁"。由此類推，"窮"（渠弓切）屬群母，應先變成溪母，然後讀如"空"；"中"屬知母，"終"屬照母，都

① 《唯是月刊》第三期，黄侃《與友人論小學書》第13頁。

② 段玉裁自己也這樣説。他説："第十五部之音，脂讀如追，夷讀如帷，黎讀如纍，師讀如雖，全韻皆以此求之。"見《答江晉三論韻》，在江有誥《音學十書》卷首。

③ 同①，第11頁。

應先變成端母,然後讀如"東"。他講到古聲紐的時候,也采用了同樣的原則。現在衹舉舌音爲例:

舌音

端,本聲。單,都寒切,古今同。驒,都年切,聲同韻變,古音亦讀如單。

知,此端之變聲。邅,張連切,聲韻俱變,古音當讀如亶平聲,亦即讀如單。

照,此亦端之變聲。旃,諸延切,聲韻俱變。古音當讀如丹,即如單。

透,本聲。嘽,他干切,古今同。靦,他典切,聲同韻異,古音亦讀如嘽。"靦"重"醧"①,故知在此韻。

徹,此透之變聲。於,丑善切,聲韻俱變。古音亦讀如嘽。"於"從㫃聲②,故知在此韻。

穿,此亦透之變聲。闡,昌善切,聲韻俱變。古音亦讀如嘽。

審,此亦透之變聲。羴,式連切,聲韻俱變。古亦當讀如嘽。"羴"重"羶",故知在此韻。

定,本聲。沱,徒何切,古今同。地,徒四切,聲同韻變。古亦讀如沱,以《楚辭・天問》用韻知之。

澄,此定之變聲。馳,直離切,聲韻俱變。古亦讀如沱。

神,此亦定之變聲。蛇,食遮切。此即"它"之重文,聲韻俱變。古亦讀如沱。

禪,此亦定之變聲。垂,是爲切,聲韻俱變。古音當讀憜平聲③。

泥,本聲。奴,乃都切,古今同。變韻無泥紐(除上去聲)。

娘,此泥之變聲。拏,女加切,聲韻俱變。古亦讀如奴。

① "醧"是"靦"的重文,見《説文》。下文"羴"重"羶"仿此。

② 㫃,於幰切,讀若偃。

③ "憜"即"惰"字。"惰"的平聲也是沱。

日,此亦泥之變聲。如,人諸切,聲韻俱變。古亦讀如奴。

來,本聲。羅,魯何切,古今同。罹,吕支切,聲變,即羅之後出字,則古只有羅音也①。

這樣,在上古音系裏,"單、擅、旃"同音,"嘽、艬、扵、彝、闡"同音,"沱、地、馳、蛇、垂"同音,"奴、挐、如"同音,"羅、罹"同音。

古音之簡單化是顯然可見的。以"艬"字爲例,透母雖是古本紐,但是必須把[-ian]改爲[-an](齊齒改開口),把上聲改爲平聲,然後合於古音。至於"闡"字,則既不屬於古本紐,又不屬於古本韻,就必須改穿母爲透母,改齊齒呼爲開口呼,改上聲爲平聲,纔合乎古音了。其餘由此類推。

黄氏對於古音擬測,用不着許多理論,因爲古本紐與古本韻的理論已經包含着上古音讀在内了,例如端母爲古本紐,可見端母的讀音古今都是[t];寒桓爲古本韻,可見寒部的讀音古今都是[an][uan]。衹有少數古本韻在今音不能讀出分别來,纔須要處理一下。他説:

> 兩本音復相溷,則以對轉之音定之。如東冬今音亦難别,然東與侯對轉,此必音近於侯也。冬與豪對轉,此必音近於豪也。試於讀"東"字時先讀"兜"字,讀"冬"字時先讀"刀"字,則二音判矣(簡言之,無異以兜翁切"東",以刀硉切"冬",但須重讀其上聲耳)。

這樣,黄氏的古音擬測應如下表:

古音十九紐:

深喉音②	淺喉音	舌音	齒音	脣音
影○	見 k	端 t	精 ts	幫 p
	溪 kh	透 th	清 tsh	滂 ph
	曉 x	定 d	從 dz	並 b

---

① 《制言》半月刊第六期,《音論》第11—13頁。

② 深喉、淺喉之分,依照錢玄同《文字學音篇》第30頁。

匣 h	泥 n	心 s	明 m
疑 ng	來 l		

古韻二十八部①

陰聲	入聲	陽聲
——	屑 iat、yat②	先 ian、yan③
灰 uei	没 uet	痕魂 en、uen
歌戈 o、uo④	曷末 at、uat⑤	寒桓 an、uan
齊 i、yi	錫 ik、yk	青 ing、yng
模 u	鐸 ok、uok	唐 ang、uang
侯 ou	屋°uk	東°ung
蕭 iau	——	——
豪 au	沃[a]uk	冬[a]ung
咍 ai	德 ek、uek	登 eng、ueng⑥
——	合 ap	覃 am
——	帖 iap	添 iam⑦

① 黄氏以《廣韻》某韻爲古本韻時,即以《廣韻》讀該韻之音爲古本音(有特别聲明者除外)。他以《廣韻》爲今音,即認爲與現代北方音没有分别。

② 依黄氏"古本音表"(《與友人論小學書》)看來,入聲分别配陽聲-ng、-n、-m。今依錢玄同的説法,把入聲擬成-k、-t、-p 三類。

③ 黄氏以"寒、桓、賢、玄"爲四呼(見上文所引)。"寒、桓"是寒部字,"賢、玄"是先部字。所以寒部是 an、uan,先部是 ian、üan。黄氏並不要求兩個韻部之間的主要元音有分别,衹要洪細不同就行了。餘仿此。

④ 黄氏以歌麻合爲阿攝,讀爲 o、uo 等,不讀 a、ua 等,另有靄攝纔讀 a、ua 等。

⑤ 黄氏同意章炳麟泰部讀 a,那就没有-t 尾,與入聲韻説有矛盾,今依錢玄同的入聲定義,擬成有-t 尾。其實黄氏將章氏泰部讀 a 之説用於《廣韻》,所以靄攝讀 a。

⑥ 表中的 e,一律讀如英文 attempt 中的 a。

⑦ 爲了印刷的方便,不用國際音標。在本文中,k、t、ts、p 後面的 h 表示送氣,h 表示與 x 同部位的濁音,ng 表示與 g 同部位的鼻音,y 表示與 i 同部位的圓脣音,等於法文的 u,韻頭 y 等於法文 lui 中的 u。

二

黄侃的古音學説,在當時大受推崇。他的老師章炳麟説:"黄侃云:'歌部音本爲元音,觀《廣韻》歌戈二韻音切,可以證知古紐消息。如非敷奉微知徹澄娘照穿牀審禪喻日諸紐,歌戈部中皆無之,即知古無是音矣。'此亦一發明。"[①]他的師兄劉申叔(師培)説:"是皆夔曠所未傳,吕忱李登之所忘闕,自非耳順,性與天通,孰能與此?"[②]他的師弟錢玄同在北京大學講文字學音韻部分,完全采用黄説,以爲黄氏古紐學説"較之錢(大昕)章(炳麟)所考,益爲精確"[③],又以爲"章君之圖(按指"成均圖")於入聲分合原未盡善,黄氏據《廣韻》之古本韻以補正之,證據精確,殆可作爲定論"[④]。但是據説黄氏晚年並不滿意他中年時代的著作(《音略》初次發表在《國學卮林》雜誌[⑤],時在1920年,《與友人論小學書》發表在《制言》半月刊,也在1920年,黄氏當時三十四歲)。汪辟疆在《悼黄季剛先生》一文中説:"舊撰《音略》《文心雕龍札記》皆非其篤意之作,有詢及之者,心輒不懌,蓋早已芻狗視之矣。"[⑥]殷孟倫先生在《音略跋》中説:"閒嘗請於先生欲觀其真,先生謙讓未遑,以爲少作不足存。"[⑦]我想他很可能是不滿意,但是他的古音學説衹發表在中年時代,而這個學説至今在學術界還有一定的影響。我們衹好根據他中年時代的著作來敘述和評論了。

---

① 章炳麟《葑漢微言》第68頁,《章氏叢書》浙江本。

② 劉申叔《音論序贊》,見《制言》半月刊第六期。

③ 錢玄同《文字學音篇》第30頁。

④ 同上,第31頁。

⑤ 當時衹發表了一部分,後來在《華國月刊》也衹發表一部分。到他逝世後(1935年),《音略》纔全文由《制言》半月刊發表。

⑥ 《制言》半月刊第四期。這裏附帶説一説,《文心雕龍札記》的價值要比《音略》的價值高得多。

⑦ 《制言》半月刊第六期。

黄侃的古音學説有兩個貢獻:第一是照系二等和照系三等分屬不同的古紐;第二是入聲韻部獨立。

黄氏古紐學説遠勝其師,這並非由於他比章氏減少了兩個古紐(這反而是他的缺點),而是由於他采用了陳澧《切韻考》的分析,把照系分爲照穿神審禪和莊初牀疏兩類。尤其值得稱贊的是他把照系三等歸到古端系,照系二等歸到古精系。錢大昕説:"古人多舌音,後代多變爲齒音,不獨知徹澄三母爲然也。"[①]齒音在這裏指正齒(照系),不指齒頭(精系)。但是,照系如果不分爲兩類,那麼,或者把所有的正齒字一概歸併到古端系去,或者如章炳麟所做的一樣,保留照穿牀審禪作爲古本紐,而把精清從心邪歸併入正齒[②]。這兩種做法都不能解決問題。實際上,古音衹有照系三等和端系相通,錢大昕所提到的"種舟周至支專"等,都是照系三等字,没有一個照系二等字。可見衹要把照穿神審禪歸入古端透定中去就够了。從諧聲偏旁看,照系二等字和精系字關係很深:宗聲有崇、衰聲有蓑(衰即古蓑字)、巛(即災)聲有菑、宰聲有滓、則聲有厠有側、且聲有助、此聲有柴、才聲有豺、齊聲有齋、秦聲有臻、辛聲有莘、節聲有櫛、戔聲有棧、巽聲有撰、肖聲有稍、倉聲有創、相聲有霜、朿聲有策、秋聲有愁、聚聲有驟、叟聲有搜、參聲有滲、妾聲有霎等等,不勝枚舉。徐邈《毛詩音》把"驟"注作在遘反,爲顔之推所譏[③];其實以"在"切"驟",正是合乎古音。當然,照系三等古音是否完全與端系相同,二等古音是否完全與精系相同,還須進一步考慮(見下文),但是照系三等與端系相近,照系二等與精系相近,則是可以肯定的。因此,在一定程度上,黄侃對照系的看法是正確的。

入聲韻部獨立不從黄侃開始。戴震《聲類表》分古韻二十五

① 錢大昕《養新録》卷五第116頁,商務印書館1957年。

② 章炳麟《國故論衡》第5頁,《章氏叢書》浙江本。

③ 《顔氏家訓·音辭》。

部，其中有入聲九部；姚文田《古音諧》分古韻十七部，另立入聲九部；劉逢禄《詩聲衍》（未成書，但有序及條例等）分古韻二十六部，其中有入聲八部。但是，黄侃的入聲概念和戴震等人的入聲概念大不相同。戴、姚、劉等人所謂入聲韻部，是不包括去聲字的。黄侃接受了段玉裁古無去聲的學説，把大部分去聲字歸入入聲。段玉裁説平上爲一類，去入爲一類，黄氏繼承了段氏觀點，索性把平上合併、去入合併。黄氏生在王念孫、江有誥、章炳麟之後，知道了至部、隊部、泰部都是去入韻，由此類推，他的錫部、鐸部、屋部、沃部、德部也該都是去入韻了。從去入爲一類這一點上看，他和朱駿聲比較接近。凡諧聲偏旁爲入聲字者，朱氏一律歸入“分部”，如辱聲有耨，“耨”字雖是去聲字，古音應屬需韻（住）的“剥分部”。朱氏分古韻爲十八部（段氏十七部加泰部），此外還有十個“分部”。“分部”實際上等於入聲韻部，“分部”兼屬陰陽，正像黄氏入聲兼配陰陽。但是黄氏比朱氏做得更徹底，他乾脆把入聲韻部獨立起來，讓它和陰聲、陽聲鼎足三分了。

黄氏以去入爲一類，同歸上古入聲，這是和段氏“同諧聲者必同部”的原理相符合的。如之部“亟識植”、侯部“讀”、支部“易”、魚部“莫度”等既讀去聲，又讀入聲。又如式聲有試、意聲有億、益聲有縊、各聲有路等去入互諧的字也不勝枚舉。這都證明去聲和入聲爲親屬，而黄氏以去入合併是有他的理由的。

入聲韻部獨立爲什麽是比較合理的呢？衹要從古音擬測上考察，就知道了。從孔廣森、王念孫起，收-p 的韻部已經獨立起來，到了章炳麟，收-t 的韻部也完全獨立了，衹缺少收-k 的韻部，這樣，收-ng的陽聲韻部就没有入聲和它們對應。再説，假定上古没有收-k的底子，到中古也不能憑空生出個-k 尾來。如果説上古的之幽宵侯魚支六部全都收-k 尾或-g 尾（高本漢基本上就是這樣做的），那樣在語音發展規律上算是講得通，但是上古漢語閉口音節那樣多，開口音節那樣少,却又不近情理[①]。因此,入聲韻部一律獨立是比較合理的。

章炳麟曾經解釋之幽宵侯魚支六部入聲不應獨立的理由。他説[②]:

> 顧君(按:指顧炎武)以藥覺等部悉配陰聲,徵之《説文》諧聲,《詩》《易》比韻,其法契較然不移。若"藐"得聲於"皃","涹"(按:即"沃"字)得聲於"芺","藥"(按:即"療"字)得聲於"樂","試"得聲於"式","特"得聲於"寺","蕭"得聲於"肅","竇"得聲於"賣"(按:余六切),"博縛"得聲於"尃","錫"得聲於"易",兹其平上去入皆陰聲也,遽數之不能終其物。

從諧聲偏旁看之幽等六部陰聲與入聲的分野,的確有些麻煩,但是並不像章氏説的那樣嚴重。先就諧聲字來説,章氏所舉"藐"得聲於"皃"、"藥"得聲於"樂"、"試"得聲於"式"、"竇"得聲於"賣"、"錫"得聲於"易",都是去入互諧,不能成爲入聲必須與平聲合併的理由。衹有"涹"得聲於"芺"(烏皓切,"芺"又得聲於"夭"),"特"得聲於"寺"("寺"聲又有"時"),"蕭"得聲於"肅","博縛"得聲於"尃",比較難於解釋。但是諧聲雖然原則上同部,也不是没有一些例外,因爲諧聲時代早於《詩經》時代,若干偏旁已經有了變讀,衹要聲母相同,主要元音相同,也就能成爲諧聲,如旦聲有怛(曷部),"禺"聲有"顒"(東部),可認爲陽聲與入聲對轉,陰聲與陽聲對轉,不必以"怛"歸寒部,以"顒"歸侯部。這樣,如果以"沃"入沃部而以"夭"入豪部,以"特"入德部而以"時"入之部[③],以"肅"入覺部而以"蕭"入蕭部,以"博縛"入鐸部而以"尃"入模部,也未嘗不可。

---

① 王力《上古漢語入聲和陰聲的分野及其收音》,見《龍蟲並雕齋文集》一。

② 章炳麟《國故論衡上》第 21 頁。

③ "寺"字亦當入之部。《詩經·大雅·瞻印》叶"誨寺"。

入聲韻部獨立後,對《詩經》押韻的解釋,也遭遇到一些麻煩。在《詩經》開卷第一篇《關雎》裏,我們就遇到“芼”和“樂”押韻。此外如《大雅·緜》叶“止右理畝事”,而《大雅·崧高》叶“事式”,“事”若歸之部則《崧高》押韻不够和諧,歸德部則《緜》押韻不够和諧。在這種地方有兩種可能的解釋:一種解釋是認爲一種不完全韻(assonance),如以mau(芼)與lauk(樂)互押①;另一種解釋是認爲存在着一字兩讀的情況,如“芼”既可以讀mau,又可以讀mauk②。前幾年我傾向於前一種解釋,現在我傾向於後一種解釋。江有誥主張古四聲不同於今四聲,事實上正是承認一字兩讀。不過他常常以入爲去,如於《關雎》的“樂”字注云“去聲”,而我却認爲應該以去爲入,如於《關雎》的“芼”字應注云“入聲”。

以上對於諧聲字和《詩經》的解釋,都衹是我的意見,未必就是黄侃的看法。也許黄侃當時把問題看得很簡單,没有考慮過這些複雜的問題。但是,如果不對這些問題作出答案,就會被章炳麟的話所駁倒。我們既然支持黄氏入聲韻部獨立的學説,就不能不爲他辯護一番。

這裏附帶談一談黄氏古韻學説的師承。黄氏説他的古韻分部“皆本昔人,未嘗以己見加入”③。他説齊模豪先東覃六部爲鄭庠所立,歌青唐登四部爲顧炎武所立,蕭寒添三部爲江永所立,屑没錫鐸屋沃德合帖九部爲戴震所立,灰侯咍痕四部爲段玉裁所立,冬部爲孔廣森所立,曷部爲王念孫所立。他這種説法是有毛病的:不但不能幫助人們瞭解他的師承,反而模糊了人們對他的古韻學説的認識。其實應該以黄氏二十八部收字的範圍爲標準,不應該簡單地以韻部的名稱爲標準。黄氏在這裏兩個標準同時並用,這是違反邏輯的。如果以黄氏二十八部收字的範圍爲標準,我們衹能説

---

① 依照我在《漢語史稿》的擬音。

② “芼”字甚至可能衹有mauk音。

③ 見《制言》半月刊第六期,黄侃《音略》。

歌青唐登四部爲顧氏所立,寒部爲江氏所立,覃談合帖四部爲戴氏所立,痕部爲段氏所立,東冬兩部爲孔廣森所立,先屑曷三部爲王氏所立,灰没兩部爲章氏所立,哈蕭豪侯魚齊德沃屋鐸錫十一部爲黄氏自己所立。

爲什麽不能説齊模豪先東覃六部爲鄭庠所立呢?因爲鄭庠的韻部太大了,又不能離析《廣韻》,没有一個韻部合於古韻的要求。黄氏把宋代的鄭庠抬出來,實在最没有道理。其次,爲什麽不能説蕭添兩部爲江氏所立呢?因爲入聲韻部尚未從蕭添分出(江氏雖分入聲八部,但他所謂入聲不包括去聲),而侯又併入於蕭。爲什麽不能説屑没錫鐸屋沃德七部爲戴氏所立呢?上文説過,戴氏這些韻部並不包括去聲,與黄氏的入聲韻部大不相同。祇有合帖兩部和去聲没有關係,所以戴黄纔一致了。爲什麽不能説灰侯哈三部爲段氏所立呢?也是因爲入聲韻部尚未從灰侯哈分出。覃添爲戴氏所立(與合帖分開),東爲孔廣森所立(與冬分開),先屑爲王念孫所立(段氏先屑混合),黄氏反而没有提到。隊部獨立(黄氏的没部)是章氏得意之作,黄氏對他的老師這一個大貢獻完全不提,也欠公平。錢玄同説黄氏古韻二十八部"大體皆與章説相同,惟分出入聲五部(錫鐸屋沃德)爲異"①。這話要比黄氏的話簡明扼要得多,而且確當得多。黄氏對古韻分部有他的創造性(五個入聲韻部從五個陰聲韻部分出),他完全歸功於前人,反而不合事實。

黄氏古音學説雖然有上述的兩個優點(照系二等與三等分立,入聲韻部獨立),但是由於他研究工作缺乏科學方法,以致他的學説存在着嚴重的錯誤。錯誤的原因可以概括爲兩點:第一是在作出結論時違反了邏輯推理的原則,第二是對語音發展的規律缺乏正確的瞭解。

人們不止一次地批評過:黄氏以古本紐證明古本韻,又以古本

---

① 錢玄同《文字學音篇》第31頁。

韻證明古本紐,陷於循環論證的錯誤[1]。表面上證據確鑿,實際上不能説明任何問題。黄氏心目中先有三個成見:第一是他的老師章炳麟的古音二十一紐和古韻二十三部,第二是戴震的古韻二十五部,第三是段玉裁古無去聲説再加上他自己的古無上聲説。他的研究過程實際上是主觀的演繹,而不是客觀的歸納。他是從原則出發,先有了一個結論,然後企圖以材料去證明他的結論。他先從等韻中尋找"變紐"所在的等列,而這些"變紐"絶大多數是錢大昕、章炳麟所已經證明了的。他發現"變紐"都出現在二、三等,於是以爲一、四等韻都是古本韻;反過來又企圖證明這些古本韻裏所没有的聲母都是"變紐"。這樣循環論證,就引出了很不合理的結論。

黄氏强調聲母與韻母的連帶關係,以爲"古聲既變爲今聲,則古韻不得不變爲今韻",他把紐韻關係説成是"二物相挾而變"。在語音發展史上,這個理論能不能成立呢?我們承認,聲母發音部位可以成爲韻母分化的條件,例如現代廣州話寒韻舌齒音字讀-an,而喉牙音字讀-on(吴方言有類似的情況);韻母的發音部位也可以成爲聲母分化的條件,例如現代北京話見母在i、y前面變了tj-,在其他情況仍保存着古代的k-。但是這些條件都衹是可能的,而不是必然的。因此,北京話寒韻字並没有分化爲-an、-on,廣州話見母字也並没有分化爲tj-、k-。再説,作爲分化的條件,無論聲母韻母的演變,都是有道理可以説明的,例如寒韻舌齒音與-an結合,是因爲舌齒音是前腭輔音,和前元音a的部位接近,而喉牙音是後腭輔音,則和後元音o的部位接近。又如見母在i、y前面演變爲tj-,是因爲tj-的發音部位和i、y的發音部位幾乎是相同的,其他元音就很難和tj-結合了。黄侃的理論不是這樣。他不能説明,爲什麽群母一定是後起的聲母,而且一定是由溪母變來的;我們尤其不明白,見溪兩母既是古本紐,爲什麽有些見溪母字也受了群母的拖累,跑

① 參看王力《漢語音韻學》,張世禄《中國音韻學史》下册316頁。

到變韻裹去了。我們必須找出事物發展的内在聯繫;如果講不出發展的條件來,空談"二物相挾而變"是無濟於事的。

《切韻》(後來是《廣韻》)作爲後代的材料,我們能不能從中證明古音的消息,這也是值得討論的問題。當然,語音的演變是富有系統性的,後代語音系統在一定程度上也反映着上古的語音系統。問題在於古本韻的概念。這個概念在黄氏的著作中始終是模糊的。是陸法言深明古韻,有意識地把這些古本韻獨立成部呢,還是後代語音系統反映古音系統呢?若説是陸法言深明古韻,有意識地把這些古本韻獨立成部,這是不可能的,因爲陸法言還不能像清儒那樣科學地研究古音;若説是後代語音系統反映古音系統,黄氏却又否定了等韻兩呼八等的可能性。他把一等韻與二等韻的實際讀音等同起來,三等韻與四等韻的實際讀音等同起來,所謂變韻,在洪細的分别上還好理解(如東$_{二}$爲東$_{一}$的變韻,仙爲寒桓的變韻),在洪細相同的情況下(如删山爲寒的變韻,肴爲豪的變韻,鹽爲添的變韻)就不好瞭解了。如果二等讀同一等,三等讀同四等,就無所謂變韻;如果二等不讀同一等,三等不讀同四等,那又該讀什麽音呢?黄氏不是主張開合洪細(開齊合撮)之外不可能有其他的音嗎?

我在《漢語音韻學》中批評説:

> 所謂古本紐(例如幫)與變紐(例如非)在古代的音值是否相同呢?如不相同,則非不能歸併於幫,亦即不能減三十六紐爲十九紐[①];如古代非、幫的音值相同,則幫紐可切之字,非紐何嘗不可切呢?……我們不信黄氏的説法,這也是一個强有力的理由。

對於古本韻和變韻,也可以這樣説。如果古本韻與變韻在上古音值不相同,就不能合併爲二十八部;如果音值相同,則古本韻之外

① 依黄氏學説,當云:"不能减四十一紐爲十九紐。"

怎麽能有變韻呢?

黄氏雖然建立了古本韻之説,還不能不照顧前人研究的成果。若按没有變紐就算古本韻,則遠遠地超過了二十八部。黄氏先依段氏古無去聲的理論把去聲韻排除在古本韻之外,又按自己的主觀臆斷把上聲排除了,這樣,古本韻就大大地減少了。但是,即以平入兩聲而論,談盍兩韻也没有變紐①,爲什麽不算古本韻呢? 這因爲前人於談添都不分,盍帖都不分,黄氏就不敢擅自把它們分開。這是他的謹慎處,但同時也使他不能嚴格遵守他自己所立的原則。

黄氏去世後,《制言》半月刊第八期發表了《談添盍帖分四部説》,標明是"黄季剛先生遺稿,孫世揚録"。人們因此認爲這是黄氏晚年的主張,其實是誤解。孫世揚在附記裏説:"右表及説皆黄先生民國七年所作。先生論古音先分二十八部,至是加分談盍爲三十部。其後《國學巵林》《華國月刊》並載先生所撰《音略》,其中古韻仍舊爲二十八部。不知《音略》之作在何時也。世揚得此稿十餘年,既不能引申師説,亦不知先生晚年定論云何。"按:民國七年(1918)時黄氏只有三十二歲,不能説是他晚年的主張。既然黄氏早年就有三十部的主張,爲什麽後來還讓《國學巵林》《華國月刊》發表他的《音略》,《唯是月刊》發表他的《與友人論小學書》而不加以補正呢? 這始終是一個謎。如果黄氏真的把談添盍帖分爲四部,當然彌補了他理論上一個缺陷,但是,談添盍帖四部分立的證據也是不充分的,韻文材料既少,諧聲關係又犬牙交錯。我們讀了《談添盍帖分四部説》以後,覺得説服力不強。

依段王等人的研究結果,幽部(蕭部)是有入聲的。黄氏拘於古本韻的理論,在幽部入聲中找不出古本韻,衹好犧牲了這個古韻

① 談盍是一等韻,應該没有變紐。今本《廣韻》上聲敢韻有"濶",賞敢切,入聲盍韻有"譫",章盍切,都是"後人沾益"(黄氏原語)。《切韻》殘本和王仁昫《刊謬補缺切韻》都没有這兩個字。

部(覺部)。如果這些字不算入聲,那就不合乎語言事實;如果是入聲而不獨立出來,就破壞了陰陽入三分的大原則。我們在上文把陰陽入三分(入聲獨立)作爲黄氏的優點提出來,但若覺部不獨立,這個優點也得大大地打折扣。據説黄氏晚年頗想改古韻爲二十九部(二十八部加覺部)①,那就合理得多,但是古本紐與古本韻的理論却又因此被推翻了。

有人爲黄氏學説的"巧合"所迷惑,以爲黄氏從古本韻學説所得出的古韻二十八部跟前人所得的結果適相符合,總還有些道理。其實即使是巧合也不能認爲是科學的定論,何況連巧合也談不上呢?如上文所説,從古本韻理論得不出覺部來,這已經是一個大漏洞。此外還有東部和歌部的古本韻也是不合標準的。《廣韻》的東韻和戈韻都有三等字,也就是都有變紐,黄氏衹好把東韻分爲兩類,戈韻分爲三類,各以其中一類爲古本韻。這是削足適履的辦法,還有什麼巧合可言呢?

由上所述,黄氏的理論在邏輯上毛病百出,根本不能成爲理論。有人會問:錯誤的理論爲什麼能引出一些正確的結論來呢?實際上,黄氏的一些正確的結論並不是從他的古本紐、古本韻互證的錯誤理論引出來的。照系二等和三等分立,本來是陳澧所證明了的,黄氏進一步從實際材料中證明照系三等和古端系爲一類,二等和精系爲一類,這是合乎科學方法的。入聲韻部的獨立本來不是黄氏的創見,但是黄氏善於把戴震的入聲九部和段玉裁去入爲一類的學説結合起來,得到了新的結論。假定黄氏没有建立古本紐、古本韻互證的理論,也同樣地能得出這些結論,甚至比他所實際達到的學術水平更高一些,因爲覺部如果獨立了,入聲韻部的體系就更完整了。

黄氏對語音發展的規律缺乏正確的瞭解。首先是關於變的看

① 參看張世禄《中國音韻學史》下册第281頁。

法。語音的演變,是由簡單到複雜呢,還是由複雜到簡單呢?這要看具體的歷史情況,不能一概而論。發展固然意味着由簡單到複雜,但是複雜有多方面的因素,例如現代北京話的聲母系統和韻母系統比起中古音系來是簡單化了,但是輕音、兒化的複雜性則是空前的。語音的簡化,又可以從詞彙的複音化得到補償。如果設想語音系統越古越簡單,先秦時代的漢語衹有極貧乏的聲母、韻母系統,那就想得太天真了。試舉唐部爲例,就可以看黄氏把古音簡單化到了什麼程度。依照江永《四聲切韻表》,這一部平上去三聲共有二百十七個音(以二百十七個字爲代表)①,而黄氏簡化爲二十四個:

影(于喻)ang 央鞅怏,陽養漾,佒坱盎,英影映。

uang 枉,王往迋,汪泩汪,永詠。

見 kang 姜繈,岡航焵,庚梗更,京境竟。

uang 恇獷誑,光廣廣,觥礦,憬。

溪(群)khang 羌硄唴,強彊弶,康慷抗,阬,卿慶,鯨競。

khang 匡恇眶,狂俇狂,觥廣曠,喜,憬。

曉 xang 香響向,炕夯,亨。

xuang 怳況,荒慌,兄。

匣 hang 杭沆吭,行杏行。

huang 黄晃潢,横横。

疑 ngang 仰軻,昂馴枊,迎迎。

端(知照)tang 張長帳,章掌障,當黨當,趟。

透(徹穿審)thang 倀昶悵,昌敞倡,商賞餉,湯儻盪,瞠。

定(澄神禪)dang 長丈杖,常上尚,唐蕩宕,棖。

來 lang 良兩亮,郎朗浪。

泥(娘日)nang 娘蘘釀,穰壤讓,囊曩儴。

① 在這二百十七個字中,應該除去一些僻字和兩讀的字。這裏衹是想要説明江、黄古音學説差别之大,不必要求嚴格的數字。

精(莊)tsang 將獎醬,莊牂壯,臧駔葬。

清(初)tshang 鏘搶嗆,創磢刱,倉蒼槍。

從(牀)dzang 墻篣匠,牀狀,藏奘藏,傖。

心(邪疏)sang 襄想相,詳像,霜爽,桑顙喪。

幫(非)puang[①] 幫榜謗,祊倂榜,方昉放,兵丙柄。

滂(敷)phuang 滂髈胦,烹,芳紡訪。

並(奉)buang 旁傍,彭甏,房防,病。

明(微)muang 茫莽漭,盲猛孟,亡罔妄,明皿。

在這一個韻部中,黄氏所定的音比江永所定的音簡化了九倍,實在是令人吃驚的。前人雖也説古讀"英"如"央",讀"行"如"杭"等(嚴格地説,那也是不對的,理由見下文),那衹是把庚韻讀入陽唐而已。黄氏拘於古本韻之説,不但庚韻被認爲變韻,連陽韻也被認爲變韻[②],於是必須做到"英"讀如"鞅"(烏郎切),"良"讀如"郎","姜"讀如"岡","將"讀如"臧",等等,纔算合乎古韻。關於古紐,他也要求人們讀"長"如"唐",讀"商"如"湯",等等。關於聲調,由於他否定了上古的上聲和去聲,他也要求人們讀"掌"如"當",讀"永"如"汪",等等。他這種做法是嚴重地違反了歷史語言學原則的。歷史語言學中有一個很重要的原則是:在相同的條件下,不可能有不同的變化。因此,凡發音部位相同的語音總是朝着同一個方向演變,凡同音的字到了後代一般也總是同音[③]。如果古音像黄侃想象的那樣簡單,後代就没有分化的條件了。現在分聲母、韻母、聲調三方面來討論。

聲母方面,前人所謂古音舌上歸舌頭,輕脣歸重脣,娘日歸泥

① 黄氏認爲脣音字都屬合口。

② 錢玄同解釋説:"陽,唐之變韻,由開合呼變爲齊撮呼。"

③ 其中有極少數例外是受外因的影響。有受文字影響的,如現代北京話讀"壻"爲"絮",是受胥聲的影響。有文言、白話的分别,如溪母開口字在廣州較文的字讀 kh-,較白的字讀如英文的 h-。也有方言的影響。

等,都還要仔細分析。這裏有兩種情況:一種是聲母相同,韻母不同,例如知徹澄娘在上古是 t、th、d、n,與端透定泥無别,但是由於知徹澄娘主要是三等字,其韻頭是 j、jw,而端系字或者没有韻頭,或者韻頭是 i、iw[①],既然上古讀音有了差别,後代就有可能分化成爲兩類聲母。又如非敷奉微在上古是 p、ph、b、m,與幫滂並明無别,但是由於非敷奉微是三等合口字,其韻頭是 jw,而幫系字没有這種韻頭,也就形成了分化條件。另一種情況是聲母相似而不相同,例如照穿神審禪日在上古就不可能是 t、th、d、n,否則它們與知徹澄娘就没有分别了(因爲大家都是三等),我想它們在上古可能是 tj、thj、dj、sj、zj、nj[②]。又如莊初牀疏,上文説過,黄氏把它們歸到精系一類去是對的。但是莊初牀疏在上古也不可能讀 ts、tsh、dz、s,因爲在某些古韻部中,莊系與精系同時在 ĭ、ĭw 前面出現(如之部的"事字",魚部的"沮初")。現在我們把莊初牀疏暫定爲 tzh、tsh、dzh、sh[③]。這裏附帶講一講,黄侃以喻于歸影是毫無道理的。曾運乾以于(喻三)歸匣,以喻(喻四)歸定,其説比較可從。于母(喻三)歸匣毫無問題,匣母正缺三等,可以互補。其實一直到《切韻》時代,喻三與匣仍然不分(如雄,羽弓切)。至於喻四歸定,就衹能瞭解爲近似,不能瞭解爲相同。喻四在上古可能是 d 與 tj-部位相當的一種閃音,也可能不止一個來源。

韻母方面,我們絶對不能同意黄氏簡單化的作法。每一個古韻部都應該有洪有細,而不是像黄氏那樣造成洪細互相排斥。我們没有任何理由説明"將"字古讀如"臧"而不讀細音,反證倒是有的,"將"字即良切,而"即"字正是屬於細音(屬於黄氏的屑部)。許多韻部都有開有合,特别是脂部(黄氏所謂灰部),不能衹有合口呼,没有開口呼。四個等也應區别清楚。黄氏不瞭解分等的意義,

---

① 關於聲母與韻母的擬音,依照拙著《漢語史稿》。這些擬音不都是定論。下仿此。

② j 表示舌前面音。

③ tsh 等於英文的 ch,tzh 等於英文不送氣的 ch,dzh 等於英文的 j,sh 等於英文的 sh。

以致認爲不可能有四等。其實不但中古有四等,上古也有四等,不過不須要擺出“等”的名稱罷了。章炳麟説:“齊部字雖雜有支脂,而以從支流入者爲多,應直稱支爲得。”[①]這個爭論是多餘的,要緊的是從古音中區別支齊,因爲支屬三等,應爲 je、jwe,齊屬四等,應爲 ie、iwe。前人説“英”讀如“央”也不對,“英”與“央”在中古既有分别,上古也該不同。我以爲“英”在上古屬四等,後來纔轉入三等。

黄氏的變韻概念又是前後矛盾的。古本韻可以各有變韻,例如魚爲模的變韻,虞爲模侯的變韻,但是兩個變韻如果開合洪細全同,實際讀音是不是一樣呢? 照上文所引,黄氏説“開合洪細雖均,而古本音各異,則亦不能不異”,可以瞭解爲實際讀音一樣。錢玄同也説:“魚,模之變韻,由合口呼變爲撮口呼。虞,模侯二韻之變韻,模由合口呼變爲撮口呼,侯由本音變同模韻之撮口呼。”[②]但是黄氏又説:“兩變韻之相溷,以本音定之。如魚虞今音難别,然魚韻多模韻字,此必音近於模也;虞韻多侯韻字,此必音近於侯也。”[③]這樣,實際讀音又不一樣了。再者,虞韻既有一部分字古歸模,古音又與魚相同,何以不以這一部分字一併歸魚呢? 這也是無法解釋的。

聲調方面,我們也不能同意黄氏古無上去的看法。假定上古衹有兩聲,後代憑什麽條件分化爲四聲呢? 中古四聲分化爲現代某些方言的八聲,是以清濁音爲分化條件的。廣州陰入分爲兩聲,是以長短音爲分化條件的。上古如果衹有兩聲,我們找不出分化條件來。實際上所謂平入兩聲就等於取消了聲調,因爲讀入聲的音節(收-k、-t、-p 的)不可能讀平聲,而讀平聲的音節(收元音和-ng、-n、-m 的)不可能讀入聲。

---

① 章炳麟《與黄永鎮書》,見黄永鎮《古韻學源流》卷首。

② 錢玄同《文字學音篇》第 23 頁。

③ 《唯是月刊》第三期,黄侃《與友人論小學書》第 12 頁。

段玉裁説去入爲一類是對的,説古無去聲就有問題了。所謂古無去聲,其實是古有兩種入聲:一種是長入,後來變爲去聲;另一種是短入,後來保持入聲。之幽宵侯魚支六部的去聲字,凡諧聲或先秦押韻與入聲相通的,都該是長入,至於諧聲或先秦押韻與平上聲相通的,都該是上聲。

黄氏説古無上聲,並没有有力的證據。他的《詩音上作平證》,是缺乏説服力[①]。《詩經》單句本來可以不押韻,黄氏所引《采蘩》的“沚之事”,《柏舟》的“舟流憂酒游”,《日月》的“諸土處顧”,《谷風》的“菲體違死”,等等,其中的“之酒諸違”等都可以認爲不入韻,段玉裁正是這樣處理的。黄氏認爲《谷風》叶“遲違爾畿薺弟”,其實當依段氏,“爾”字不入韻,“薺弟”算轉韻。黄氏以爲《北門》叶“我我我爲何”,其實當依段氏,以“敦遺摧”爲韻,“爲何”爲韻。當然,平上互押的地方也不是没有,如《小星》的“昴裯猶”,《野有死麕》的“包誘”,《定之方中》的“虚楚”,等等。但是漢語的民歌從來就有平仄互押的傳統,我們決不能因爲互押了就否定平上去三聲的區别。《詩經》以同聲相押爲常,平仄通押爲變,我們決不能因此消滅了平上兩聲的界限。《詩經》裏平入通押、上入通押的地方也不少,而黄氏毅然把入聲獨立出來了,爲什麽厚於彼而薄於此呢?

黄氏對於變的看法,完全是錯誤的。其次,黄氏對於本的看法,也是不合於歷史語言學原則的。

在黄氏心目中,有兩種截然不同的語音:一種是變的,一種是不變的。變的爲什麽變(在什麽條件下變),他説不出個道理來;不變的爲什麽不變,他也説不出個道理來。其實語音的發展意味着變化,不變的音畢竟是少數。先秦到現在二千多年,像黄氏想象的那樣少的變化是不合事實的,特别在韻母方面是如此。

---

① 參看黄永鎮《古韻學源流》第84—86頁所引。

黄氏承認陰陽對轉。錢玄同在解釋陰陽對轉的時候説:“要之,陰聲陽聲實同一母音,惟有無鼻音爲異。故陰聲加鼻音即成陽聲,陽聲去鼻音即成陰聲。”①又説:“入聲者,介於陰陽之間……故可兼承陰聲、陽聲,而與二者皆得通轉。”②陰陽入三聲通轉的道理被錢氏講得很清楚,但是黄侃的古本韻學説並不能很好地説明這一點。除了屑 iat：先 ian、齊 i：錫 ik：青 ing、合 ap：覃 am、帖 iap：添 iam 比較地符合對轉的道理以外,其他都不合。東^{o}ung 和冬^{a}ung 是主觀臆斷的怪音,所以侯 ou：屋^{o}uk：東^{o}ung、豪 au：沃^{a}uk：冬^{a}ung 的搭配完全是人爲的。再説,冬豪對轉也是没有根據的。孔廣森主張冬幽對轉,章炳麟主張幽與侵冬緝對轉,嚴可均併冬於侵③,主張幽侵對轉,都比較合乎實際。但是最合理的恐怕還是幽覺對轉、冬幽對轉。

黄氏把灰没痕的對轉定爲 uei：uet：en、uen 是不對的。既然痕部具備開合口,則灰没兩部也應該具備開合口。這三部都應該有細音。

黄氏把歌曷寒的對轉定爲 o、uo：at、uat：an、uan,曷寒二部比較合理(但仍應有細音),但是歌部的 o 與 at、an 元音不同,怎能對轉呢?歌部應該是 a 或 ai,我在《漢語史稿》裏擬成 a,後來在《漢語音韻》裏擬爲 ai。我認爲凡與-n、-t 尾對轉的都帶-i 尾,似乎更合乎實際。歌部亦應有細音。

黄氏把模鐸唐的對轉定爲 u：ok、uok：ang、uang 更是不合理了。模部不是没有開口字的,試看“者”聲有“暑”又有“著”(丁吕、陟慮、張略、直略四切),依今韻“暑”在語韻屬合三,“著”在語御兩韻亦屬合三,但“著”又在藥韻屬開三,“者”字本身在馬韻開三。“者”聲的字古音應該一律屬開口,然後陰聲和入聲纔能對應。當

①② 錢玄同《文字學音篇》,第 11 頁。

③ 章氏晚年也主張併冬於侵,見於他所著《音論》,載於光華大學《中國語文學研究》,又見於《與黄永鎮書》,載於黄永鎮《古韻學源流》卷首。

然,這一套韻部也跟歌灰等部一樣,應該有細音("者"聲既有洪音的"屠",又有細音的"暑"等)。再説,從 u:ok、uok:ang、uang 的搭配中,主要元音不同,完全看不出對轉的道理來。依黄氏的擬測,鐸部配歌倒是合適的,因爲 o、uo:ok、uok 正是整齊得很,魚部配東也是合適的,因爲 u:ung 正是整齊得很。實際上,魚部古讀 a 音已爲汪榮寶所證明[①]。模鐸唐的對轉應該定爲 a:ak:ang(不包括韻頭),那是毫無疑義的。

黄氏把哈德登的對轉定爲 ai:ek、uek:eng、ueng,缺點和歌曷寒的擬音是一樣的。黄氏從《切韻》系統裏尋找古本韻,勢必造成入聲與陽聲相應,而與陰聲不相應的情況。所以必須回到上古音系,然後能找出正確的答案來。黄氏的哈部擬音,跟灰部擬音一樣,是受章炳麟的影響[②]。楊樹達曾作《之部古韻證》,企圖證明章氏之説[③]。其實楊氏所有的證據都衹能證明之哈相通,到底古音之讀哈還是哈讀如之,還是一個謎。我認爲哈讀開口洪音 e,之讀開口細音 je,灰(梅等字)讀合口洪音 ue,尤讀合口細音 jwe,這樣,它的主要元音是 e,和德部的 e、je、ue、jwe,登部的 eng、jeng、ueng、jweng[④],就對應上了[⑤]。

應該指出,如果主觀地規定某部與某部對轉,然後要求兩部主要元音相同,那就是錯誤的。如黄氏主觀地規定冬豪對轉,再規定冬讀 aung,侯讀 au,那是錯誤的。如果從《詩經》押韻和諧聲偏旁證明了對轉,然後肯定兩部主要元音相同,那就是合理的。以之蒸對轉爲例,《詩經·女曰雞鳴》"來、贈"互押,《大田》"螣、賊"互押,"等"從"寺"聲,"仍"從"乃"聲,證明了對轉,再肯定兩部主要元音

① 汪榮寶《歌戈魚虞模古讀考》,《國學季刊》一卷二號。

② 章炳麟《國故論衡·二十三部音準》,章氏叢書本,第 29 頁。

③ 楊樹達《之部古韻證》,見其所編《古聲韻討論集》第 119—136 頁,好望書店。

④ 這裏的 e,都等於英文 attempt 中的 a。

⑤ 參看《漢語史稿》。

相同,就是合理的了。

由上述的各方面看來,黄氏的“本”“變”學説,可謂一無是處。他的變紐、變韻、變調是天上掉下來的,他從來不講爲什麽(在什麽條件下)發生這些變化;他的本紐、本韻、本調又是一成不變的,彷彿從先秦到現代二千多年仍然保持着原來的樣子。這種研究方法是唯心主義的研究方法。黄氏在古音學上雖然有一些貢獻,但是他在研究方法上的壞影響遠遠超過了他的貢獻。

原載《大公報在港復刊三十周年紀念文集》

談談學習古代漢語

一、什麽是古代漢語

什麽是古代漢語呢?就是古代的漢語。中國古代的語言,是一個比較廣泛的概念。古代語言應該是分時代的。因爲從兩千多年前到現在,經過一個一個時期的發展,有時代性,從《尚書》《詩經》到《水滸傳》《紅樓夢》,都是古代漢語。這麽看,範圍就很大了。我們高等學校開的古代漢語課,要照顧那麽大的面,就不好教了。所以,我們教的古代漢語没有那麽大的範圍,衹是教的所謂文言文,又叫做古文,當然也有些古詩。爲什麽要這樣呢?這有一個道理。因爲,儘管口語在歷史上有很大發展,可是人們寫下的文章還是仿古的文章。由於古時候知識分子寫文章需要模仿古文,所以即使在唐宋以後,還是模仿先秦兩漢的文章。從這個角度看,我們講的古代漢語範圍就窄得多了。古代漢語課學習和研究的對象是一個以先秦口語爲基礎而形成的上古漢語書面語言,以及後代作家仿古的作品中的語言。這就是我們講的古代漢語。

二、學習古代漢語的必要性

我們要繼承豐富的文化遺産,就要讀古書;讀古書就要具有閱讀古書的能力,所以我們必須學習古代漢語。比如研究古代文學,當然要學習古代漢語。比如我們要研究文學史,有古代的詩歌、古代的散文……没有閱讀古書的能力,我們便無從研究。這是很容易懂的道理。我們研究自然科學,要不要懂古代漢語呢? 也要。我們不能忘記我們的祖先在這方面是有很大的成就的。比如説天文學、數學這一些學科,我們的祖先很早就取得過在世界上領先的地位,可以説在兩千多年前就有很大的成就。就天文學説,從東漢的張衡起,一直到南北朝的祖沖之、唐朝的僧一行、元朝的郭守敬,他們在天文學上的成就,比起西方來,要早得多,成就輝煌得多。這些我們應當知道,我們的天文學不是外來的。又比如説我們要研究醫學,中國古代的醫書,當然是用古代漢語寫的了,我們不懂古代漢語,就看不懂。舉個簡單的例子,中醫的把脈,有四大類,有浮、沉、遲、數。"浮、沉"好懂,"數"(shuò 朔)不好懂。這裏"遲"是慢的意思。我們如果懂得古代漢語,知道"數"在這裏是快的意思,就很好懂了。

我們如果搞研究,不管文科、理科,要深入研究,就要讀古書,就非懂古代漢語不可。從前我聽説有個中學語文教師教杜甫的《春望》詩:"烽火連三月,家書抵萬金。"這個老師怎麽解釋呢? 他説:"打仗打了三個月了,杜甫家裏很窮了,没有辦法,把家裏的書賣掉了,家裏的書抵得一萬塊錢。"(衆笑)你看這個中學教師講的可笑不可笑?

不要笑中學老師,大學教授也有鬧笑話的。"四人幫"統治時,南方有個教授,紅得發紫,又是"哲學家",又是"歷史學家",又是什麽"批孔",又是什麽"評法批儒"。他引《韓非子·顯學》:"故明據先王,必定堯舜者,非愚則誣也。”大意是説,堯舜之道是没有的事情;儒家一定要説有,就“非愚則誣”——不是愚昧無知,就是説謊話騙人。“愚”是愚蠢;“誣”是説謊。你如果不知道堯舜之道是没有的事,那你就是愚蠢;你如果知道堯舜之道是没有的事,還硬説有,就是説謊、騙人。這個教授怎麽解釋呢?他説“非愚則誣”就是“不是愚蠢就是誣衊”(衆笑)。他不懂得先秦時代的“誣”没有誣衊的意思,衹當“説謊”講,所以這一個大教授出了大笑話。後來他看到人家引文講是“説謊”,他也就不再講“誣衊”了。

有些地方,看起來容易,往往也會弄錯,例如曹操《龜雖壽》:“老驥伏櫪,志在千里;烈士暮年,壯心不已。”看來很好懂,很多人引用,其實不太好懂。“烈士”不是今天講的“烈士”——爲革命事業而犧牲的人。“烈士”在古時有兩種意義:一個是重義輕生的人,合乎正義的事就做,生命在所不顧;另一個意義是有志要做一番大事業的人,曹操這首詩的“烈士”就是這後一種意思。“壯心”似乎好懂:雄壯的心嘛!但是我們知道,先秦兩漢的“壯”,衹是壯年的意思,跟年齡有關,“三十曰壯”,三十歲叫做壯,壯年是最能做大事的時候。曹操的意思是:我是胸懷大志的人,雖然老了,到了晚年,我壯年的心還在,我是人老心不老啊!我還要做一番大事業呢!很多人就不懂這個意思。又,“櫪”字很深,現代很少用。查《辭源》《辭海》都説是:“養馬之所。”新《辭海》解作“馬厩”。《辭源》修訂稿“伏櫪”:“馬被關閉在馬房裏頭。”又查《新華字典》,説“櫪”是“馬槽”。一説是馬厩,一説是馬槽,到底哪個對呢?不能兩個都對。我們想想,“伏”當是靠、趴的意思,是“埋頭伏案”的“伏”。“伏櫪”,伏在馬槽上吃草,還一面想到跑路,想到當千里馬,比喻想做一番大事業。“櫪”解釋爲馬槽,是很順暢的。“櫪”若解作馬房(馬厩),馬怎麽伏在房子上呢?不好解了。韓愈有一篇文章(《雜説》四),正是講的千里馬,他説:“世有伯樂,然後有千里馬。千里馬常有,而伯樂不常有。故雖有名馬,衹辱於奴隸人之手,駢死於槽櫪之間,不以千里稱也。”這裏講的很明顯,“槽、櫪”是同義詞連用。《説文解字》説:“槽,畜獸之食器。”段玉裁注:“馬櫪曰槽。《方言》:‘櫪:梁、宋、齊、楚、北燕之間謂之樎(suō 縮,《玉篇》養馬器),皂。’皂與槽音義同也。”這就鐵證如山了,槽就是櫪,櫪就是槽。因此,《新華字典》解釋是對的,而《辭源》《辭海》是錯的(新《辭源》已改正了)。所以,字典、詞典講的也不一定都是對的。前些時候,有一些老科學家想爲四個現代化做一番貢獻,有人説:我們今天不是“伏櫪”了,要“出櫪”了。這個雄心壯志很好。但是按古代漢語講,這話就不通了:怎麽“出櫪”呢? 從馬槽怎麽出來呢? 所以我們説,研究古代漢語是很必要的。毛主席指示我們説:“語言這東西,不是隨便可以學好的,非下苦功不可。”希望大家很好下點功夫,把古代漢語學好。

三、從三方面學習,以詞彙爲主

語言有三個要素:語音、語法、詞彙。古代的語音、語法、詞彙,三方面都要學。

語音方面。我們知道古音與今天不一樣,如不研究古音,許多古詩就會感覺不押韻。比如《詩經》,以今天語音看,很多地方不押韻;按古音來念,就押韻了。再説唐宋的詩詞,它也是用古音寫的,所以有些地方我們念起來好像不押韻;本來是押韻的,變到後代就不押韻了。還有,詩詞講究平仄。毛主席説,不講平仄,就不是律詩了。我們如不講究古音,就很不容易欣賞古代詩詞,有時還會弄錯。最近有朋友寫一部《李商隱詩選注》,把原詩都抄錯了。爲什麽抄錯了呢? 因爲他不懂平仄。李商隱《無題》詩中有兩句:“蓬山此去無多路,青鳥殷勤爲探看。”他抄成了“此去蓬山無多路”。爲什麽抄錯呢? 因爲不懂得格律要求,這一句應是平平仄仄平平仄。按照他抄的,就不合平仄了。而李商隱寫律詩,是不會不合平仄的。

還有語法要學。古代漢語的語法,與今天大同小異,很多相同,也有不同的地方,如李商隱詩《韓碑》:“碑高三丈字如斗,負以靈鰲蟠以螭。”頭一句好懂,碑高字大嘛。下一句,“負以靈鰲”,也好懂,海中大龜叫鰲,就是説烏龜背着石碑。“蟠以螭”,有個同志解釋錯了,他説“蟠”是蟠龍,“螭”也是龍。這就講錯了。爲什麽錯了呢?從語法講,“負以靈鰲”就是“以靈鰲負之”;那麽“蟠以螭”應是“以螭蟠之”纔對。“螭”是龍,“蟠”是盤繞的意思,指以龍盤繞石碑,這纔對。所以,從這個例子看,我們要懂古代語法。

再就是詞彙了。一個字、一個詞是什麽意思,我們要懂。有一種情況要提醒大家:大家以爲難懂的是那些難字、那些不認識的字。我説不對。那些字,一查字典、詞典,就懂了,一點也不困難。我舉個例子,有個“靝”字,一般人不認識,查一般字典也没有。但是從《康熙字典》“備考”中查出,“靝”就是“天”字,青氣爲天嘛(“旡”就是氣,亦寫作“炁”)。一查出來,一點也不困難了。常常使我們上當的是有些常見的字,把它解釋錯了。前兩年北大中文系編字典,很多錯誤都出在常用字上。常用的字容易出錯,那是因爲錯了還不知道。這一點要謹慎呢。舉個例子,有個“羹”字,我們編字典時就誤解爲“湯”。羹不是湯,直到今天北方稱羹、湯還是不一樣的。《紅樓夢》中的“蓮子羹”,那裏面是有蓮子的,不單是湯。説到先秦兩漢,“羹”更不是湯了。“羹”是帶汁的肉,其實就是一種紅燒肉。古人做紅燒肉要配很多作料,可以説是五味羹,酸甜苦辣鹹都有。《尚書·説命》:“若作和羹,爾惟鹽梅。”作羹要用梅,梅子味酸,鹽有鹹味。“羹”是上古時代常吃的一種紅燒肉。《孟子》説的“一簞食,一豆羹”,“食”是飯;“簞”是筐,盛飯的;“豆”是盛菜的,主要是盛肉菜,今天在博物館裏可以看到這種器皿。很明顯,“羹”是紅燒肉。在楚漢之爭時,楚霸王項羽與漢高祖劉邦打仗,他抓到了劉太公(漢高祖父親),架好了大火鍋,給劉邦看,威脅劉邦,要劉邦投降,若不投降,就烹了劉太公。劉邦回答説:没關係,我的爸爸就是你爸爸,你一定要烹你爸爸,如煮熟了,請分給我一杯羹吧(《史記·項羽本紀》"吾翁即若翁,必欲烹而翁,則幸分我一杯羹")。從前我還以爲是分一杯湯呢。漢高祖這麽客氣呵?没有這麽客氣,是説煮熟了,分我一碗肉,不是湯。窮人的羹,叫做"菜羹",也不是湯,是煮熟了的青菜。這種字,看看好像認識,其實不認識。又比方説,"再"字,好像很淺,可是古代的"再"不像現代,是兩次的意思;三次以上就不能叫"再"了,它表示一個數量,就是兩次。《左傳·曹劌論戰》中的"一鼓作氣,再而衰,三而竭","一"是一次,"再"是兩次,"三"是三次。《周易·繫辭》"五年再閏",講的是曆法,五年閏兩次。《史記·孫子吳起列傳》説齊將田忌與諸公子賽馬,孫臏給他出了個主意:用你的下等馬對他的上等馬,用上等馬對中等馬,用中等馬對下等馬。結果贏了,得了王的千金重賞,所以叫做"一不勝而再勝",輸了一次,贏了兩次。如果解釋爲今天的意思就不對了。所以,看起來很普通的字,今天也要研究。

從三方面學習,爲什麽要以詞彙爲主呢?語音不是太重要的,因爲除詩詞歌賦外,古書上並没有語音問題。至於語法,剛纔講了,古今相差不大,容易解決。問題在詞彙,這必須花很大的力氣。我們編《古代漢語》時,有一位同志講得好:古代漢語的問題,主要是詞彙的問題。所以,我們學習和研究的重點要放在詞彙上。

四、建立歷史觀點

今天重點講這個問題。因爲我們許多人研究古代漢語時,很不注意這一點。語言是發展的,每個時代都有發展。現代漢語是從古代發展起來的,所以現代漢語和古代漢語有共同點。但是語言是發展的,所以現代與古代比較,也有不同。一個字,後代是這個意思,古代可能不是這個意思。當然,古今字義有關係,相近,有聯繫,但不相同;相近也有小變化,而這小變化比大變化更容易被人忽略。研究古代漢語,大變化要研究,但重點不在於研究大的變化,而在於小的變化。因此,歷史觀點很重要。什麽時代説什麽話。時代不同,説話就不同了。《三國演義》中有些例子就很典型。劉備三顧茅廬,兩次未見到諸葛亮,劉備留下了一封信,寫得很客氣。研究古代漢語就知道,那封信是後人假造的,漢朝人不會那麽寫,劉備是不會那樣寫信的,衹有到了明朝人們纔那麽寫。《三國演義》的造假是可以看得出來的。後來劉備第三次去時,孔明睡覺未醒。醒來時,口吟一首五絶:"大夢誰先覺?平生我自知。草堂春睡足,窗外日遲遲。"我説這首詩更容易看出來是假的。諸葛亮時代不會寫這種五絶。從語音上講,"知、遲"漢代不可能同韻,不押韻;大約唐以後,"知、遲"纔會押韻。再從語法方面看,律詩絶句,講究平仄的詩,唐以後纔有。諸葛亮是東漢時人,他怎麽會寫這種詩呢?從詞彙上看,"睡"字,先秦兩漢時不是睡覺的意思,是打瞌睡、打盹的意思;在牀上睡覺,那時叫"寢"。因此,從"春睡足"三字就可知這首詩是假的。《史記》中商鞅見秦孝公,講王道,孝公不愛聽,書上説"時時睡、弗聽"。"睡"就是打瞌睡。因爲,商鞅是新來的外賓,對外賓,孝公不可能那麽没有禮貌,躺在牀上睡了。所以,"睡"不是睡覺,是打盹。由此可見,古今不同,語言不同,明朝人僞造漢代的詩,露出了馬脚,我們可以看得出來。

下面舉出一些有關身體的例子來説明語言是發展的。

身:古代有三種意思:①身體。②除了頭的其他部分,如《楚辭·九歌·國殤》:"首身離兮心不懲。""懲"是後悔。這句説:戰士們頭和身體分離了,但爲國犧牲並不後悔。這個"身"就是除了頭的其餘部分。③除了頭和大腿以下,即指軀幹部分。第三種意義是身子的原始意義,最初的意義。《説文解字》身字作㐆"躳也,象人之身"。實際上畫的一個大肚子,指的是軀幹。《論語·鄉黨》:"必有寢衣,長一身有半。"以前很多人看不懂,以爲孔丘的寢衣有一個人的身長再加半個身長,清朝王念孫考證出來了,身是軀幹的意思。那麽,孔夫子睡覺,寢衣不蓋頭和腿脚,衹蓋到膝上,那就正好是“長一身有半”了。

體:和“身”不是一回事。“體”原義是身體的各個部分。《説文》:“體,總十二屬之名也。”十二屬指的是頂、面、頤;肩、脊、臀;肱、臂、手;股、脛、足。但主要是四個體:兩隻手,兩隻脚,即四肢。《論語·微子》:“丈人曰:‘四體不勤,五穀不分,孰爲夫子?’”“勤”是勞苦的意思(不是勤快)。這個老頭説,四肢不勞動,五穀不能分辨,誰曉得你的老師是誰? 又如楚霸王别姬,在烏江自殺,漢高祖以千金、萬户侯懸賞,當時漢將五個人爭功,王翳取得頭;其餘將領爭奪,後來四個將領“各得其一體”。這個“體”也是指四肢。

顔色:古代“顔”指額,“色”指臉色。連起來,“顔色”是面孔、臉色。不是今天講的顔料的顔色。《史記》説劉邦“龍顔”,是説他額角像龍一樣(見《高祖本紀》)。《楚辭·漁父》:“屈原既放,遊於江潭,行吟澤畔,顔色憔悴,形容枯槁。”“顔色憔悴”也是講面孔,臉色憔悴。凡是古書上講的“顔色”都不是今天的顔料的“顔色”。一直到文天祥《正氣歌》:“風檐展書讀,古道照顔色。”是説他雖坐在監牢中,寧死不降,在風檐下展開書來讀,古道教給了我正氣,在我面孔上表現出了不可屈辱的正氣。

眼:今天的眼,古人叫“目”。古時目、眼是不一樣的。古時講的“眼”,比“目”的範圍小,“眼”是指的眼珠子。《史記·刺客列傳》講韓國刺客聶政刺殺韓國宰相俠累後,怕人認出自己,被迫自殺時,“自皮面,抉眼”,用刀劃破臉,挖出眼珠子。這個“眼”就是眼珠子,眼眶不包括在内。又《史記·伍子胥傳》:伍子胥是吴國宰相。越王勾踐投降吴,吴王放了他。勾踐返越,臥薪嘗膽,圖謀報仇。伍子胥屢次勸諫吴王,講了很多話,吴王非但不聽,還賜劍讓他自殺。伍子胥説,我死可以,吴國眼看要被越國滅亡了,臨死時告訴他的舍人,“抉吾眼縣(同‘懸’)吴東門之上,以觀越寇之入滅吴也”。這裏的“眼”也是眼珠子,不是“目”。

臉:和“面”不同。現代所謂“臉”,古人祇叫“面”。而古人所謂“臉”(jiǎn 儉),指“目下頰上”(《辭源》),這比較對。但如仔細研究,又不完全對。南北朝以後纔見這個字,是指婦女擦胭脂的地方。古代詩歌的“紅臉”,是臉被胭脂擦紅了,不是關公的“紅臉”。白居易有一首詩詠王昭君,頭兩句説:“滿面黄沙滿鬢風,眉銷殘黛臉銷紅。”前面講“面”,後面講“臉”,可見“臉、面”不是一回事。北方風沙大,出塞後滿面的沙,滿鬢是風,她憂愁不高興,很悲哀,不畫眉,也不打扮,不擦胭脂,紅也没有了。所以説“臉”是婦女擦胭脂的地方。最近我看了一本注釋《紅樓夢》的書稿,注得很好。但是裏邊有個地方注錯了。《紅樓夢》五十回李紋寫的《賦得紅梅花》:“凍臉有痕皆是血,酸心無恨亦成灰。”那注解説:“梅花冬天開花,所以臉上凍得有了痕迹。”這就不對了。“痕”應當是“臉”上擦的胭脂的“痕”,所以説“有痕皆是血”。

脚:古代的“脚”字,原義不是今天的脚,今天的脚,古時叫“足”。古人説“脚”是指小腿。《説文》:“脚,脛也。”“孫子臏脚,《兵法》修列”(司馬遷《報任安書》)。古代刑法,去掉膝蓋骨,使小腿不起作用,叫臏脚。與刖刑不同,刖是把脚丫子砍掉,被刑的人,勉強還可以走路,而臏刑後就不能走路,刑更重些。

趾:今天指脚指頭,但古書上不是這樣。古書上的“趾”,就是“足”,即脚。《詩經·豳風·七月》:“四之日舉趾。”舉趾,是把脚舉起來,表示動身下地,開始耕種了。脚指頭,古人寫同手指頭的“指”。漢高祖打仗時,被敵人射中,《史記·高祖本紀》:“漢王傷胸,乃捫足曰:‘虜中吾指!’”他怕損傷士氣,不説射傷胸部,反而用手摸脚,説敵人射中我脚指頭。這個“指”是脚指頭。古書上所有的“趾”都是脚,不是脚指。《辭源》:“趾,足指曰趾。”舉《詩經·豳風·七月》爲例,那是錯誤的。《辭海》也講錯了,説是“足指”,舉例爲“足趾遍天下”,這是錯的。在“足趾遍天下”一語中,“足、趾”是同義詞,“足”是“趾”,“趾”也是“足”。衹有這樣解釋纔講得通。

詞義發展有三個典型,可以講是三個方向:一是擴大,一是縮小,一是轉移。擴大,就是把意義範圍擴大了,例如以上講的“身、眼、臉”,就是詞義發展而擴大了。縮小的,舉個例子,《詩經·小雅·斯干》:“乃生女子,載弄之瓦。”舊注:“瓦,紡磚也。”紡磚也叫瓦。古代瓦是土器已燒之總名(見《説文》),範圍很大。今天縮小到衹有蓋屋頂那個叫“瓦”了。詞義發展中,縮小的情況較少。轉移,就是詞義搬了家了,搬到附近的地方去了,比如“脚”,就是轉移,從小腿轉到“足”那裏去了。

詞義有發展變化,我們就要注意了,不同的時代,有不同的意義,如“眼”字,它的意義就要看時代,纔能斷定它是眼珠子或是眼睛。唐元稹《遣悲懷》詩中有兩句説:“唯將終夜常開眼,報答平生未展眉。”“終夜”是通宵。“眼”是眼睛,不是先秦的眼珠子的意義了。“常開眼”是説晚上睡不着,常常睜開眼睛。眼珠是不能開的,如果在這裏解釋爲眼珠,那就錯了。所以説,要有歷史觀點。又如“睡”字,本義是打瞌睡,但到了唐以後,就變爲睡覺的意思了。比如杜甫詩中的“衆雛爛漫睡”,“雛”喻指小孩子。這句是説,小孩子們一天到晚走累了,睡得很香甜。如果再把“睡”解釋爲打瞌睡,那又錯了。什麽時代有什麽語言,語言是發展的,所以要注意時代性。今天我着重講這個,因爲過去人們常常忽略這一點。

五、要反對望文生義

望文生義是什麽意思呢?就是一句話,這麽解釋了,講通了,好像這個字有這個意思,但實際上這個字並没有這個意思。因爲字典中没有這個意思,而且在别的地方、别的古書中也没有這個意思,唯獨這個地方似乎可以這樣解釋,就認爲這個字有這個意義。這叫做望文生義,就是胡猜。古時有人也犯這個毛病,但不嚴重。最近各個地方編字典、詞典,他們尊重我,把稿子送給我看。我看了一些,發現編字典、詞典的人有一個通病,就是望文生義。差不多我看過的每一部字典、詞典都有這個毛病,例如某個省有些中學語文教師解釋毛主席《念奴嬌·鳥兒問答》中“背負青天朝下看,都是人間城郭”。這本來很好懂,是説鯤鵬飛到九萬里的高空,在藍天下飛翔,從上看下面,盡是人間的城墻。城指内城的牆,郭指外城的牆。那些中學教師都把“城郭”解釋爲戰爭,甚至有人説是“人民革命和民族解放戰爭此起彼伏,連綿不絶,互相呼應”。大概因爲下文有“炮火連天、彈痕遍地”,所以誤以爲“城郭”是指戰爭了。這種情況叫做望文生義。爲什麽呢?因爲别的書、别的文章都没有把“城郭”解釋爲戰爭的。

望文生義,是忽略了語言的社會性。語言有社會性,是社會的産物;衹有全社會的人都懂得的言語,纔是語言。如果衹有那麽一個作家,一個人用了這個字有這個意思,别人怎麽懂?因爲社會上都不那麽用,唯獨他一個人這麽用了。這就是没注意語言的社會性,就是説你獨自去“創造”語言了。語言是社會創造的,不是哪一個人創造的。現在有的人往往去“創造”一個意義,那不是創造語言,那叫望文生義。我們知道,語言是很早的時候創造的,又經過了很長時間的發展,現在已經不是個人“創造語言”的時候了,不能望文生義。而有人往往望文生義,總覺得這樣講纔通,就是原來没有這個意義,他也硬添上一個意義。那麽,從前的字典、詞典中没有的義項能不能添呢?這就要看情況了。從前有些遺漏的,有些注意古代、没有注意近代的,像這些,可以補,例如“穿衣”的“穿”,過去就没有“穿衣”的義項,就應當補上(例如《辭源》《辭海》中的“穿”就没有“穿衣”這個義項)。但是不能輕易地給它添一個意義,要謹慎。舉一個例子,有本詞典,注解“信”字,有個義項,注爲“舊社會的媒人”,所舉的例子是《孔雀東南飛》:“自可斷來信,徐徐更謂之。”這裏的“信”是可以解釋爲媒人的。但僅憑這一處立爲一個義項,我認爲是不可以這樣的。因爲,在這兒可以這麽講,在别的地方、别的書中没有這麽解釋的,可見是望文生義的了。“信”可解作媒人,爲什麽别的書都不這麽用,唯獨《孔雀東南飛》中這麽用呢？聞一多先生解釋説：斷，絶；信，作“使”解，“來信”指縣令派來做媒的使者。余冠英先生《漢魏六朝詩選》注：“信，使者，這裏指媒人。”這樣注解就很好了。“信”是使者，是縣官派來的，實際上是媒人。這樣解釋就很好了。我們編《古代漢語》時就常常采用這個辦法：先講本來的意義是什麽，再講這兒指什麽，這就没有毛病了。現在有這麽一種望文生義的情況，要提醒大家注意；尤其是從事這方面工作的同志更應該注意。

六、學習古代漢語的方法

從前古代漢語教學有兩個偏向，都是不妥當的：頭一個就是教同學們專念一些古文，解釋一遍，叫大家熟讀了，就行了。這是一個老框框，大概我們幾千年來都是這麽一個老框框。那樣做，也行，但是效果比較慢。另一個偏向是衹教古代漢語語法。其實，古代漢語學習内容有語音、語法、詞彙，其中重點是詞彙。你衹給他講語法，那怎麽行？所以這個方法更不好。

我們提倡的方法是感性認識與理性認識相結合的方法。感性認識是多念古文，越多越好，逐漸逐漸地提高到理性上去理解。這樣，文選、詞彙、語法都講，效果快一些。學古代漢語，記一些常用詞是必要的，學外語都要記一些常用詞嘛！如剛纔舉例講的那些詞，一個一個字地記住，好像是麻煩，但還是要記，這樣可以學習快些，學得好一些。

感性和理性都要，但主要還是感性認識。從前古人念了很多古文，便逐漸理解掌握了。這個方法還是好的。因爲衹有具有了很多感性認識，纔能提高理性認識的高度。古人講：“熟讀唐詩三百首，不會作詩也會吟。”就是説，多學多會。這個道理是對的。學習古代漢語，有什麽“祕訣”没有？常常有人要求我們給一把“鑰匙”。規律是有的，上面所講的歷史觀點就是規律。但規律是很複雜的，没有一把“鑰匙”那麽簡單。就是要多下苦功，多讀，多記，堅持感性和理性結合,這樣纔能解決問題。至於讀什麽,今天不講了。

最後講一點,我們教大家學古代漢語,並不是主張你們寫文言文。明年是五四運動六十周年了。五四運動有一個很重要的内容就是白話文運動,反對寫文言文。這一條我認爲應該堅持下去。我們學古文,學古代漢語,是爲了讀懂古書,爲了提高閲讀古書的能力,並不是爲了學寫古文。現在不知爲什麽有那麽一個風氣——寫文言文,這很不好。有些讀者給我寫信,認爲我是主編《古代漢語》的,寫文言信給我,我很不高興。有個考研究生的同學給我寫了一封文言的信,文言寫得還不錯,但是我回他的信説,我反對你寫文言文,如果你考卷中出現了文言文,我就不取你。學古文和寫文言文,這是兩回事,不可混爲一談。

原載《新華月報》(文摘版)1979 年第 6 期

關於古代漢語的學習和教學[①]

我今天講的題目是“關於古代漢語的學習和教學”。這裏有兩個問題:一是怎樣學古代漢語的問題,一是怎樣教古代漢語的問題。我着重講學的問題,因爲學的問題解決了,教的問題也就好解决了。教,無非是教學生怎樣學,這兩個問題是密切相關的。

一、關於學習的問題

語言有三個要素,就是語音、語法、詞彙。那麽,我們學習古代漢語,這三個方面,哪方面最重要呢? 應該説是詞彙最重要。我們讀古書,因爲不懂古代語法而讀不懂,這種情況是很少的。所以語法在古代漢語教學中不是太重要的。至於語音方面,更不那麽重要了。比方説散文,跟語音就没有很大關係,詩歌跟語音有點關係,但也不是重要的。不過,不重要不等於説不要學,還是要學,三方面都要學。現在我先就這三方面講講學習的必要性。

首先要提醒大家,學習古代漢語最要緊的一個問題就是歷史觀點的問題。我們現代漢語是從古代漢語發展來的,當然古今相

① 本文是作者在天津市語文學會、南開大學、天津師院聯合舉辦的學術報告會上的演講。

同的地方是很多的,但是也有很多不同的地方。我們要注意的就是那個古今不同的地方,這就是所謂歷史觀點。不管是從語音方面,從語法方面,從詞彙方面來看,都應該注重這個歷史觀點。

先講語音方面。從《詩經》起一直到唐詩宋詞,這些都有語音的問題,就是古音的問題,我們要注意研究古音。舉一個很淺近的例子,唐詩宋詞裏邊有平仄的問題,這是詩詞的一種格律。這個要懂,不懂,有時候就會弄錯。我記得在二十多年前,有位同志在杭州圖書館裏發現了岳飛的一首詩,詩發表在《人民日報》上,題目是《池州翠微亭》,是一首七絶:"經年塵土滿征衣,特特尋芳上翠微。好山好水看不足,馬蹄催趁月明歸。"按照那首詩的格律來看,應該是"好水好山",如果是"好山好水",就不合平仄,不合詩的格律。因此我用不着到杭州去看他是不是抄錯了,就能够斷定他是抄錯了,因爲岳飛雖是一個名將,同時也是一個文人,他不會寫一首七絶都不合格律的。前年,我看到一個同志注解李商隱的詩,其中有一首《無題》詩,最後兩句是:"蓬萊此去無多路,青鳥殷勤爲探看。"這個同志抄錯了,他抄成了"此去蓬萊無多路"。爲什麽抄錯了呢?他感到自己抄的比較合語法,"從這裏去到蓬萊没有多少路"嘛,所以他就抄成了"此去蓬萊無多路"。但是他没有注意到,"此去蓬萊無多路"這不合平仄,而李商隱是個大詩人,作詩能够不合平仄嗎?所以,語音方面要注意。

其次講到語法方面。語法不是説完全不要注意,讀古文有些地方是跟語法有關係的,古代的語法有的跟現代還是不一樣的,所以也不是説完全不要注意。舉個例子,也是剛纔説到的那位同志,寫李商隱詩注,就碰到一個語法問題,他没有解決好。李商隱有一首詩,題爲《韓碑》,講的是韓愈寫的那個碑,裏邊有兩句:"碑高三丈字如斗,負以靈鰲蟠以螭。""碑高三丈字如斗",是説那個石碑有三丈高,字寫得像斗那麽大。"負以靈鰲"的"鰲",就是一種大鱉,也可以説是大龜一類的吧,現在我們在北京都常常看見的,石碑底下有個烏龜,背着那個石碑,那個烏龜就叫做“鰲”。“負以靈鰲”就是“以靈鰲負之”,以大龜來背着那個石碑。“蟠以螭”,螭,是古代傳説中一種没有犄角的龍。“蟠以螭”按照語法看,上面的“負以靈鰲”就是“以靈鰲負之”,那麽“蟠以螭”就應該是“以螭蟠之”。但是這位同志不懂,他不從語法上考慮問題。他怎麽注呢?他注:“蟠也是龍,螭也是龍。”那麽這樣一注呢,就不好懂了,既然應該是“以螭蟠之”,你要説兩個都是龍,那就成了“以龍龍之”了,行嗎?不行。他不知道“蟠”不是龍,“蟠龍”纔是龍。有一種龍叫蟠龍,即龍没有飛的時候叫作蟠龍。但是單獨一個“蟠”呢,就不是那個意思,單獨的“蟠”是繞的意思,即盤繞。“蟠以螭”即“以螭蟠之”,就是用一條龍繞着那個石碑。全句詩的意思是:用大龜背着石碑,石碑上邊盤繞着龍。所以,從這裏看,語法還是相當重要的。

下面着重談詞彙問題。剛纔説了,學習古代漢語最重要的是詞彙問題。我們在編《古代漢語》教科書的時候,有位同志提到,古代漢語的問題,主要是詞彙問題,解決了詞彙問題,古代漢語就解决了一大半問題了。這話我非常贊賞。爲什麽有人學習古代漢語時,在詞彙問題上常常出差錯呢?這就是因爲他没有歷史觀點。他不知道古代,特别是上古時代,同樣一個字,它的意義和現代漢語的意義不一樣。前年,我在廣西大學講怎樣學古代漢語時,舉了個例子,這裏不妨再舉一下。在批林批孔那個時候,有位教授,很有名,紅得發紫,是專門批孔的,他引過《韓非子·顯學》裏面的話:“故明據先王,必定堯舜者,非愚則誣也。”韓非子的主要意思是説:古代所謂堯舜的事,不會是真的,那麽你肯定堯舜的事是有的,你不是愚,就是誣。“愚”是愚蠢,“誣”是説謊。這就是説,你要是不知道堯舜的事本來没有,而肯定説有,就是愚蠢受騙;你要是知道堯舜的事本來没有,却偏要説有,就是説謊騙人。可是這位教授却把“非愚則誣”解釋爲:“不是愚蠢,就是誣衊。”這就錯了。他不知道,在上古漢語裏,這個"誣"字不當"誣衊"講,而當"説謊、説假話"講。所以這位老教授解釋爲"不是愚蠢,就是誣衊",那就不好講了。誣衊誰呀?誣衊堯舜嗎?不對。後來他見人家都注作"不是愚蠢,就是説謊",他纔改過來。這就是古今詞義的不同。

我再舉一個例子,《孟子·告子上》:"一簞食,一豆羹,得之則生,弗得則死。"這裏面有個"羹"字,現在我們注解"羹"字常常説"羹"就是羹湯,我們看蘭州大學中文系《孟子》譯注小組編的《孟子譯注》,那裏面怎麽注解"一豆羹"呢?是這樣注的:"豆,古代盛羹湯之具。"(甚至在譯文裏就乾脆將"一豆羹"譯爲"一碗湯"了。)我們認爲這個注解是錯誤的。我們的古人衹説,豆,是古代盛羹之器,没有湯,他把一個"湯"字添上去就錯了,錯得很厲害。爲什麽衹能説是"盛羹之器"呢?"羹"是什麽東西?"羹"就是煮熟以後帶點汁的,所以是帶汁的肉。羹,一般都是加佐料,即所謂五味羹,酸甜苦辣鹹,有五種味道,但主要是兩種味道:鹽跟梅。《尚書·説命》:"若作和羹,爾惟鹽梅。"梅子是酸的,鹽是鹹的。要是窮人没有肉吃怎麽辦呢?窮人也有羹,那叫"菜羹",但"菜羹"也不是菜湯,"菜羹"是煮熟的菜。總之,羹是拿來就飯吃的,所以《孟子》的"一簞食,一豆羹"就是一筐飯,還加上一碗羹。"簞"是古代盛飯的筐(一種圓形的竹器);"食"是飯;"豆"就相當於我們現在的碗吧,就是你們看過的故宫博物院裏邊陳列的那個長把東西,是盛肉菜的。所以《孟子譯注》的那個注解在"羹"字後加上個"湯"字就錯了,因爲"羹"根本就不是"湯"。我們再看《史記·項羽本紀》,楚霸王項羽把劉邦的爸爸抓住了,他對劉邦説,如果你不趕快投降,我就把你爸爸烹(煮)了。劉邦説,我曾經和你結拜爲兄弟,我的父親就是你的父親,如果你一定要烹你的父親呢,就希望你分給我一杯羹("吾與項羽俱北面受命懷王,曰'約爲兄弟',吾翁即若翁,必欲烹而翁,則幸分我一杯羹")。以前我没有教古代漢語,連我也誤會了,我以爲一杯羹的"杯"就是盛茶、盛湯的東西,"一杯羹"就是一杯湯囉。後來教了古代漢語,研究了古代漢語,纔知道這是不對的。在上古的時候,"杯"不是指的茶杯的"杯",而是盤子之類的東西叫"杯"。"羹"呢,是肉。"分我一杯羹",就是分給我一碗肉。劉邦不會那麽客氣的,祇要一碗湯。這個就是所謂歷史的觀點。對於我們讀古文來説很重要。有些人常常拿現代漢語解釋古代漢語,就常常造成錯誤。

現在我再舉一些例子,就是我們現在用的那個中學語文課本的一些注解,從歷史觀點上看,這些注解是錯的。我不是在這裏批評那個課本,不是這個意思。那個課本後來都給我看了,我提了意見,大概現在已經改了,或者將要改。我不是在這裏批評語文課本,而是因爲我們今天的聽衆有一部分是中學的語文教師,我這樣講比較有針對性。語文課本的《愚公移山》裏有一句話:"以君之力,曾不能損魁父之丘。"語文課本怎麽注呢?注解説:曾,是"竟"的意思。那麽"曾不能"就變成"竟不能"了。這樣注我看是不妥當的。在上古漢語裏,"曾"是一種加强否定語氣的副詞,所以常常是"曾不"用在一起,加强"不"字。"曾不"就是"並不"的意思,"曾不能損魁父之丘"就是"並不能損魁父之丘",也就是"連魁父之丘那麽一個小丘也不能損"。所以把這個"曾"字解釋爲"竟"不對。後來在另外一篇課文《核舟記》裏有一句"而計其長曾不盈寸",注解説:曾,是"尚",就是"還"。這個注解就比較好了,注意到了"曾不"是"還不",比剛纔那個注好。但最好還是將"曾不"一起注,"曾不"就是"並不"。

另外一篇課文《楚辭·九歌·國殤》裏有一句話:"首身離兮心不懲。"注解説:"懲,懲創,損傷。"注爲"懲創",原則上是不錯的,因爲古人也是把"懲"注爲"懲創",但是注爲"損傷",就不妥當了。《國殤》裏講"首身離兮心不懲",這是説,戰士們被敵人殺掉,而身跟首分離,也不後悔。"心不懲"就是不後悔。《説文解字》云:"懲,㣻也。""㣻"(yì)就等於"艾"(yì)。"自怨自艾",就是自己埋怨自己。自己埋怨自己跟後悔的意思就差不多了。自己埋怨自己不應該那樣做,那是自己做錯了,但是"首身離兮心不懲",是説爲國家而犧牲,決不埋怨自己,而認爲自己作對了。如果説,"首身分離了,心没有損傷","没有損傷"怎麽好懂啊? 不好懂。

再舉一個例子,司馬光《赤壁之戰》有一句話:"今劉表新亡,二子不協。"語文課本注爲"指劉表的兩個兒子劉琦和劉琮不合作。協是和協,合作,不協就是不合作",我認爲這個注解是不妥當的。我們注解古書,注解古人的話,不要用現代的話來解釋它。你説劉表兩個兒子不合作,這個話太現代化了吧! 古人没有這個話。"不協",就是"不和"。劉表的兩個兒子不和,你看《三國演義》裏都講了,劉琦就怕劉琮害死他,所以請劉備指教他,他就躲開了,那是不和,跟合作没關係。根本當時就没有想到所謂合作的問題,怎麽合作呀? 如果這兩個人都同居在一個重要的地位,一個作這方面的官,一個作那方面的官,都很重要,這纔有一個合作問題。這裏根本没有合作的問題。而是弟弟要把哥哥殺死的問題,要害死他哥哥的問題,跟合作有什麽關係呀? 所以我們注解古文,最忌把現代人的思想擺到古人那裏去。"協"就是"和",就不要説"合作"。

再舉一個例子,蘇洵的《六國論》中説:"至丹以荆卿爲計,始速禍焉。"這句話就是説,到了燕太子丹,他相信荆軻的話,讓荆軻行刺秦始皇,後來没成功,這樣子秦國就趕快把燕國滅了,所以叫"始速禍焉",纔招來了禍害。"速"是招來的意思。語文課本注爲"速,招致,這裏作動詞"。速,是招致的意思,這個話不錯。錯在哪裏呢? 錯在後面的"這裏作動詞"。爲什麽要説這裏作動詞呢? 因爲注者以爲這個"速"是快速嘛,是個形容詞,但這個地方是個動詞,所以這個形容詞"速"是作動詞用。錯就錯在這個地方。他不知道,這個"速"字有招致的意思,又有快速的意思,招致這個意思跟快速的意思是没有關係的。不是説快速的意思引申了,引申爲招致,不是這樣的。所以注爲"招致"就不應説"這裏作動詞",它本來就是動詞嘛,怎麽説"這裏作動詞"呢?

此外,還有關於現代漢語同近代漢語的差别問題,例如在徐宏祖《徐霞客遊記》裏邊有一篇文章是《遊黄山記》,其中有句話:"時夫僕俱阻險行後,余亦停弗上。"課本注:"夫僕,就是僕人。"這個注不妥當。"夫僕"是兩個名詞,"夫"是"夫","僕"是"僕",並不是一個雙音詞,所以並不是"夫僕,就是僕人","夫"是挑夫,是給他挑行李的。"僕"是僕人,是跟隨他的,不是給他挑行李的。"夫"有時也指的是轎夫(抬轎的)。反正"夫"跟"僕"不是一回事,所以"夫僕,就是僕人"這個注解就不對了。這牽扯到近代漢語的問題。你們恐怕很少看見"夫"了,現在挑夫也没有了,轎夫更没有了,所以注起來就没有注意到"夫"和"僕"不是一回事。

下面我想再談談我們在閱讀古文、注解古文的時候常犯的錯誤是什麽。我想談三個問題,即望文生義、誤用通假和濫用通假。

(一)望文生義

什麽叫做望文生義,就是看到一句話,其中的某個字用這個意思解釋它,好像講得通,以爲就對了。其實這個意思並不是那個字所固有的意思,在其他的地方從來没有這麽用過,衹不過是在這個地方這樣講似乎講得通。但是通不等於對,不等於正確。你要説這樣解釋就通了,那就有各種不同的解釋都能通的。爲什麽通不等於對呢?我們知道,語言是社會的産物,是全體社會成員約定俗成的。一個詞在一定的時代表示一定的意思,是具有社會性的。某個人使用某個詞,不可能隨便給那個詞另外增添一種意思。因此,我們閱讀古文或注解古文時,就要仔細體會古人當時説那個話究竟是什麽意思?那纔是對的。我們的老前輩最忌諱望文生義,常常批評望文生義。可是我們現在犯這種毛病的人非常多。前幾年我們北京大學編了一本《古漢語常用字字典》,看見他們原來寫的稿子很多地方都是望文生義的。所以這個要着重地講一講。

舉一個例子,如"信"字,有個學校編了一本字典,編字典的同志親自到我家來徵求意見,我看到裏邊有一條:"信,舊社會指媒人。"舉的例子是《孔雀東南飛》裏的一句話:"自可斷來信,徐徐更謂之。"這句話的意思是説:拒絶那個來使,以後再談吧。這個字典的草稿把"信"字注爲"媒人",爲什麼要那麼講呢?因爲很清楚嘛,將這句話解釋爲"就回絶了那個媒人,叫他以後再説",這不就講通了嗎?這就叫做望文生義。我們要問,如果這個"信"字有媒人的意思,爲什麼别的書、别的文章裏邊都没有"信"當"媒人"講的呢?這裏就有個語言的社會性問題。語言是社會的産物,你説出來的話就要人家懂,如果這個"信"字一般都没有媒人的意思,唯獨《孔雀東南飛》的作者把"信"用作媒人的意思,人家能懂嗎?我們看余冠英同志是怎麽注的,他説:"信,使者。""信"當"使者"講,那是很常見的。"斷來信"就是回絶來使,後面再加個括號注明:"來使,指媒人。""來使"的"使",在這裏指的是"媒人",這個話就没有毛病了,這就是説在這個上下文裏邊,指的是那個人。但是解釋的時候,先要講這個"信"字是使者的意思,然從再指出這個地方可以當"媒人"講,那就不錯了。我們編的古漢語教材裏,就常常用這個方法,先説這個字是什麽意思,再説這個地方當什麽講,就是把一般的情況講清楚了,然後講特殊的情況。

再舉一個例子,蘇軾《念奴嬌·赤壁懷古》:"亂石穿空,驚濤拍岸。"胡雲翼《宋詞選》注:"驚濤,驚人的巨浪。"這麽解釋好像也講得通,其實也是望文生義。"驚"並没有驚人的意思,"驚"的本義是指馬因害怕而狂奔起來,也就是指馬受驚。《説文》:"驚,馬駭也。"《戰國策·趙策一》:"襄子至橋而馬驚。"我看,按照驚字的這個本義,"驚濤"就是形容像馬受驚而狂奔那樣洶涌的波濤。這樣理解纔確切,也更形象些。此外,如舊時比喻美人體態輕盈的"驚鴻"(曹植《洛神賦》"翩若驚鴻"、陸游《沈園》詩"曾是驚鴻照影來"),其中的"驚"字也是這種本義的引申。

下面還是舉中學語文課本的一些例子,説明望文生義的問題。

《曹劌論戰》有一句話:“衣食所安,弗敢專也,必以分人。”語文課本注:“衣食這樣養生的東西,不敢獨自享受。安,有‘養’的意思。”我認爲這也是望文生義。爲什麽呢?“食”能養人,“衣”還能養人嗎?衣服是保暖的,不是養活人的,養活人靠“食”。“衣食所安”,怎麽能説是衣食養生呢?這是不妥的。我翻了王伯祥編的《春秋左傳讀本》,他注得比較好。王伯祥説:“衣食二者,係吾身之所安。”這樣,“身之所安”,意義就廣泛了,衣食都是我們靠它安身的,“安身”,就可以包括衣在内,食在内。我看王伯祥這個解釋比我們中學語文課本的解釋要好得多。在語文課本裏,就是這同一篇文章,還另外有個注,“一鼓作氣”,注爲:“作,激發、振作。”就這句話來講,“作”解釋爲“激發”是講得通的。但是就這個“作”字的意思來講呢,就没有激發的意思。振作這個意思倒比較好。“作”究竟是什麽意思呢?“作”就是起來,比方説,站起來就叫做“作”。那“一鼓作氣”呢?就是一鼓使勇氣起來,所以這裏講振作就比較合適,講激發就不大合適。這個問題不大,不過也提一提。

另外一篇文章有個問題比較複雜。《陳涉世家》説陳勝“攻陳,陳守令皆不在,獨守丞與戰譙門中”。語文課本注:“守丞,當地的行政助理員。”我覺得這個注最不妥當的是把“丞”解釋爲行政助理員。在漢代,“丞”是什麽意思呢?“丞”是一種副職。郡有太守,副太守就叫作“丞”。縣有縣令,副縣令也就是“丞”。“丞”僅次於守,僅次於令。“丞”主要是管武事的,所以説“守丞與戰譙門”。因爲“丞”是管武事的,保衛城就是他的責任。語文課本注爲“行政助理員”,秦末時有那麽個官叫行政助理員嗎?這種説法太現代化了。什麽叫“守丞”?有兩種解釋:一種解釋“守丞”是守那個城的副縣令或副太守。“守”是動詞,守那個城的。另一種解釋就不一樣了:“守丞”就是郡守的副職,就是副郡守。我比較同意後一種説法。當然,這裏還有一種複雜的問題,有人説,秦朝那個時候,陳,衹是一個縣,不是一個郡。這個比較複雜的問題就不詳細講了。

這裏衹是説注爲“行政助理員”是不妥當的,因爲没有那個官,况且行政助理員就不是管武事的,他也就没有那麽大權力負責指揮守那個城了。

再舉一個例子,杜甫的詩《聞官軍收河南河北》有一句“青春作伴好還鄉”。語文課本注:“青春,明媚的春光。”這句話講得通講不通呢?看來好像是非常通,“青春作伴好還鄉”,這不是很好嗎?但是不行,這是望文生義,不是本來的意思。杜甫爲什麽要叫“青春”呢?爲什麽不叫“明春”或别的什麽“春”呢?我們查了一下《辭海》(舊《辭海》),裏邊説:“青春,春時草木滋茂,其色青葱,故曰青春。”春天,因爲草木都返青了,所以叫“青春”。我看這個解釋不但比“明媚的春光”正確,而且更有詩意。可見,就是看來很淺近的詞,我們也要留意,應該怎麽注纔不是望文生義。

另有一個例子,陸游的詩《書憤》有兩句:“出師一表真名世,千載誰堪伯仲間?”語文課本這樣注:“伯爲長,仲爲次,從來伯仲就被用作衡量事物等差之詞。”這個注解也是不妥當的,不妥就在於“等差”兩個字。一講“等差”,就説“伯爲長,仲爲次”,就是哥哥比弟高,所以有“等差”嘛。當然,注爲“等差”這也不是中學語文課本的錯。錯的來源在舊《辭海》,那本書也是那麽錯誤的,所以是有根據的。舊《辭海》注“伯仲,評判人物之等差也”,並引曹丕《典論·論文》“傅毅之於班固,伯仲之間耳”爲例。舊《辭海》誤以“伯仲”爲“等差”,跟原意正好相反,原意“伯”是哥哥,“仲”是弟弟,哥哥和弟弟差那麽一兩歲,所差不遠,所以是强調没有多大差别。你説是“等差”,又説“伯爲長,仲爲次”,就强調了“差”。其實“伯仲”是强調差不多少。在蕭統的《文選》中,曹丕《典論·論文》李善注得很好。李善注“伯仲”説:“言勝負在兄弟之間,不甚相踰也。”他説,誰勝誰負,誰高誰低呢?“不甚相踰也”,差不多。很難説誰比較高,頂多稍微高那麽一點點,也就是像哥哥、弟弟那樣差一兩歲,所差無幾。他是强調“不甚相踰也”,差不離,都一樣。這樣,我們就好懂了。陸游《書憤》的那兩句詩:"出師一表真名世,千載誰堪伯仲間?"是説諸葛亮千載之下誰能够比得上他呢?誰能跟他相爲伯仲呢?就是説誰能跟他差不多呢?最好是再看杜甫的《詠懷古迹》詩,也有一首是講諸葛亮的:"伯仲之間見伊吕。"原來的杜甫詩注云:"孔明之品足上方伊吕。"就是孔明要講起品德,可以上比伊尹跟吕尚(姜太公)。這個注解就很好,這裏就没有"等差",没有講諸葛亮比不上伊、吕,而是説"伯仲之間見伊吕",諸葛亮跟伊、吕差不多,這纔對。所以我們要注意,"等差"就把這意思弄反了,誰是伯,誰是仲啊?是要追究誰是伯,誰是仲嗎?其實不是。

還有個例子,《詩經·魏風·碩鼠》中"三歲貫女,莫我肯德"。中學語文課本注爲:"德,恩惠,作動詞用,感恩的意思。"我認爲,"德"解釋爲"恩惠"是對的,作動詞用也是對的,但是最後説是"感恩的意思",恐怕就不對了。這一次的望文生義更容易使人相信了,爲什麽呢?因爲把"三歲貫女,莫我肯德"解釋爲"我對你那麽好,你不肯感我的恩",這不是很通了嗎?這種望文生義,就很典型。我們想想,"感恩"本來是心裏邊感嘛,怎麽還説"肯不肯感恩"呢?這講不通。所以若作"感恩"講,就没有"肯不肯"的問題了。我們看鄭玄怎麽注的,鄭玄注爲:"不肯施德於我。"就是對你那麽好,你不肯給我一點好處,反倒恩將讎報,不肯施德於我。我看鄭玄的這個注是對的。"施德於我","施"是一種行爲、動作,纔談得上"肯不肯"。朱熹作"歸恩"講,也較好,"歸恩"就是"報恩"的意思。

關於望文生義,還有個例子:《廉頗藺相如列傳》裏的一句話:"趙惠文王時,得楚和氏璧。"語文課本注:"璧,玉的通稱。"這個注也可以説是望文生義的一個典型。我們查遍字典、辭書,都没有説"璧"是玉的通稱。璧,就是一種玉器。你看故宫裏邊就陳列着很多璧,璧有璧的形狀,是玉經過雕琢而成的,它是一種玉器,不是玉的通稱。所有的玉都能叫璧嗎?那爲什麽這個地方要那麽注呢?

原先不懂,後來我體會到了,你看"趙惠文王時,得楚和氏璧",我們念《韓非子》的時候念到過:和氏在楚的深山裏邊找到一種玉,先是璞玉,經開鑿發現玉,然後纔雕琢成爲璧。所以下文説:"王乃使玉人理其璞而得寶焉。"而這位同志注解這句話時,就認爲,和氏得到的既然不是璧,是一塊玉,怎麽能説是得到璧呢? 噢,這個璧一定是玉。這樣子去解釋有没有道理呢? 我認爲没有什麽道理。有一點要注意,我們古人行文的邏輯思維是没有我們現代人的邏輯思維那麽嚴密的。説得到和氏璧,不但不是璧,也不是玉,是一塊石頭,裏邊有玉。那應該怎麽注呢? 應該説,得到和氏璧是得到和氏的那塊石頭纔對! 因爲那時還不知道裏邊有玉没玉呢? 最近還有讀者給我來信,要辯論一個問題,他説,趙惠文王得楚和氏璧,不是他得到的,是楚王得到的,怎麽是趙王得到的呢? 我看,你不要糾纏那些問題,古人不跟你講那麽多邏輯。

關於望文生義,最後再舉一個例子,王安石《遊褒禪山記》:"蓋其又深,則其至又加少矣。"中學語文課本注:"加少,增加少的程度。"這樣講通不通呢? 完全通,但是剛纔我説了,通,不等於對。要是講成"增加少的程度","加"字就是一個動詞,而我們古漢語裏的這個"加"字,除了當作動詞之外,還有一種副詞的作用,"加"就是"更","加少"就是"更少"。我在我主編的《古代漢語》這部書的常用詞裏特别講"加"字有"更"的意思,並且還强調指出:"這種'加'字不能解作'增加',否則,'加少'不好講。""加"在古代有"更"的意思,"加少"就是"更少",那不是更好懂嗎? 爲什麽要注"增加少的程度"呢? 倒不好懂了。

這裏再補一個例子吧,《六國論》:"故不戰而强弱勝負已判矣。"中學語文課本注:"判,分,清清楚楚的意思。"這也是望文生義,好像是講通了,"没有經過打仗,强弱勝負已經清清楚楚地分開了",但是從"判"的原來意思看,没有清清楚楚的意思。"判"字的本義是一分爲二,一樣東西分爲兩半,叫做"判"。要把"判"解釋爲

“分”倒也不錯，最好解釋爲一個東西分爲兩個，叫“判”。這樣，强弱是兩個東西，一個强，一個弱，還有勝負，也是這樣子。一個强，一個弱，一個勝，一個負，分開了，這樣説就行了。

以上講的是望文生義的毛病，而這個毛病現在是越來越多，好像把這話講通了就行了，而不管這個字原來是什麽意思了，所以我在這裏特别强調要反對望文生義。現在有新出版的字書、詞典之類的書，這類毛病也是很多的，也值得我們注意。

（二）誤用通假

在漢字裏，有所謂假借字。假借字有兩種：一種是本無其字，假借另外一個字來用。比方説，有很多虚詞，没有爲虚詞造的字，如“而”字，本來是一個實詞，後來寫作“髵”。《説文》：“而，頰毛也，象毛之形。”後來人們假借這個“而”字當連詞用，這就叫本無其字。另一種是本有其字的，也假借。最典型的字是早晚的“早”字，本來很早就有，可是很多古書都寫跳蚤的“蚤”，將“蚤”假借爲早晚的“早”。這個就叫做本有其字。另外還有一種情況是本來没有那個字，但後來也造出來了。比如喜悦的“悦”字，本來寫成“説”，後來就寫成“悦”字了。現在我們有爭論的問題就在於：本有其字的，什麽叫本有其字？所謂本字不能叫本字，我就跟人家爭論過這個問題。有人説，本字是可以叫作本字的，因爲本字是多用字。如果把本字看成多用字，那是另外一個問題了，是關於本字的定義的問題，没有什麽好爭論的。我反對的是要不要講爲通假。比方古書中喜悦的“悦”，一般都寫成言字旁的“説”，讀古書“説”字就讀成“悦”。“説”同“悦”，這樣的注解是不妥當的，我認爲這是誤用通假。爲什麽這樣説呢？因爲古人寫“説”字當“悦”講的時候，還没有“悦”字，怎麽能説成“説”同“悦”呢？古人所謂通假，其實呢，就是有點像現在的寫别字，寫成另外一個字。我們應該認爲古人寫别字的情況是有的，但是不多。像這個喜悦的“悦”字，既然一般都寫成“説”，就不能説這個字同那個字。心字旁的“悦”字是上古時没有的。《説文解字》這部書没收這個字,可見在那個時代這個喜悦的"悦"字還没有産生。《孟子》裏有這個喜悦的"悦"字,但是我們知道,有很多古書是經過後人改過的。有些人拿當代用的字去看,認爲這裏本該這麼寫的,就把《孟子》這部書裏的一些字改了。所以有人説《孟子》這部書是俗字的淵藪,就是説俗字最多的是《孟子》。爲什麼俗字最多的是《孟子》呢?本來,經書從前人們是不敢隨便改的,但是因爲《孟子》很晚纔作爲經書,大概在宋代吧,這樣,在此之前,《孟子》裏被人改動的字就很多。

再舉個例子,打仗的那個"陣"字,過去一向寫作"陳"字,不寫作"陣"字,"陣"字是後來纔這樣寫的。這種字我們叫做區别字,是後來爲了和"陳"字區别開來,纔另外造個打仗的"陣"字。所以唐代注釋家顔師古特别講"陣"字本來衹能寫成"陳"字。但是,我們發現《吕氏春秋》就有"陣"字,怎麼解釋呢?也是後人改的。後人因爲一般人都寫這個"陣"字,就改了,要不顔師古那麼有學問的人,他怎麼會説應該寫成"陳"呢?難道顔師古没有念過《吕氏春秋》嗎?這是不可能的。這説明這些字是後人改了。這樣,我們就要明白,作注解的時候不能説這個字"同"那個字,因爲那個字當時本來並不存在,怎麼能説"同"呢?

在中學語文課本裏,《詩經·魏風·伐檀》有一句:"不狩不獵,胡瞻爾庭有縣貆兮?"課本注:"縣,同懸。"這樣注解是不妥當的。因爲《詩經》的時代還没有底下帶心字的"懸"字,怎麼能説同"懸"呢?剛纔説了,通假等於寫别字,有人不叫"同",叫"通",説通"懸"。怎麼能説"通"呢?古時没有那個字,你冤枉古人了,説古人寫别字了。這個問題就嚴重了,會把我們的青年學生引導到没有歷史觀點的錯誤道路。這個懸掛的"懸"字,有没有這個字呢?有。出在《孟子》這部書裏邊,但那也是後人改的,我們不能這樣做。另外,《廉頗藺相如列傳》有句話:"唯大王與群臣孰計議之。"語文課本注解説:"孰,同熟。"這個錯誤跟剛纔我説的那個錯誤是一樣的。

我們查《説文解字》,“孰”字已經解釋爲煮熟的“熟”了。那個四點是後來的人加的。爲什麼加呢?就是要搞個區别字,“孰”字後來當“誰”講,煮熟的“熟”就另外造個字區别開來,這樣“孰”字底下纔加了四點。如果《史記》裏的“孰”同“熟”,也是冤枉司馬遷寫别字了。司馬遷没有寫别字,司馬遷那個時代還没有“熟”字。

如果像這種情况,我們編《古代漢語》教科書的時候是怎麽處理的呢?比如“説”字,這樣注:説,應念 yuè,喜悦。後來寫成“悦”。孰,等於熟,後來寫成“熟”。這就没有毛病了。還有《赤壁之戰》有句話:“將軍禽操,宜在今日。”語文課本注:“禽,同擒。”這是同樣的錯誤。因爲古代没有“擒”字,《説文解字》裏“熟”字、“擒”字都没有。《説文解字》另外有個字,是提手旁一個金銀銅鐵的“金”,即“捦”。有人説這是“擒”字,也不可靠。我們古書裏一般都寫禽獸的“禽”,把它當作“擒”,所以我們不能説同“擒”。《赤壁之戰》另外有句話:“五萬兵難卒合。”語文課本注:“卒,同猝。”這錯誤是一樣的。《六國論》的“暴秦之欲無厭”,怎麽注的呢?注:“厭,同饜。”這種錯誤也是一樣的。因爲“厭”字本來是當“吃飽”講,最早的時候連上面的兩筆都没有(猒)。所以我想提醒大家,將來我們注古文的時候,不能用這個辦法,用這個辦法就使青年人誤會了,以爲我們的古人很喜歡寫别字,其實那個時候没有那個字,怎麽會是“同”或“通”呢?應該换一個辦法,比如我剛纔提到的那個“説”字,注作:“説,讀成 yuè,喜悦。”不要説“同”,這就没有毛病了。

(三)濫用通假

濫用通假,跟剛纔説的誤用通假是不一樣的。誤用通假就是本來没有這個字,還説“通”,還説“同”,那就是誤用了。所謂濫用,按照道理來説,它是有那個字的,但是究竟是不是假借爲這個字,那就成問題了。我們清代的學者們,叫做乾嘉學派的,在語文研究上有很大的成就,就是很會用通假。特别是王念孫、王引之父子。

所謂通假,就是本有其字,但不用那字,而是用另外一個字,即同音字替代。王念孫還有個理論:“就古音以求古義,引伸觸類,不限形體。”這就是説,要衝破字形的束縛,來追究本來意思。不同的字形,衹要聲音相同,意義就可能相同。這是很大的成就。古書上原來很多講不通的字,他用通假的辦法就講通了,但是到了乾嘉學派的末流就壞了。真理走過了一步就是錯誤。善用通假,就能作出很大的成績;濫用通假,那就錯了。濫用通假就是你主觀臆測這個字應該那麽解釋,就從通假上來找一個理由,這樣子就壞了。所以通假是好的,濫用就不好。近來很多同志寫信給我都談通假的問題,説某句話應該怎麽解釋,用通假就講通了,而我們平常却講得不好。現在我舉兩個例子:

一個例子是辛棄疾的《摸魚兒》詞有句話:“惜春長怕花開早。”這話不是很好懂嗎? 我們愛惜這春光,常常怕花開得太早了,因爲早開就早謝,所以我“惜春長怕花開早”。最近有位中學教師寫信給我,他説這個問題有爭論,連斷句都有爭論。他講:有人説應該那麽斷句,“惜春長”我就“怕花開早”。但是這位同志説,不對,“長”應該通“常”,經常害怕花開早。叫我回答他,誰對。我説,你們兩位都不對。當然把“惜春長”斷成句,那個錯誤就更大了,但是你一定要把長短的“長”説成通“常”,也不對。我説根本就不要講通“常”。長短的“長”衹要引申一下就是經常的“常”,“天長地久”,不就是長久的意思嗎? 長久的意思再一轉就轉到常常了,那不是很好轉過去的嗎? 爲什麽要説假借呢? 説假借問題就大了,因爲那個長短的“長”,古音應該念澄母;經常的常,古音應該念禪母,差别很大。那你這樣“通”就没有學會通假。通假是古音的通假,拿現在的讀音通假講古文就不對了。這就叫做濫用通假。

另外一個例子,蘇軾《石鐘山記》:“酈元以爲下臨深潭,微風鼓浪,水石相搏,聲如洪鐘。是説也,人常疑之。”我想大家講的時候很好講嘛,人們常常懷疑《水經注》的這個説法,即,酈道元的這個説法,人們常常懷疑,這不是好懂嗎?可是有位中學教師寫信給我,他説,這不對,酈道元説"水石相搏,聲如洪鐘"這個話大家都會相信的,因爲他是個權威,怎麽會常常懷疑他呢?"常"字是曾經那個意思的"嘗",《辭源》《辭海》以及《史記》他查了,那裏面也曾把這個"常"字當作曾經的意思,也通"嘗"。《漢書》也有這樣的例子。那麽在蘇軾這篇文章中也應爲"人人曾經懷疑過",這不是更好嗎?這位中學教師在那裏講通假,他認爲"常"通"嘗"。於是在中學教師中就辯論開了。有人説,你這個説服力不强,爲什麽呢?司馬遷、班固那時候是一個時代,司馬遷、班固借用"常"來表示曾經那個意思的"嘗"是可以的,但是蘇軾是宋朝人,唐宋時没有人把"常"當作"嘗"用過,所以這個説法不能成立。他不服,就寫信給我。這個問題就牽扯到一個濫用通假的問題。《中學語文教學》雜誌準備發表我一封回信,我想要把這個問題拉遠一點,講到濫用通假,不單是回答這個問題。我同意另外一派人的説法,到了蘇軾那個時代就再没有人把"常"假借爲"嘗"了。但是這樣説還不够,還應該説明一個道理,即古人不寫别字是正常的情況,寫别字是不正常的現象。所以凡是不該認爲通假也能講得通的話,就應該依照平常的講法,不要再講什麽通假,否則,就會造成錯誤。"人常疑之"——人們常常懷疑這種説法。這樣講爲什麽不好哇?就是"人們常常懷疑"嘛,爲什麽不對?爲什麽偏要講通假呀?

我想應把反對濫用通假作爲一個原則。因爲近來接觸到這些情況,發現這已變成一種風氣,好像一講通假就比較高明。這是受了乾嘉學派末流的影響。在清代乾嘉學派的末流中,有一個典型的人物就是俞樾,他喜歡講通假,却常常是講錯的。舉兩個典型的例子,一個是《詩經·魏風·伐檀》第一章有那麽一句話:"不稼不穡,胡取禾三百廛兮?"第二章又有一句:"不稼不穡,胡取禾三百億兮?"第三章還有一句:"不稼不穡,胡取禾三百囷兮?"我們中學語文課本就是采用俞樾的注法:"廛,同'纏',束(量詞)。""億,同

‘繶’。”“囷,同‘稛’。”都是講成差不多的意思,即把它綁起來的意思。我們就感到奇怪了,本來通假是寫別字,那麽這個詩人文化水平就太低了,怎麽三個地方都寫別字啊?怎麽那麽巧哇?爲什麽他一定要寫別字呢?特別是三百億的那個“億”字,《詩經》另外有很多地方,“億”都指禾把的數目講的,十萬把禾叫做一個億。三百億,就是三百億個禾把。别的詩人都這麽用,爲什麽偏在這個地方寫個別字呢?而這個別字通一個很偏僻的“繶”字,奇怪呀!爲什麽詩人擺着本字不用,去寫個別字呢?這不可信。我們看鄭玄等人怎麽解釋的呢?他們解釋得很好。“三百廛”毛傳:“一夫之居曰廛。”就是説,一個農夫所住的地方叫做“廛”。後來孔穎達疏:“胡取禾三百夫之田穀兮?”你不稼不穡,爲什麽取三百個農夫所收的穀物呢?這不是很好嗎?不是講通了嗎?爲什麽要改爲那個用繩子纏起來的“纏”呢?我們看那個“三百億”,鄭箋:“十萬曰億,三百億,禾秉之數。”十萬叫做一億(我們現在把萬萬叫一億,古人是把十萬叫作一億),三百億是禾秉之數,“禾秉”就是“禾把”,禾把的數目是三百億。孔穎達疏:“三百億與三百廛、三百囷相類,故爲禾秉之數。秉,把也。”我們再看看“三百囷”,毛傳:“圓者爲囷。”圓的穀倉叫囷(方的穀倉叫倉)。陸德明的《經典釋文》説:“囷,圓倉。”那麽,“不稼不穡,胡取禾三百囷兮?”很好懂嘛,你不種莊稼,怎麽能够取到禾三百倉那麽多呢?爲什麽一定要改爲三百稛呢?三百個穀倉不是比三百稛還多得多嗎?爲什麽要改呀?這就叫做濫用通假。

另外再舉個例子,《莊子·養生主》,中學語文課本没有選,我主編的《古代漢語》選了,裏面有一句話:“技經肯綮之未嘗,而況大軱乎?”我們看郭象是這樣注的:“技之妙也,常遊刃於空,未嘗經槩於微礙也。”郭象注得很好。“技經肯綮之未嘗”這個話有點倒裝。“技”這裏斷一斷,底下是“未嘗經肯綮”。這意思是説,庖丁的技巧是很好的,庖丁的技巧妙在遊刃於空,空隙的地方刀子進去了,却未嘗經過那個骨頭。那不是很好懂嗎？後來成玄英疏:“夫技術之妙,遊刃尚未曾經。”也是同樣的意思。技術很高明,他用的刀是走的空隙的地方,没有經過肯綮。俞樾説:“郭注以技經爲技之所經,殊不成義。”俞樾説,郭象把“技經”注爲“技之所經”,這話是不通的。技術怎麽能够説“經過”呢？這位老先生就不知道,古代漢語有些話不是那樣解釋的。郭象不是注得很清楚嗎？不是技術經過,而是刀經過嘛,你就這樣批評他！“技之所經”,這是你的話呀,不是郭象的話。接着俞樾解釋道:“技疑枝字之誤。”他懷疑“技”字是“枝”字之誤,他引了古書《素問·三部九候論》的話來加以證明:“治其經絡。”王注引《靈樞經》:“經脈爲裏,支而横者爲絡。”古字“支”與“枝”通。他説古字“支”與“枝”通。説技術的“技”字,應該是“枝”字,而這“枝”字又通“支”。這個“枝”通“支”是没有問題的,問題就是你爲什麽説那個技術的“技”通“枝”字呢？這就大有問題了。《莊子·養生主》那篇文章就有幾個“技”字,爲什麽那些個“技”字不改呢？而這個地方偏要改爲“枝”字呢？你引的是唐朝王冰的注,唐朝人講的話就算《莊子》時代的話了嗎？本來好懂的,你偏要用通假的説法,反倒難懂了,並且也講不通。我主編的《古代漢語》原來是依照俞樾那個説法來注的,最近我們在修訂時,要把它改過來,還是要郭象那個原注,不依照俞樾的這個説法。俞樾的這個説法是不科學的。

有同志提出一個問題:蘇洵《六國論》中“後秦擊趙者再,李牧連却之”這句話的“再”字,中學語文課本的注解是“多次”的意思。但是查《史記》及其他參考書,在李牧防守邊疆的時候秦是兩次進攻,都被李牧擊退,因此有的老師在教學中給學生講“再”是“兩次”,這樣解釋是否正確？我認爲老師這樣解釋是正確的。這也是歷史觀點的問題。這個“再”字,恐怕一直到宋代吧,都指兩次,没有多次的意思,第三次就不能叫再了。所以老師把“再”字解釋爲兩次,完全正確。甚至我們現代有些人還將“再”字的這種古義用在自己的研究文章中。比方説郭老(郭沫若)在講甲骨文時就説某某字在甲骨文中再見。這就是説,某某字在甲骨文中見了兩次。

總的來説,講古代漢語的時候,要建立歷史觀點,要注意不要誤用通假,也不要濫用通假,更不要望文生義。

二、關於教學的問題

剛纔已經講過了,講學習問題就包括教學問題了。應該怎麽學我們也應該怎麽教,所以這個問題衹是很簡單地談談。

主要還是談我主編的《古代漢語》的問題。我主編的《古代漢語》最近要修訂,到外面去徵求意見,有很多意見是寶貴的,但是,也有些意見我們没有接受。我們認爲,我們的做法還是對的,這裏我講講這些問題。

我主編的那部書有三個内容:文選、常用詞、通論。有人就説應該把它分爲三本書,一本是文選,一本是常用詞,一本是通論。甚至有人説,我們的通論寫語法寫得太少了,寫得很零碎。我認爲,三結合這個辦法是我們這本書所采取的較好的教學方法。如果分爲三本書,那就變爲三門課了,所以還是應該照原來的這個辦法。現在香港把這部書改印成了三本,那是他們的事情,根本就没有徵求我們的同意。

另外一個是關於文選的教學問題,到現在,我還認爲我那個主張是對的,就是不要多講什麽時代背景啦,作者生平啦,甚至於還分析批判啦,我看這些是不必要的。要緊的是着重講解課文,要把課文講清楚。詞彙是最重要的,要把詞彙講清楚,使學生不要誤解,那就對了。現在我們這個中學語文課本裏邊,選了一些古文,有些講的人却没講清楚,使得一些學生寫出半文不白的文章來,這是由於我們課本裏講了幾篇現代文,又講幾篇古文,學生就不知道哪是古代的,哪是現代的,所以寫出來的文章就半文不白,甚至於錯誤。前些日子我收到一封信,寫信的人要寄錢給我,買一部《古代漢語》。信中説:“請你寄給寡人一部《古代漢語》。”由此可見,我們教古文一定要把詞彙講清楚,比如“寡人”這個詞,就要給學生講清楚,古代帝王纔自稱爲“寡人”。我們講課文,特别要在詞彙方面講清楚,要串講。常常是一句話懂了,連起來就不懂,一個詞懂了,整句話不懂。這個很重要。

關於常用詞要不要教?常用詞很多人都感到不好教。我説,學古代漢語有點像學外語,外語就要教學生認生字,我們教古代漢語也是要教學生認生字,這個字在古代特别是在上古的時候是什麽意思,而且還要給他講明跟現在不一樣。所以我們教材裏搞了常用詞。但教的時候完全不是一般想象的那種教法。一般人的教法是,説這個常用詞重要,要學生能够背得出來。甚至用來説明那個常用詞的用法的有些例句不好懂,也要使學生完全懂。那樣教就不行了。我們教常用詞特别是要講清古今不同的地方,以引起學生注意。那個例句不懂也没關係,要緊的還是懂那個詞的意思,將來念别的文章,碰到同樣的例子,他就懂得應該怎麽解釋,這就行了。不是要所有的都記住。有人説,現在已經編出《古漢語常用字字典》,有了字典,在《古代漢語》裏就不要教常用詞了。他不明白這是兩樣東西,作用不一樣。字典,是當你念書不懂的時候你纔去查字典,你以爲懂了,就不查了。而我們講常用詞呢?是要説明,你以爲懂嗎,但是你不懂,你不懂我先告訴你,先提醒你,這個字是什麽意思。比方剛纔説的那個“再”字,在常用詞裏,衹有兩次的意思,如果我們没有教常用詞,衹説不懂就查字典,你看見這個“再”字決不會説不懂的,你會以爲“再”字很好懂,結果按現代的“再”字去理解就錯了。“羹”字也是這樣子,看見“則幸分我一杯羹”的那個“羹”字,就認爲懂了,你會查字典嗎?所以常用詞的作用就是先告訴你這個詞是什麽意思,你還不懂,現在你要懂。要不呢,你常常以爲懂,其實是不懂。你自以爲不會的,纔去查字典,結果你就很容易出錯誤。所以這兩個作用不一樣。

關於通論的教學,通論的教學最重要的就是講歷史觀點,講古今的不同。特別要講古今的小不同。大不同大家都會注意到,小不同就注意不到了,以爲古今就是一樣的。上面説過的"再"字,古代兩次是"再",現代三次也可以説"再"。這小不同一般人就不清楚。因此要特別强調這個"小不同"。比方説,眼睛的"眼"字,在上古漢語裏,"眼"字跟"目"不是一回事。"眼"就是眼珠子,"目"是整個眼睛,"目"的範圍大,"眼"的範圍小,這些地方就有個歷史觀點的問題。因爲在先秦、兩漢,特别是在先秦的文章裏,注"眼"字非得注成"眼珠子"不可,但是到了唐代,要是再把"眼"字注成"眼珠子",那就錯了。這就要有歷史觀點了。元稹悼念他妻子的詩《遣悲懷》説"唯將終夜長開眼",夜裏睡不着,想他的愛人,他就説整個晚上都睡不着,常把眼睛睜開。這就不能解釋爲"眼珠子"了。時代不同啦,"長開眼","眼珠子"怎麽還能睜開呢? 所以特别要强調語言的時代性,通論裏邊就要强調這個東西。

有人埋怨我們那部書語法講得太簡單,又零散。爲什麽我們這樣做呢? 這牽扯到課程的目的性問題。這個課程,你想要解決什麽問題呢? 是要培養學生閲讀古書的能力。剛纔我説了,青年人不懂古書,主要問題不在於不懂古語法。有語法問題,那是很少很少的,主要問題是在詞彙。所以少講點語法是應該的。多講有什麽不好呢? 多講你就佔用了别的時間,没有那麽多時間嘛。况且已經學過現代漢語的語法了,古今的語法變化很小,詞彙變化得最快。語法是富於穩定性的,所以我們就不用太强調全面地講古漢語語法了,那同我們這個課程的目的不符合。有些學校還感覺到我們編的《古代漢語》那部書篇幅太大,四大本,教不完。那不要緊,我們編多了,少教可以,要是不够倒不好了,所以我們編的篇幅稍微大點,教的時候那當然可以少教。文選中那些長篇的文章就可以不教了。還有通論中關於古代文化常識的那部分也可以不教。這有兩方面的麻煩:一方面,教師備課有麻煩;另外一方面,學生學起來也感到困難。此外,文化常識的作用也不是太大。所以,如果時間不够,可以首先把文化常識砍掉。

原載《天津師院學報》1980年第5期

論古代漢語教學

從前在大學文科裏，古代漢語的教學，是二千多年的老辦法。從前這門課程不叫古代漢語，而叫做歷代文選，或古代文選。解放前還有一門課程是大學一年級學生必修的，叫做大一國文。這些課程，無論叫什麽名稱，都是文選的性質。教師們隨文講解，教學生熟讀和背誦。學生反映説："講一篇懂一篇，不講的仍舊不懂。"古代漢語這一課程的目的是培養學生閲讀古書的能力。古代漢語教了一年或兩年，這個目的還遠没有達到。

二千多年的老辦法好不好？也是好的。古人説："讀書百遍，其義自見。"又説："熟讀唐詩三百首，不會作詩也會吟。"我們今天仍舊主張多讀，熟讀。没有豐富的感性認識，就談不上提高到理性認識。但是我們今天要學的東西太多了，我們不可能像封建時代的知識分子，十載寒窗，纔把古代漢語學到手。我們要采取一種多快好省的辦法，用較短的時間收到較好的效果。

我們首先碰到的是古代漢語的範圍問題。曾經有人把古代漢語講成文字、音韻、訓詁。我們認爲，那是一些專門課，而不是基礎課。文字、音韻、訓詁的知識懂得再多，如果不多讀古文，不熟讀古文，也提高不了學生閲讀古書的能力。又曾經有人把古代漢語講成漢語史，那也不對。漢語史也是一門專門課，我們應該把古代漢語和漢語史區别開來。誠然，古代漢語是有時代性的，中古漢語不同於上古漢語，近代漢語不同於中古漢語。但是，中國古代文人是喜歡仿古的,中國古典文學,從語言角度看,從春秋戰國到清代,没有多大變化。如果我們古代漢語這一課程指的是中國古典文學的話,那麽,我們可以把古代漢語擺在一個平面來看,不管它的歷史發展。

因此,我們的古代漢語課程排除了古代白話,如唐人變文、宋人語録、平話、元曲、明清小説等,以及近似白話的文章,如宋人筆記等。古代漢語的範圍確定了,也就便於教學。

北京大學在 1959 年進行了古代漢語教學的改革,把文選、常用詞、古漢語通論三部分結合起來,取得了較好的教學效果。1961 年 5 月,高等學校文科教材編選計劃會議開過後,成立了古代漢語編寫小組,決定以北京大學古代漢語講義爲基礎並參考各校古代漢語教材進行改寫,作爲漢語文學專業的教科書。1962 年 9 月出版了上册第一分册,同年 11 月出版了第二分册,1963 年 9 月出版了下册第一分册,1964 年 4 月出版了第二分册。

這部書共分十四個單元,每單元裏都包括有文選、常用詞、通論三個部分。

文選部分,是爲了解決感性認識的問題;通論部分,是爲了解決理性認識的問題;常用詞部分既有感性認識,又有理性認識。我們學習古代漢語,要熟記一些常用詞,等於學習外語要熟記一些生字,這是感性認識;我們在常用詞的講解中常常講到本義和引申義,又常常辨别一些同義詞,那就提高到了理性認識。我們在古代漢語教學中運用文選、常用詞、通論三結合的教授法,實際上是感性認識和理性認識相結合。

文選、常用詞、通論三結合體現在下列三點:第一,文選、常用詞、通論三部分穿插着,每一單元都有文選、常用詞、通論。第二,通論配合着文選的進程。在第一、二單元裏,學生剛學古文,還没有足够的感性認識,我們不忙教他們古漢語語法,就先教他們查字典辭書,再教他們一點文字學常識。在第三、四、五單元裏,我們纔教他們一些語法知識,主要是講古今語法的不同。在第六單元裏,爲了配合《詩經》的講授,我們講《詩經》的用韻和雙聲叠韻。到了第十一單元裏,爲了配合駢體文的講授,我們講駢體文的構成。到了第十二單元裏,爲了配合辭賦的講授,我們講賦的構成。到了第十三單元裏,爲了配合詩的講授,我們講詩律。到了第十四單元裏,爲了配合詞曲的講授,我們講詞律和曲律。第三,每單元所講的常用詞,都是在本單元文選中出現或者在前單元文選中出現過的字;如果一詞多義,其他義項的例子也儘可能舉本書文選中曾經出現或將在後面單元出現的字。每一通論所舉的例子,也儘可能舉出本書文選中所有字句。這樣,文選、常用詞、通論三者就構成了有機的聯繫。有人建議把文選、常用詞、通論分爲三部書(香港已經這樣做了),我們不贊成。因爲那樣就變了各不相干的三門功課,違反了古代漢語教學改革的基本精神。

下面分别討論文選、常用詞、通論三部分的教學。

關於文選方面,有下列的五個問題:(1)選文的標準問題;(2)要不要講詩賦詞曲的問題;(3)時代先後問題;(4)教授法問題;(5)疑難字句問題。

(1)選文的標準問題。我們認爲,應該以典範的古文爲標準。有人嘲笑我主編的這部《古代漢語》是一部新《古文觀止》。我説,能編出一部新《古文觀止》就很不錯。遺憾的是,這部書編得還不够理想。當時過分强調政治標準,有時候就降低了藝術標準。有人批評我們:你們選《史記》爲什麼不選《項羽本紀》和《李將軍列傳》,而偏要選《魏其武安侯列傳》和《淮陰侯列傳》? 批評得很對!我們没有選太史公的代表作。類似的情況還很多。此次修訂,我們没有變更文選篇目,因爲考慮到三結合,牽一髮動全身。我們人力不够,祇好暫不改動。

(2)要不要講詩賦詞曲的問題。有人建議不講詩賦詞曲,理由是可以多騰出時間來講散文。我們不贊成這個意見。曲可以不講,因爲曲是古代白話,上面説過,我們這個課程是不包括古代白話的。《古代漢語》曲的部分應該删去(同時,通論"曲律"也應該删去)。賦應該少講,詞也可以少講,詩則應該多講。古典文學包括散文和韻文,衹講散文不講韻文是不對的。

駢體文是中國特有的文體,它介乎散文與韻文之間。駢體文也應該講,因爲有些古代重要著作是駢體文寫的,如《文心雕龍》,有些史書裏面也有不少駢體文,如《南齊書》《舊唐書》等。

(3)時代先後問題。這是一個有爭論的問題。許多人主張由淺入深,先學近代文,逐步依時代順序,最後學上古文。我們不贊成這個意見。我們主張由源溯流,因爲中古文言文本來是模仿上古文的,即韓愈所謂"非三代兩漢之書不敢觀"。我們先學古文的源頭,順流而下,後代的文章就迎刃而解。近代的文章未必都是淺顯的,例如魏源、章炳麟的文章就很不好懂;上古的文章未必都是深奧的,例如《論語》《孟子》並不難懂。我們已經注意到不選深奥的文章,例如我們没有選《尚書》,也没有選很多漢賦。我們始終認爲,依時代講詩文的辦法是可取的,利多弊少。

(4)教授法問題。我們認爲,要把重點放在文章的講解上。先解釋難懂的字義,然後按句、按段串講。不必花很多時間去介紹作者的生平,更不必講時代背景,也不必講文章的藝術手法。古代漢語的問題,主要是詞彙問題,掌握了古漢語的詞彙,也就有了閲讀古書的能力。要環繞課程的目的進行教學,然後能收到預期的效果。

(5)疑難字句問題。我們讀古書時,常常遇到一些疑難的字句,特别是上古的書籍是這樣。遇到這種情況,我們采用比較可信的一説,注明依某人説。我們不采用列舉衆説的辦法,更不采用"亦通"的説法。真理衹有一個,當時作者説這話決不會有兩種意思,"亦通"的説法是不科學的。列舉衆説的辦法也不好,我們的學生初學古文,還没有判斷是非的能力,爲什麽要求他們作出選擇呢? 教師如果不贊成我們采用的一説,可以采用别家的説法。有的地方,我們索性注説不懂,存疑。這也是一種科學態度。

關於常用詞方面,有下列的六個問題:(1)常用詞的作用問題;(2)義項問題;(3)引申、假借問題;(4)詞義的時代問題;(5)同義詞辨析問題;(6)教授法問題。

(1)常用詞的作用問題。有人説,有了《古漢語常用字字典》,《古代漢語》教科書中用不着常用詞部分了。這是不懂常用詞在教學中的作用,以爲常用詞部分就是一部字典(香港翻印我主編的《古代漢語》,就是把常用詞按部首重新安排,成了獨立的一部書,稱爲《古漢語常用辭辭典》)。其實教科書中的常用詞的作用和字典的作用是截然不同的。教科書中講常用詞,是假定學生還不認識這些詞的古代意義,我們教給他,希望他以後讀古書時注意這些詞的古代意義,不要用現代的詞義去解釋它們。字典的作用不是這樣,而是當學生認爲某字不識,纔去查它。舉例來説,"眼"在上古指眼珠子,"脚"在上古指小腿,"臉"在上古指兩頰(搽胭脂的地方),"袴"在上古指套袴,"羹"在上古指帶汁的肉,"湯"在上古指滚水或熱水,"塘"在中古指堤,"再"在古代指兩次(twice),"稍"在上古指漸漸,等等。學生讀古書遇到這些字的時候,決不會去查字典,而對古書的誤解往往就出在這裏。因此,常用詞在教科書裏是必不可少的。

(2)義項問題。常用詞衹講詞的常用意義,不講僻義。這是因爲:義項多了,就加重學生的負擔;僻義既然不常見,學了没有多大用處;有些僻義是靠不住的,學了反而把學生引入歧途。

(3)引申、假借的問題。常用詞講引申意義,這也是教學上的創舉。講了引申意義,使學生明白詞義滋生的道理,更便於掌握詞義。遠的引申義另立義項,也是爲了學習的方便。我們不講假借,是因爲引申與假借的界限較難劃分。

(4)詞義的時代問題。在常用詞的講解中,有時候注明某一義項是後起義,後起義是後代發展起來的意義。這樣講解,是讓學生建立歷史觀點。在實際應用上,也避免了對古書詞義的誤解,例如我們説偷盗的"偷"是後起義,舉例是《淮南子》和《論衡》,可見先秦的典籍中,"偷"字都没有偷盗的意義。這樣做,在教學上大有好處。

(5)同義詞辨析問題。同義詞的辨析,對古漢語的教學是十分重要的。例如我們辨析了"盗、賊",就知道上古所謂"賊"並不是小偷,而"盗"反而是小偷。這樣讀古書,就不至於産生誤解。這種工作我們做得還不够,有些地方辨析還不够準確。希望今後能够改進。

(6)教授法問題。有人埋怨常用詞不好教,教了也記不住,許多例子不好懂,學生接受不了。這是教授法問題。我們的經驗是:常用詞不須要在課堂上講授,也不要求學生對每一個義項及其例子都死記硬背。古今相同的義項,看過就算了,衹有古今不同的義項(以⊙號爲記)須要記牢,但是也不要求記住例子。在考試的時候,如果考常用詞,也不是考某詞有幾個義項,而是考一段古文,讓學生注解某些詞語是什麽意思。這樣教常用詞,學生就不至於對常用詞望而生畏了。

關於通論方面,有下列四個問題:(1)語法分量問題;(2)語法體系問題;(3)音韻學問題;(4)古代文化常識問題。

(1)語法分量問題。有不少人批評我們,語法講得太少,不全面,太零碎。這關係到課程的目的性問題。上面説過,《古代漢語》這一課程的目的是培養學生閲讀古書的能力。古代漢語問題,主要是詞彙問題。學生讀不懂古書,很少是由於不懂古代語法,在大多數情況下,是由於不懂古代的詞義。我們如果大講語法,佔用了講解古文的時間,那就是捨本逐末。何況學生在學古代漢語以前已經學過現代漢語,我們如果把古今相同的語法重複一次,學生會感覺到浪費時間,教學效果不會好的。

(2)語法體系問題。教科書在個别地方,語法體系與中學語文課本不合,如“之”被認爲是介詞、“所”被認爲是代詞。關於這一點,我們也受到一些批評。我們認爲,王力主編的書不用王力的語法體系,是説不過去的。何況“之”爲介詞、“所”爲代詞,並不是王力的獨創,馬建忠及其後許多語法學家都是這樣認爲的。我在這裏聲明一句,教師們完全可以不用這個語法體系,而采用中學語文課本的語法體系,或者采用教師自創的語法體系。

(3)音韻學問題。有人認爲教科書中,音韻學講得不深不透。這是事實。這又是關係到課程的目的性問題。學生讀不懂古書,很少是由於不懂音韻學。古人講究音韻學,可以解決古書中許多古音通假的問題。那是更高的要求,我們不能要求低年級的學生做到這一步。音韻學一般認爲是比較深奥的學問,讓低年級學生花費很大精力在這上頭,那就得不償失。

(4)古代文化常識問題。北京大學開始教古代漢語的時候,並没有講古代文化常識。後來有人建議,也就講了。關於這個問題,社會上贊成、反對的意見都有。贊成的人説,不懂古代文化常識,對中國古代科學、風俗、習慣、典章制度不瞭解,閲讀古書會遇到不少困難。反對的人説,古代文化浩如烟海,單説典章制度,簡單地講一講,掛一漏萬,也就起不了什麽作用。我們現在認爲,古代文化常識的確可以不講或少講。我們可以在古文的注釋中附帶講一些,例如我們講到《左傳·僖公三十二年》:“冬,晉文公卒。庚辰,將殯於曲沃。”在“庚辰”的注釋中附帶講一講六十甲子和干支紀日。講到《詩經·豳風·七月》“七月流火”注釋中附帶講一講某些天文現象。這樣既省事,又實用。當然如果有足够的教學時間,講授古代文化常識也是好的。

原載《語言教學與研究》1980 年第 4 期

漢語發展史鳥瞰[1]

事物總是發展的,語言不能是例外。隨着歷史的發展,漢語從上古、中古、近代以至現代,經歷不少的變化,纔成爲現在的樣子。研究這些變化,成爲一門科學,叫做漢語史,也叫做漢語發展史。

語言是發展的,在科學發達的今天,這是不容懷疑的真理。但是古人並不懂得這個真理,他們以爲語言是永久不變的。兒女跟父母學話,世代相傳,怎麽會有變化呢?他們不知道,兒女跟父母學話也不能百分之百相像,一代傳一代,積少成多,距離拉大了,就有明顯的變化。其次,由於社會的發展,新事物的産生需要新的詞語來表示,舊事物的廢棄也引起舊詞語的淘汰,語言的變化就更大了。

現在我分爲語音、語法、詞彙三方面和大家談談漢語發展史。由於時間的限制,我衹能粗綫條地勾畫出一個輪廓。所以我今天講的題目叫做"漢語發展史鳥瞰"。

① 這是我在香港大學的一次演講。

一、漢語語音的發展

從前人們不知道語音是發展的,不知道古音不同於今音。他們念《詩經》的時候,覺得許多地方不押韻,例如《關雎》二章:"參差荇菜,左右采之;窈窕淑女,琴瑟友之。""友"字怎能和"采"字押韻呢?於是有人猜想,詩人爲了押韻,把"采"字臨時改讀爲"此","友"字臨時改讀爲"以"。這種辦法叫做叶音。但是,爲什麽《詩經》裏所有的"友"字都念"以",没有一處讀成"酉"音呢?人們没法子回答這個問題。直到明末的陳第,纔提出了一個歷史主義的原理,他説:"時有古今,地有南北,字有更革,音有轉移,亦勢所必至。"他從此引出結論説,《詩經》時代,"友"字本來就念"以",並非臨時改讀。他的理論是正確的。但是他的擬音還不十分正確。直到最近數十年,我們學習了歷史比較法,進行了古音擬測,纔知道先秦時代,"采"字的讀音是[ts'ə],"友"字的讀音是[ɣi̯uə̯],這樣問題纔解決了。

不但上古音和今音不同,中古音也和今音不同。不懂中古音,我們讀唐宋詩詞時,有些地方也感到格格不入,例如杜牧《山行》詩:"遠上寒山石徑斜,白雲生處有人家。停車坐愛楓林晚,霜葉紅於二月花。""斜"字用北京話讀、用廣州話讀都不押韻,用上海話讀成[zia]纔押韻了。因爲上海話"斜"字保存了唐宋音。又如王安石《元日》詩:"爆竹聲中一歲除,春風送暖入屠蘇。千門萬户曈曈日,總把新桃换舊符。"用廣州話讀,"除"[ts'øy]、"蘇"[sou]、符[fu]都不押韻,用北京話讀就押韻了,因爲北京話"除、蘇、符"等字接近於唐宋音。

聲母方面,有兩次大變化:第一次是舌上音和輕脣音的産生。本來知徹澄母字是屬於端透定母的。現代厦門話"直"字讀[tit],"遲"字讀[ti],"晝"字讀[tiu],"除"字讀[tu],"朝"字讀[tiau],是保存了古聲母。客家話"知"讀爲[ti],也保存了古聲母。本來非敷奉微四個聲母的字是屬於幫滂並明的,上海"防"字讀[bɔŋ],"肥皂"説成"皮皂",白話"問"説成"悶","聞"(嗅)説成"門","味道"説成"謎道";廣州"文"讀如"民","網"讀如"莽","微"讀如"眉",白話"新婦"(兒媳婦)説成"心抱",都是保存了古聲母。舌上音大約産生於盛唐時代,輕脣音大約産生於晚唐時代。

第二次是濁音的消失。本來,漢語古聲母分爲清濁兩類:脣音幫滂是清,並是濁;舌音端透是清,定是濁;齒音精清是清,從是濁;牙音見溪是清,群是濁,等等。現代吴方言還保留清濁的分别,例如"暴"[bɔ]≠"報"[pɔ],"洞"[duŋ]≠"凍"[tuŋ],盡[dzin]≠"進"[tʃin],"轎"[dʑiɔ]≠"叫"[tɕiɔ]等等。現代粤方言濁音已經消失,衹在聲調上保留濁音的痕迹:清音字歸陰調類,濁音字歸陽調類,以致"暴"與"報"、"洞"與"凍"、"盡"與"進"、"轎"與"叫",都是同音不同調。北京話衹有平聲分陰陽,濁上變去,去聲不分陰陽,以致"暴"="報"、"盡"="進"、"轎"="叫",既同音,又同調,完全混同了。濁音聲母的消失,大約是從宋代開始的。

韻部方面,也有兩次大變化:第一次是入聲韻分化爲去入兩聲。上古入聲有長入、短入兩類,例如"暴"字既可以讀長入[boːk],表示殘暴,又可以讀短入[bok],表示晒乾(後來寫作"曝")。後來長入的"暴"字由於元音長,後面的輔音失落,變爲[bo],同時變爲去聲。長入變去的過程,大約是在魏晋時代完成的。第二次是入聲韻部的消失。古代入聲有三種韻尾:[-p][-t][-k],和今天的廣州話一樣,例如廣州"邑"[jɐp]、"一"[jɐt]、"益"[jik],"急"[kɐp]、"吉"[kɐt]、"擊"[kik]。後來合併爲一種韻尾:[-ʔ],和今天的上海話一樣,例如上海"邑、一、益"[iʔ],"急、吉、擊"[tɕiʔ]。最後韻尾失落,和今天的北京話一樣,例如"邑、一、益"[i]("一"讀陰平,"邑、益"讀去聲),"急、吉、擊"[tɕi]("擊"讀陰平,"急、吉"讀陽平)。這最後的過程大約是在元代完成的。

語音的發展都是系統性的變化,就是向鄰近的發音部位發展,例如從雙唇變唇齒,從舌根變舌面。有自然的變化,如歌韻的發展過程是 ɑi→ɑ→ɔ→o;有條件的變化,如舌根音在[i][y]的前面變爲舌面音,北京話"擊"字是由[ki]變[tɕi],"去"字是由[k'y]變[tɕ'y];又如元音[u]在舌齒唇的後面變爲[ou],廣州話"圖"字是由[t'u]變[t'ou],"蘇"字是由[su]變[sou],"布"字是由[pu]變[pou]。條件的變化都衹是可能的,不是必然的。

二、漢語語法的發展

語法是最富有穩定性的,但是也不能没有發展。現在舉出主要的四點來談:

第一,雙音詞的發展。漢語本來是所謂單音節語。除聯綿字外,都是單音詞。後來逐漸產生雙音詞,隨着歷史的發展,雙音詞越來越多了。雙音詞產生的主要原因是:(1)由於語音系統簡單化,須要產生雙音詞,以免同音詞太多,例如北京話"眼"發展爲"眼睛"、"角"發展爲"犄角",就是這個道理。廣州話同音詞較少,因此雙音詞也較少。(2)由於社會的發展,新事物的不斷產生和出現,雙音詞也就越來越多。新名詞一般總是在舊詞的基礎上產生的,往往是兩個舊詞的組合,如"火車、輪船、電燈、電話、火柴、肥皂"等。

第二,詞尾的發展。名詞詞尾"子、兒",人稱代詞詞尾"們",形容詞詞尾"的",副詞詞尾"地",動詞詞尾"了、着、過",都是近代產生的。這是漢語語法的大發展。尤其是表示情貌(aspect)的動詞詞尾"了、着、過",最能反映漢民族邏輯思維的發展。

第三,量詞的發展。上古時代,漢語的量詞是很少的,衹有"車千乘、馬千匹"一類的量詞,而且這些量詞是放在名詞後面的。"一個人、一所房子、三條魚、五棵樹"等,其中的量詞,是比較後起的了。另有一種動量,如"來了八次、聽了一回、再説一遍"等,那就更晚。這也是漢語語法的大發展。

第四,使成式的發展。上古時代,使成式非常罕見。《孟子》説:“必使工師求大木……匠人斫而小之。”這是使成式的萌芽。由“斫而小之”演變爲“斫小”,就成了使成式。但是,使成式在古文中仍是非常少見的。古人用的是使動詞。“打敗了他”,古人衹説“敗之”;“做成了它”,古人衹説“成之”;“打死了他”,古人衹説“斃之”;“打倒了他”,古人衹説“踣之”等等。使動詞衹説出了結果,没有説造成這種結果的原因,意思不够明確。使成式把因果同時説出來了,這也是漢語語法的大發展。

三、漢語詞彙的發展

隨着社會的發展,詞彙就新陳代謝。舊詞的死亡和新詞的産生,是漢語發展長河中最顯而易見的現象。上古的“俎、豆、尊、彝”等等,後代没有了,它們就變了死亡的詞。但是新興的詞要比死亡的詞多得多。

詞彙的發展和社會生産的發展有極其密切的關係。社會生産的發展又和科學技術的發展大有關係。近百年來,社會生産有巨大的發展,因此,表現新事物、新科學、新技術的名詞術語也就層出不窮。近百年來,漢語新詞的産生,其數量遠遠超過二千年。我們可以從新詞産生的多少看文化科學的進步。

漢語的詞彙常受外語的影響。最明顯的影響可以分爲三個時期:第一時期是北方與西域的影響,主要是在漢代輸入一些外來語,如“箜篌、琵琶、蒲桃(葡萄)、苜蓿”等。第二時期是印度的影響,主要是在東漢輸入佛教以後,如“佛、菩薩、和尚、世界、地獄、罪孽”等。第三時期是西洋的影響,是在鴉片戰爭以後,西洋的文化、科學、技術傳入中國,漢語裏産生大量的新詞,五四運動以後,新詞越來越多。今天書報上的文章裏,大約有三分之一以上是五四運動以後新興的詞語,不過人們習以爲常,不知道它們是新興的詞語罷了。

應該指出,五四運動以後新興的詞語並不都是外語的影響。除了"咖啡、沙發"一類音譯名詞之外,一般的譯詞如"火車、輪船、電燈、火柴、肥皂、電影"等,都不該認爲是外語的影響,因爲這些新事物傳入中國以後,中國人用漢語的舊詞作爲詞素造成這些新事物的名稱,這是土生土長的東西,不能説是從外語借來的。

但是,有些抽象的名詞概念,仍應認爲是從外語借來的,例如"哲學、文學、邏輯、前提、具體、抽象、經濟、革命、發展"等,都不是我國古人原有的概念。古書中雖也有"文學、具體、經濟、革命"的説法,但不是今天這個意思。至於"邏輯"是譯音(logic),"前提、抽象"是譯意(premise、abstract),那更不用説,是受外語的影響了。

以上所講的漢語發展史,可説是輪廓的輪廓。詳細講起來,可以寫成一部書。這裏不詳細講了。

原載《語文園地》1981 年第 1 期

關於漢語語法體系的問題[①]

"語法"有兩個意義:1. 語言本身的結構規律;2. 語法書上的語法體系。這兩個概念不大相同。前者指的是語法本身,後者指的是語法學家對語法的説明。語法本身衹有一個,語法學家對語法的説明則可以有各種不同的語法體系。較好的語法體系能够比較全面地、比較精密地説明語法本身,但是絶對完善的語法體系是没有的,因此,語法體系是有爭論的。中國古代没有語法書,從1899年《馬氏文通》出版後纔有漢語語法書。漢語語法體系便成爲有爭論的問題。這裏我講四個問題:漢語有無詞類;詞類的劃分;一些有爭論的問題;學校語法。

一、漢語有無詞類

《馬氏文通》以來,一向認爲漢語是有詞類的。到了50年代,高名凱提出漢語無詞類的學説,受到了語言學界的攻擊。其實高

① 這是我在香港中文大學的一次演講。

名凱不是没有理由的。從馬建忠到楊樹達、黎錦熙等語法學家，基本上是照搬西洋語法的。高名凱認爲是没有照顧到漢語的特點。他認爲：漢語的最大特點就是没有詞類。他提出“不男不女”作爲例子，“男、女”是名詞呢，還是形容詞呢？

這牽涉到“詞類”的定義問題。在西洋語法中，有變形詞和不變形詞兩類。變形詞有名詞、代名詞、動詞、形容詞，它們都是有形態變化的：名詞有數、格、性的變化，代名詞也有數、格、性的變化，動詞有時態（tense）、語態（voice）、語氣（mood）、情貌（aspect）的變化，形容詞有與名詞性數的對應（如法語），等等。有形態作爲詞類的標誌，界限是很清楚的。漢語没有形態作爲詞類的標誌，詞類的界限就不清楚了，難怪高名凱説漢語没有詞類了。

如果把詞類的定義改一改，漢語還是有詞類的。現在一般的説法是：表示人或事物名稱的詞叫做名詞；代替名詞、動詞、形容詞、數量詞、副詞的詞叫做代詞（我們不叫代名詞，因爲它所代的不限於名詞）；表示人或事物的動作、發展變化的詞叫做動詞；表示人或事物的性質或狀態的詞叫做形容詞，等等。這樣，漢語就有了詞類了。

但是，問題並没有完全解決。抽象名詞和形容詞的界限是不清楚的，例如“由小到大、欺軟怕硬”，“小、大、軟、硬”是形容詞呢，還是名詞呢？其他詞類的界限也是不清楚的。爲什麽“想”是動詞，而“思想”是名詞呢？爲什麽“慢車”的“慢”是形容詞，而“慢走”的“慢”是副詞，“不怕慢，祇怕站”的“慢”又是名詞呢？

爲了解決這個矛盾，黎錦熙提出句本位的學説。他説：“依句定品，離句無品。”在他看來，“由小到大、欺軟怕硬”，其中的“小、大、軟、硬”當然是名詞。“慢車”的“慢”是形容詞，因爲它在名詞前面作定語，“慢走”的“慢”是副詞，因爲它在動詞前面作狀語，“不怕慢，祇怕站”，其中的“慢”是名詞，因爲它在動詞後面作賓語。

黎先生這個辦法並没有解決問題。既然“離句無品”，可見詞本身分不出詞類來,當一個詞没有進入句子之前,就無法斷定它屬於甚麽詞類,這仍然導致漢語無詞類的結論。

二、詞類的劃分

詞類的劃分,有兩個問題:1.漢語的詞應該分爲幾類? 2.每一個詞應該歸屬哪一詞類?

從馬建忠到黎錦熙,都把漢語的詞分爲九類,即:1.名詞;2.代名詞;3.形容詞;4.動詞;5.副詞;6.連詞;7.介詞;8.歎詞;9.助詞。除了助詞爲漢語所特有的外,其餘八個與西洋語法的八類詞相當。後來有人認爲九個詞類不符合漢語的實際。現在中學裏講語法,把現代漢語的詞分爲十二類:1.名詞;2.動詞;3.形容詞;4.數詞;5.量詞;6.代詞;7.副詞;8.介詞;9.連詞;10.助詞;11.歎詞;12.象聲詞。這種劃分也未必妥當。數詞本是形容詞之一種;後來受俄語語法的影響,纔把數詞從形容詞中分出來。量詞應該是名詞的一個附類,我把它叫做單位名詞(英文 piece 也就是名詞),不必把它獨立出來自成一類。象聲詞也不必從歎詞中分出來。

漢語詞的歸類,是一個很複雜的問題。我們要做到詞有定類,在詞典裏就可以注明它是什麽詞類,而不是等待它進入句子裏纔能確定它屬於什麽詞類。

我們要根據意義、語法範疇來區别一個詞的詞類。這就是説,我們要兼顧詞的詞彙意義和語法作用兩方面,不能衹顧一頭。要區别一個詞在語法上的經常功能和臨時功能。我們説:和事物範疇相當的是名詞,和行爲範疇相當的是動詞,和性狀範疇相當的是形容詞。在判斷一個詞是不是名詞的時候,要看它是不是經常具有主語和賓語的功能;在判斷一個詞是不是動詞的時候,要看它是不是經常具有敍述詞的功能;在判斷一個詞是不是形容詞的時候,要看它是不是經常有定語的功能。

名詞用作定語的時候,衹是定語,不是形容詞,例如"中國文學”，“中國”仍舊是名詞。名詞用作描寫詞的時候，衹是描寫詞，不是形容詞，例如“不男不女”，“男、女”受否定詞“不”字的影響，臨時功能是描寫語，但是“男、女”並不因此變爲形容詞。名詞作狀語的時候，衹是狀語，不是副詞，例如“人立、蛇行”，“人、蛇”的臨時功能是狀語，並不因此變爲副詞。

動詞用作主賓語的時候，衹是主賓語，不是名詞。因此，“不怕慢，衹怕站”的“站”字雖用作賓語，不算是名詞。有少數動詞（往往是雙音詞）已經變了名詞，因爲它經常被用作主賓語，不用作敘述詞，例如“思想”。但是這一類詞是不多的。

形容詞用作主賓語的時候，衹是主賓語，不是名詞；用作狀語的時候，衹是狀語，不是副詞。因此，在“慢車”“不怕慢，衹怕站”“慢走”這三種結構裏，“慢”都是形容詞。

這樣，副詞的範圍就小得多了。衹有專用作狀語的詞纔是副詞，如“都、只、越、更、很、還、不”等。能用作定語修飾名詞的不算副詞，如“快、慢、早、晚”等。

這樣，漢語詞有定類，不是等待它進入句子裏纔能決定它的詞類。我們更不能説漢語没有詞類了。

三、一些有爭論的問題

詞類的標準定了，還有一個歸類問題。某些詞的歸類，是有爭論的。現在舉出“所、之、的”三個字來説。

《馬氏文通》認爲“所”是接讀代字（relative pronoun），對於“陳仲子所居之室”一類的句子講通了，但是對於“衛太子爲江充所敗”一類的句子講不通。楊樹達把“所”字改稱助動詞（auxiliary），對於“衛太子爲江充所敗”一類的句子講通了，但是對於“陳仲子所居之室”一類的句子講不通。我在我的《中國語法理論》裏，把“所”字叫做“記號”（marker），這是取巧的辦法，不解決問題。現在在中學的暫行語法系統裏，“所”字被認爲是“結構助詞”，我認爲這也是取巧的辦法。在我主編的《古代漢語》裏,我們又回到《馬氏文通》的老路,把"所"字歸入代詞一類。當然我們不能生搬硬套西洋語法,把"所"字叫做接讀代字或關係代名詞,但是,在先秦的文獻裏,"所"字的代詞性是很明顯的。到了漢代,"所"字纔用於被動句裏,詞性虚化了,變爲助詞(或者叫做被動性的詞頭)。我們要有歷史發展觀點,不要把先秦語法和漢以後語法混爲一談,問題就解決了。

"之"字,馬建忠、黎錦熙認爲是介詞,楊樹達認爲是連詞。中學暫行語法系統把它歸入結構助詞,與"的"字同類。我們認爲:中學暫行語法系統的辦法是不妥當的。"之"字和"的"字不同詞性。"之"字是介於定語和中心語的中間,表示定語和中心語的關係的,"的"字是形容詞和形容詞組的語尾,所以"這書是我的"不能解爲"此書爲我之"。我們認爲:"之"字應該是一個介詞。

"的"字,黎錦熙認爲是介詞。這是由於他認爲"的"和"之"是同一詞性的。其實,如上面所説:"之"和"的"的詞性並不相同。"的"字是不是"之"字的音變,尚無確證。即使是"之"字的音變,既然分化爲兩個詞,各有各的發展道路,詞性也可以不同。我們認爲:"的"字是一種語尾。我們不把它叫做詞尾,而叫做語尾,因爲它不但可以作爲一個詞的後綴(如"好的、大的"),還可以作爲一個詞組的後綴(如"煮熟了的、從廣州帶回來的")。

四、學校語法

漢語語法體系有各家的不同,那麽,我們的語法教學應該怎麽辦呢?我認爲應該有一種學校語法。在中小學裏,我們講授學校語法,到了大學裏,語法學家可以百家爭鳴,講自己的語法體系。這樣,不但不妨礙學術的發展,而且可以推動學術的發展。

學校語法是有可能建立起來的。衹要定出來一種多數人所能接受的語法體系,就能行得通。目前通行的中學暫行語法系統是比較令人滿意的,聽説明年將要開會修改一次,那就更好。總之,語法教學的目的是讓學生掌握漢語語法本身的結構規律,以便他們在寫文章的時候用詞造句不出差錯,這樣,語法體系在語法教學中是次要的事情。

原載《中國語文研究》1981 年第 2 期

語言與文學[①]

今天我講語言與文學的關係,分爲四個問題來講:語言是文學的第一要素;詞彙與文學;語音與文學;語法與文學。

一、語言是文學的第一要素

高爾基説:“語言是文學的第一要素。”没有語言就没有文學。最好的文學作品都是用最優美的語言寫成的。語言修養是文學家的起碼條件。

我們要學好現代漢語。現代文學作品都是用現代漢語寫成的。文字不通順,就寫不出好的小説、劇本、詩歌、散文來。不知道有多少青年文藝工作者,衹因文字不通順,他們的作品被扔進文藝雜誌編輯部的字紙簍裏。

我們要學習人民的語言。工人的語言、農民的語言、小市民的語言,我們都要學。學生腔是用不上的。我們説文學家要深入生

---

① 這是我在中山大學和暨南大學的一次演講。

活。我認爲,學習人民的語言也是深入生活的一方面。惟有用人民的語言描寫人民生活,纔能使作品有生活氣息。趙樹理熟悉農民的語言,老舍熟悉小市民的語言,所以他們描寫的農民、小市民是那樣生動,傳神。

我們要學好古代漢語。古代漢語有許多修辭手段,我們今天還用得上。其次,我們研究中國文學史,更不能不學好古代漢語。否則,連古文、古詩都看不懂,怎能研究文學史呢?

二、詞彙與文學

這裏講的主要是形象思維的問題。形象思維是文學問題,也是語言問題。形象思維是用具體形象來構思,表現爲語言則是多用具體名詞,少用抽象名詞。《詩經》的比興,是形象思維的實踐。後來"興"發展爲觸景生情,情景交融,托情於景。抒情詩如果没有形象,就是最壞的抒情詩。詩的意境,也靠具體形象來表現。杜甫《秋興》詩:"叢菊兩開他日淚,孤舟一繫故園心。"就是從叢菊和孤舟這兩個景物寄托他的思鄉之情。假如他簡單地説"離家兩年了,我很想家"一類的話,就味同嚼蠟了。甚至講哲理的詩也離不開形象思維,例如朱熹的《觀書有感》詩:"半畝方塘一鑒開,天光雲影共徘徊。問渠那得清如許? 爲有源頭活水來。"這裏有池塘,有鏡子(鑒),有天光,有雲影,有源頭活水,而他所要表達的意思是,每天看書都領會到許多新的道理,好像有源頭活水的清池,照得心裏亮堂。這樣説纔有詩意,是一首好詩;如果用抽象的話説出,就不成其爲詩了。

《文心雕龍》用相當大的篇幅講形象思維的道理。它説(《神思》):"故思理爲妙,神與物遊。"又説(《比興》):"詩人比興,觸物圓覽。物雖胡越,合則肝膽。"又説(《物色》):"山沓水逕,樹雜雲合。目既往還,心亦吐納。春日遲遲,秋風颯颯。情往似贈,興來如答。"這是中國古代文論中的形象思維論,值得我們好好地領會。

形象思維也並不都是好的。庸俗的比喻就表現詩格的卑下，例如明世宗《送毛伯温》詩："大將南征膽氣豪，腰横秋水雁翎刀……天上麒麟原有種，穴中螻蟻豈能逃？太平待詔歸來日，朕與先生解戰袍。"這種詩衹有小學生的水平，是毫無詩意的詩了。

三、語音與文學

我在我的《略論語言形式美》裏，指出語言形式美有三種：第一是整齊的美；第二是抑揚的美；第三是迴環的美。整齊的美屬於語法問題，下面將要談到，這裏先談抑揚的美和迴環的美。

詩是讓人朗誦的，古人叫做吟，因此，詩和語音的關係非常密切。抑揚的美和迴環的美是詩歌所必須具備的語言形式美。

抑揚的美和音步有關，也和節奏有關。西洋詩以輕重音爲抑揚，中國舊體詩以平仄爲抑揚。平仄相間爲節奏，例如：

半畝—方塘—一鑒—開，
仄仄—平平—仄仄—平
天光—雲影—共—徘徊。
平平—仄仄—仄—平平
問渠—那得—清—如許？
平平—仄仄—平—平仄
爲有—源頭—活水—來。
仄仄—平平—仄仄—平

每句有四個節奏點（四個音步），平仄相間，構成抑揚美。

古代駢體文也講究平仄，例如王勃《滕王閣序》：

老當—益壯—寧移—白首—之心？
平平—仄仄—平平—仄仄—平平
窮且—益堅—不墮—青雲—之志。
仄仄—平平—仄仄—平平—仄仄

新詩的節奏不是和舊體詩的節奏完全絕緣的。特别是駢體文和詞曲的節奏,可以供我們借鑒的地方很多。已經有些詩人在新詩中成功地運用了平仄的節奏。現在試舉出賀敬之同志《桂林山水歌》開頭的四個詩行來看:

雲中的神啊,霧中的仙,
神姿仙態桂林的山!

情一樣深啊,夢一樣美,
如情似夢漓江水。

把這四句話壓縮爲兩句,不就是合乎律詩平仄的"神姿仙態桂林山,如情似夢漓江水"嗎?

迴環的美,指的就是詩韻。詩行的韻脚,是同韻的字(主要元音和韻尾相同)來來回回的重複,所以叫做迴環的美。抑揚的美和迴環的美都是音樂美,詩歌和音樂是息息相關的。

爲了欣賞古代詩歌的語言形式美,我們須要懂得古韻和古代聲調。不但《詩經》《楚辭》的古韻和今韻不同,唐宋詩詞的韻脚讀音也和今韻不同,例如賀知章《還鄉偶書》:"少小離家老大回,鄉音無改鬢毛摧。兒童相見不相識,笑問客從何處來。"依今天普通話朗誦,"回、摧"屬灰堆轍,"來"屬懷來轍,不能形成迴環的美;如果照唐讀音,"回"[ɣuai],"摧"[dzuai],"來"[lai],就押韻了。又如杜牧《山行》:"遠上寒山石徑斜,白雲生處有人家。停車坐愛楓林晚,霜葉紅於二月花。"依今天普通話朗誦,"斜"屬乜邪轍,"家、花"屬發花轍,不能形成迴環的美;如果照唐代讀音,"斜"[zia],"家"[ka],"花"[xua],就押韻了。

唐宋的聲調也不同於現代普通話的聲調。在現代普通話裏,入聲消失了,原來的入聲字轉入陰平、陽平、上聲和去聲。轉入陰平、陽平的字就和律詩的平仄不合,例如:

銀燭吐青煙,金樽對綺筵。(陳子昂)
楚山横地出,漢水接天回。(杜審言)
野含時雨潤,山雜夏雲多。(宋之問)
不知香積寺,數里入雲峰。(王維)
兵戈不見老萊衣,歎息人間萬事非。(杜甫)
風急天高猿嘯哀,渚清沙白鳥飛迴。(杜甫)
玉露凋傷楓樹林,巫山巫峽氣蕭森。(杜甫)
爆竹聲中一歲除,春風送暖入屠蘇。(王安石)

在有入聲的方言區域(吴方言、粤方言、閩方言、客家話)裏,人們朗誦唐宋律詩就佔了便宜,因爲這些方言還保存了入聲。

在某些散文裏,作者也着意使它韻文化。有散文化的韻文,如蘇軾的《赤壁賦》,也有韻文化的散文,如范仲淹的《岳陽樓記》。蘇軾《前赤壁賦》:"'月明星稀,烏鵲南飛',此非曹孟德之詩乎?西望夏口,東望武昌,山川相繆,鬱乎蒼蒼,此非孟德之困於周郎者乎?"這是散文化的韻文。范仲淹《岳陽樓記》:"至若春和景明,波瀾不驚。上下天光,一碧萬頃。沙鷗翔集,錦鱗游泳。岸芷汀蘭,鬱鬱青青。而或長煙一空,皓月千里,浮光耀金,静影沉璧,漁歌互答,此樂何極!登斯樓也,則有心曠神怡,寵辱皆忘,把酒臨風,其喜洋洋者矣。"這是韻文化的散文。

律詩的平仄,在唐宋八大家的散文中也常常用得上,例如王安石《讀孟嘗君傳》:

世皆稱—孟嘗君—能得士,
仄平平—仄平平—平仄仄
士以故—歸之,
仄仄仄—平平
而卒賴—其力,
平仄仄—平仄
以脱於—虎豹—之秦。

仄仄平—仄仄—平平

嗟乎!

平平

孟嘗君—特雞鳴—狗盗—之雄(耳),

仄平平—仄平平—仄仄—平平

烏足—以言—得士?

平仄—仄平—仄仄

不然—得—士焉,

仄平—仄仄—平平

宜可以—南面—而制秦,

平仄仄—平仄—平仄平

尚取—雞鳴—狗盗—之力哉!

仄仄—平平—仄仄—平仄平

雞鳴—狗盗—之出—其門,

平平—仄仄—平仄—平平

此士之—所以—不至也!

仄仄平—仄仄—仄仄仄

這基本上是平仄相間,節奏分明。古人對散文也是要求朗誦的,所以要講究聲韻。古人所謂"聲調鏗鏘""擲地當作金石聲",就是這個道理。

由上所述,我們可以知道,要更好地欣賞古典文學,就必須略懂聲韻。語言與文學的密切關係,由此可見。

四、語法與文學

語言的整齊的美,指的是對仗。不但律詩有對仗,古體詩和詞曲也有一些對仗。不但駢體文有對仗,散文也有對仗。《文心雕龍》有《麗辭》篇,就是專講對仗的。

對仗,就是名詞對名詞,動詞對動詞,形容詞對形容詞,數量詞對數量詞,虚詞對虚詞。同一詞類放在前後兩句的同一位置上,所以是語法問題,例如白居易《錢塘湖春行》詩:“亂花漸欲迷人眼,淺草纔能没馬蹄。”“亂”和“淺”是形容詞對形容詞,“花”和“草”、“人”和“馬”、“眼”和“蹄”是名詞對名詞,“迷”和“没”是動詞對動詞,“欲”和“能”也是動詞對動詞,“漸”和“纔”是副詞對副詞。

詩人們還把名詞分若干小類,如天文、地理、時令、宫室、動物、植物、形體等。同一小類相對,叫做工對。上面所引白居易詩的例子,就是工對的典型。明白了這個道理,我們就知道杜甫《咏懷古迹》“畫圖省識春風面,環珮空歸夜月魂”,爲什麽不説成“……月夜魂”了。

在律詩中,常常有一些特殊語法形式。最常見的是一種不完全句,就是衹有名詞性詞組,没有謂語,例如:

極浦三春草,高樓萬里心。(賈至)
浮雲遊子意,落日故人情。(李白)
渭北春天樹,江東日暮雲。(杜甫)
江漢思歸客,乾坤一腐儒。(杜甫)
高鳥長淮水,平蕪故郢城。(王維)
山中一夜雨,樹杪百重泉。(王維)

有時候,一句中包含兩個分句,一個是不完全句,一個是完全句,例如:

泉聲咽危石,日色冷青松。(王維)
香霧雲鬟濕,清輝玉臂寒。(杜甫)
曉月過殘壘,繁星宿故關。(司空曙)

五言律詩衹有40個字,爲了言簡意赅,常常要用不完全句。七言律詩雖有56個字,不完全句也不少見,例如:

旌旆朝朔氣,笳吹夜邊聲。(杜審言)
少婦今春意,良人昨夜情。(沈佺期)

雲裏帝城雙鳳闕，雨中春樹萬家人。（王維）
落日澄江烏榜外，秋風疎柳白門前。（韓翃）
春風鸞鏡愁中影，明月羊車夢裏聲。（戴叔倫）
三五夜中新月色，二千里外故人心。（白居易）
繞郭煙嵐新雨後，滿山樓閣上燈初。（元稹）
屏上樓臺陳後主，鏡中金翠李夫人。（温庭筠）
蝴蝶夢中家萬里，杜鵑枝上月三更。（崔塗）
萬里山川唐土地，千年魂魄晉英雄。（羅隱）
秋風萬里芙蓉國，暮雨千家薜荔村。（譚用之）

古代漢語有一種使動詞，如"生死人而肉白骨"裏的"生"和"肉"。這種使動詞在律詩中也常見。王安石的名句"春風又緑江南岸"，其中"緑"字就是一個使動詞，使動詞是由名詞、形容詞和不及物動詞變來的。現在再舉幾個例子：

黄雲斷春色，畫角起邊愁。（王維）
山光悦鳥性，潭影空人心。（常建）
回風醒别酒，細雨濕行裝。（岑參）
感時花濺淚，恨别鳥驚心。（杜甫）

使動詞也能起言簡意賅的作用，所以律詩中常常用它。

以上所講，可見語言與文學的關係非常密切。我們要學好文學，必須先學好語言。

原載《暨南大學學報》1981 年第 1 期

論漢語規範化

漢語是漢族人民的語言。大家知道,共同的語言是民族的特徵之一。因此,漢民族的共同語言正是漢民族的基本標誌之一,資產階級語言學家一方面不得不承認使用漢語的人口在世界上佔第一位,另一方面又污衊我們的民族,他們硬説漢語這個名稱指的是許多種互相聽不懂的語言合成的語群(布龍菲爾德《語言論》第44頁)。他們否認我們有共同的語言,就等於不承認我們同屬於一個民族。這顯然是一種胡説。事實上,我們有幾千年共同使用的書面語言,它標誌着漢族人民的穩定的共同體。再説,像漢族這樣一個擁有五億五千萬以上人口的民族,方言較多和分歧較大都是很自然的現象。聽懂的程度有高低,這是事實,但是拿漢語方言互相比較着看,語言基本上是相同的,詞彙的差别是不大的,語音又有對應的規律,决不能説是互相聽不懂的許多種語言。

在肯定漢民族有共同語言這一件鐵一般的事實的同時,我們還必須指出,漢族共同語還没有走完它的最後的成熟階段——有充分的統一的規範的階段,我們還須要在統一的書面語言的基礎上建立統一的有聲語言(口頭語言)。

在社會主義建設過程中,中國人民對統一語言的要求是空前的迫切了。我們知道有許多這樣的事實:高等學校的畢業生分配到不同方言的區域去工作,有些人感覺到語言上不習慣,常常想念家鄉;有些人甚至因爲"不懂話"而耽誤了事情,結果衹好調職。在工廠裏和基本建設工地上,由於各方言區的工人都常常在一起工作,普通話的要求已經提到日程上來了。在農村裏,由於某些工作人員是外省人,農民們也要求學會普通話。至於部隊裏,士兵來自四面八方,統一語言的重要性,尤其顯得迫切。再説,在人民的政權下,很多老百姓都有可能在全國性的會議上發言,那也非用普通話不可。馬克思主義者對於語言,除了把它認爲是人們交際的和交流思想的工具之外,還認爲是使人們在一切活動中調整其共同工作的工具。可見如果没有這個交際的工具,就不可能調整我們共同的工作。在日常生活中,由於方言的隔閡,聽錯了一個字就買錯了一樣東西,這是相當常見的事,假使這個被聽錯了的字恰巧是生産事業上最關鍵的字,那就勢必招致不應有的大損失。這些都是語言不統一的害處。再從積極方面説,當我們朝着社會主義的大道邁進的時候,我們要采取一切有效的方法來發展生産,社會主義生産離不了集體生活,集體生活離不了共同的語言。中國是一個多民族的國家,在建國的共同事業上,也應該有一種民族間共同使用的語言。因此,新中國人民對統一語言的要求是完全正確的,是必須儘可能迅速地加以滿足的。

在中國共産黨的領導下,我國的語言工作者和教育工作者在展開漢語規範化的工作。所謂規範化,就是要求民族共同語更加明確,更加一致。過去我們對書面語言祇要看得懂就行了,對有聲語言祇要求聽得懂就行了,現在看得懂聽得懂還不算,我們還要求漢語有一定的規範。

表面上看來,漢族共同語的成熟還没有走完它的最後階段,我們就忙着搞規範化的工作,好像是急了一點,實際上我們正是應該這樣做,因爲如果有了人人瞭解的明確規範,就更能促使漢民族共同語加快完成它的最後階段。由於全國文化經濟的突飛猛進,全國方言已經逐漸向北京話集中。漢語規範化工作不是妨礙它們集中,而是幫助它們集中,因爲明確的、一致的規範正是高度集中的表現。

在開展漢語規範化的工作過程中,我們可能遇到一些思想障礙。現在舉出幾種比較普遍的思想來談一談:

第一種思想障礙是怕吃虧。一個廣東小孩説:“爲什麽不要北京人學廣東話,而要廣東人學北京話呢?”這個小孩心直口快,説出了他的真心話。實際上有不少人也這樣想,以爲提倡北京音的普通話是北方人上算,特别是北京人上算,南方人吃虧。同時也確實有一些語言學者強調不折不扣的北京話,令人誤會標準的現代漢語就是地方色彩很濃的北京土話。如果地方色彩很重的北京土話拿來作普通話的標準,那就犯了語言上的自然主義的毛病了。但是普通話的標準也不可能是憑空杜撰出來的,必須有一種活生生的方言作基礎。從政治、經濟、文化各方面的條件來説,北京話都足够具備基礎方言的資格,而從幾百年的事實特别是近幾十年的事實來看,漢民族共同語的形成已經確定無疑地走上了這一條道路。廣播、電影、話劇的用語,字典的注音,很多小學校的漢語教學,都早已采用北京話作標準。除非我們不要求語言統一,否則各地的方言必須向北京話看齊。這上頭没有吃虧不吃虧的問題,有的衹是要不要統一語言的問題。

第二種思想障礙是怕行不通。懷着這種思想的人們錯誤地以爲將來會用強迫命令的方式來實行漢語規範化的工作,其實這種顧慮是多餘的。所謂規範化,決不是強迫人們説話都死板地遵守一定的格式,説錯了要處罰;它衹是采取潛移默化的方式,通過學校教育,通過廣播、電影、話劇來擴大影響,逐漸收到規範化的效果。拿書面語言來説,也應該衹要求最重要的書籍、報紙、雜誌在語言的運用上起示範作用,並不能限制每一個寫文章的人非依照某一個格式不可,至於修辭和文體上的一切優良的個人特點,那更是應當提倡而不應當限制了。總之,我們必須把標準和要求區别開來。把全體漢族人民的語言訓練得一模一樣,那不但永遠不可能,而且絲毫不必要。但是我們的共同語言必須有一個明確的規範,使人民大衆有所遵循。隨着政治、經濟、文化的發展,交通一天比一天便利,地域的限制一天比一天減少,語言的統一是完全可能的。漢語規範化的工作,不是由少數人主觀地規定某些格式,而是有計劃地順着語言發展的内部規律來引導漢語走上統一的道路,所謂約定俗成,因勢利導,那絶對是行得通的。

第三種思想障礙是怕妨礙語言的發展。這種顧慮也是多餘的。本來,語言自身就有它的約束性,全社會都這樣説,你就不能不這樣説,否則你的話别人就不瞭解,喪失了交際工具的作用。趙高曾經指鹿爲馬,但是直到今天,鹿還是鹿,馬還是馬。這種社會約束性也就是天然的規範。同時,世界上一切事物都是發展的,語言也不能例外。社會的約束決不能妨礙語言的發展。上古時代漢族人民把鴨子叫做"鶩"。當時假使有人説成了"鴨子",當然大家都不懂,然而隨着社會的發展,漢語由於某種原因(例如吸收方言或外來語),終於不能不讓"鶩"變成了"鴨子"。語言是穩固的,同時又是發展的,這是馬克思主義語言學對語言的辯證的看法。片面地一口咬定語言的穩定性,否定了它的發展,那當然是錯誤的;但是,如果衹看見語言的可變性,因而否定它的規範,不注重語言的純潔和健康,那同樣也是錯誤的。文學語言在一定的意義上是和方言、俗語對立的,但是它又不斷地吸收方言俗語來豐富自己。這也是矛盾的統一。中國歷代的語言巨匠們曾經創造性地運用明確的、生動的、典型的語言手段來豐富並且發展我們的語言;但是我們必須把語言巨匠們對語言的豐富和發展所作出的貢獻,和不受約束的不韁之馬在語言使用上的搗亂行爲嚴格地區别開來。我們不能同意借口關心語言的發展來反對語言的規範化。

上面説過,目前由於全國人民空前的團結,加上政治、經濟、文化的因素,各地的方言正在以空前的速度匯合起來。在這種情況下,漢語規範化的工作比任何時期都顯得更重要,因爲在各地的語音、詞彙、語法碰到一起的時候,我們不能讓它們“自由競爭”,看它們“優勝劣敗”;我們應該適當地加以引導,使它們能够按照語言發展的内部規律來發展,使語言不斷地趨向精密、準確、合理、好説、好寫、好懂,以利於社會生活,利於教育、科學和整個文化的進步。人們對於語言的發展,決不是無能爲力的。

總之,我們必須認識語言的統一對祖國建設事業的巨大作用;同時,我們又必須認識語言的規範化能够促成語言的統一。漢語規範化的工作是六億人民當中每一個人都可以貢獻力量的工作,全國人民應該用大力支持這一工作。

原載《人民日報》1955 年 10 月 12 日

論推廣普通話

國務院發出了推廣普通話的指示。我們擁護這一個指示,我們要協助政府大力推廣普通話。

普通話就是在全民中普遍通行的話。具體地説,它是以北方話爲基礎方言,以北京語音爲標準音的漢民族共同語。

漢民族的民族共同語已經形成了,這不是説漢語已經没有方言的存在,相反地,方言的嚴重分歧妨礙着民族共同語的作用的充分發揮。就歷史發展的總趨勢來看,將來漢語一定會在北方話的基礎上達到完全統一,漢語方言最後也一定被民族共同語消磨掉。問題在於:我們是聽任自流呢,還是發揮全民的主觀能動性加速漢語的發展,使民族共同語的作用充分發揮,從而有利於偉大的社會主義建設呢? 我想我們應該選擇後者。

語言和人們的生活是分不開的,語言是生活的一部分。用斯大林的話來説,語言是交際和交流思想的工具,是鬥爭的武器,它能够調整人們在生産過程中的共同工作。但是一般人不大意識到語言對革命工作和對生産活動的巨大作用。對語言不通所引起的損失,幾乎是瞭解爲不可抗拒的自然災害。由於語言的隔閡把生産耽誤了,把業務弄糟了,竟好像天上掉下來的一顆流星壓壞了人,歎一口氣就算了事。聽大報告聽不懂話,也衹叫一聲“可惜”。許多地方幹部經常對人民群衆作報告,都很少人注意改變自己的南腔北調。不善於運用語言,常常招致宣傳工作上的很大損失。

許多人在方言地區工作和學習,他們不感覺到需要普通話。這種思想是落後於形勢的發展的。新中國的人民要參與政治、經濟、文化等各方面的活動,他們的活動範圍擴大了。整個祖國應該看成一個大家庭。今天我們要到祖國的邊疆去工作,比較我們的祖先要到縣城裏去買一隻雞還方便些。根據國家的需要,本地人不一定在本地工作,説不定有一天被派遣到外省或邊疆,我們總不能把我們的鄉音原封不動地帶了去。再説,國家已經實行了徵兵制,每一個適齡青年都有應徵入伍的機會,將來可能在國防的最前綫,而同營、同連、同排的戰友却不一定是同鄉。總之,怕學會了普通話將來用不着,這種思想是錯誤的。

推廣普通話不意味着消滅方言。我在前面所説的方言最後會被民族共同語消磨掉,那最早該是一二百年以後的事,連那些愛護方言的人也用不着發愁。目前我們的要求祇是漢族每個人(首先是兒童和青年)除了他的家鄉話之外還會説第二種話,就是普通話。會説到什麽程度,還要看具體情況。對廣播員和電影、話劇的演員應該要求最嚴,其次是小學教師和部隊裏的文化教員,其次是小學生,其次是戰士,其次是機關幹部,其次是農民,等等。這裏没有強迫命令,祇是號召,然而這是政府嚴肅的號召,我們應該當做政治任務來完成。

推廣普通話的工作,除了本身的政治價值之外,它還爲漢字的根本改革創造了條件。大家知道,漢字的根本改革就是要走世界文字共同的拼音方向。語言不統一,是實行拼音文字的大障礙。當然我不是説要等到方言不存在的時候漢字纔能實行拼音化,我祇是説等到廣大群衆對於普通話能聽得懂和聽得大致不差的時候,而這個時期我們應該使它早日到來。文字實行了拼音之後,掃盲工作將更加順利,甚至中小學教育的年限也會因此縮短。在這一點上也同樣顯示着普通話的推廣是大大地有利於祖國的建設事業的。

但是還有一些懷疑論者,他們以爲國民黨時代的所謂國語運動搞了三十多年,也没有搞出什麽名堂來,現在推廣普通話的工作恐怕也不會有什麽成績。這是不能從本質上看問題。解放以來,國民黨政府一向做不到的事,人民政府不知做了多少,中國共産黨領導下的新中國,不但是國民黨政權所不能比的,而且也是歷代的“太平盛世”所不能比的。毛主席説:“我們正在做我們的前人從來没有做過的極其光榮偉大的事業。”爲了祖國的建設,我們能讓高山低頭,黄河澄清,爲什麽不能使語言統一呢?

推廣普通話一定會獲得成功,因爲有黨的領導和全國人民的積極擁護。北京的聲音代表着中國的聲音,我們要做到人人愛聽這個聲音。我們預祝在一個不很長的時間内,全國人民都能通過中央人民廣播電臺,不經翻譯,眉飛色舞地聽取周恩來總理的政治報告。

原載《人民日報》1956 年 2 月 13 日

推廣普通話的三個問題[①]

一、什麽是普通話

普通話是現代漢語的標準語,是漢民族共同語。

我們知道,每一個民族都有它自己的語言。如果人口衆多,地域遼闊,在民族内部還分化爲各種方言。漢族是世界上人口最多的民族,中國是世界上地域最遼闊的國家之一,不可避免地産生了許多方言。方言複雜到某種程度,造成這一省和那一省的人互相聽不懂話,甚至不同縣,不同村,隔一座山,隔一條河,也互相聽不懂話。有些外國語言學家污衊我們,説漢語實際上是許多種語言。我們決不承認漢語是許多種語言。我們的文字是統一的,各種方言的差别,都不是根本的差别。各地的語法,基本上是一致的;各地的基本詞彙,差别也不大;各地的語音,差别較大,但是有語音對應規律。人們無意識地利用這種語音對應規律學會了其他方言。譬如説,一個廣州人學北京話,他並不須要一個一個字音死記,廣州"天"字念 tin,北京念 tian,他就類推,"田"字在北京一定念 tian,

① 本文是作者在第五次全國普通話教學成績觀摩會所作學術報告的記録稿。

“電”字在北京一定念 dian,“連”字在北京一定念 lian,等等。這種類推就是無意中用了語音對應規律。既然各地方言屬於同一種語言,還要規定一種民族共同語做什麽呢? 那是因爲互相聽不懂話,大家就没有共同語言。我們須要有一種全民族都能聽得懂、都能説得上的語言,這就是普通話。

普通話是以一種方言爲基礎的。除了原始社會人類創造語言以外,語言不可能是人造的。所以我們不可能人爲地創造一種普通話。1913 年讀音統一會制定了注音字母,規定一種國音,雖然説是以北京語音爲基礎,但是夾雜了一些江浙語音,聲母有万[v]、广[ȵ]、兀[ŋ],聲調有入聲,同時又取消了北京的 e[ɤ]。這種非驢非馬的國音,誰也説不好,教師教不好,學生學不好。最後衹好取消三個聲母,增加一個韻母ㄜ[ɤ],取消了入聲,完全采用了北京音。

北京話本來也是方言,那麽,爲什麽采用北京話而不采用别的方言作爲現代漢語標準語呢? 是的,照理説,任何方言都有作爲標準語的資格。從前章太炎就建議過以武漢話作爲標準語。但是,既然每一種方言都有作爲標準語的資格,那麽我們就要挑選最合適的。古今中外,民族共同語都是以政治、文化中心的語言爲標準的。我國曾經以洛陽話作爲標準語,法國以法蘭西島(今巴黎一帶)的話作爲標準語,都是這個道理。今天我們把北京話定爲普通話的標準(但是普通話不完全等於北京話,下面還要講到),是最合適的了,因爲北京是中國政治、文化的中心。

1955 年現代漢語規範問題學術會議規定普通話的定義是“以北京語音爲標準音,以北方話爲基礎方言,以典範的現代白話文著作爲語法規範”的現代漢語標準語。現在我分標準音、基礎方言、語法規範三方面來講什麽是普通話。

第一,普通話以北京語音爲標準音。爲什麽不説以北方話爲標準音,而説以北京話爲標準音呢? 北方話是地區方言,北京話是地點方言。地區方言内部分爲若干地點方言。北京話、天津話、濟南話、太原話、西安話等,都是屬於北方話的地點方言。地區方言没有標準音,地點方言纔有標準音。譬如説,天津話的語音就和北京話不同。必須説普通話以北京話這個地點方言的語音爲標準音,纔有明確的標準。

從前有人説,普通話就是普普通通的話,大城市五方雜處,南腔北調,互相聽得懂,那就是普通話。這話不對。南腔北調是不好的,有時候互相聽得懂,有時候聽不懂,就不方便了。我們必須以北京語音爲標準音,説起普通話來,人家纔能句句懂,字字懂。

既然普通話以北京語音爲標準音,我們必須徹底瞭解北京語音系統。漢語拼音方案就是這個北京語音系統。首先要明白,自己的方言在語音方面和北京話有什麽不同。首先要會聽,然後纔會説。如果你聽不出你自己方言的語音和北京語音的差别來,當然也就説不好普通話(這是對成年人説的,至於小孩學普通話,那就很自然,用不着許多講究)。一般人總認爲,北京語音也就是自己方言裏有的那些音,他們不知道,北京話有許多字音是别的方言所没有的。譬如説,zh、ch、sh 這三個音,上海話裏就没有,上海人説普通話,常常把"白紙"説成"白子","好處"説成"好醋","歷史"説成"歷死"。爲什麽?因爲上海人聽北京人説話,覺得 zh、ch、sh 和 z、c、s 没有什麽分别,他説"好醋"已經很像北京人説的"好處"了。廣州方言裏没有 zh、ch、sh,也没有 j、q、x,衹有[tʃ][tʃʻ][ʃ](略等於英語的 ch、sh 等),所以廣州人説普通話,常常把 zh 與 j、ch 與 q、sh 與 x 混同起來。他們把"政治經濟學"説成[tʃiŋ tʃit ʃiŋ tʃi ʃye],聽起來很像"敬祭精計學",難懂不難懂?我們教上海人、廣州人學普通話,先教他們説"四十四棵柿子樹",上海人不要説成"四絲四棵四子素",廣州人不要説成"戲席戲棵戲幾婿",就好了。

中國方言複雜到什麽程度,是人們想象不到的。有人説,東北人把“日本”説成“一本”,湖北人説成“二本”,上海人説成“十本”。其實,不但“日”字是這樣,别的字也是這樣。各個方言地區的人學習北京語音,困難各有不同。要注意自己母語的字音和北京話的字音不同之點,改變自己的語音習慣,然後纔能把普通話學好。今天八月十八日,蘇州人説成[poʔ ŋəʔ zəʔ pəʔ əʔ],首先蘇州人要把入聲韻尾喉塞音[ʔ]去掉,因爲北京話是没有入聲的,然後注意把“八月十八日”説成 bɑ yue shi bɑ ri。假如你是一個湖南長沙人,説一句“我要到圖書館去”,這七個字都要改變長沙讀音,然後成爲普通話。首先要改變聲調。長沙“我、館”二字是個高降調,要改爲低平調;長沙“圖”字是個低平調,要改爲中升調;長沙“書”字是個中平調,要改爲高平調。其次要改變聲母,“我”字聲母是[w]不是[ŋ],“圖”字聲母是[t‘]不是[d],“書”字聲母是 sh[ʂ]不是 x[ɕ],“去”字聲母是 q[tɕ‘]不是 k[k‘]。其次要改變韻母,“我”字韻母是[uo]不是[ɔ],“圖”字韻母是 u[u]不是 ou[ou],“書”字韻母是 u[u]不是 ü[y],“館”字韻母是 uɑn[uan]不是[uo],“去”字韻母是 ü[y]不是 e[ə]。七個字就有這麽多講究,可見改變語音習慣是不容易的。

普通話的聲調最易學,也是最難學。説聲調最易學,是因爲普通話衹有四個聲調,聲音的高低升降不是難學的。當然,習慣於濁音低調的人,也要注意把低調變爲高調,例如上海人説普通話,要注意把“電話”説成“店化”。説聲調難學,是因爲普通話有輕聲,這是南方人所不習慣的。有一次我説我喜歡聽侯寶林説相聲,把相聲的“聲”字説成重音,我的孩子糾正我,説“相聲”的“聲”應該説成輕聲。普通話對某字在什麽地方念輕聲,有時候要依照習慣,例如“石頭、枕頭”的“頭”念輕聲,而“鐘頭、窩頭”的“頭”不念輕聲。這些都靠我們隨時記住。

在普通話裏,兩個上聲字連讀時,前面的上聲變爲陽平,例如“起點”説成“奇點”,“老闆”説成“勞闆”,等等。各地的人學習普通話，一般都能注意到這個規律。衹有湖南人往往忽略了這一點。但是，當第二字説成輕聲時，第一字仍舊應該念上聲，例如，“椅子、餃子、嫂子、姐姐”等。廣東、廣西的人説普通話，常常在這些地方第一字念陽平，第二字念重音，怪難聽的。我在 1943 年寫的《中國語法綱要》舉錯了一個“椅子”的例子，至今感到慚愧。

普通話以北京語音爲標準音，指的是北京的語音系統，不是北京人每一個字的讀音。某一個具體的字，如果北京人讀音不正，普通話可以不采用，例如有一個時期，北京人把“侵略”説成“寢略”，我們廣播電臺仍舊説“侵略”，我們的字典仍舊注爲 qīnlüè，後來北京人也就跟着念 qīnlüè 了。北京人又把“傾向”qīngxiàng 説成 qǐngxiàng，“塑料”sùliào 説成 suòliào，但是我們的字典仍舊注爲 qīngxiàng、sùliào。最近十幾年，北京人對某些詞語的讀音也起了一些變化，例如把“質量”zhìliàng 説成 zhǐliàng，“教室”jiàoshì 説成 jiàoshǐ。我們的字典没有改讀，我們也可以不改讀。有些字，北京人的讀音起着一種語法作用，例如介詞的“把”（“把書放在桌子上”）説成 bǎi，介詞的“在”（“不能在教室裏抽煙”）説成 zǎi 或 dǎi，似乎可以吸收進普通話裏。但在字典没有吸收以前，我們也可以不必模仿北京人的讀音。

第二，普通話以北方話爲基礎方言。這主要是指詞彙説的。爲什麽不説以北京話爲基礎方言呢？北京話是地點方言，北方話是地區方言，北方話比北京話範圍大。普通話的詞彙，應該是北方地區通用的詞彙，不包括北京的土話。語言學家羅常培，他是土生土長的北京人，但是他平常説話時，特别是講課時，極力避免北京土話。我們的字典不收北京太土的話。有些北京土話，字典裏收了，就注上一個〈方〉字，表示它是一個方言，和其他方言一樣對待。北京土話常常把“我們”説成m̌me，字典裏不收。北京土話有個“帥”字（“他寫的字真帥”），是好的意思，字典裏不收。近年的北京土話裏，有個“蓋”字（“這個電影蓋了”），是好到極點的意思，字典裏不收。北京土話有個"逗"字,是逗笑兒的意思("這話真逗"),字典裏收了,注上一個〈方〉字。北京土話有"告送"這個詞,是告訴的意思,字典裏收了,注上一個〈方〉字。有時候,"告送"也説成 gàng(槓),字典裏也不收。我們説,普通話不就是北京話,就是這個道理。

學習普通話詞彙,要注意自己方言詞彙和普通話詞彙的不同。普通話"自行車",上海説"脚踏車",廣州説"單車"。常常看見廣東、廣西的報紙上把"自行車"説成"單車",那是不對的。各個方言區域都有自己的詞彙特點,各不相同。如果把全國方言詞彙合編一部詞典,那就比現在我們的字典篇幅大幾十倍。譬如説,廣州人把父親叫做"老豆",蘇州人叫"爺";廣州人把小孩叫做"細佬哥"或"細路仔",蘇州人叫"小干嗎"。還有一些方言詞,在普通話裏找不到恰當的翻譯,例如蘇州話的[tia](略等於"嬌"),廣州話的"孖"mā(略等於"雙"或"對"),"㺃"lāi("㺃仔"是最小的兒子,略等於北京人説的"老兒子")。有些方言詞,聽起來好像和普通話一樣,其實不一樣,例如一個昆明人去看朋友,朋友不在家,他告訴朋友家的人説:"我明天上午又來。""又來"衹是再來的意思,按普通話該説"我明天上午再來"。這些細微的地方,要細心觀察纔能看出來的。

第三,普通話以典範的現代白話文著作爲語法規範。這實際上也就是以北方話的語法爲標準,所以要以典範的現代白話文著作爲語法規範。譬如説:"狼把羊吃了。"這樣一句話,北京人常常説成"狼把羊給吃了","給"字是多餘的,普通話不必這樣説。但是,一般地説,普通話的語法也就是北方話的語法。

上面説過,各地方言的語法差别不大。衹有一些地方值得注意:(1)關於詞序的問題。廣東、廣西的人要注意:"我先去"不要説成"我去先","我給他十塊錢"不要説成"我給十塊錢他"。雲南人要注意,不要把"不很好"説成"很不好"。(2)關於人稱代詞的問題。北京話第一人稱複數有包括式和排除式的區别。"咱們"是包括式,包括對話人在内;排除式不包括對話人在内,例如:"我們走了,咱們再會吧。"這種區别在《紅樓夢》裏是很清楚的。最近幾十年來,北京人在該用包括式的地方也説"我們"了,但是在該用排除式的地方絶對不用"咱們",例如我們可以説:"我們走了,我們再會吧。"但是不可以説:"咱們走了,我們再會吧。"北京話的"您",是表示敬意的第二人稱代詞,它没有複數,"您們"是不説的(可以説"你們兩位、你們三位"等)。現在報紙上常見"您們",這是不合普通話語法的。(3)關於虚詞的問題。這個問題很複雜,不能詳細地講。某種方言用兩個詞的地方,普通話衹用一個詞,例如蘇州人説"俚已經來格哉",普通話衹説"他已經來啦"。有時候,不同的兩個虚詞,在普通話裏用的是相同的詞,例如蘇州人説"你吃仔飯再去",在普通話裏説的是"你吃了飯再去";蘇州人説"俚嬒吃飯就去哉",在普通話裏説的是"他没吃飯就走了"。"仔"和"哉"都翻譯爲"了"。這些地方都是值得注意的。

二、推廣普通話的重要性

普通話是漢民族共同語,同時也是代表中華人民共和國的中國話。因此,推廣普通話有極其重大的意義。把普通話推行好了,就是爲四個現代化服務,爲社會主義建設事業作出貢獻。

普通話推廣了,普及了,可以加强我國人民的民族意識。我國少數民族也都學習普通話,因爲普通話可以作爲民族間的交際工具。這樣,非但漢族内部可以加强團結,而且整個中華民族都可以加强團結,這對於我國全國人民安定團結起的作用,是不可估量的。

爲了實現四個現代化,我們需要全國人民的技術交流。將來越來越多的熟練工人和技術員要到各地傳授技術,普通話可以掃除我們的語言障礙,加强我們的傳授效果。我們又須要召集各種會議,如專業技術會議、經濟管理會議等,普通話又是會議成功的條件之一。

政治性的會議更加需要普通話,譬如廣東省人民代表會議,往往需要三種話翻譯:一是廣州話,二是客家話,三是潮州話(如果不在大會翻譯,也要在小組會上翻譯)。這是多麼不方便,而且容易翻譯失真。

學校裏教師必須用普通話講課。即使是在中小學,也不能用方言講課,因爲現在各大中城市都是五方雜處,不用普通話,學生就聽不懂。至於高等學校,學生來自全國各地,那就更非用普通話講課不可。有一位大學教授,他是蘇州人,講文藝理論課,在一小時内就多次提及"電影",學生納悶了:文藝形式是多種多樣的,爲什麼專講"電影"呢?後來纔明白了,老師講的不是"電影"而是"典型"。有一位大學講師,他是廣東人,講課時屢次提及《西遊記》,學生們納悶了:這一堂課和《西遊記》有什麼關係呢?後來纔明白了,老師講的不是《西遊記》,而是"私有制"。又有一位大學講師,他是湖南人,在課堂上大講"頭髮",學生納悶了:這一堂課和"頭髮"有什麼關係呢?後來纔明白了,老師講的不是"頭髮",而是"圖畫"。這種情況必須改變,否則會影響教學效果。當然我們的前輩也多數有不會説普通話的毛病。有一位大名鼎鼎的教授講《詩經》,講到漢代有一位學者姓毛,名叫毛坑,他爲《詩經》作傳,所以《詩經》又叫《毛詩》。學生們笑了,知道他講的是毛亨。他是廣東人,廣東話"亨、坑"同音,都念 hēng,他矯枉過正,就都念 kēng 了!我們不怪那位老教授,因爲他是封建時代的人。如果我們社會主義時代的大學教師也不能用普通話講課,那就該受批評了。

現在我國和外國文化交流日益頻繁,外國常常邀請我國教師去教漢語,我們當然要用普通話教他們,不能用南腔北調教他們。目前這種合格教師相當缺乏,我們應當大力培養普通話的教師。

現在我講講不懂普通話的害處。

語言是交際的工具。我們説話總是有目的,或者是要求别人做一件事,或者是要把一件事告訴别人。如果你的語音説得不準確,人家就會把你的意思弄擰了,你説話的目的就不能達到,甚至帶來了許多不便。一位蘇州老太太住在廣州,有一天她到一家商店去買鹽。她用蘇州話説"我要買鹽[ie]"。售貨員説:"你要買乜野[ie]?"廣州話"乜野"是什麽東西的意思。老太太重複地説:"我要買鹽[ie]。"售貨員不耐煩了,她説:"我知道你要買野[ie](廣州話"野"是"東西"的意思),你要買乜野啊?"老太太説來説去,售貨員始終聽不懂。老太太衹好用手指着鹽來説,纔解决了問題。一個北方人在廣州買甘蔗,售貨員説:"一毫子一斤(gan)。"那人付了一毛錢,就把一根甘蔗拿走了。因爲廣州話"斤""根"同音(都念gan),所以鬧這個笑話。另一個北方人在廣州商店裏買一件東西,售貨員説要"十二(yi)個銀錢"(即"十二塊錢"),那人付了十一塊錢,就把東西拿走了。據傳説,蔣介石責駡一個犯錯誤的官員,那官員辯解了幾句,蔣介石發怒説:"你强辯(bi)!"那官員趕快跪下求饒,以爲蔣介石要槍斃他。有一位教授,他是廣東人,快要到某工廠去講課,向一位領導幹部辭行,談了幾句話,就説他要回家收拾收拾[ʃiu ʃi ʃiu ʃi],那位領導同志説:"是的,你該回家休息休息了!"又有一位老教授,遠道從廣東來,有事情找我。他的普通話講不好,我聽了半天不懂。我説:"你乾脆説廣東話吧,我懂廣東話。"誰知道他的廣東話我也聽不懂,他是台山人,説的是台山話!一位四川女同志在北京商店買一條"男(lan)褲子",售貨員給她一條藍色女褲。她説:"我要的是男(lan)褲子,不是女褲子。"售貨員纔明白過來。聽説還有一位四川女同志——這是多年前的事了——在公園湖邊洗脚,一隻鞋掉在水裏,她高聲嚷嚷説:"我的鞋(hai)子掉在水裏了!"遊客們聽説她的孩子落水,連忙幫她打撈,撈起來是一隻鞋!以上所説的這一類故事,可以舉出許多。這不是笑話,其中許多都是真實的事情,有些還是我親身經歷的事情。不懂普通話,該是多麽不方便啊!

有時候,不懂普通話還有嚴重的後果。聽説有一次,某部隊傳令某日上午開大會,傳令的戰士普通話不够好,把"上午"説得很像"下午",結果把事情耽誤了。又有一次,海軍某部打旗語傳信號,由於打旗語的戰士普通話不够好,把旗語打錯了,引起了誤會。這種事情,不但部隊裏有,恐怕工廠裏也有。同志們都可以補充一些例子。由此看來,爲了四個現代化,推廣普通話是急不容緩的事情。

我們希望早日實現漢字拼音化。有一門新興科學叫做漢字信息處理,又叫漢字編碼,這是直接爲四個現代化服務的。據專家們説,用漢語拼音進行信息處理,比用漢字筆畫進行信息處理,工作效率高許多倍。因此,我認爲我國應該早日實行文字的根本改革,即實行拼音文字。雖然我們不必等待全國語言統一纔能實行拼音文字,但是把普通話推行好了,確是爲實行拼音文字創造更好的條件,同時減少了許多阻力。

三、對推廣普通話的要求

推廣普通話有一個十二字方針:"大力提倡,重點推行,逐步普及。"

第一,我先講一講"大力提倡"。提倡的時候,首先要講學習普通話的重要性。其次要破除兩種思想障礙:第一種思想障礙是鄉土觀念。人們總覺得自己的母語是最好的。蘇州人自誇説:"寧聽蘇州人相駡,不聽寧波人説話!"寧波人説:"你們蘇州話有什麽好聽,阿拉寧波話纔好聽呢!"廣州人説:"我們廣東話最好聽,爲什麽要我們學你們的北京話?"這上頭並没有什麽好聽不好聽的問題。我們推廣普通話,並不是要消滅方言,我們祇要求大家學會民族共同語。北方人這種思想障礙也不小。他們都以爲北方方言和普通話差不多,用不着學普通話了。其實北方人也應該學普通話。譬如膠東人(青島人)到北京菜市場去買肉,説成“買油”,人家能聽得懂嗎?北京人也應該學普通話,不要把北京土話當做普通話來説,人家聽不懂。第二種思想障礙是怕學不好,所以不願學。當然,一個人在十歲以上學話,就有一定困難,要百分之百地學會北京語音,恐怕是辦不到的。但是,衹要你像學外語那樣下苦功去學,至少也就學得及格。學普通話要膽子大,臉皮厚,不怕人家笑話我,笑我一次我就改一次,經過多次改正,我的普通話就學得差不多了。

剛纔説的我們並不要消滅方言,這是什麽意思呢?我們認爲,方言不是可以用人力去消滅的,我們衹能等待方言的消滅。等到將來交通越來越方便,南北東西文化交流,生産協作,都比現在更方便,各地方言自然會融化在普通話裏,普通話也會吸收各地方言來豐富自己。恐怕那是幾百年以後的事了。所以我國各地的廣播電臺還有方言廣播。1956 年,我們開始推廣普通話的時候,有的學校同學們定出一個條例,每説一句方言罰一毛錢,那是不對的。我們不該用懲罰的方法,而應該用表揚的方法。今天我們召開普通話觀摩會,就是一種表揚。

第二,我講一講“重點推行”。我的體會是,首先要在學校裏,特别是在中小學裏推行。聽説現在並不是全國中小學教師都用普通話教課,那不好。教師不會説普通話,就學嘛!説得不好,總比不説好。單是語文教師説普通話還不行,要各科教師都説普通話。要把學校造成一個普通話的語言環境。小孩學普通話最容易,小孩們不須要講許多語言學理論,衹要跟着大人説,自然學得好,而且學得比老師的普通話更純粹。放過這個機會,到成年以後就難學了。

演員、廣播員也是我們推廣普通話的重點。現在各省市的話劇團演出的話劇,都是用的普通話,而且一般都講得很好,很標準,很純粹,這是很可喜的一件大事。電影裏的對話,也很好,比解放前的電影對話好多了。廣播員也有很大的進步。解放初年,我從廣州乘粤漢路火車來北京,火車上廣播員的普通話簡直不堪入耳。這幾年再從原路去廣州,火車上廣播員的普通話好得像中央人民廣播電臺的廣播一樣,非但普通話很標準,而且節奏分明,抑揚頓挫,邏輯重音也很合格。這對我們推廣普通話工作能起很大的作用。小孩們的普通話往往説得比老師更好,爲什麼?就是因爲他們經常看電影,看話劇,聽廣播,從電影、話劇、廣播學來了漢族共同語。個别地方尚待改進,例如上海拍的電影美術片,普通話不够標準,上海口音很重。這樣就會對全國兒童産生不良影響。希望能够改進。人民解放軍戰士、服務行業的職工也應該會普通話。道理很明顯,用不着多説了。

對全國廣大人民群衆,是不是就不推行普通話了呢?不是的。衹是要求放低些。拿語音方面來説,衹要求把方言和普通話大不相同的地方改一改。譬如説,你是湖南人,希望你不要把韻母 ong、iong,説成 en、in。如果你把"中山東路"説成"真山扽漏"zhēn shān dēn lòu,人家聽不懂。如果你把"用度"("人口多,用度大")説成"印度"yìn dù(或 dòu),那就造成誤會。如果你是上海人,希望你分清 e 和 u,否則容易把"姓何"説成"姓胡","河南"説成"湖南"。如果你是廣州人,希望你分清 u 和 ou,不要把"布告"説成"報告"。就詞彙方面説,也要改正最容易令人誤解的語詞,例如廣西人把"不知道"説成"不懂",把"不是的"説成"没有",就太不好懂了。

總之,推廣普通話,對各種行業要有不同的要求。拿對語文教師的要求來要求一般群衆是不對的;拿對一般群衆的要求來要求語文教師,也是不對的。

第三,最後我講一講"逐步普及"。我的體會是:普通話應該先在中小學、戲劇界、服務行業和部隊中推行,然後逐步普及到一般人民群衆。其次,應該先在大中城市進行,然後普及到農村。但是，當前黨的工作重點放在社會主義現代化上，農業現代化提到日程上來了，恐怕在農村也要推廣普通話了。我國農村，在推廣普通話方面，也有先進的典型，例如山西的萬榮、福建的大田。希望今後有更多的萬榮，更多的大田。

讓我們大家積極努力推廣普通話，爲四個現代化貢獻力量吧！

原載《語文現代化》1980 年第 2 輯

積極發展中國的語言學[①]

山東省語言學會舉行成立大會,我從北京前來祝賀,敬祝大會成功!

華國鋒同志在五届人大政府報告中指出,我們要發展我國的語言學。語言學屬於社會科學,語言學是能爲四個現代化服務的。發展中國語言學,是我們語言學界既光榮又艱巨的政治任務。現在各省市的語言學會先後成立,這就爲我國語言學的發展創造了有利條件。這是值得祝賀的一件大喜事。我在這裏,一面祝賀,一面表示一點希望:要積極發展中國的語言學。

中國的語言學是源遠流長的。早在兩千年前,我國語言學就已經産生了。那時不叫語言學,可以叫語文學。從廣義説,語言學也應包括語文學。中國語言學的歷史可以分爲四個時期,也可以説四個階段:第一,以文字訓詁爲主的時期。這個時期的代表作是東漢許慎的《説文解字》,它是研究文字的;還有研究訓詁的,這便是《爾雅》。第二,以音韻爲主的時期。代表作是隋代陸法言的《切

① 本文是作者在山東省語言學會成立大會上的發言。

韻》。此外,宋代一些韻圖也是代表作。韻圖的學問叫做等韻學。等韻學來源於印度;所以我們説,我們中國古代也有洋爲中用,等韻學就是一例。第三,是文字、音韻、訓詁全面發展的時期。這個時期的代表是清代乾隆、嘉慶年間的語言學派,通稱乾嘉學派。乾嘉學派文字、音韻、訓詁樣樣搞得很好。所以,我們説這個時期是中國語言學全面發展的階段,也可以説是中國傳統語言學的黄金時代。第四,我們叫它洋爲中用時期。如果把近人馬建忠的《馬氏文通》也看作是洋爲中用的話,那麽這個階段從上個世紀末算起到現在衹有八十年的歷史。在這八十年中,我們吸收了西方語言學,回頭研究我們自己的漢語,這就使中國語言學進到一個嶄新的階段。現在,要進一步發展中國的語言學,須要注意解决哪些問題呢? 我想就以下三個問題談點自己的看法:

一、語言學的現代化問題

我們不是要搞社會主義四個現代化嗎? 其中應該包括語言學的現代化。爲了達到這個目標,我們就要瞭解語言學的國際形勢。現在世界上語言學已經進展到什麽地步了? 都有哪些語言學派? 我們要瞭解,要學習。瞭解清楚了,學懂了,纔能超過他們。所以,我在北京大學常常説,我們要知道世界行情。我認爲,學術是没有國界的。世界上的學術成果,是全世界共同的文化遺産。並没有一個語言學派是任何一個國家專利的。比方説吧,音位學是波蘭語言學家 Baudouin de Courtenay(譯名爲博頓·德·古爾特内——記録者注,下同)首創的,但很快就傳遍全世界,爲捷克布拉格學派所接受,英國語言學家 Daniel Jones(瓊斯)等人也爲它宣傳。所以我們學習國外先進語言學是洋爲中用,並不産生崇洋媚外的問題。

在"四人幫"專横時期,北京大學翻譯了幾本結構主義的書,準備作批判用。當時也派我翻譯了 Jakobson(雅克布森)的《語音分析初探》;我覺得很好,很科學,没有什麽可以批判的。衹有一點,他説語音和顔色有關係,我很懷疑。但我衹能懷疑,不能否定它,因爲世界上還有許多未發現的真理,值得我們去探索。

我認爲,新興的語言學派,不管是結構主義也好,生成主義也好,其他學派也好,都值得我們研究。其中有一門學問叫信息處理,——漢字編碼就是信息處理的一種——是直接爲四個現代化服務的,更值得我們好好研究。最好我們學好外語,能直接閲讀原著。否則,至少可以看《國外語言學》雜誌,粗略地瞭解一些世界行情。

當然,也不是一切新的都是好的。有些貌似新的東西,却可能是一股逆流。這就須要我們用馬克思主義去鑒别好壞。這裏所謂馬克思主義,指的是辯證唯物主義和歷史唯物主義。近年來雜誌上發表了一些用馬克思主義觀點評論結構主義的文章,例如王家炎先生的文章,就對結構主義作了具體分析:指出它什麽地方是好的,什麽地方有缺點,評論得比較中肯,值得一讀。外國漢學家的著作也值得看,這也是世界行情問題。最近,我看見美國一位漢學家寫了一篇論文講内外轉,就比我們講得好。内外轉問題,過去我們一直没講清楚;這位美國漢學家却比較簡明地説明了這個問題,他的看法拿我們的話來説就是:凡有真二等字的韻攝就是外轉,凡没有二等字或衹有假二等字的韻攝就是内轉。我準備在修訂我的書時把他的見解吸收進去。我們應該吸收外國語言學家包括漢學家的研究成果。

二、傳統語言學還要不要

所謂的傳統語言學,指的是原來西洋那套語言學。現在既然有了許多新的語言學派,那麽傳統語言學還要不要?我認爲,不但要,而且必須好好研究,大力提倡。甚至可以説研究它比研究新的語言學派更重要。傳統語言學在歐洲是舊的,在中國還算是新的。前面説過,從狹義的概念説,中國的語言學衹有八十年的歷史。在此以前,中國衹有語文學(philology),没有語言學(linguistics)。現在中國懂得語言學的人不是太多了,而是太少了。我認爲,我們培養語言學人材,要把工作重點放在普通語言學即語言學理論的學習和研究上。爲什麽呢?這是因爲我們學習語言學理論,並不是爲理論而理論,而是爲了用這個理論指導我們研究漢語或少數民族語言。我們天天説漢語,但却研究得很不够,不但漢語的歷史研究得不够,就是漢語的現狀——現代漢語也研究得很不够。從前我寫過幾本語法書,都在序言裏强調:要研究好中國語法,必須先懂得普通語言學。就是説,要研究好漢語,就必須靠語言學理論來指導。

爲了學好語言學,先要學好外語,至少先學好一門外語。因爲許多重要的語言學著作都是用外語寫的,還没有中譯本出版。即使有了中譯本,也不及讀原著更能領會其内容。再者,外語本身就是很好的語言學材料。我記得,我的老師趙元任先生説過:所謂語言學理論,實際上就是語言的比較,就是世界各民族語言綜合比較分析研究得出的科學結論。如果我們多懂一種外語,特别是不同語系的外語,就可以打開我們的眼界,使我們懂得我們漢語的特點是什麽。因此,多懂一種語言,就多掌握一份語言材料,對語言學研究有很大的幫助。

爲了學好語言學,最好能學點自然科學。近來有人主張,語言學不屬於社會科學,也不屬於自然科學,而是社會科學和自然科學之間的一種科學。這話有相當的道理。語音是語言的物質外殼。在未發音以前,有一種語像,那是心理作用。發音的習慣,也是心理作用;聽者的理解,也是心理作用。這是心理學的問題。發音時,有肺呼氣的作用,有聲帶的作用,有舌頭的作用,有脣齒的作用。這是生理學的問題。語音發出後,在空氣中傳播,這又是物理學的問題。物理學最重要。學語言學的人,須要學一點聲學。現在有一種新的儀器叫語譜儀,就是運用聲學原理來研究語音形狀的。還有數學也很重要,語言研究中的許多領域都牽涉到數學;學語言學的人要學一點數學。我一生吃虧在没有讀過中學,没有學好數理化。我在這裏現身説法,希望青年同志們學好數學和物理,以便更好地學好語言學。

學習語言學,既要學新的語言學派,又不要輕視傳統語言學。因爲新的語言學派並不是從天上掉下來的,而是傳統語言學的發展。結構主義的老祖宗是 Ferdinand de Saussure(索緒爾),他的《普通語言學教程》是 1906—1911 年在日内瓦大學講授普通語言學的講稿。他的"一切自相聯繫的"理論,就是結構主義所謂"語言是一個系統"的理論根據。Daniel Jones(瓊斯)在講述音位學的時候,他説 Baudouin de Courtenay(博頓·德·古爾特内)所謂"生理學音標"和"心理學音標"相當於 Henry Sweet(亨利·斯威特)在《語音學手册》中所謂"窄式音標"和"寬式音標"。而 Henry Sweet(亨利·斯威特)的《語音學手册》則是 1877 年出版的書了。因此,我們要研究新語言學派,也要研究傳統語言學。

我們學習語言學理論,不是消極的接受,還要力求發展它。現在普通語言學的書多是歐美人寫的,他們用的材料,古代的是希臘文、拉丁文直至印度梵文,現代的則是歐美各國的語言,没有或很少引用中國的語言材料。我們身爲中國人,如果能運用漢語或少數民族語言的材料研究普通語言學,就有可能發展語言學理論。

就當前的情況來説,普通語言學的研究特别重要。因爲我們亟須用語言理論來指導我們研究漢語和少數民族語言。有人説我的著作富於開創性,其實我衹是根據語言學原理來處理漢語研究的問題。學習了語言學理論和歐美語言學家有關語言研究的著作,回過頭來考慮我們的漢語研究,就能開闢許多新的園地,甚至可以産生新的理論。我希望同志們這樣做。那就對我國的語文教育大有幫助,爲我國的社會主義文化事業作出了貢獻。

三、乾嘉學派要不要繼承

能不能因爲乾嘉學派太古老了我們就不要繼承了呢？決不能。我們不能割斷歷史，乾嘉學派必須繼承。特别是對古代漢語的研究，乾嘉學派的著作是寶貴的文化遺産。段（指段玉裁）王（指王念孫父子）之學，在中國語言學史上永放光輝。他們發明的科學方法，直到今天還是通用的。王念孫在他的《廣雅疏證》序裏説："竊以訓詁之旨，本於聲音。故有聲同字異，聲近義同，雖或類聚群分，實亦同條共貫。"又説："今則就古音以求古義，引申觸類，不限形體。"這是千古不刊之論。我們研究中國古代的語言文字，必須學習乾嘉學派的著作，那是没有問題的。

但是，我認爲，繼承意味着發展。唯有發展，纔是最好的繼承。否則就是抱殘守缺，乾嘉學派的優點没有繼承下來，反而把乾嘉學派的缺點繼承下來了。

乾嘉學派博覽群書，掌握了極其豐富的材料，今天我們在這方面不可能趕得上它；但是今天有了馬列主義的指導，有語言學理論的指導，在方法方面却一定能超過乾嘉學派。這實際上就是對乾嘉學派的繼承和發展。

最近一位青年同志寫了一篇《古無重脣音考》投寄《中國語文》，《中國語文》編輯部把稿子退回來了，加上一個評語説："觀點很新，但是證據不充分，説服力不強。"這位青年同志想不通，他搜集了二百多個例證，爲什麽説"證據不充分"呢？我説，《中國語文》編輯部的意見是對的。你的論文想用諧聲偏旁和異文來證明古無重脣音，其實衹能證明上古脣音輕重不分，不能證明古無重脣。錢大昕也可以用同樣的事例去證明古無輕脣音。那麽，爲什麽錢大昕古無輕脣音的學説能爲人們所接受呢？這是因爲有現代方言作爲有力的旁證。比如現代閩方言没有輕脣音；現代粤方言微母仍讀重脣；現代吴方言微母字白話仍讀重脣（如"味道"的"味"、"襪子”的“襪”、“問路”的“問”、“忘記”的“忘”，聲母讀[m-]，而不讀[v-]；現代客家話不管文言白話，微母字也多讀重脣（如：襪[mat]、微[mi]、尾[mi]、問[mun]、罔[mioŋ]）。這一切都足以證明古無輕脣。

上面所説的那位青年同志犯的是邏輯推理的錯誤。他的大前提是：凡古書中輕重脣混用的字都是輕脣字。大前提錯了，結論自然也就錯了。方法錯了，即使寫了千篇論文，也將是勞而無功。

我們應該學好馬列主義，馬列主義可以糾正語言研究方法上的錯誤。馬克思在他的著作中常常明確地教人運用正確的邏輯推理（如他在《工資、價格和利潤》中就首先批判了機會主義者韋斯頓在邏輯上的錯誤）。列寧經常教人寫文章要有邏輯性。恩格斯屢次贊揚比較語言學，因爲比較語言學的方法是科學的。要發展中國的語言學，最重要的是要講究科學方法。我們從馬克思主義經典著作中學習科學方法，將是一生受用不盡的。

原載《東嶽論叢》1980年第3期

我對語言科學研究工作的意見①

在這次會議上,大家希望我發表我對語言科學研究工作的一些意見。我不好推辭,但是我要聲明,這衹是我個人一些粗淺的看法,不一定對。我衹是抛磚引玉,希望同志們不客氣地批評指教。

一、要總結過去三十一年的經驗教訓

1956 年曾經有過一個《語言科學研究工作十二年遠景規劃草案》。這個規劃没有能够完全實現,首先是由於對我們的實力估計過高,後來又受"文化大革命"的破壞。在"文化大革命"中我們被批判爲大洋古,首當其衝的是《中國語文》雜誌。於是,我們洋的東西不敢研究了,古的東西不敢研究了。我們不知道,語言科學研究

① 本文是作者在中國語言學會成立大會上的發言。

工作的範圍是很寬廣的。研究洋的東西、古的東西,有的成果在短期内很難適應實踐的需要,但是,衹要是對國家、對人民、對科學發展有用的,就不能説是脱離實際的。今後我們制訂規劃,要慎重地考慮這個問題。

實施的情況不好還有其他一些原因,例如研究面過窄,深度也不够,方法比較陳舊。這些教訓也要總結,並防止在今後的規劃中再出現這些缺點。

二、要研究語言學本身發展的情況

我國的語言是從傳統的語文學來的,至今還没有完全從語文學裏分離出來。語言學向現代語言學發展,向精密和綜合方面發展,而且跟社會的關係越來越密切,例如出現了社會語言學、工程語言學、數理語言學等。即使研究語言本身的應用,同社會、同我國四個現代化都有極其密切的關係。新興學科的出現,是語言學發展的必然趨勢。這也是社會發展和科技發展所需要的,我們要快步趕上,發展我國的語言學。

我們不是把語言學和語文學對立起來,更不是主張語言學取代語文學。相反地,傳統的語文學還是要有人研究的,因爲傳統的語文學對漢語的研究大有幫助,例如我們研究漢語史,没有語文學的基本功,漢語史是研究不好的。我們應該根據普通語言學原理來研究傳統的語文學,使我國的語文學得到繼承和發展。

三、要研究世界的先進成果

我國的語言學還是相當有基礎的。我們不盲目崇洋,但外國有用的東西,我們完全應該借鑒。我們不僅要研究外國的先進成果,還要研究外國語言學發展的原因。我們認爲,學術是没有國界的。語言學上一些新的學説,如果是有價值的,馬上就成爲全世界的文化財産,不是哪一個國家所專有的了。我們要知己知彼,要站得高一些,積極地、全面地介紹和研究外國語言學。

我們再也不要把"資産階級語言學"的帽子扣在人家頭上了。我們認爲,不但語言没有階級性,語言學也没有階級性。語言學是介乎社會科學與自然科學之間的一門科學,語言學的某些部門,例如實驗語言學、數理語言學,簡直就是自然科學。我國借鑒外國語言學,應該去粗取精,去僞存真。我們不贊成生搬硬套,也不贊成一概否定。我們引進外國的先進成果,等於引進外國的先進技術。必須先學會人家的,然後纔能超過人家。

四、要揚長抑短

在某些方面,我們的基礎好,或者研究條件好,這是我們的優勢。要發展這些優勢,這也是發展我國語言科學所需要,甚至是發展世界的語言科學所需要的,例如:

1. 漢藏語系的主要地區在我國,我們在這一方面可以取得很好的研究成果。無論是具體語言的研究成果,或者在這個基礎上豐富普通語言學理論,都是我國四化所需要的,也是世界的語言學發展所需要的。

2. 我國方言複雜、豐富,方言研究也是我們的優勢。

3. 在古文字學方面,我們得天獨厚。甲骨、金文是世界最古的文字之一,除了古埃及文字和梵文外,恐怕無與倫比。近年出土文物中也有許多古文字。這是我們研究古文字的有利條件。古文字研究好了,可以豐富我們的文化史、漢語史,可以考證上古的典章制度、風俗習慣。

我們要抓住這些方面有可能産生研究成果的題目。

但是,我們要辯證地看待揚長抑短的問題。我們不應該認爲,我們所短的,就不要研究了。

外國語言學有的,我們不一定都得有,更不必都得超過他們。但是,在各國都應有的,都需要的方面,我們不應該落後。落後了就是我們的短處,就要在這些方面趕上去。我國的現代語言學比較薄弱,甚至有空白,方法比較陳舊。大部分同志對新的研究方法還不怎麽熟悉,例如對描寫語言學、歷史比較法、統計語言學、結構主義等。我們須要加強這方面的研究。

五、要保證重點

語言學要研究的課題很多,要做的語言工作也很多。長期以來造成重理輕文,重文學輕語言,語言工作者的隊伍很少。人少事多,就不能把攤子鋪得太大。四面出擊,分散兵力,打消耗戰,那是不行的。我們要照顧到面,但要保證重點。

我們長的方面和短的方面都應該有重點。除了上面提到的以外,根據國家的需要、學科發展的需要,還有一些重點:

1. 現代漢語。爲了解決當前的許多實際問題,要求加強現代漢語的研究,特别是一些比較重要的專題研究,其中包括現代漢語詞典的編寫和研究、漢語規範化的研究。

2. 民族語言。除對各兄弟民族語言的深入研究外,要把各民族語與漢語的對譯詞典列爲重點。

六、要實事求是

規劃要體現出我國語言工作者的志氣和幹勁,要和我國現代化的規劃相適應。但是這必須建立在實事求是的基礎上。1956 年訂的規劃實施得不好,規劃本身訂得有點飄,也是一個原因。如果規劃本身成了説大話的東西,自己也不相信,那還有什麽用呢?我們要考慮到現有的和十年裏能有的人力、物力等條件。規劃不能太籠統、太原則,主要的項目要落實。要有題目、主要内容、負責人、完成時間。完成時可以有先有後,不要都放在後五年裏完成。但也不宜規定得太細,太死,缺少彈性。主要項目如何完成,都要有措施保證。

七、要大力培養幹部

我國語言學的發展,從長遠來説,要靠青年。從現在起,就要培養一批二十來歲的青年語言工作者,讓他們在年輕時就打下廣泛而牢靠的基礎。大學招生可否考慮挑選一些語文(包括漢語和外語)和數學都較好的學生呢?藝術、體育、外語等高等院校可以挑人,語文方面爲什麽不可以也適當地挑一些呢?

可以考慮適當地集中力量在三幾所有條件的大學辦語言學系,開設較全的課程。現在培養的人才都有點瘸腿,社會科學方面的邏輯學、統計學、社會學等不怎麽會,自然科學方面的數學、物理學、生理學等也懂得不多,不合現代語言學的要求。我這一輩子吃虧就吃虧在不懂得數理化上。目前可以在語言學專業裏多開一些課,教師可以借用。開進修班,請有關大學的專家講課,也是一個辦法。

還要大力培養和挑選研究生。

有條件的省、市、自治區可以在當地社會科學院(所)裏設置語言研究所(室)。有條件的高等學校中文系也可以設置語言研究室。高等學校教研機構的教師以教學爲主,也搞些研究;研究室的教師以研究爲主,也教一些課。不要實際上是教研組室而掛研究單位的牌子。研究人員不要兼職太多,要真正搞研究。研究機構哪怕暫時小一些,人少一些,但一定不要徒有其名,而要講求實效。

以上是我個人的一些建議,是否妥當,是否切合實際,敬請同志們批評指教。

原載《中國語文》1981 年第 1 期

主要術語、人名、論著索引

A

B

D

E

G

H

J

K

L

M

N

O

P

R

S

T

W

X

Z